高等职业教育“十三五”规划新形态教材

# 大学国文


主　编　熊安锋　徐耀鸿

副主编　殷遇骞　阳　军



北京理工大学出版社

BEIJING INSTITUTE OF TECHNOLOGY PRESS

图书在版编目（CIP）数据

大学国文／熊安锋，徐耀鸿主编．—北京：北京理工大学出版社，2019.8
ISBN 978-7-5682-7379-4

Ⅰ．①大… Ⅱ．①熊… ②徐… Ⅲ．①大学语文课-高等学校-教材 Ⅳ．①H193.9

中国版本图书馆 CIP 数据核字（2019）第 163621 号

出版发行／北京理工大学出版社有限责任公司
社　　址／北京市海淀区中关村南大街 5 号
邮　　编／100081
电　　话／(010)68914775(总编室)
(010)82562903(教材售后服务热线)
(010)68948351(其他图书服务热线)
网　　址／http://www.bitpress.com.cn
经　　销／全国各地新华书店
印　　刷／三河市天利华印刷装订有限公司
开　　本／787 毫米×1092 毫米 1/16
印　　张／20.5
字　　数／485 千字
版　　次／2019 年 8 月第 1 版 2019 年 8 月第 1 次印刷
定　　价／52.00 元

责任编辑／江　立
文案编辑／江　立
责任校对／周瑞红
责任印制／施胜娟

# 前　言

《教育部关于职业院校专业人才培养方案制定与实施工作的指导意见》（教职成〔2019〕13号文件）中明确了“构建德智体美劳全面发展的人才培养体系……高等职业学校应当将思想政治理论课、体育、军事课、心理健康教育等课程列为公共基础必修课程，并将马克思主义理论类课程、党史国史、中华优秀传统文化、职业发展与就业指导、创新创业教育、美育课程、职业素养等列为必修课或限定选修课程。”由此看来大学的教育目标是要造就德智、体、美等多方面和谐发展的人才。这一目标的实现需要科学教育，但单纯依靠科学教育还不够，人文教育在陶冶情操、塑造人格、构建人的精神家园等方面具有不可替代的作用，而且教育部越发强调了人文教育的重要性。

人文教育关系着民族传统文化的传承，文化的传承又关系着民族的生死存亡。鲁迅先生说，文化是一个民族的脊梁。很多人问过这样一个问题：中国13亿多人口、56个民族，为什么历经数千年而依然保持着强大的凝聚力？这个问题最简明的答案，那就是文化，共同的文化。在综合国力中，经济实力、科学技术实力是国家的“硬实力”，文化实力则是“软实力”。一个国家非得“软硬兼备”才称得上足够强大。所以，有这样的说法：一个国家，一个民族，没有现代科学，没有先进技术，一打就垮；没有民族精神，没有优秀的文化传统，不打自垮。基于此我们说科学教育与人文教育在大学中犹如一枚硬币的两个面，两者是不可或缺、相辅相成的关系。然而，反顾我们高校的现实和人文教育的现状，又确实不容乐观。中国人民大学的纪宝成校长曾经感慨地指出，当我们的大学生能考出令人咋舌的托福高分却看不懂简单的文言文甚至连中文写作都做不到文从字顺时，那么，我们可以断言，我们的文化教育一定是在哪个重要环节上出了问题，出现了深层次的民族文化危机（纪宝成《重建国学：与传统和解》）。为此纪先生在中国人民大学倡导开设了“国学班”。中国人民大学作为中国高校之中文科一流的院校之一，在人文教育中自可领先一步，而身处地方高校的我们，尚未具备那样深厚的实力，不可能在条件不具备的情况下，也仿效中国人民大学开设“国学专业”。那么，我们可以做些什么呢？我们选择了大学生文化素养教育这样一项基础性的工作，编订了《大学国文》这部教材。期望从国文着手，在培养全面发展的、为中华民族的伟大复兴而奋斗的人才的过程中，尽我们的一点绵薄之力。

作为大学生文化素养教育系列教材之一，我们希望这本《大学国文》能成为大学生接近国学、对话传统文化的一种桥梁式的文本。进入我们编选视野的文章，中国古代作品是选择的重点。按照目前大家都能接受的观点，国学是指以儒学为主体的中华传统文化和学术，它是五千年中华文化精神的凝聚，是中华民族精神的体现，是中华文明的主要载体。这本教材所选择的篇章，既是历代先贤们思想、智慧和情感的结晶，又具有较高的审美价值。本书所编选的作品，大多属于中国文学的经典作品。

这些作品，经过了时光的淘洗，跨越时空产生了广泛的共鸣，与那些喧闹一时却转瞬即逝的流行文本形成了区隔。我们认为，接近国学不可不学习经典文本。这本教材如果能为我们的学生认识国学发挥一点铺路架桥的作用，那我们就心满意足了。同时，我们热忱期待着有共同理想和追求的专家学者的指教，让我们共同致力于改进传统文化的培养模式，这样，我们的国学精粹重新回归到她应有的神圣殿堂将指日可待！

《大学国文》编委会

# 目　录

## 诗　歌

## 散　文

## 小　说

## 戏　　曲

# 诗　歌

## 中国诗歌发展概述

艺术起源于劳动。诗歌同样也起源于劳动。中国的诗歌产生于文字发明之前，它是在人们的劳动、歌舞中逐渐形成和发展起来的。如鲁迅先生所说，先民在劳动中，为了协调动作，消除疲劳，创作了诗歌。“其中一个叫‘杭育杭育’，那么，这就是创作”，“倘若用什么记号留存下来，这就是文学”（《门外文谈》）。从集体劳作的节奏中直接孕育降生的初民文学可以说是中国最原始的诗歌。

早期的诗歌伴随着歌舞，“昔葛天氏之乐，三人操尾，投足以歌八阙”（《吕氏春秋·古乐》）。这种传统一直贯穿于我国的诗歌发展史中。

《诗经》是公元前11世纪至公元前6世纪的诗歌总集，也是中国第一部诗歌总集，共305篇，按音乐的不同，分为“风”“雅”“颂”三类。“风”是《诗经》中的精华，内容包括15个地区的民歌。

公元前4世纪，战国时期的楚国以其自身独特的文化基础，加上北方文化的影响，孕育出了伟大的诗人屈原。屈原以及深受他影响的宋玉等人创造了一种新的诗体——楚辞。屈原的《离骚》是楚辞杰出的代表作。

楚辞发展了诗歌的形式。它打破了《诗经》的四言形式，从三言、四言发展到五言、七言。在创作方法上，楚辞吸收了神话的浪漫主义精神，开辟了中国文学浪漫主义的创作道路。

《诗经》《楚辞》之后，诗歌在汉代又出现了一种新的形式，即汉乐府民歌。多是用五言形式写成，后来经文人的有意模仿，在魏、晋时代成为主要的诗歌形式。

五言诗是中国古典诗歌的主要形式，它从民间歌谣到文人写作，经过了很长的时间，到东汉末年，文人五言诗日趋成熟。五言诗达到成熟阶段的标志是《古诗十九首》的出现。《古诗十九首》不是一时一人的作品，诗的内容多叙离别、相思以及对人生短促的感触。长于抒情，善用比、兴手法是《古诗十九首》最大的艺术特色。

魏晋南北朝时期，是五言诗发展的全盛时期，而且开始形成不同时期和不同风格的诗体，主要有建安体、正始体、永嘉体、陶体、谢体、永明体等。

建安体中，“三曹”“七子”继承汉乐府民歌的现实主义传统，第一次掀起了文人诗歌的高潮。他们的诗作表现了时代精神，具有慷慨悲凉的气概，形成为后世称作“建安风骨”的独特风格。建安时期的诗，是从汉乐府发展到五言诗的转变关键，曹植是当时的代表诗人。他的诗受汉乐府的影响，但却比汉乐府有更多的抒情成分。

建安时期之后的阮籍是正始时期的代表诗人，他的《咏怀诗》进一步为抒情的五言诗打下基础，他常用曲折的诗句表达忧国、惧祸、避世之意。与阮籍同期的还有嵇康，他的诗愤世嫉俗，锋芒直指黑暗的现实。他们两人的诗风基本继承了“建安风骨”的传统。

两晋时期诗歌创作逐渐走上形式主义道路。继承和发扬“建安风骨”传统，作品内容充实的诗人是左思。他的《咏史诗》八首，借古事讽喻时事，思想性很强，但这类诗作毕竟不是主流，而且越来越少，直到东晋末年的陶渊明才给诗坛带来接近现实的作品。隐居不仕的陶渊明把田园生活作为重要的创作题材，因此历来人们将他称作“田园诗人”。在当时崇尚骈骊、重形式而轻内容的时代气氛中，陶渊明继承乐府的现实主义传统，形成了他单纯自然的田园一体，为古典诗歌开创了一个新的境界，而且五言诗在他的手中得到高度的发展。

与陶渊明差不多同时的谢灵运是开创山水诗派的第一人。他的山水诗特点是能把自己的感情贯注其中，但有些诗的字句过于雕琢，描写冗长，用典、排偶不够自然。

南北朝时期是中国诗歌史上的又一重要发展时期，这表现在又一批乐府民歌集中地涌现出来。它们不仅反映了新的社会现实，而且创造了新的艺术形式和风格。这一时期民歌总的特点是篇幅短小，抒情多于叙事。南朝乐府保存下来的有四百八十多首，一般为五言四句小诗，几乎都是情歌。北朝乐府数量远不及南朝乐府，但内容之丰富、语言之质朴、风格之刚健则是南朝乐府远不能及的。在体裁上，北朝乐府除以五言四句为主外，还创造了七言四句的七绝体，并发展了七言古诗和杂言体。北朝乐府最有名的是长篇叙事诗《木兰诗》，它与《孔雀东南飞》并称为中国诗歌史上的“双璧”。

南北朝时最杰出的诗人是鲍照。鲍照继承和发扬了汉魏乐府的传统，创作了大量优秀的五言和七言乐府诗。《拟行路难》十八首是他杰出的代表作。他成熟地运用七言句法，表现了个人的不幸和对社会不平的抗议。

南齐永明年间，“声律说”盛行，诗歌创作都注意音调和谐。这样，“永明体”的新诗体逐渐形成。这种新诗体是格律诗产生的开端。这时期比较著名的诗人是谢朓。谢朓以山水诗著名，诗风清新流丽。他的新体诗对唐代律诗、绝句的形成有一定影响。

总的来说，南北朝的诗歌形式，上承汉魏，下开唐宋，在民间歌辞的基础上，经过许多诗人的努力，逐步形成各种诗体，南北朝成为一个重要的诗体过渡时期。

诗歌发展到唐代，迎来了高度成熟的黄金时代。在唐代近三百年的时间里，留下了近五万首诗，独具风格的著名诗人约五六十位。

初唐四杰是唐诗开创时期的主要诗人。他们的诗虽然因袭了齐、梁风气，但诗歌题材在他们手中得以扩大，五言八句的律诗形式也由他们开始初步定型。

“四杰”之后，陈子昂明确提出反对齐梁诗风，提倡“汉魏风骨”。《感遇诗》三十八首，即是他鲜明革新精神的代表之作。

盛唐时期是诗歌繁荣的顶峰。这个时期除出现了李白、杜甫两个伟大诗人外，还有很多成就显著的诗人。他们大致可分为两类：一类是以孟浩然和王维为代表的山水田园诗人；另一类是边塞诗人，他们中的高适和岑参取得成就最高，王昌龄、李颀、王之涣也是边塞诗人中的佼佼者。

中唐诗歌是盛唐诗歌的延续。这时期的作品以表现社会动荡、人民痛苦为主流。白居易是中唐时期最杰出的现实主义诗人。他继承并发展了《诗经》和汉乐府的现实主义传统，从文学理论上和创作上掀起了一个现实主义诗歌的高潮，即新乐府运动。元稹、张籍、王建都是这一运动中的重要诗人。

除新乐府运动之外，这一时期还另有一派诗人，这就是韩愈、孟郊、李贺等人。他们的诗歌艺术比之白居易另有创造，自成一家。韩愈是著名的散文家，他善以文入诗，把新的语言风格、章法技巧带入了诗坛，扩大了诗的表现领域，但同时也带来以文为诗，讲才学，追求险怪的风气。孟郊与贾岛都以“苦吟”而著名，追求奇险，苦思锤炼是他们的共同特点。刘禹锡是一位有意创作民歌的诗人，他的许多《竹枝词》描写真实，很受人们喜爱。此外，他的律诗和绝句也很有名。柳宗元的诗如他的散文一样，多抒发个人的悲愤和抑郁。他的山水诗情致婉转，描绘简洁，处处显示出他清峻高洁的个性。李贺在诗歌的形象、意境、比喻上不走前人之路，拥有中唐独树一帜之风格，开辟了奇崛幽峭、浓丽凄清的浪漫主义新天地。《苏小小墓》、《梦天》等都是充分体现他的独特风格之作。

晚唐时期的诗歌感伤气氛浓厚，代表诗人是杜牧、李商隐。杜牧的诗以七言绝句见长，《江南春》《山行》《泊秦淮》《过华清宫》等是他的代表作。这些诗于清丽的辞采、鲜明的画面中见俊朗的才思。李商隐以爱情诗见长。他的七律学杜甫，用典精巧，对偶工整，如《马嵬》就很有代表性；他的七言绝句也十分有功力，《夜雨寄北》《嫦娥》等是其中的名作。

晚唐后期，出现了一批继承中唐新乐府精神的现实主义诗人，代表人物是皮日休、聂夷中、杜荀鹤。他们的诗锋芒毕露，直指时弊。

诗发展到宋代已不似唐代那般辉煌灿烂，但却自有它独特的风格，即抒情成分减少，叙述、议论的成分增多，重视描摹刻画，大量采用散文句法，使诗同音乐关系疏远。

最能体现宋诗特色的是苏轼和黄庭坚的诗。苏轼的诗题材广阔，无所不包；各体兼备，尤善七言。宋诗偏向知性所带来的一些显著特点，如散文化，好议论或包蕴道理，好显才学等，在苏轼诗中也有突出的表现，并且也造成某些缺陷，但他毕竟才华横溢，人生感受极其丰富，能够更多地发挥其有利的一面，因而在保持宋诗特色的同时取得了很大的成就。黄庭坚诗风奇特拗崛，在当时影响广于苏轼，他与陈师道一起开创了宋代影响最大的“江西诗派”。宋初的梅尧臣、苏舜钦并称“苏梅”，为奠定宋诗基础之人。欧阳修、王安石的诗对扫荡西昆体的浮艳之风起过很大作用。国难深重的南宋时期，诗作常充满忧郁、激愤之情，陆游是这个时代的代表人物。与他同时的还有以“田园杂兴”诗而出名的范成大和以写景说理而自具面目的杨万里。文天祥是南宋最后一位大诗人，高扬着宁死不屈的民族精神的《过零丁洋》是他的代表作。

源于唐代的词，鼎盛于宋代。唐末的温庭筠第一个专力作词。他的词辞藻华丽，多写妇女的离别相思之情，被后人称为“花间派”。南唐后主李煜在词的发展史上占有较高的历史地位，他后期的词艺术成就很高。

宋初的词人像晏殊、欧阳修都有出色的作品，但依然没有脱离花间派的影响。到了柳永，开始创作长调的慢词，自此，词的规模发生了显著变化。到了苏轼，词的题材又得以进一步发展，理想抱负与怀古伤今的内容进入了他的词作之中。而且，词的风格与技巧在他的手中也得到了大胆的开拓与创新。这使他的词作与词的传统出现重大的差异，在当时引起了普遍的注意。与苏轼同时代的秦观、贺铸和周邦彦也是非常出色的词人。在两宋词坛上，女词人李清照以其独树一帜的风格，占有相当重要的一席之地。

南宋初年，面临国破家亡的危局，诗词作品多表现作家们的爱国之情，辛弃疾被誉为爱国词人，他是这一时期的代表人物。受辛词影响，陈亮、刘过、刘克庄、刘辰翁等人形成了南宋中叶以后声势最大的爱国词派。

南宋后期的词人姜夔最为著名。姜词绝大多数是记游咏物之作。在他的词作中，更多的是慨叹身世的飘零和情场的失意，较有代表性的作品是《长亭怨慢》。他的词沿袭了周邦彦的道路，注意修辞琢句和声律，但内容欠充实。

词在南宋已达高峰，元代散曲流行，诗词乃退居其后。

散曲是继诗词而兴起的一种新诗体。马致远是元代散曲之大家，很有影响，其作品多写怀才不遇的悲愤或羁旅漂泊的痛苦，代表作如《双调·夜行船·秋思》《天净沙·秋思》等。

明代诗歌是在拟古与反拟古的反反复复中前行的，没有比较杰出的作品和诗人出现。

清代诗词流派众多，但大多数作家均未摆脱拟古主义和形式主义的套子，难有超出前人之处。清末龚自珍以其先进的思想，打破了清中叶以来诗坛的沉寂，领近代文学史风气之先。他的诗常着眼于社会、历史和政治的观点来揭露现实，使诗成为现实社会的批判工具。

“五四”文学革命中，中国的现代文学诞生了。1917 年胡适首先在《新青年》上发表了白话诗八首，并提出“诗体大解放”的主张，倡导不拘格律、不拘平仄、不拘长短的“胡适之体”诗。在新诗诞生过程中，刘半农、刘大白、康白情、俞平伯是创作主力。经过他们的努力，新诗形成了没有一定格律，不拘泥于音韵，不讲雕琢，不尚典雅，只求质朴，以白话入行的基本共性。最早出版的新诗集有胡适的《尝试集》、俞平伯的《冬夜》、康白情的《草儿》和郭沫若的《女神》。

郭沫若的《女神》带着狂飙突进的“五四”时代精神，带着不同于其他白话诗的鲜明艺术性，为新诗奠定了浪漫主义的基础。《女神》也是新诗真正取代旧诗的标志，它成功地创造、运用了自由体形式，将新诗推向新的水平。

经过开辟阶段，新诗形成了以自由体为主，同时兼有新格律诗、象征派诗的较为完善的形态。

20 世纪 40 年代后半期，被后来称为民歌体的新诗在解放区农村成熟了。民歌体新诗的突出成就表现在李季与阮章竞的叙事诗中。

1949 年新中国成立后，诗歌进入新的发展阶段，新题材、新主题伴随着新生活应运而生。诗人们满怀激情抒写了一首首新时代的颂歌。同时，新的社会也造就出一批诗坛新人和崭新的作品。

新时期以来，沉寂十载的诗坛呈现出百花齐放的新景象。诗歌在表现手法上，得以古今中外广泛借鉴，形式则更趋于松散的自由体，风格千姿百态。新时期初期，欢呼胜利、反思历史的诗歌继承了现实主义的传统，并使之继续发展。与此同时，一批青年诗人，如舒婷、顾城、江河等诗人在 20 世纪七八十年代间快速成长起来。他们的诗通常表现出一种晦涩的、不同于寻常的复杂情绪，人们谓之“朦胧诗”。

20 世纪 80 年代中后期以后，诗坛又出现了自称为“第三代诗人”的现代派潮流。

# 小雅 · 采薇

《诗经》

《诗经》是我国第一部诗歌总集，共收入自西周初期（公元前11世纪）至春秋中叶（公元前6世纪）约五百余年间的诗歌305篇，最初称《诗》，汉代儒者奉为经典，乃称《诗经》。根据地域和音乐的不同，《诗经》分为《风》《雅》《颂》三部分。《风》是指周王朝直接统治地区以外的地方乐歌，包括十三“国风”加“二南”，即十五个地区的乐歌，计160篇。《雅》是周王畿一带的乐歌，分为“小雅”和“大雅”，计105篇，其中“小雅”74篇，“大雅”31篇。《颂》是宗庙祭祀的乐歌，计40篇，其中《周颂》31篇、《鲁颂》4篇、《商颂》5篇。《诗经》以四言诗为主，普遍运用复叠式章法和赋、比、兴的表现手法，语言质朴优美，韵律自然和谐，形象鲜明，寓意深刻，富于艺术感染力。

## 【导读】

这是一首反映征戍生活的诗。诗歌以远征归来的战士的口吻回顾了对狎狁的战争，远征战士抚今追昔，感慨万端，既抒发了对战争的哀怨，又抒发了对国家和军队的热爱之情，是《诗经》中表现战争题材的优秀作品。在题材上开后代边塞诗之先河。末章“昔我往矣”四句，是本诗中最为人喜爱的段落，采用了“杨柳依依”和“雨雪霏霏”两个诗歌意象，语言朴实，意境深幽，显示出《诗经》在诗歌意象捕捉上的高度审美水平，给后代的诗歌创作提供了很好的启示。

采薇采薇①，薇亦作止②。曰归曰归，岁亦莫止③。靡室靡家，猃狁之故④。不遑启居⑤，猃狁之故。

采薇采薇，薇亦柔止⑥。曰归曰归，心亦忧止。忧心烈烈⑦，载饥载渴⑧。我戍未定⑨，靡使归聘⑩。

---

① 薇：野生豌豆，嫩苗可食。

② 亦：语助词。作：生，指初生。止：语末助词，下同。

③ 这两句说：说归家呀说归家，眼看又到岁末，却还不能归家。曰：言、说。一说为语首助词，无实意。莫：即今“暮”字。岁亦莫止：岁暮，年终。

④ 这两句说：出征在外，没有室没有家，是因为猃狁入侵的缘故。靡：无。猃狁（xiǎn yǔn）：北方部族名，商时称鬼方，西周称猃狁，春秋称北狄，战国秦汉以来称胡或匈奴。

⑤ 不遑：不暇。遑，闲暇。启：危坐。古人危坐时，腰部伸直，臀部同足离开，安坐时则臀部贴在足跟上。居：安居，安居休息。

⑥ 柔：柔嫩。“柔”比“作”更进一步生长。

⑦ 烈烈：火势猛烈的样子，这里比喻忧闷的心情像火烧火燎一样。

⑧ 载饥载渴：又饥又渴。

⑨ 戍：戍守。定：止。

⑩ 聘：问候。归聘，带回问候家人的音信。

采薇采薇，薇亦刚止①。曰归曰归，岁亦阳止②。王事靡盬③，不遑启处④。忧心孔疚，我行不来⑤。

彼尔维何？维常之华⑥。彼路斯何？君子之车⑦。戎车既驾⑧，四牡业业⑨。岂敢定居，一月三捷⑩。

驾彼四牡，四牡骙骙⑪，君子所依，小人所腓⑫。四牡翼翼，象弭鱼服⑬。岂不日戒⑭，猃狁孔棘⑮。

昔我往矣，杨柳依依⑯。今我来思，雨雪霏霏⑰。行道迟迟⑱，载渴载饥。我心伤悲，莫知我哀！

## 学习建议

1. 分析这首诗以“采薇”起兴的原因以及作为艺术表现手法的技巧性。

2. 体会这首诗的第四、五两节反复描写戎车的“四牡业业”“四牡骙骙”“四牡翼翼”的意义。

3. 体味“杨柳依依”和“雨雪霏霏”这两个诗歌意象的艺术意境。

4. 延伸阅读篇目：《周颂·丰年》《大雅·生民》《小雅·出车》《豳风·七月》《豳风·东山》。

---

① 刚：坚硬粗壮。

② 岁亦阳止：一年又到了初冬十月了。阳，指夏历十月。

③ 王事：官家差派的兵役。靡：无。盬（gǔ）：停止。靡盬：没有止境。

④ 启处：与“启居”义同。

⑤ 这两句说：我心情烦忧，非常痛苦，在外远征，不能归家。孔：很，非常。疚（jiù）：痛苦。来：返回，归来。

⑥ 这两句说：那盛开的花叫什么？那是棠棣之花。尔：假作“苶”（ěr），花盛开的样子。维何：是什么。常：棠，棠棣。华：同“花”。

⑦ 这两句说：那高大的车子谁乘坐？那是将帅的兵车。路：假作“辂（lù）”，一种高大的车子。斯何：与“维何”同义。君子：指将帅。

⑧ 戎车：兵车，战车。

⑨ 牡：雄马。业业：高大健壮的样子。

⑩ 这两句说：哪里敢安然驻扎？一个月要与敌人交战多次。三：泛指次数多。捷：同“接”，指与敌人接战，交战。

⑪ 骙骙（kuí）：马匹强壮的样子。

⑫ 这两句说：将帅乘坐在车上，小兵靠它作掩护。依：凭靠，这里指乘坐。小人：指战士，腓（féi）：隐蔽，掩护。

⑬ 这两句说：四匹雄马排列得整整齐齐，士兵佩上象牙弭的强弓，挂上鱼皮箭袋。翼翼：行列整齐的样子。弭（mǐ）：弓两端受弦之处。鱼服：鱼皮做成的箭袋。

⑭ 日戒：天天警戒。

⑮ 孔棘：非常紧急。棘：同“急”。

⑯ 往：离开家前往战场。依依：茂盛的样子。一说，依恋貌。

⑰ 思：语末助词。霏霏：雪大貌。

⑱ 行道：行路。迟迟：行动迟缓的样子。

# 湘夫人

屈 原

屈原（公元前340年—公元前278年），名平，字原，又字灵均，战国后期楚国丹阳（今湖北秭归县）人。他是中国历史上第一位伟大的爱国诗人，也是一位卓越的政治家和思想家。他出身贵族。楚怀王时做过左徒、三闾大夫，主张明法度，任贤才，联齐抗秦。遭谗去职，被流放到汉水以北。顷襄王时曾被召回，旋又被放逐到沅湘一带。当时楚国政治腐败，国力渐衰，公元前278年，首都郢又被秦攻破。屈原哀伤祖国危亡，又无力实现自己的政治主张，约于该年夏历五月五日投汨罗江而死。屈原的作品，相传包括《九章》（9篇）、《九歌》（11篇）、《离骚》等共有25篇。他的作品表现出强烈的忧患意识和真挚的爱国情怀，创造了“楚辞”这一新的诗体，是中国文学史上第一位具有浓郁地方色彩的浪漫主义的伟大诗人。

## 【导读】

《湘夫人》是《楚辞·九歌》组诗十一首之一。湘水是楚国境内所独有的最大河流。湘君、湘夫人这对神祇反映了原始初民崇拜自然神灵的一种意识形态和“神人恋爱”的构想。《湘君》和《湘夫人》描写并歌颂了传说中湘水的一对配偶之神的爱情故事。诗题虽为《湘夫人》，但诗中的主人公却是湘君。这首诗的主题主要是描写相恋者生死契阔、会合无缘。作品始终以候人不来为线索，在怅惘中向对方表示深长的怨望，但彼此之间的爱情却始终不渝。

以景现情，寓情于景，可以说是这首诗的一大特色。它不是为写景而写景，而是与主人公的心理活动相映衬，即情感的流动与外在形式同步，情与景水乳交融。

整篇作品情感深沉，如诉如泣，语言华赡，意象丰富，在修辞上又多用比喻手法和排比句式，典型地反映了楚辞的浪漫主义的风格特色。这一切对于后世的中国诗歌创作，产生了深刻而积极的影响。

帝子降兮北渚，目眇眇兮愁予①。嫋嫋兮秋风，洞庭波兮木叶下②。
登白薠兮骋望，与佳期兮夕张③。鸟何萃兮蘋中，罾何为兮木上④？

---

① 帝子：指湘夫人。相传舜妃为帝尧之女，故称帝子。渚：水边。眇眇（miǎo）：望而不见的样子。愁予：使我愁苦。

② 嫋嫋（niǎo）：形容微风的吹拂。波：作动词用，生波。木叶：树叶。下：落。

③ 白薠（fán）：草名，即薠草。骋望：纵目而望。这句说站在长满薠草的洲岛上纵目远望。佳：佳人，指湘夫人。期：期约。张：张设帷帐。

④ 萃：聚集。蘋：水草名。罾（zēng）：渔网。这两句以鸟不在树上而入水，罾不在水中而上树，暗示一切反常，约会可能不成。

沅有茝兮醴有兰，思公子兮未敢言①。荒忽兮远望，观流水兮潺湲②。

麋何食兮庭中，蛟何为兮水裔③？朝驰余马兮江皋，夕济兮西澨④。闻佳人兮召予，将腾驾兮偕逝⑤。

筑室兮水中，葺之兮荷盖⑥。荪壁兮紫坛，匊芳椒兮成堂⑦。桂栋兮兰橑，辛夷楣兮药房⑧。罔薜荔兮为帷，擗蕙櫋兮既张⑨。白玉兮为镇，疏石兰兮为芳⑩。芷葺兮荷屋，缭之兮杜衡⑪。合百草兮实庭，建芳馨兮庑门⑫。九嶷缤兮并迎，灵之来兮如云⑬。

捐余袂兮江中，遗余褋兮醴浦⑭；搴汀洲兮杜若，将以遗兮远者⑮。时不可兮骤得，聊逍遥兮容与⑯！

## 学习建议

1. 分析湘君对湘夫人的思念之情是分几个层次表达出来的。
2. 分析诗歌的浪漫主义特征。
3. 延伸阅读篇目：《离骚》《湘君》《哀郢》。

---

① 茝（chǎi）：香草名，即白芷。公子，犹帝子，指湘夫人。

② 荒忽：不分明的样子。一说，形容神思迷惘。潺湲：水流动的样子。

③ 麋：兽名，似鹿而较大。蛟：古代传说中的一种龙，常处深渊。水裔：水边。麋当在山林而在庭中，蛟当在深渊而在水边。这两句与“鸟何萃兮蘋中，罾何为兮木上？”一样，都以反常的自然现象暗示所愿难遂，约会难成。

④ 江皋：江岸。济：渡过。澨（shì）：水边。这两句说：为了迎候湘夫人，我早晨骑马奔跑在江边，傍晚又摆渡到江西岸。

⑤ 腾驾：驾着车马奔驰。偕逝：同往。

⑥ 葺之句：以荷盖葺之，用荷叶覆盖。从这两句起到“建芳馨兮庑门”，均描写湘君为迎接湘夫人而精心修筑水中宫室。葺：覆盖。盖：指屋顶。

⑦ 荪壁：用荪草做墙壁。紫：指紫贝，有浓褐色斑纹的贝壳。坛：庭院。紫坛：用紫贝砌庭院。匊：（bō），古“播”字，散布。成：装饰。成堂，涂饰殿堂的墙壁。

⑧ 栋：屋梁。橑（lǎo）：屋椽。辛夷：香木名。楣（méi）：门上横木。药：即白芷。房：指卧室。

⑨ 罔：同“网”，编织。帷：幔帐。擗（pì）：剖，析。櫋（mián）：屋檐木板。此句说剖析蕙草悬在檐际，如今之结彩。张：张挂。

⑩ 镇：镇压座席之物。疏：分布，陈列。石兰：香草名。为芳：取其香气。

⑪ 缭：绕。杜衡：香草名。这两句是说在荷叶上再覆盖一层芷草，然后用杜衡缭绕在屋的四周。

⑫ 合：聚合。百草：各种花草。实：充实。建：陈列，设置。芳馨：芳香，此处借指香草。庑（wǔ）：廊。

⑬ 九嶷：山名，又名苍梧山，传说中舜的葬地，在今湖北宁远县东南。这里指九嶷山神。缤：盛多。灵：指众神。如云：形容众多。

⑭ 捐：弃。袂（mèi）：衣袖，亦借指上衣。遗：弃。褋（dié）：外衣。浦：水滨。

⑮ 汀洲：水中小洲。遗（wèi）：赠。远者：指湘夫人。

⑯ 时：时机。骤：忽然，一说屡次。聊：姑且。容与：从容。这两句是湘君宽慰自己的话，意思是和湘夫人相会很是难得，还是不要埋怨和失望，耐心地等待下次见面机会吧。

# 饮马长城窟行

《乐府诗集》

汉乐府诗歌是指由朝廷设立的音乐机关收集、整理和保存下来，可以合乐而歌的汉代诗歌总称。“乐府”本是古代掌管音乐的官署机构。乐府的职能除制定乐谱、训练乐工、填写歌词和组织演奏、歌唱外，还有组织文人创作、采集和整理民歌的任务。六朝时，人们把合乐的歌辞、袭用乐府旧题或模仿乐府体裁写成的诗歌统称为“乐府”，乐府便由音乐机关转为诗体的名称。汉乐府最基本的思想特色是“感于哀乐，缘事而发”，最基本的艺术特色是叙事性。汉乐府诗歌包括文人乐府和乐府民歌，现仅存百余首，主要保存在宋郭茂倩所编纂的《乐府诗集》中的郊庙歌辞、鼓吹曲辞、相和歌辞和杂曲歌辞中。

## 【导读】

《饮马长城窟行》在《乐府诗集》中属《相和歌辞·瑟调曲》，又称《饮马行》。秦人修筑长城，征用大量男夫修筑长城，内地便有很多的思妇。故《饮马长城窟行》这一乐府诗题，常用以写征夫思妇。

这首诗分成两部分。第一部分，叙述思妇昨夜梦见征夫的情景。第二部分，写梦后收到书信。诗人没有交代思妇梦醒之后的惆怅，而是直接跳跃到接到征夫的书信上来，也没有描写思妇得信后的喜出望外，但剖函取书，只用一“烹”字与鲤鱼状的书函相照应，便增强了诗歌语言的生动性。“长跪”形容读信时的郑重其事。其实，书信的内容极普通，无非是加餐饭、长相忆之类的话。从古到今，人间的许许多多的长别或者短离的恋人、夫妇，正是经常重复着这些极普通、极质朴的话语。“上言”“下言”两句更见出征夫和思妇的真挚情感。

这首乐府民歌语言朴实，没有任何华丽的辞藻，雅俗可以共赏，而且非常容易记诵。故事情节较为曲折，上节叙梦，下节读信，转折自然流畅，没有丝毫的人工斧凿之迹。这首诗在汉乐府民歌中是一篇优秀的作品。

青青河畔草，绵绵思远道①。远道不可思②，宿昔梦见之③。梦见在我傍，忽觉在他乡④。他乡各异县，展转不相见⑤。枯桑知天风，海水知天寒⑥，入门各自媚⑦，谁肯相

---

① 绵绵：连绵不断之貌。这里义含双关，由看到连绵不断的青青春草，而引起对征人的缠绵不断的情思。远道：犹言“远方”。

② 不可思：是无可奈何的反语。这句是说征人辗转远方，想也是白想。

③ 宿昔：一作“夙昔”，昨夜。《广雅》云：“昔，夜也。”

④ 这两句是说刚刚还见他在我身边，一觉醒来，原是南柯一梦。

⑤ 展转：同“辗转”。不相见：一作“不可见”。

⑥ 枯桑知天风，海水知天寒：枯桑，落了叶的桑树。这两句是说枯桑虽然没有叶，仍然感到风吹，海水虽然不结冰，仍然感到天冷。比喻那远方的人纵然感情淡薄也应该知道我的孤凄、我的想念。闻一多《乐府诗笺》云：“喻夫妇久别，口虽不言而心自知苦。”

⑦ 媚：爱悦。

为言①!

客从远方来，遗我双鲤鱼②。呼儿烹鲤鱼③，中有尺素书④。长跪读素书⑤，书中竟何如：上言加飡食⑥，下言长相忆⑦。

## 学习建议

1.《饮马长城窟行》首两句“青青河畔草，绵绵思远道”，用的是古代诗歌较常见的“比兴”手法，请分析这两句诗在整首诗中所起的作用。

2. 分析本诗的情感表达方式及其艺术效果。

3. 举例说明此诗语言朴实，不假雕琢的特点。

4. 延伸阅读篇目：《上邪》《十五从军征》《战城南》《有所思》《长歌行》《江南》《枯鱼过河泣》。

---

① 言：问讯。《广雅》云：“言，问也。”这两句是说别人回到家里，只顾自己一家人亲亲热热，可又有谁肯替我捎个信儿呢？

② 双鲤鱼：指信函。古人寄信是藏于木函中，函用刻为鱼形的两块木板制成，一盖一底，所以称之为“双鲤鱼”。以鱼象征书信，是我国古代习用的比喻。

③ 烹：煮。假鱼本不能煮，诗人为了造语生动故意将打开书函说成烹鱼。

④ 尺素：指书信。古人写信是用帛或木板，其长皆不过尺，故称“尺素”或“尺牍”。这句是说打开信函取出信。

⑤ 长跪：古代的一种跪姿。古人日常都是席地而坐，两膝着地，犹如今日之跪。长跪是将上躯直耸，以示恭敬。

⑥ 飡：同“餐”。

⑦ 这两句是说，信里先说的是希望妻子保重，后又说他在外对妻子十分想念。

# 行行重行行

《古诗十九首》

《古诗十九首》，汉代无名氏作品。原非一时一人所为，梁代萧统因各篇风格相近，合在一起，收入《文选》，题为《古诗十九首》，后世遂沿用这一名称。写作时代，大致在东汉顺帝以后到献帝建安以前。诗歌所表现的多是下层文士的失志伤时、游子思妇的离愁别怨，间或也从侧面讥世刺俗以及感慨人生无常。《古诗十九首》是文人五言诗艺术成熟的标志。感情真切动人，以景衬情，借事抒情，具有很强的感染力。语言自然朴素，高度洗练，富于概括力。善用比兴手法，映衬烘托，言近而旨远。

## 【导读】

这首诗是萧统《昭明文选》所选《古诗十九首》中的第一首，是一首在东汉末年动荡岁月中的相思乱离之歌，它以思妇的口吻抒写了妻子对远行在外丈夫的思念之情和内心的愁苦。

诗歌抒情委婉含蓄、深沉曲折。开头两句先追叙当初的离别。接着的六句写相距遥远，无从会面，又以胡马与越鸟为喻，写得委曲而含蓄。随后的四句先刻写自己消瘦的形貌，暗示刻骨的相思之痛，然后疑虑丈夫不归。最后四句在无望的思念中，只好自我宽慰。它以含蓄曲折的笔法将思妇的相思之情表达得缠绵悱恻、凄婉动人。

诗歌采用了层层推进的手法，把感情的脉络与层次的展开结合在一起。同时，诗歌也吸取了《诗经》的比兴手法，“胡马依北风，越鸟巢南枝”，诗句以物喻人，这又是思妇的设想之辞，也反映了思妇对游子的深深思念之情。“浮云蔽白日”也是同样的写法，以自然物象巧妙地隐喻丈夫为人所惑。此外，“相去日已远，衣带日已缓”是以形貌的刻画来暗示人物的心理情感，平常口语却成为后人赞赏不绝的佳句。柳永“衣带渐宽终不悔，为伊消得人憔悴”（《凤栖梧》），便是从此句脱出。

行行重行行①，与君生别离②。相去万余里，各在天一涯③。
道路阻且长④，会面安可知？胡马依北风，越鸟巢南枝⑤。

---

① 行行句意思说：不停地走，愈走愈远。行行：行而不止。

② 生别离：《楚辞·九歌·少司命》有“悲莫悲兮生别离”的诗句，活生生地别离的意思。

③ 天一涯：天一方。

④ 阻且长：艰险而又漫长。阻，艰险。且，又。

⑤ 胡马两句托物喻义，意思说胡马、越鸟尚且如此，难道游子就不思恋故土？胡马：胡地之马，北方所产。依：依恋。越鸟：南方之鸟。此句为比兴句。其比喻意照吴淇《选诗定论》的说法有三：一、以紧应上“各在天一涯”，言北者自北，南者自南，永无相会之期；二、以依北者北，依南者南，凡物皆有所依，遥伏下“思君”云云，以见心身唯君子是依；三、以依北者不思南，巢南者不愿北，凡物皆有故土之恋，见游子当一反顾，以起“相去日已远”云云。

相去日已远[①]，衣带日已缓[②]。浮云蔽白日[③]，游子不顾反[④]。
思君令人老，岁月忽已晚。弃捐勿复道，努力加餐饭[⑤]。

## 学习建议

1.《行行重行行》一诗，写的都是极普通的事，如游子远出，思妇消瘦，希望游子努力加餐，但却很感人。请分析这首诗之所以感人的原因。

2. 分析说明“胡马依北风，越鸟巢南枝”两句承上启下的比兴寓意。

3. 延伸阅读篇目：《西北有高楼》《涉江采芙蓉》《庭中有奇树》《迢迢牵牛星》。

---

① 远：指时间久远。

② 衣带句意思说：人瘦了，衣带也一天比一天宽松。缓：宽松。相去两句是套用古乐府歌辞：“离家日以远，衣带日趋缓。”

③ 白日：喻指未归的丈夫。浮云蔽日是设想丈夫在外地为人所惑，另有所欢。

④ 反：同“返”，回来。

⑤ 弃捐两句意思说：别再提这件事了，还是努力加餐保养身体吧。弃捐：丢开。复：再。道：谈说。

# 短歌行①

曹　操

曹操（155—220年），即魏武帝。字孟德，小字阿瞒，东汉沛国谯县（今安徽亳县）人。年二十，举孝廉，历任洛阳北部尉、济南相、骑都尉，参与征讨黄巾军。初平元年（190年），起兵讨董卓。建安元年（196年），迎汉献帝都于许昌；十三年（208年），进位丞相；二十一年（216年）封魏王；二十五年卒，其子曹丕称帝，追尊为魏武帝。现存诗二十余首。他的诗歌受乐府民歌的影响很深，但富有创造性，往往以旧调旧题来表现新的内容。其诗气魄雄伟，感情深沉，情调苍凉悲壮；散文则清峻通脱。他的诗文对后代影响深远。原有《魏武帝集》，已佚。

## 【导读】

这是一首曹操诗歌中具有代表性的言志之作。曹操有志于统一中国，以周公自期，充满了不断进取的精神，虽年近迟暮，但壮心不已。全诗通过对时光易逝、贤才难得的再三咏叹，抒发了自己求贤若渴的感情，表现出统一天下的雄心壮志和自强不息的进取精神。

诗歌首先感叹人生短促。以比喻揭示出深重的时间忧思，借酒浇愁，见出忧思的浓重。其次写对人才的渴慕。诗人两次引用《诗经》成句来表现求贤思想：求之不得而沉吟忧思，求之既得而以笙瑟酒宴加以款待。再次进一步写没得到贤才的忧虑，及得到贤才的喜悦，从两方面表现自己求贤若渴的心情。最后先以情景启发贤才，要他们择善而栖；后则披肝沥胆，表白自己能容纳贤才，使天下归心统一。

从情绪上看，全诗以感叹始，继之以慷慨、沉吟，再继之以开朗、忧愁、念旧，经过空茫，落脚于一种悠然神往。诗中既有人生的慷慨激昂之境，亦有人生的物我两忘之境；既有人生的志向，亦有人生的茫然；既有人生的寂寞，亦有朝生暮死的人生悲哀。忽忧忽喜，忽徐忽急，以如歌的行板倾诉了作者慷慨激昂的情怀。

对酒当歌，人生几何②？譬如朝露，去日苦多③。慨当以慷，忧思难忘④。何以解忧？唯有杜康⑤。青青子衿，悠悠我心⑥。但为君故，沉吟至今⑦。呦呦鹿鸣，食野之苹⑧。我

---

① 《短歌行》：古乐府曲名，属《相和歌》，古辞已佚（yì）。因为声调短促，所以叫“短歌”。

② 当：有两解，一与“对”同义，面对。意谓面对着美酒，面对着歌舞。一解为“应当”，则意谓：面对美酒应当放声高歌。

③ 去：流逝。苦多：苦于太多。

④ 慨当以慷：激昂不平的感慨，是“慷慨”的间隔用法。忧：一作“幽”。

⑤ 杜康：古代传说中发明造酒的人，这里用作酒的代称。

⑥ 衿（jīn）：衣领，此两句语出《诗经·郑风·子衿》，作者借用来表达他渴慕贤才的感情。

⑦ 但为：只为。君：这里指作者渴慕的贤才。沉吟：低声地、若有所思的吟唱。

⑧ 呦呦（yōu yōu）：鹿鸣声。野之苹：野外生长的艾蒿。

有嘉宾，鼓瑟吹笙①。明明如月，何时可辍②？忧从中来，不可断绝③。越陌度阡，枉用相存④。契阔谈宴，心念旧恩⑤。月明星稀，乌鹊南飞。绕树三匝，何枝可依⑥？山不厌高，海不厌深。周公吐哺，天下归心⑦。

## 学习建议

1. 简述曹操《短歌行》的主题思想。

2. 思考“对酒当歌，人生几何！譬如朝露，去日苦多。慨当以慷，忧思难忘。何以解忧，唯有杜康”几句所表达的人生态度。

3. 谈谈你对“月明星稀，乌鹊南飞，绕树三匝，何枝可依”几句的理解，并指出其艺术手法。

4. 延伸阅读篇目：《蒿里行》《步出夏门行·神龟虽寿》《苦寒行》。

---

① 嘉宾：这里指要来投奔曹操的贤才。以上四句出自《诗经·小雅·鹿鸣》原意指朋友当同甘共苦，曹操引用在此，来表达自己欢迎贤才的心情。

② 明明：明亮。辍（chuò）：停止。一说“掇（duō）”，拾取。比喻人才难得。

③ 忧从中来：心中忧虑，忧虑统一事业没有完成，引出下文要继续延揽人才。

④ 越陌度阡：走过了遥远的路程。陌，东西方向的小路。阡，南北方向的小路。枉用相存：劳驾你来探望。存，问候，拜望。

⑤ 契阔谈宴：久别重逢一起谈心饮宴。契（qì）阔，契：合；阔：别。这是偏义复词，偏于“阔”。久别的意思。旧恩：旧日的友情。

⑥ 三匝（zā）：三，这里表示多的意思。匝，周。依：栖，停留。以上四句作者从乌鸦南飞，何枝可依，而比喻有才能的人南奔北走，惊惶不定，自己应当继续广泛招纳人才。

⑦ 周公吐哺（bǔ）：周公，名旦，周文王的儿子，周武王的弟弟，周成王的叔父。哺：口中所含的食物，吃饭的时候，常常几次放下碗来迎接到来的“贤士”。曹操借这个典故，是表示要殷勤接待肯来帮助自己的贤才。

# 饮酒（其五）

陶渊明

陶渊明（365—427年），字元亮，一说名潜，字渊明，浔阳柴桑（今江西九江市）人。早年曾仕为江州祭酒、彭泽令等，中年因厌恶官场的污浊，遂绝意仕进，退隐农村，卒后友人私谥“靖节”。其诗文都取得较高成就。诗分为咏怀、田园两类。这两类诗歌反映了诗人不向黑暗现实妥协的高尚品格及其思想发展的过程。其中尤以吟咏“躬耕自资”生活及其感受的田园诗成就独特，开创了我国诗史上的田园诗派。诗歌的风格质朴自然而形象鲜明，对后代诗人的创作产生很大的影响。著有《陶渊明集》。

## 【导读】

《饮酒》诗共20首，组诗前面有个小序，其中说：“既醉之后，辄题数句自娱。”这组诗中多有佳句，最有名的是这里选的第五首。此诗除了具有陶诗一般特点——平淡自然而诗味隽永、富有意境——之外，还有一个独创之处，就是情与境合，理与情融。从抒情的角度来说，本诗抒写一种悠然自在的欢愉之情。这种情态又是建立在诗人目之所见，身之所处的环境之上。从写景的角度来看，诗人之所以将秀丽的庐山、佳美的山气以及结伴而归的飞鸟写入诗中，也在于诗人怡然欢愉的心情。“景语即情语”，情与景相交成趣。

此诗是一首充满理趣的杰作，它要说的理，便是“此中有真意”——在自由自在的隐居生活中，诗人找到了自我，能够领略人生的真谛。顺乎自然，从不矫揉造作，无拘无束，不做违心之事，这是诗人天性，也是他终身追求的生活方式。在当时的条件之下，只有隐居躬耕的生活才能做到这一点，才能感受所谓的“真意”。

结庐在人境①，而无车马喧②。
问君何能尔③，心远地自偏。
采菊东篱下，悠然见南山④。
山气日夕佳，飞鸟相与还⑤。
此中有真意⑥，欲辨已忘言。

---

① 结庐：构筑屋子。人境：人间，人类居住的地方。

② 无车马喧：没有车马的喧嚣声。

③ 君：作者自谓。尔：如此、这样。这句和下句设为问答之辞，说明心远离尘世，虽处喧嚣之境也如同居住在偏僻之地。

④ 悠然：自得的样子。南山：指庐山。

⑤ 日夕：傍晚。相与：相交，结伴。这两句是说傍晚山色秀丽，飞鸟结伴而还。

⑥ 此中：即此时此地的情和境，也即隐居生活。真意：人生的真正意义，即“迷途知返”。这句和下句是说此中含有人生的真义，却忘了如何用语言表达。意思是既领会到此中的真意，不屑于说，也不必说。

## 学习建议

1. 有人说“这首诗表现了陶渊明弃官归隐后的喜悦心情”，对此，请谈谈你的看法。

2. 简析诗中所体现的“忘世”“忘我”“忘言”三层心态。

3. 延伸阅读篇目:《庚戌岁九月中于西田获早稻》《咏贫士七首》《归园田居·少无适俗韵》《移居》《杂诗》。

# 西洲曲[1]

《乐府诗集》

南朝乐府民歌是继《诗经》、汉乐府民歌后的第三次民歌高潮。指东晋到南朝在长江中下游地区所产生的民间歌谣。近500首，主要保存在郭茂倩《乐府诗集》中，主要由三部分组成：一是吴声歌曲，二是神弦曲，三是西曲歌。南朝民歌清丽缠绵，体制小巧，大多为五言四句，主要反映了人民真挚纯洁的爱情生活。其中，抒情长诗《西洲曲》代表着南朝民歌的最高成就。

## 【导读】

《西洲曲》有些诗句不很连贯，意思不够明显，所以对其内容历来都有不同的解释。大致来说，这是一首作者的侧面描绘与人物的自我抒情相互结合的情歌。

这首民歌可能经过了文人的加工润色，表现一个居住在西洲附近的女子，当爱人到江北去后，她思念和等待爱人回来的思想感情。中间穿插着不同季节的景物变化和女主人公的活动、服饰及仪容的点染描绘，一层深过一层地展示人物内心的情思，将那种无尽的相思表现得极为细腻缠绵而又委婉含蓄。全诗基本上是四句一换韵，蝉联而下，声情婉转，语语动人。人物感情缠绵细腻，曲折丰富。作者把人物的生活、心理活动和四季不同的景物结合起来描写，用景物本身的属性和特点来叙写和象征人物的感情，情景交融。语言流丽婉转，运用连珠格（“接字”和“钩句”）的修辞方法，换字换韵，周回反复，余音不绝。

忆梅下西洲，折梅寄江北[2]。单衫杏子红，双鬓鸦雏色[3]。
西洲在何处？两桨桥头渡。日暮伯劳飞，风吹乌臼树[4]。
树下即门前，门中露翠钿[5]。开门郎不至，出门采红莲[6]。
采莲南塘秋，莲花过人头。低头弄莲子，莲子青如水[7]。
置莲怀袖中，莲心彻底红[8]。忆郎郎不至，仰首望飞鸿[9]。
鸿飞满西洲，望郎上青楼[10]。楼高望不见，尽日栏杆头。

---

① 本篇属《杂曲歌辞》，可能经过文人加工。

② 下：往。西洲：地名，未详所在。江北：指男子所在的地方。这两句是说，因回忆起梅花飘落的时候他们曾在西洲聚会，所以当梅花开时便又折梅寄给已去江北的爱人。

③ 杏子红：指杏红色的单衫。鸦雏（yā chú）色：是说妇女的头发像小乌鸦羽毛那样又黑又亮。

④ 伯劳：鸟名，仲夏开始啼叫，喜欢单栖。乌臼：一作乌桕（jiù）。落叶乔木，夏开小黄花，种子可榨油。

⑤ 翠钿（diàn）：用翠玉做成或镶嵌的首饰。

⑥ 莲：双关语，谐“怜”。“莲子”，是暗指对男子的爱情。

⑦ 青如水：喻爱情的纯净。

⑧ 莲心：谐“怜心”，就是爱怜之心。彻底红：隐喻怜爱之深透。

⑨ 望飞鸿：古人有鸿雁传书的说法，所以望飞鸿即盼望书信的意思。鸿，雁。

⑩ 青楼：漆成青色的楼，古时谓女子之所居。

栏杆十二曲，垂手明如玉。卷帘天自高，海水摇空绿①。
海水梦悠悠，君愁我亦愁②。南风知我意，吹梦到西洲③。

## 学习建议

1. 分析《西洲曲》中所用的修辞手法。
2. 以《西洲曲》为例，谈谈南朝乐府民歌的特点。
3. 延伸阅读篇目：《折杨柳歌·上马不捉鞭》《子夜歌·今夕已欢别》《木兰诗》。

① 这两句说：卷帘所见，天空更加高远。
② 海水句意思说：海水悠悠，正如梦的悠悠。海水即指江水。
③ 南风句意思说：希望南风知道我的情思，把我的梦境吹到西洲，能与所欢见面。

# 春江花月夜①

张若虚

张若虚，生卒年不详，扬州（今江苏省扬州市）人，初唐著名诗人。曾官兖州兵曹。唐中宗神龙间，与贺知章、贺朝、万齐融、邢巨、包融同以吴越之士驰名京都。开元初，又与贺知章、张旭、包融并称“吴中四士”。他的生平事迹，已不可详考。所作诗篇也多散逸，《全唐诗》仅录存两首。

## 【导读】

这首诗被闻一多先生誉为“诗中的诗，顶峰上的顶峰”，一千多年来使无数读者为之倾倒。一生仅留下两首诗的张若虚也因这一首诗“孤篇横绝，竟为大家”。“春、江、花、月、夜”这五种事物集中体现了人生最动人的良辰美景，清明澄澈的天地宇宙引起诗人的遐思冥想。诗人通过月景联想到人生的哲理和宇宙的奥秘，联想到个人的生命是短暂的而人类的存在却绵延久长。缘于诗人对人生的热爱与追求，其基调“哀而不伤”。下半篇诗人将笔触转到了人世间，引出了男女相思的离愁别恨，生动地描写了在美丽的花月之夜，有情人的两地相思之情，从而歌颂了人间纯洁真诚的爱情。

整首诗紧扣着春、江、花、月、夜的背景来写，而又以月为中心，春、江、花、夜都是在月光下展现出来的。诗情围绕着明月的初生、高悬、西斜、下落的过程而展开。在月光下的江流、芳甸、花林、飞霜、沙汀、白云、青枫、扁舟、高楼、玉户、闲潭、落花、海雾、江树以及长夜不眠的思妇和漂泊天涯的游子间的相思之情等，交织构成了一幅充满诗情画意的春江月夜图。而在这样神话般迷离优美的艺术气氛中，诗人对大自然美好景物的赞美，对人生、宇宙哲理的探索，以及对人间纯真爱情的歌颂都十分自然地融合在一起。汇成了一种情、景、理水乳交融的优美而邈远的意境。

诗歌笔调优美，风格清新、典雅。用韵也很有特色，全诗四句一换韵，共九韵，每一韵形成一个小段落，段落间的转折，自然和谐，给人婉转优美、回肠荡气的美感。

春江②潮水连海平③，海上明月共潮生④。
滟滟随波千万里⑤，何处春江无月明！

---

①《春江花月夜》是乐府《清商曲辞·吴声歌曲》旧题，曲调创始于陈后主。后主和宫中女学士及朝臣唱和为诗，《春江花月夜》是其中最艳丽的曲调。

② 春江：春天的长江。

③ 海：指宽阔的江面。

④ 共潮生：月出海上，好像和潮水一同升起。

⑤ 滟滟（yàn yàn）：水波闪闪发光的样子。

江流宛转绕芳甸①，月照花林皆似霰②；
空里流霜不觉飞③，汀上白沙看不见④。
江天一色无纤尘⑤，皎皎空中孤月轮⑥。
江畔何人初见月？江月何年初照人？
人生代代无穷已⑦，江月年年只相似；
不知江月待何人，但见长江送流水。
白云一片去悠悠⑧，青枫浦上不胜愁⑨。
谁家今夜扁舟子⑩？何处相思明月楼⑪？
可怜楼上月徘徊⑫，应照离人妆镜台⑬。
玉户帘中卷不去⑭，捣衣砧上拂还来⑮。
此时相望不相闻，愿逐月华流照君⑯。
鸿雁长飞光不度⑰，鱼龙潜跃水成文⑱。
昨夜闲潭梦落花⑲，可怜春半不还家。
江水流春去欲尽，江潭落月复西斜。
斜月沉沉藏海雾⑳，碣石潇湘无限路㉑。
不知乘月几人归，落月摇情满江树㉒。

---

① 芳甸（diàn）：遍生花草的郊野。郊外之地叫甸。

② 花林：花满枝头的树林。霰（xiàn）：小冰珠，俗称雪子。这句意谓月光照耀下的花林，晶莹光洁，看去如同玲珑的霰子。

③ 流霜：飞霜。《唐诗解》引张协《七命》注："流犹飞也。"这里以不觉流霜之飞，衬月色之洁。

④ 汀：水边的平地。

⑤ 纤尘：细小的灰尘。

⑥ 皎皎：形容月亮洁白明亮的样子。《古诗十九首》："明月何皎皎"。

⑦ 无穷已：没有穷尽。

⑧ 悠悠：白云飘行悠闲自在的样子。

⑨ 青枫浦：也称双枫浦。今湖南浏水中有此地名。这里泛指离别场所。

⑩ 扁（piān）舟子：飘荡江湖的客子。扁舟：小舟。这里暗用《史记·货殖传》："（范蠡）乃乘扁舟浮于江湖"之意。

⑪ 明月楼：月夜闺楼。指闺楼中的思妇。

⑫ 月徘徊：月影移动。这两句从曹植诗演化而来。曹植《七哀诗》："明月照高楼，流光正徘徊。上有愁思妇，悲叹有余哀。"

⑬ 妆镜台：梳妆台。

⑭ 玉户：闺房。

⑮ 捣衣砧（zhēn）：捶衣石。这两句意谓月光带着离愁渗进思妇的心头，卷不去，拂不去。

⑯ 逐：跟随。月华：月光。这两句写思妇望月怀夫，以至产生了跟随月光到丈夫身边的心境。

⑰ 鸿雁：大雁。长飞：远飞。光不度：月光不能随鸿雁飞去。

⑱ 鱼龙：龙是中国古代传说中一种有鳞有须能兴云作雨的神异动物，传说生活在水中。这里因提到鱼，连类而及曰"鱼龙"。古有鲤鱼传书的说法，这里暗指音讯难通。

⑲ 闲潭：清寂安静的水潭。

⑳ 藏海雾：斜月笼罩在雾气里。

㉑ 碣（jié）石：山名，在今河北省昌黎县北渤海边上，现已沉没。潇湘：水名。潇水在湖南零陵县汇入湘江称潇湘。这里碣石、潇湘泛指地北天南。无限路：极言离人相距之远。

㉒ 摇情：浮动着的情思。

## 学习建议

1. 这首诗被人评为“以孤篇压倒全唐”，请谈谈你的认识。
2. 分析这首诗融诗情、画意、哲理为一体的艺术特征。

# 终南山

王　维

王维（701—761年），盛唐著名诗人，字摩诘，祖籍太原祁州，从其父起，寄籍蒲州（今山西运城市），官至尚书右丞，世称王右丞。精通音乐、绘画，有很高的禅学修养，青壮年时期曾写过一些格调高亢的诗作，中年以后半官半隐。他能以绘画、音乐之理通于诗。善于运用自然而又精练、准确、富于特征性的语言，塑造出完美鲜明的形象。往往着墨不多，而意境高远，把宋、晋以来描写自然景物的诗歌艺术推进了一步。他的诗具有诗情画意相结合的特点。正如苏轼评说的“观摩诘之画，画中有诗；味摩诘之诗，诗中有画”（《书摩诘蓝田烟雨图》）。他的山水田园诗空明静逸，一向被视为中国山水田园诗的正宗。其诗各体兼工，以五言律、绝最为出色。有《王右丞集》。

## 【导读】

此诗作于开元末，王维开元二十九年曾隐于终南。诗题宋蜀本作《终南山行》，《文苑英华》作《终山行》。终南山在长安城南四十里处，西起甘肃天水，东至河南陕县，绵亘八百余里。诗旨在咏叹终南山的山势壮丽与景色诱人，写得气魄宏大，意境既雄浑而又清远，读来令人心旷神怡。

首联先用夸张手法勾勒终南山总体轮廓，写出了终南山的高峻与广袤。颔联写近景，“回望”“入看”，表明诗人已入山间，两句极为真切生动地写出游山情形与感受。颈联写登山纵目景象，诗人立足“中峰”，故可见群山“分野”之“变”，“众壑”参差起伏，故犹如“阴晴”而“殊”态，写尽终南山雄阔苍莽之势。尾联收回自身，意欲投宿，既见天色向晚，诗人之游已自晨至暮，又见游兴未尽，还要留待明日再游，足见山景之美及诗人留恋之深，而以一“问”字收束全诗，则于完全的静景描述中加以声音，留不尽之余味。在这首诗中，诗人抓取最为典型的山景，表现岩峦起伏之万千姿态，极具尺幅万里之势，同时又以画家的笔法，写山中烟云变幻，就如一幅泼墨山水。总起来看，这首诗的主要特点和优点是善于“以不全求全”，从而收到了“以少总多”“意余于象”的艺术效果。

太乙近天都，连山到海隅①。
白云回望合，青霭入看无②。

---

① 太乙：是终南山的主峰，其山绵延数千里。近：近乎，或者接近。天都：天帝居住的地方，一说指唐都长安。隅：边，角。

② 回望合：回望山顶，白云聚合，笼罩在终南山上。霭（ǎi）：雾气。入看：近看之意。

分野中峰变，阴晴众壑殊①。
欲投人处宿，隔水问樵夫②。

## 学习建议

1. 思考《终南山》一诗所写的主要内容并体会诗中表现作者情趣的手法。

2. 以颔联、颈联为例，分析这首诗的语言特色。

3. 延伸阅读篇目：《使至塞上》《鸟鸣涧》《少年行》《送元二使安西》《相思》《渭川田家》。

① 分野：我国古代天文学家把天上的星宿和地上的区域联系起来，地上的某一区域都划定在星空的某一范围之内，称为分野。中峰：指主峰太乙。中峰之北为秦，为雍州、井鬼之分；其南为蜀，为梁州、荆州、翼轸之分。壑（hè）：山沟。殊：不同。这句指在同一时间内，众壑之间气候不一样。

② 人处：有人家的地方。

# 临洞庭湖赠张丞相①

孟浩然

孟浩然（689—740年），盛唐著名诗人，名不详，“浩然”是其字，襄阳（今湖北襄阳市）人。虽有进取之心，却终生未仕。四十岁以前，他隐居于鹿门山。曾南游江、湘，北去幽州，一度寓寄洛阳，往游越中。开元十六年（728年），他入长安应举，结交王维、张九龄等人，开始遍交诗坛群彦。次年赋诗秘省，以“微云淡河汉，疏雨滴梧桐”一联名动京师；但却不幸落第。随后，他南下吴越，寄情山水。开元二十五年（737年）入张九龄荆州幕，酬唱尤多。三年后不达而卒。他的诗，多写隐居闲适和羁旅愁思，意境深远，多自然超妙之趣，长于山水田园题材，与王维并称。有《孟浩然集》传世。

## 【导读】

这是一首干谒诗，孟浩然漫游洞庭，思及个人前途，因写此诗给当时还在相位的张九龄，希望得到引荐录用，但写洞庭之景却极为出色，实际上成为一首杰出的山水佳作。

前半写洞庭秋景，八月秋汛，湖水盛涨，几乎和两岸齐平，且水天一色，极目远望，涵浑莫辨，尤增汪洋阔大之势，如此笔法，真所谓“起得浑浑称题，而气概横绝”（碧琳琅馆重刊《孟浩然集》附刘辰翁评语）。三、四句实写，“云梦泽”“岳阳城”写出洞庭地域所在，而冠以“气蒸”“波撼”，则写出洞庭丰厚涵量、勃勃生机以及澎湃激荡的力度。前两句静写湖的浩阔，后两句动写湖的声势。下四句转入抒情，“欲济”由眼前景触发，面对浩浩湖面，联想在野之身，以难以渡过喻无人引荐，“端居”而耻对“圣明”，表明心志。因而“坐观垂钓”，“徒有羡鱼”，用“临河而羡鱼，不若归家织网”（《淮南子·说林训》）之古语而巧妙地翻出新意，进一步含蓄委婉地流露出希求援引之心情。诗意本在干谒，却全借洞庭之景自然引出，略无痕迹，且写景本身成为千古洞庭诗歌之绝唱。

整首诗情景相生，宏伟的景象弥漫着强烈的主体精神，尤其是“气蒸云梦泽，波撼岳阳城”一联，是非同凡响的盛唐之音。

八月湖水平②，涵虚混太清③。
气蒸云梦泽④，波撼岳阳城⑤。

---

① 张丞相，即张九龄，唐代贤相。唐玄宗开元二十一年（733年），孟浩然西游长安，写这首诗赠给张九龄，希望得到他的引荐。诗题一作《临洞庭》。

② 平：这里是湖水涨满的意思。

③ 涵：浸润、涵容。虚、太清：均指天空。《文选》左思《吴都赋》刘渊林注：“太清，谓天也。”涵虚，说水面似乎包涵着天空，极言湖水辽阔。混太清，水面和天空混而为一。

④ 此句意谓：洞庭湖周围很广的地区都在湖中水气的笼罩之中。云梦泽：古代的大泽，范围很广，大致相当于现在湖北省东南部、湖南省北部一带低洼之地。

⑤ 岳阳城：在洞庭湖东岸。据范致明《岳阳风土记》，在夏秋之季洞庭湖面多西南风，“涛声喧如万鼓，昼夜不息，漱齿城岸，岁常倾颓。”

欲济无舟楫①，端居耻圣明②。

坐观垂钓者，徒有羡鱼情③。

## 学习建议

1. 体会这首诗表现出的诗人的思想感情。

2. 以“气蒸云梦泽，波撼岳阳城”一联为例，谈谈此诗情景相生这一特色。

3. 延伸阅读篇目：《过故人庄》《秋登万山寄张五》《万山潭作》《宿桐庐江寄广陵旧游》《夜归鹿门山歌》。

① “欲济”句，济：渡。舟楫（jí）：船和桨。语意双关，意谓想渡洞庭湖而没有舟楫，犹如欲出仕而无人援引。

② 此句意谓：在这个太平的时代，我无所建树，感到很惭愧。端居：独处、隐居。圣明：指升平时代。古人皆认为皇帝圣明则天下太平。

③ “坐观”两句，申足上文，表示自己愿意出仕。言外之意，希望得到对方帮助，不要使这种愿望落空。徒，一作“空”。

# 出塞·秦时明月汉时关①

王昌龄

王昌龄（698—757 年），字少伯，京兆（今陕西西安）人，一说太原人，盛唐时期著名诗人。开元十五年（727 年）进士，授汜水（今河南荥阳）县尉。后又中博学宏词科，授秘书省校书郎。贬江宁（今江苏南京）丞，晚年再贬龙标（今湖南黔阳）县尉。世称“王江宁”，又称“王龙标”。至德初北归，居乡里，为亳州刺史闾丘晓杀害。作品中边塞诗和闺怨诗最为出色。其边塞诗，或激越昂扬，或悲歌慷慨，常感英气逼人。其闺怨诗，形象鲜明生动，含蕴深沉缠绵。他擅长五言古诗和五言、七言绝句，以绝句成就为最高。开元、天宝之间，名重一时，有“开天圣手”之誉。有《王昌龄集》。

## 【导读】

这首诗前两句从写景入手，以“秦”“汉”二字互文见义，以明月、关塞落笔，概括了千年来边境不宁、战氛难靖、士卒万里戍边代代依然的历史事实。后两句由“人未还”三字生发，转出正意，表现了诗人渴望出现英勇善战、体恤士卒的将帅，从而巩固边防，“不战而屈人之兵”的心情。沈德潜说：“‘秦时明月’一章，……盖言师劳力竭，而功不成，由将非其人之故，得飞将军备边，边烽自熄。”（《说诗晬语》）可谓深得此诗要旨。

在艺术上，这首诗把现实和历史联系起来，把征人思妇个人哀怨和国家的安定统一联系起来，把盼征人归来和盼名将安边联系起来，使诗歌具有极其深刻的时代意义和历史意义。语言上，这首诗言少意多，精警而耐人寻味。短短二十八字，有对关塞悠久的时间追溯，有广袤辽阔的空间展示，有征人的边愁、思妇的悬念，有对戍卒的同情和对边将无能的不满，有对英才良将的企盼，也有诗人自身跃跃欲试、横槊卫边的渴望……此诗有“微而显”，“婉而成章”的特色。尤其是开头两句，囊括古今，包举万里，令人情思飞越，遐想千古。此外，此诗还兼有史论的特点。主旨及写作意图有很强的现实针对性。

秦时明月汉时关②，万里长征人未还③。
但使龙城飞将在④，不教胡马度阴山⑤。

---

① 《出塞》：乐府《横吹曲辞》旧题，见郭茂倩《乐府诗集》卷二十一。唐人乐府中除《出塞》外，还有《前出塞》《后出塞》《塞上曲》《塞下曲》等题，都与此调同一系列。原作两首，这是第一首。塞（sài）：边塞。

② 秦、汉，月、关，皆互文见义。言自秦、汉以来，月、关依旧，战争无休无止，而秦汉明月相照，万里关塞越显出荒远凄凉。关：关塞，指秦汉时在比邻匈奴地区所设置的边防要塞。

③ 这句意谓：战乱始终不息，远征在外的战士还没有返回家园。人：指戍守边塞的战士。

④ 但使：假使。龙城飞将：指西汉武帝时右北平太守李广。汉武帝时，李广为右北平太守，英勇善战，体恤士卒，匈奴称他为“汉之飞将军”。右北平，汉郡名，辖今河北省蓟州区以东、辽宁大凌河上游以南地区，大致相当于后来的营州，营州旧治龙城（今辽宁朝阳）。

⑤ 不教（jiāo）：不让，不使。胡马：胡人的兵马。胡，古代汉族对西北少数民族的通称。度：过。阴山：山脉名，西起河套，横亘内蒙古，东与兴安岭余脉相接，为中国内地在北方的天然屏障。汉时，匈奴常越过此山侵扰内地。

## 学习建议

1. 体会此诗前两句时空、境界之广阔。
2. 体会诗歌的后两句所包蕴的多重寓意。

# 封丘县①

高　适

高适（约702—765年），盛唐著名诗人。字达夫，一字仲武，祖籍渤海蓨县（今河北景县）。早岁家贫，漫游梁、宋间，落拓失意。二十岁时曾宦游至长安，求官不成。后经张九皋荐，举“有道科”，授封丘尉，旋即弃官而去。哥舒翰镇河西，引高适入幕，任左骁卫兵曹参军、掌书记。安史之乱起，拜侍御史，迁谏议大夫，出为淮南节度使。历蜀、彭二州刺史，西川节度使，官终散骑常侍，世称高常侍。高适诗自叹身世的较多，但以边塞诗最著名，在当时与岑参并称“高岑”。风格慷慨苍凉，雄浑豪放，语言流畅，音调浏亮，是盛唐边塞诗派的代表人物。其七言歌行对后代很有影响。杜甫说他的诗“方驾曹刘不啻过”，并且赞美他的诗才如“骅骝开道路，鹰隼出风尘”。有《高常侍集》十卷。

## 【导读】

高适早年隐身渔樵，困顿不堪，直到天宝八载（749年）才由宋州刺史张九皋推荐，中“有道科”，得了个封丘县尉的小官。高适素有“屈指取公卿”的抱负，对此心里自然不那么痛快。这首诗就写于上任后不久，它集中地揭示了他的理想与现实的矛盾，以及刚出仕又希望归隐的复杂心理，是典型的“有气骨”的“胸臆语”。其中最为人称道的是“拜迎官长心欲碎，鞭挞黎庶令人悲”两句，从中可以见到诗人爱己爱民的正直人品。殷璠在《河岳英灵集》里评高适的诗：“多胸臆语，兼有气骨。”也就是诗的情意真挚，并且气势充沛，造语挺拔。全诗运用质朴自然、毫无矫饰的语言，扣紧出仕后理想与现实的矛盾，称心而言，一气贯注，肝胆照人。

诗歌每四句为一段，不堪作吏是全篇的主旨。在句法上，全篇每段四句的一、二句为散行，三、四句是对偶。如此交互为用，经纬成文，既流动，又凝重。四段连接，造成反复回环的旋律。对偶的一联中，不仅字面对仗工整，而且都是一句一意或一句一事，没有意思重复的合掌，显得整饬精练；更因虚词的承接照应，诗意连贯而下，语势生动自然，成为很好的流水对，读来便觉气势流转，绝无板滞之病。全诗每段一韵，平仄相间，抑扬鲜明，随着诗的感情变化，音韵也起落有势，增加了声调的美感。

我本渔樵孟诸野②，一生自是悠悠者③。

---

① 天宝八载（749年）秋，高适任封丘（今属河南）尉。《旧唐书·高适传》：“宋州刺史张九皋深奇之，荐举有道科。时右相李林甫擅权，薄于文雅，惟以举子待之。解褐汴州封丘尉，非其好也。”尉，位在县令之下，主管治安，督捕盗贼。诗中抒写了对于官位卑微的不满，表达了对百姓的同情和自己内心深处的矛盾痛苦。诗题一作《封丘作》。

② 渔樵：打鱼砍柴。孟诸：古大泽名，在今河南省商丘市南北一带。《尔雅·释地》：“宋有孟诸。”高适出仕前曾在这里住过很长时期。《别韦参军》诗云：“归来洛阳无负郭，东过梁宋非吾土。兔苑为农岁不登，雁池垂钓心长苦。”野：野外，相对于城市而言。

③ 悠悠：悠闲，无拘束。

乍可狂歌草泽中①，宁堪作吏风尘下②！
只言小邑无所为，公门百事皆有期③。
拜迎官长心欲碎，鞭挞黎庶令人悲④。
归来向家问妻子，举家尽笑今如此。
生事应须南亩田，世情付与东流水⑤。
梦想旧山安在哉⑥？为衔君命且迟回⑦。
乃知梅福徒为尔⑧，转忆陶潜归去来⑨。

## 学习建议

1. 思考这首诗揭示的诗人内心世界。
2. 具体说明这首诗情意真挚，气势充沛，且造语挺拔的特点。
3. 延伸阅读篇目：《燕歌行》《别韦参军》《别董大二首》。

---

① 乍可：只可。

② 宁堪：怎能忍受，意即只好忍受。风尘下：风尘之中，古代做官，要回避原籍，因有"风尘吏"的说法。

③ 期：日程，期限。

④ 黎庶：黎民，庶民，即平民百姓。

⑤ 生事二句：意谓自己之所以风尘作吏，是因为家里无田可耕；而过去用世的抱负，只好完全放弃。生事：生计。南亩：田亩的泛称，语出《诗经·七月》："馌彼南亩。"

⑥ 旧山：家山，故乡。

⑦ 衔君命：奉君之命。迟回：踟蹰，徘徊，欲去而仍留貌。

⑧ 梅福：西汉末寿春人，字子真，曾为南昌尉，后弃官归家，隐居读书。王莽时抛弃家室，变姓名，为吴市门卒。事见《汉书·梅福传》。徒为尔：意谓做这个县尉只是白干一场，不会有什么出路。徒：空自，白白地。尔：此，指为尉这件事。

⑨ 陶潜归去来：陶潜为彭泽令，郡督邮将至，例应束带谒见。潜叹息曰："我岂能为五斗米，折腰向乡里小儿！"于是辞官归，作《归去来辞》以寄意。事见萧统《陶渊明传》。这句表示要弃官归田。

# 走马川行奉送封大夫出使西征①

岑　参

岑参（715—770 年），盛唐著名诗人，江陵（今属湖北）人，祖籍南阳（今河南南阳）。曾祖、伯祖、伯父皆官至宰相。幼丧父，孤贫。玄宗天宝三载（744 年）进士，八载入安西高仙芝幕，充节度掌书记及安西、北庭节度判官。入朝为左补阙，历太子中允、殿中侍御史。又出为关西节度判官，终嘉州刺史。他与高适并称，诗歌都是以反映边塞生活著称。其诗多洋溢着积极乐观的情绪，艺术上富于幻想色彩，善于运用变化无端的笔触，描绘现实生活中的体验。语奇体峻，迥拔孤秀。有《岑嘉州集》十卷。

## 【导读】

岑参的边塞诗虽然大都写于天宝后期，却不像其他诗人（如高适、杜甫等人）同期的边塞诗一样注重战争给人民带来的灾难，而是以瑰丽的笔调写边塞的异域风光，写战士的勇武气概与必胜信心。天宝十三年（754 年），岑参被北庭节度使封常清辟为节度判官，第二次出塞。此诗写于此次出塞以后。诗的开头先极力渲染战地的奇特环境：狂风夜吼、平沙莽莽、飞沙走石。在这样寒冷而严酷的自然环境中，唐军出兵。“将军金甲夜不脱，半夜行军戈相拨，风头如刀面如割”，烘托出王师必胜，故“虏骑闻之应胆慑”，从而形象地歌颂了唐军士气高昂、吃苦耐劳、勇敢无畏的精神。

岑参的边塞诗素以“壮”“奇”著称，本篇即显示了这个特点。边疆大漠中令人生畏的恶劣气候，在诗人眼中却成了值得欣赏的奇伟美景，成了衬托英雄气概的壮观景象。全诗回荡着昂扬的浪漫激情。这完全基于作者开朗的胸襟、积极进取的精神、好奇的个性和克服困难的勇气，也正是构成“盛唐气象”的主体精神。诗歌运用夸张、想象的手法造语写意，更使作品意奇、语奇。

君不见走马川行雪海边②，平沙莽莽黄入天。
轮台九月风夜吼③，一川碎石大如斗，随风满地石乱走。
匈奴草黄马正肥④，金山西见烟尘飞⑤，汉家大将西出师。
将军金甲夜不脱，半夜军行戈相拨，风头如刀面如割。

---

① 走马川：音译，今作“左末河”。行：即歌行，古代诗歌的一种体裁，属古体诗范畴。封大夫：指封常清，原为岑参的幕友，因功于天宝十三载拜北庭都护、西伊节度、瀚海军使，摄御史大夫，驻军轮台。

② 雪海：泛指西北苦寒之地。《新唐书·西域传下》：“行度雪海，春夏常雨雪。”

③ 轮台：地名，土名“玉古尔”或“布古尔”，汉武帝时曾遣戍屯田于此，唐贞观年间置县，治所在今新疆米泉区。

④ 匈奴：泛指北方游牧民族。

⑤ 金山：即阿尔泰山。突厥语称“金”为“阿尔泰”，这里泛指塞外山脉。烟尘飞：指战事爆发。

马毛带雪汗气蒸，五花连钱旋作冰①，幕中草檄砚水凝②。
虏骑闻之应胆慑③，料知短兵不敢接，车师西门伫献捷④。

## 学习建议

1. 体会这首诗所表达的思想感情。
2. 分析本诗最鲜明的艺术特色。
3. 延伸阅读篇目：《逢入京使》《白雪歌送武判官归京》《轮台歌》。

---

① 五花、连钱：都是良马的名称。一说都是指马斑驳的毛色。此句意谓汗和雪很快就在马身上结了冰。
② 草檄：起草声讨敌人的文书。
③ 虏骑：敌人的骑兵。古代泛称北方民族为“虏”。胆慑（shè）：恐惧。
④ 车师：安西都护府所在地，在今新疆维吾尔自治区吐鲁番市。伫（zhù）：等待。献捷：报捷。

# 梁甫吟

李　白

李白（701—762 年），字太白。原籍陇西成纪（今甘肃秦安），号青莲居士，出生于中亚西域的碎叶城（在今吉尔吉斯斯坦境内），约五岁时，其家迁居绵州昌隆（今四川江油），天宝元年（742 年）因玄宗妹玉真公主荐应诏入长安，供奉翰林，受玄宗恩遇，后因得罪宠臣贵妃，被赐金遣返。安史之乱中，入永王李璘幕。李璘被肃宗诛杀，李白以“附逆”罪名被流放夜郎（今贵州桐梓），途中遇赦。晚年漫游于金陵（今江苏南京）、宣城（今属安徽）一带，卒于当涂。现存诗 1 035 首。所作诗歌主观性很强，感情奔放豪迈，想象丰富奇特，辞采瑰玮绚丽，风格飘逸自然，尤其擅长乐府、七言歌行和五言、七言绝句。是继屈原之后，出现在我国诗坛上的伟大的浪漫主义诗人。有《李太白集》。

## 【导读】

《梁甫吟》是古代用做葬歌的一支民间曲调，音调悲切凄苦。诗大概写在李白“赐金放还”，刚离开长安之后。诗中抒写遭受挫折以后的痛苦和对理想的期待，气势奔放，感情炽热，是李白的代表作之一。

开头两句表现了诗人渴望得到重用，施展抱负。接下来连用两组“君不见”提出两个历史故事，寄寓着自己的理想与抱负。自“我欲攀龙见明主”句起，诗人一下子从乐观陷入了痛苦。自“白日不照吾精诚”以下十二句诗人通过各种典故或明或暗地抒写了内心的忧虑和痛苦，并激烈地抨击了现实生活中的不合理现象。随后诗人用“梁甫吟，声正悲”，直接呼应篇首两句，语气沉痛而悲怆。突然，诗人又笔锋一转，“张公两龙剑”以下四句信心百倍地回答了“何时见阳春”这一设问。诗人仍在用各种办法自我慰藉，始终没有放弃对理想的追求。

此诗大量运用历史典故，以众多贤才初期不遇而终能风云际会，来表示应暂时安于困厄，等待时机，反映了诗人积极用世之心并不因挫折而被削弱。诗篇大气磅礴，酣畅淋漓，一气呵成而又理脉清楚，色彩缤纷，显示了典型的浪漫主义精神。

长啸《梁甫吟》①，何时见阳春？
君不见朝歌屠叟辞棘津，八十西来钓渭滨②。
宁羞白发照清水，逢时壮气思经纶③。广张三千六百钓，风期暗与文王亲④。

---

① 《梁甫吟》：亦作《梁父吟》，乐府相和歌辞楚调曲有诸葛亮《梁父吟》。《三国志·蜀志·诸葛亮传》云：“亮好为《梁父吟》，自比管、乐，时人未之许。”然李勉《琴说》曰：“《梁甫吟》，曾子撰。”蔡邕《琴颂》：“梁甫悲吟，周公越裳。”梁甫：又名梁父，山名，在泰山下。长啸：吟唱。

② 朝歌屠叟：指吕尚（即吕望、姜太公）。《战国策·秦策三》：“臣（范雎）闻始时吕尚之遇文王也，身为渔父而钓于渭阳之滨耳。”又《秦策五》：“太公望，齐之逐夫，朝歌之废屠。”《韩诗外传》卷七：“吕望行年五十，卖食棘津，年七十屠于朝歌，九十乃为天子师，则遇文王也。”又《韩诗外传》：“太公望……屠牛朝歌，赁于棘津，钓于磻溪，文王举而用之，封于齐。”

③ 经纶：《易经·屯卦》：“君子以经纶。”经纶：喻治理国家。

④ 三千六百钓：指吕尚在渭河边垂钓十年，共三千六百日。风期：风度和谋略。

大贤虎变愚不测，当年颇似寻常人①。
君不见高阳酒徒起草中，长揖山东隆准公②。
入门不拜骋雄辩，两女辍洗来趋风。东下齐城七十二，指挥楚汉如旋蓬。③
狂客落魄尚如此，何况壮士当群雄！
我欲攀龙见明主④，雷公砰訇震天鼓⑤，帝旁投壶多玉女。⑥
三时大笑开电光，倏烁晦冥起风雨⑦。阊阖九门不可通，以额叩关阍者怒⑧。
白日不照吾精诚，杞国无事忧天倾⑨。猰貐磨牙竞人肉，驺虞不折生草茎⑩。
手接飞猱搏雕虎，侧足焦原未言苦⑪。智者可卷愚者豪，世人见我轻鸿毛⑫。
力排南山三壮士，齐相杀之费二桃⑬。吴楚弄兵无剧孟，亚夫咍尔为徒劳⑭。
梁甫吟，声正悲。张公两龙剑，神物合有时⑮。
风云感会起屠钓，大人屼屼当安之⑯。

---

① 大贤：指吕尚。虎变：《易经·革卦》九五："大人虎变。"喻大人物行为变化莫测，骤然得志，非常人所能料。

② 高阳酒徒：西汉人郦食其。《史记·郦生陆贾列传》："郦生食其者，陈留高阳人也。好读书，家贫落魄，无以为衣食业，为里监门吏。然县中贤豪不敢役，县中皆谓之狂生。……沛公至高阳传舍，使人召郦生。郦生至，入谒，沛公方倨床使两女子洗足，而见郦生。郦生入，则长揖不拜。"郦生尝自称高阳酒徒。隆准：高鼻子。隆准公：指刘邦。《史记·高祖本纪》："高祖为人，隆准而龙颜。"趋风：疾行如风前来迎接。《史记·郦生陆贾列传》载：楚、汉在荥阳、成皋一带相持，郦生建议刘邦联齐孤立项羽。他受命到齐国游说，齐王田广表示愿以所辖七十余城归汉。

③ 旋蓬：在空中飘旋的蓬草。

④ 攀龙：《后汉书·光武帝本纪》：耿纯对刘秀说："天下士大夫所以跟随大王南征北战，本来是希望攀龙鳞，附凤翼，以成就功名。"后人因以攀龙附凤比喻依附帝王建立功业。

⑤ 雷公：传说中的雷神。砰訇（pēng hōng）：形容声音宏大。

⑥ 帝旁投壶多玉女：《神异经·东荒经》载：东王公常与一玉女玩投壶的游戏，每次投一千二百支，不中则天为之笑。天笑时，流火闪耀，即为闪电。

⑦ 三时：古时指春、夏、秋三季为三时，佛教称一年为热、雨、寒三时。倏（shū）烁：电光闪耀。晦冥：昏暗。这两句暗指皇帝整天寻欢作乐，权奸和宦官弄权，朝廷政令无常。

⑧ 阊阖（chāng hé）：神话中的天门。阍（hūn）者：看守天门的人。《离骚》"吾令帝阍开关兮，倚阊阖而望予。"这两句指唐玄宗昏庸无道，宠信奸佞，使有才能的人报国无门。

⑨ 杞国无事忧天倾：《列子·天瑞》："杞国有人忧天地崩坠，身亡无所寄，废寝食者。"两句意谓皇帝不理解我，还以为我是杞人忧天。此自嘲之意。

⑩ 猰貐（yà yǔ）：古代神话中一种吃人的野兽。这里比喻阴险凶恶的人物。竞人肉：争吃人肉。驺（zōu）虞：古代神话中一种仁兽，白质黑纹，不伤人畜，不践踏生草。这里李白以驺虞自比，表示不与奸人同流合污。

⑪ 接：搏斗。飞猱、雕虎：比喻凶险之人。焦原：传说春秋时莒（jǔ）国有一块约五十步方圆的大石，名叫焦原，下有百丈深渊，只有无畏的人才敢站上去。

⑫ 智者两句：智者可忍一时之屈，而愚者只知一味骄横。世俗人看不起我。

⑬ 力排两句：《晏子春秋》内篇卷二《谏》下载：齐景公手下有公孙接、田开疆、古冶子三勇士，皆力能搏虎，却不知礼义。相国晏婴便向齐景公建议除掉他们。他建议景公用两只桃子赏给有功之人。于是三勇士争功，然后又各自羞愧自杀。诸葛亮《梁父吟》："步出齐城门，遥望荡阴里。里中有三坟，累累正相似。问是谁家坟？田疆古冶子。力能排南山，文能绝地纪。一朝被谗言，二桃杀三士。谁能为此谋？国相齐晏子"。李白用此典意在讽刺当时权相李林甫陷害韦坚、李邕、裴敦复等大臣。

⑭ 吴楚句：汉景帝时，吴楚等七国诸侯王起兵反汉。景帝派大将周亚夫领兵讨伐。周到河南见到剧孟（著名侠士），高兴地说：吴楚叛汉，却不用剧孟，注定要失败。咍（hāi）尔：讥笑。

⑮ 张公：指西晋张华。据《晋书·张华传》载：西晋时丰城（今江西省丰城）县令雷焕掘地得双剑，即古代名剑龙泉和太阿。雷把龙泉送给张华，自己留下太阿。后来张华被杀，龙泉失落。雷焕死后，他的儿子雷华有一天佩戴着太阿经过延平律（今福建南平市东），突然，剑从腰间跳进水中，与早已在水中的龙泉会合，化作两条蛟龙。这两句用典，意谓总有一天自己会得到明君赏识。

⑯ 风云感会：即风云际会。古人认为云从龙，风从虎，常以风云际会形容君臣相得，成就大业。大人：有才干的人。屼屼（nì wù）：不安。此指暂遇坎坷。

## 学习建议

1. 请你结合作品谈谈对李白的理解。
2. 李白一向有兼济天下之志，请你谈谈诗人在政治上有大建树的可能性。
3. 分析这首诗的浪漫主义特征。

# 关山月①

李　白

## 【导读】

《关山月》为乐府旧题，此题主要写征人远戍，离别相思之苦。本篇是这类作品中最优秀者。首四句以明月起兴，描写西北边地寥廓高远的景色，暗含两地相思之情。诗人仅用二十字，便展现出一幅万里边塞月夜图。中间四句叙述古今战事，揭示出征人思妇离别之苦的根由所在，眼界开阔，胸怀博大。在结构上，此四句承上启下，描写对象由边塞景色过渡到战争，由战争过渡到征人。结尾四句，从征人的角度直抒两地月夜相思之情。出征将士们凝望着边地的景色，思乡之情不可遏制，脸上堆满愁苦的表情。他们推想自家闺楼上的妻子，在这个宁静的月夜也应是辗转难眠，不住地叹息。“望边邑”三字，将前面所描绘的万里边塞图与“戍客”紧密地联系起来，两地相思，共瞻明月，征人们推想家中的妻子在思念自己，正衬托出自己对家人的思念之深。诗人采用对面落笔的手法，抒情含蓄凄婉，感情深挚缠绵。

全诗境界阔大雄浑，富于磅礴的气势。诗人继承了汉魏乐府感于哀乐、缘事而发的优良传统，借古题写当代战事，将征人思妇的相思之情置于深远壮阔的时空背景之下，尤其是首四句，诗人将高悬的明月与雄伟磅礴的天山、浩渺苍茫的云海融为一体，在高远中寓有飞动之势，境界苍莽雄壮，显示出他人难以企及的笔力和气魄。

明月出天山②，苍茫云海间③。
长风几万里④，吹度玉门关⑤。
汉下白登道⑥，胡窥青海湾⑦。
由来征战地⑧，不见有人还。
戍客望边邑⑨，思归多苦颜⑩。

① 关山月：乐府《鼓角横吹曲》十五曲之一，内容多为离别哀伤之情。《乐府解题》：“《关山月》，伤离别也。”

② 天山：即甘肃省西北部的祁连山，因汉时匈奴人称“天”为“祁连”，所以祁连山也叫天山。

③ 苍茫：旷远迷茫的样子。云海：云气茫茫像海一样。

④ 长风：本指远处吹来的风，这里指迅猛之风。几万里：长风吹遍万里关山。

⑤ 度：越过。玉门关：故址在今甘肃省敦煌市西，是汉唐时期通往西域的要道。

⑥ 白登：山名，在今山西省大同市东。下：出兵。公元前 200 年冬，汉高祖在白登与匈奴作战，被围七天。

⑦ 胡：秦汉以来的统治者，称北方的少数民族为“胡”，这里指吐蕃。窥：伺机侵扰。青海：湖名，在今青海省。唐初其地为吐谷浑所有，后被吐蕃侵占，唐王朝和吐蕃经常在这里作战。

⑧ 由来：从来。

⑨ 戍客：驻守边地的士兵。边邑：边地的城市。

⑩ 思归：指守卫边地的士兵望归。苦颜：愁苦的容颜。这两句说，守卫边地的士兵，只能长望边邑而不能回乡，家中的妻室因此异常愁苦。

高楼当此夜①，叹息未应闲②。

## 学习建议

1. 概括本诗的情感内容。
2. 体会这首诗体现的李白诗境界阔大、气势磅礴的艺术个性。

① 高楼：这里代指戍客的妻子。
② 未应闲：不会停止。这两句是写戍客妻子思念丈夫的情景。

# 月　夜[①]

**杜　甫**

杜甫（712—770年），字子美，原籍襄阳（今湖北襄阳市），寄居巩县（今属河南省巩义市），出身于一个世代“奉儒守官”的封建官僚家庭。祖父杜审言，著名诗人。天宝三载（744年）在洛阳与李白相识，结下了深厚友谊。天宝五载（746年）赴长安应试落第，困顿京城十年。天宝十四载（755年）四十四岁时，才被授予右卫率府胄曹参军的微职。安史乱起，在流离颠沛中被叛军所俘，后从长安只身逃奔凤翔，受任左拾遗。不久，被贬为华州司功参军。乾元二年（759年），弃官西行，经关陇、秦州、同谷入蜀，定居成都浣花溪草堂。西川节度使严武荐举杜甫为节度参谋、检校工部员外郎，故世称杜工部。大历三年（768年），携家出峡，漂泊于江陵、公安、岳州、衡阳一带。大历五年（770年），病逝于湘水上的舟中。其诗抒写个人情怀，往往紧密结合时事，思想深厚，境界广阔，有强烈的社会现实意义，被誉为“诗史”。他是我国古代伟大的现实主义诗人。善于从一切优秀文学传统中吸取营养，总结成就，融合众长，兼备诸体，并形成了“沉郁顿挫”的创作风格。有《杜少陵集》，收入诗歌1 400余首。

## 【导读】

这首诗题为《月夜》，是怀念亲人的诗。首联，诗人悬想妻子见月忆己，这正是诗人自己见月忆妻的移入。这种化实为虚、虚实结合的艺术表现，不但显示出诗人臻入化境的艺术技巧，而且渲染了诗人怀念亲人的真挚感情和对妻子的真挚而深厚的爱。妻子看月，并不是欣赏自然风光，而是“忆长安”。领联流水对句转到小儿女作陪衬，作者用小儿女未谙世事，即“不解忆”反衬妻子的“忆”。这个“忆”字含义深广，不仅充满辛酸，而且交织着忧虑和惊恐。颈联描绘想象中的妻子的望月之久，雾湿云鬟，月寒玉臂。尾联写自己的愿望，也就是妻子的愿望。说“何时”，实际是茫茫然不可知，但却又想得那么细致和急切，连重逢时望月流泪都写进去。说重逢时流泪，正映衬现在望月时流泪，说重逢时的泪可以被月照干，正反衬望月思人的泪是照不干的！整首诗以“独看”“双照”为诗眼，“独看”的泪痕里浸透着天下乱离的悲哀，“双照”的清辉里闪耀着四海升平的理想。语意玲珑，章法紧密，感情深挚，表现出回环不已、一往情深的夫妇之情。全诗两句写对方，两句兼言彼此，而中心写妻子，层层转折，层层深入，词意婉切，情悲笔丽。

今夜鄜州月，闺中只独看[②]。

---

① 天宝十五年（即至德元年）六月，安史叛军攻进长安，杜甫携家逃难，住在鄜州（治所在今陕西省富县）。七月肃宗即位灵武（今宁夏回族自治区灵武县），杜甫前往投效，途中被叛军所俘，带到长安，幸因官卑职小，未被囚禁。从此，他就在沦陷的都城里住了一段时间。这首诗写月夜思家的心情。

② 闺中：闺中人，指妻子。看（kān）：此处读平声。

遥怜小儿女，未解忆长安①。
香雾云鬟湿，清辉玉臂寒②。
何时倚虚幌③，双照泪痕干。

## 学习建议

1. 体会杜诗化实为虚、虚实结合的艺术技巧。
2. 体会诗人对妻儿的深挚情感。

① “遥怜”两句：纪昀曰：“言儿女未解忆，正言闺人相忆耳。故下文直接‘香雾云鬟’一联。”忆长安：想念在长安的父亲。

② “香雾”两句意谓：望月已久，雾深露重，所以云鬟沾湿，玉臂生寒。

③ 虚幌：轻薄透明的帷幕。

# 登 高①

杜 甫

## 【导读】

这首诗写诗人于重九登高时的见闻感受。许多人推杜甫此诗为唐人七律压卷，大概有以下几方面的原因：首先是情景相生而波澜壮阔，表现了诗人晚年“漂泊西南天地间”时沉重的内心忧患，虽无一字提及忧国忧民，而忧爱之情溢于言表，深沉厚重之至。其次是语简意深，极富表现力。例如颈联写“悲”，前人认为有八层含义：（一）万里，远离故乡之悲；（二）秋，时令凄惨；（三）作客，羁旅之悲；（四）常作客，长期漂泊之悲；（五）百年，年老迟暮之悲；（六）多病，体弱衰颓之悲；（七）登台，高远寂寞之悲；（八）独登台，孤独无亲朋之悲。语言极为精练，可见杜甫晚年诗作的语言确已到了“难易一字”的地步。再次是结构变化多姿。前四句写景，后四句抒怀，都没有平铺直叙。首联一句数景，近于刻画。颔联一句一景，近于写意。颈联一句数意，极为顿挫。尾联一句一意，又极为流动。最后是属对精工。通体对仗，甚至一句之中自相对偶，整齐匀称，却又一意贯通，一气呵成，毫无堆砌雕琢之感。

风急天高猿啸哀②，渚清沙白鸟飞回③。
无边落木萧萧下④，不尽长江滚滚来⑤。
万里悲秋常作客⑥，百年多病独登台⑦。
艰难苦恨繁霜鬓⑧，潦倒新停浊酒杯⑨。

## 学习建议

1. 分析这首诗的首联和颔联写景的角度和手法上的不同。

---

① 这是一首七言律诗，大历二年（767 年）秋，杜甫流寓夔州时重九登高时所作。

② 啸：声音悠长的鸣叫声。

③ 渚（zhǔ）：水中的小块陆地，小洲。回：盘旋。

④ 落木：落叶。萧萧：风吹树叶的声音。

⑤ 以上四句写登高所闻所见之景。第一句点题，以所感、所见、所闻示登高。夔州濒江临峡，素以猿多、风大著名，深秋时节登高观览，更觉风势急猛，视野空阔，远处传来的猿啼声更显得悠长哀怨。第二句写俯瞰所见之景，水中小洲清明浩澈，岸边沙地洁白炫目，水鸟低回盘旋。第三句以无边无涯、萧萧作响的落叶写出秋声之紧、秋意之浓，且与“风急”呼应。第四句写浩荡的江水滚滚而来，水流湍急，江势开阔，且与“渚清沙白”照应。

⑥ 悲秋：因望秋色、闻秋声而产生悲怆之情。常作客：长久地客居他乡。

⑦ 百年：一生，含有年老迟暮之意。

⑧ 艰难苦恨：因长期颠沛流离的客居生活而备尝艰辛，因宏图大志不得实现而忧愤郁积。苦恨：犹言极恨。繁霜鬓：满头白发。

⑨ 新停浊酒杯：当时杜甫因肺病严重而戒酒。以上四句对景抒怀。

2. 体会诗人用写景来烘托悲秋情怀的特色。

3. 体悟颈联“十四字之间，含有八意”的丰富性。

4. 延伸阅读篇目：《月夜忆舍弟》《梦李白二首》《佳人》《观公孙大娘舞剑器行》《旅夜抒怀》《登岳阳楼》《咏怀古迹五首》《登楼》《蜀相》《客至》。

# 秋　字[1]

韩　愈

韩愈（768—824 年），字退之，河内河阳（今河南孟州市）人，曾经倡导唐代的古文运动，为我国杰出的散文家，“唐宋八大家”之一。郡望昌黎，故称韩昌黎。贞元八年进士，因上疏请免赋役，贬为阳山（今广东阳山县）令。宪宗元和十二年（817 年），从裴度平淮西有功，升为刑部侍郎。后二年因谏迎佛骨得罪，贬潮州刺史。穆宗时召还，官至吏部侍郎。有《昌黎先生集》。

## 【导读】

元和十四年（819 年），唐宪宗迎佛骨入大内，时任刑部侍郎的韩愈上表力谏，为此被贬为潮州刺史，后移袁州。元和十五年（820 年）二月八日，韩愈到任。九月，征为国子监祭酒。十月，回朝。任袁州刺史前后约 9 个月，他积极进行改革。当时袁州还处于蛮荒落后的状态，还有蓄奴的风俗。据《旧唐书》记载：“袁州之俗，男女隶于人者，逾约，则没入出钱之家。”针对这种情况，韩愈自己出资替这些为奴之人赎身，要求官宦及大户人家释放奴婢，归之其父母。并且上书朝廷，请求赦放。这一措施解救了成千上万的奴隶，赢得了人们的广泛赞誉。除此之外，韩愈还在当地大施教化，兴办书院，开启民智，推举人才。《宜春县志》记载：“袁自韩文公倡明道学，自岭南移学于此，教化既洽，州民交口颂之。”袁州一时教育盛行，人才辈出。五代诗人韦庄在《袁州作》中这样描绘当时的袁州：“家家生计只琴书，一郡清风似鲁儒。”十几年后，江西的第一个状元卢肇即出自袁州，紧随其后的还有易重、黄颇、李潜等都考取了功名。这和韩愈大力倡导教育是分不开的。宋皇祐五年（1053 年），知州祖无择于袁州立韩文公祠。明嘉靖二十八年（1549 年），知府刘廷浩重修韩文公祠，扩建为昌黎书院，即今天的宜春台。

唐元和三年（808 年）九月，翰林学士王涯贬官至袁州任刺史，时任东都博士的韩愈前去送行写了这首诗。诗的开篇写道，《淮南子》中说“桑叶落而长年悲”，而我到了秋天也无比的感伤。何况是与要去外乡为官的老朋友告别，离愁实在难以忍受。从第五句开始，情绪开始回转：既然荣耀与浮华从今以后与我们不再是一条路了，那就让我们像往昔一样在风雨中共同承受忧患吧。最后一句笔锋一扬：不要以为宜春是边远蛮荒之地，其实那里的江山很美，可以让你优哉游哉。作者从一片沉重郁结的氛围中摆脱出来，显示出了文学家的旷达胸襟。

淮南悲木落，而我亦伤秋。
况与故人别，那堪羁宦愁[2]。

---

① 秋字：该诗以“秋”字为韵。
② 羁宦：在外乡为官。

荣华今异路，风雨昔同忧。
莫以宜春远，江山多胜游。

## 学习建议

1. 了解韩愈对友人、宜春的情怀。

2. 延伸阅读篇目:《山石》《八月十五夜赠张功曹》《左迁至蓝关示侄孙湘》《谒衡岳遂宿岳寺题门楼》。

# 登柳州城楼寄漳汀封连四州刺史①

柳宗元

柳宗元（773—819年），字子厚，河东（今山西永济市）人。与韩愈齐名，世称“韩柳”，“唐宋八大家”之一。出身于中小官僚家庭，二十一岁中进士，二十六岁登博学宏词科，授集贤殿书院正字，后调任蓝田尉、监察御史。他政治上属于以王叔文为首的主张改良革新的政治集团，在王叔文一派执政期间，任礼部员外郎。不久革新失败，被贬为永州（今湖南省零陵县）司马，十年后，又改贬柳州（今广西壮族自治区柳州市）刺史，卒于任所，年四十七岁，世称柳柳州或柳河东。在文学方面，柳宗元是中唐古文运动的主将，对扩大古文运动的影响和推动当时文体、文风的革新，起过重大的作用。他本身的文学创作，内容丰富，形式多样。他的文章以朴实峻严著称，思想深刻，反映了当时的政治斗争、阶级压迫和社会上种种不合理的现象。山水游记刻画入微，寄托深远，尤为后世所称颂。诗幽峭明净，自成一家。著有《柳河东集》。

## 【导读】

此诗寄赠四位共患难而天各一方的朋友，思念朋友而难以见面之意自不待言。此外，“海天愁思”中亦当包括身世坎坷、世事莫测、仕途险恶之叹。诗人写风雨侵飐、岭树遮挡，应该不仅仅是言自然现象。俞陛云《诗境浅说丙编》云：“起笔音节高亮，登高四顾，有苍茫百感之慨。三、四言临水芙蓉，覆墙薜荔，本有天然之态，乃密雨惊风横加侵袭，致嫣红生翠，全失其度。以风雨喻谗人之高张，以薜荔芙蓉喻贤人之摈斥，犹楚词之以兰蕙喻君子，以雷雨喻摧残。寄慨遥深，不仅写登城所见也。五、六言岭树云遮，所思不见，临江迟客，肠转车轮。恋阙怀人之意，兼而有之。收句归到寄诸友本意，言同在瘴乡，已伤谪宦，况音书不达，雁渺鱼沉，愈悲孤寂矣。”

城上高楼接大荒，海天愁思正茫茫②。
惊风乱飐芙蓉水，密雨斜侵薜荔墙③。
岭树重遮千里目，江流曲似九回肠④。
共来百越文身地，犹自音书滞一乡⑤。

---

① 柳州：今属广西。漳：今福建漳州，刺史为韩泰。汀：今福建长汀，刺史名韩晔。封：今广东封川，刺史名陈谏。连：今广东连山县，刺史是刘禹锡。刺史：州的行政长官，相当于后来的知县。

② 接：连接。大荒：旷野，泛指荒僻的边远地区。海天愁思：如海如天的忧愁。

③ 惊风：狂风。与“密雨”在此处隐喻为敌对势力。飐（zhǎn）：掀动。芙蓉：荷花。薜（pì）荔：一种蔓生香草。

④ 江：指柳江。重遮：重重遮蔽。千里目：远望的视线。九回肠：指愁肠百结。司马迁《报任安书》：“肠一日而九回。”

⑤ 百越文身地：指五岭以南少数民族地区。文身：古时南方少数民族的一种习俗，在身上刺绣花纹。滞：阻滞。

## 学习建议

1. 沈德潜说"'惊风'、'密雨'，言在此而意不在此"，请谈谈你对这首诗主旨的理解。
2. 将这首诗中抒情主人公形象与《离骚》中屈原香草自喻的形象作一比较，分析其异同。
3. 试对颔联"赋中之比"的艺术手法进行简要分析。
4. 延伸阅读篇目：《江雪》《溪居》《中夜起望西园值月上》《渔翁》。

# 上堂开示颂

黄檗希运

黄檗希运（？—850年），佛门南宗禅得道高僧。原籍福建，幼年出家，后于百丈怀海禅师处得法。开悟后，住持江西黄檗山（现江西宜春市宜丰县），故称黄檗希运。其禅风盛行于江南一带。当时，相国裴休对他十分尊崇并执弟子礼，又亲自为其集《黄檗语要》，流传至今。禅宗南宗最为昌盛的一脉临济宗的开山始祖义玄为其得意弟子之一。唐宣宗大中（847—859年）年间终于本山，谥“断际禅师”。

## 【导读】

这是一首阐释禅修必须刻苦而后才得开悟的佛教禅宗悟道诗，其以梅花的扑鼻香要经过一番寒冻彻骨才可获得来比喻。诗的开篇两句强调超脱妄念尘缘是一件极为艰辛之事，所以要经过一番刻苦的修持。并比喻人生的一切活动，好似傀儡戏，傀儡戏的演出，后台有绳索控制而使之行动，因此使人不易超脱。在后两句中，作者用梅花来象征一种精神，这象征本身已包含某种哲理；倘再就其经受的“彻骨寒”与最终获得的“扑鼻香”，予以因果上的提示，则作为喻体的“梅花”，更寄寓着另一层深刻的道理。作者是佛门禅宗的一代高僧，他借此诗偈，表达对坚志修行得成果的决心，说出了人对待一切困难所应采取的普世观念和方式。这也是这两句诗极为有名，屡屡被人引用，从禅宗诗偈成为一般意义上名言的主要原因。

尘劳迥脱事非常①，
紧把绳头做一场②。
不经一番寒彻骨，
争得梅花扑鼻香③。

## 学习建议

了解禅宗诗歌及其文化影响。

---

① 尘劳：世俗的妄念尘心。迥脱：一作“迥却”，超脱，摆脱。事非常：事关重大，非同寻常。

② 紧把绳头做一场：比喻人生的一切活动，好似傀儡戏，傀儡戏的演出，后台有绳索控制而使之行动（因此使人不易超脱）。

③ 争得：怎得。

# 长恨歌①

白居易

白居易（772—864年），字乐天，晚号香山居士，原籍太原，后迁为下邽（今陕西渭南）。中唐诗坛上杰出的现实主义诗人。元和十年（815年）因上书言事，得罪权贵，被贬为江州司马，后任忠州、杭州、苏州刺史，官终刑部尚书。他在理论上，旗帜鲜明地强调文学的社会作用，提出了“文章合为时而著，歌诗合为事而作”的著名主张。他与元稹一起倡导旨在揭露时弊的“新乐府运动”。诗文皆长，尤以诗名世，与元稹并称元白，又与刘禹锡并称刘白。其诗善于叙述，语言浅易。诗作以讽喻诗《新乐府》《秦中吟》与叙事诗《长恨歌》《琵琶行》最为著名。有《白氏长庆集》，存诗近三千首，数量之多，为唐人之冠。

## 【导读】

《长恨歌》是白居易诗作中脍炙人口的名篇。在这首长篇叙事诗里，作者以精练的语言、优美的形象、叙事和抒情结合的手法，叙述了唐玄宗、杨贵妃在安史之乱中的爱情悲剧，诗人并不拘泥于历史，而是借着历史的一点影子，根据当时人们的传说、街坊的歌唱，从中蜕化出一个回旋曲折、宛转动人的故事，用回环往复、缠绵悱恻的艺术形式描摹、歌咏出来。与陈鸿的传奇小说《长恨歌传》互相映衬，各具特色。

全诗从开头至“惊破霓裳羽衣曲”为第一部分，写唐玄宗宠爱杨贵妃。从“九重城阙烟尘生”到“夜雨闻铃肠断声”为第二部分，写马嵬生离死别，蜀中伤心断肠。描写细腻，情景凄惨，作者充满同情，从此全诗的感情基调起了变化。从“天旋日转回龙驭”到“魂魄不曾来入梦”为第三部分，写唐玄宗返回京城后对杨贵妃的绵绵相思。从“临邛道士鸿都客”至末句为第四部分，写方士寻觅杨贵妃亡魂，使两人得以互通消息，重申爱情誓词。最后两句点明“长恨”，收束全篇，余味无穷。《长恨歌》的主题随着叙事的进程和感情的变化而呈流动性。全诗结构井然有序而曲折多变，情节婉转动人。在叙事的进程中，叙事与抒情、写景紧密融合，移情入景，情景交融，抒情性强烈，缠绵感人。“一篇长恨有风情”，这是作者的自我评价。这首诗奠定了作者在诗坛上的重要地位。

汉皇②重色思倾国③，御宇多年求不得④。

---

① 这首诗作于唐宪宗元和元年（806年）。当时诗人正在盩厔县（今陕西周至）任县尉。一次白居易和朋友们游玩时，谈起流传的唐玄宗和杨贵妃的爱情故事，在朋友的怂恿下，白居易于是写成此诗。同时，他的朋友陈鸿写成了传奇小说《长恨歌传》。此诗因是悲剧故事，故以《长恨歌》命名。

② 汉皇：这里借指唐玄宗李隆基。唐朝人写本朝皇帝的事，不便直说唐朝，故以汉代唐。

③ 重色：贪恋女色。倾国：指美女。《汉书·外戚传》：“李延年歌曰：‘北方有佳人，绝世而独立。一顾倾人城，再顾倾人国。宁不知倾城与倾国，佳人难再得。’”后人便以“倾城倾国”作为美人的代称。

④ 御宇：统治天下。御，统治。

杨家有女初长成①，养在深闺人未识②。
天生丽质难自弃，一朝选在君王侧。
回眸一笑百媚生③，六宫粉黛无颜色④。
春寒赐浴华清池⑤，温泉水滑洗凝脂⑥。
侍儿扶起娇无力⑦，始是新承恩泽时⑧。
云鬓花颜金步摇⑨，芙蓉帐暖度春宵⑩。
春宵苦短日高起，从此君王不早朝。
承欢侍宴无闲暇⑪，春从春游夜专夜。
后宫佳丽三千人⑫，三千宠爱在一身。
金屋妆成娇侍夜，玉楼宴罢醉和春⑬。
姊妹弟兄皆列土⑭，可怜光彩生门户⑮。
遂令天下父母心，不重生男重生女⑯。
骊宫高处入青云⑰，仙乐风飘处处闻。
缓歌慢舞凝丝竹⑱，尽日君王看不足。
渔阳鼙鼓动地来⑲，惊破《霓裳羽衣曲》⑳。

---

① 杨家有女：指杨贵妃。杨贵妃乳名玉环，弘农华阴人，后迁居蒲州永乐（今山西芮城县境），父亲琰早死，寄养在叔父玄珪家。开元二十三年册封为玄宗之子寿王瑁妃。开元二十八年，玄宗度她为道士。天宝四年，玄宗册封她为贵妃。

② 这句有意地为玄宗隐讳了史实。

③ 回眸：回头顾盼。眸：眼珠。

④ 六宫粉黛：指后宫里除杨贵妃之外所有的后妃们。六宫：周制，天子有六寝，王后有六宫。后世总称后妃所居之地为六宫。粉黛：妇女的代称。粉：脂粉。黛：画眉的染料。无颜色：指和贵妃一比，都黯然失色。

⑤ 华清池：唐华清宫的温泉浴池，故址在今陕西省临潼区骊山上。

⑥ 凝脂：形容皮肤洁白、柔嫩、光润。《诗经·卫风·硕人》："肤如凝脂。"

⑦ 侍儿：宫中婢女。

⑧ 始是：正是。承恩泽：指得到玄宗的宠爱。

⑨ 云鬓：像乌云一般的头发。《木兰诗》："当窗理云鬓。"花颜：像花一样美的容貌。步摇：首饰的一种。《释名·释首饰》："步摇，上有垂珠，步则摇也。"

⑩ 芙蓉帐：绣有并蒂莲花的帐幔。鲍照《行路难》："七绿芙蓉之羽帐。"春宵：春夜。

⑪ 承欢：接受皇帝的欢爱。侍宴：陪伴宴欢。

⑫ 佳丽：美女。三千人：概言其多，并非确指，实际上唐玄宗后宫美女多至四万。

⑬ 金屋：华丽的房屋。《汉武故事》："帝为胶东王，数岁，长公主抱置膝上，问曰：'儿欲得妇否?'曰：'欲得。'……指其女阿娇：'好否?'笑对曰：'好，若得阿娇作妇，当以金屋贮之。'"后来便把"金屋"泛指被男子宠爱的妇女的住处。这里指杨贵妃住的宫室。醉和春：醉意和着春意。

⑭ "姊妹"句意谓：杨贵妃一家人都分封了土地。列土：即裂土，指分地受封。

⑮ 可怜：可爱，可羡。

⑯ "遂令"二句意谓：因贵妃一人得宠，全家富贵，使得天下父母由重男轻女，变作重女轻男了。陈鸿《长恨歌传》："故当时谣咏有云：'生女勿悲酸，生男勿喜欢!'又曰：'男不封侯女作妃，看女却为上门楣。'其为人心羡慕如此!"

⑰ 骊宫：指骊山上的华清宫。

⑱ 缓歌慢舞：舒缓的歌声与轻盈的舞蹈。凝丝竹：乐器慢慢发出声音来。凝：徐声引调，近于凝结。丝：弦乐器。竹：管乐器。

⑲ "渔阳"句：指天宝十四年，平卢、范阳、河东三镇节度使安禄山在范阳郡起兵叛乱的事。渔阳：郡名，属范阳节度使所辖。此处用以指范阳地带。鼙（pí）鼓：古代军中用的小鼓。

⑳ 惊破：惊断、惊散。《霓裳羽衣曲》：唐代大型舞曲，原是西凉节度使杨敬述所献西域舞《婆罗门曲》，经玄宗润色，成为一个有名的新舞曲。

九重城阙烟尘生①，千乘万骑西南行②。
翠华摇摇行复止③，西出都门百余里。
六军不发无奈何④，宛转蛾眉马前死⑤。
花钿委地无人收，翠翘金雀玉搔头⑥。
君王掩面救不得，回看血泪相和流。
黄埃散漫风萧索⑦，云栈萦纡登剑阁⑧。
峨嵋山下少人行⑨，旌旗无光日色薄⑩。
蜀江水碧蜀山青，圣主朝朝暮暮情。
行宫见月伤心色⑪，夜雨闻铃肠断声⑫。
天旋日转回龙驭⑬，到此踌躇不能去⑭。
马嵬坡下泥土中，不见玉颜空死处⑮。
君臣相顾尽沾衣⑯，东望都门信马归⑰。

---

① 九重：古代京畿有九道门，即路门、应门、雉门、库门、皋门、城门、近效门、远郊门、关门。《楚辞·九辩》："君之门以九重。"城阙：指京城长安。烟尘：烽烟和尘土，指战乱。

② 千乘万骑：指跟随玄宗逃蜀的卫队。《后汉书·五行志》童谣："侯非侯，王非王，千乘万骑上北邙。"千，万：极言其多，实际上当时跟随玄宗逃蜀的只有一千多人。西南行：天宝十五年（七五六）六月，安禄山攻破潼关后，玄宗和杨贵妃等离长安往西南向蜀而去。

③ 翠华：指皇帝的车驾，上用翡翠鸟的羽毛为饰。西出都门百余里：指马嵬驿，其故址在陕西兴平西北。距长安百余里。

④ 六军：指玄宗的护卫军。其实是四军，即左右龙武军，左右羽林军。《周礼·夏官·司马》："王，六军。"故后世习用"六军"指皇帝的卫队。不发：不再前进。玄宗逃到马嵬坡时，军队哗变，龙武大将军陈玄礼代表将士意见，请求诛杀杨贵妃。无奈何：指玄宗无可奈何。

⑤ "宛转"句意谓：玄宗被迫杀了杨国忠，赐死杨贵妃。宛转：亦作"婉转"，缠绵，凄楚的样子。《后汉书·马援传》："晓夕号泣，宛转尘中。"蛾眉：古人称美女的眉毛为蛾眉。《诗经·卫风·硕人》："螓首蛾眉。"后常用做美女的代称。此处指杨贵妃。

⑥ "花钿"二句意谓：杨贵妃死后，她的许多首饰扔在地下，无人收拾。钿（diàn）：镶嵌珠宝的头饰。委地：扔在地上。翠翘：翡翠鸟尾上的长毛叫翘。这里指这类形状的首饰。金雀：金做的凤形首饰。玉搔头：即玉簪。《西京杂记》："武帝过，李夫人就取玉簪搔头，自此后宫人搔头皆用玉，玉价倍贵焉。"

⑦ 黄埃散漫：指路上尘土飞扬。

⑧ 云栈：高入云霄的栈道。古代于山路高险处用木石架起的道路，名曰栈道。萦纡：曲折环绕。剑阁：大小剑山之间的栈道名，又名剑门关，在今四川剑阁县北。

⑨ 峨嵋山：在今四川峨嵋县。此山远在成都西南，玄宗未曾到过此山，这里用来泛指蜀道的艰难和荒凉。

⑩ 日色薄：日光黯淡。

⑪ 行宫：皇帝外出时的住所。

⑫ 夜雨闻铃：在下雨的夜间听到铃声。《明皇杂录》补遗："明皇既幸蜀，西南行，初入斜谷，淋雨涉旬，于栈道雨中闻铃音，与山相应。上既悼念贵妃，采其声为《雨霖铃》曲以寄恨焉。"

⑬ 天旋日转：大局转变。指唐肃宗至德二载（757年）十月郭子仪等收复长安的事。回龙驭：指当年十二月唐玄宗由成都回到长安。龙驭：皇帝的车驾。

⑭ 此：指马嵬坡杨贵妃死处。踌躇：犹豫。

⑮ 空死处：只见到她死的地方。

⑯ 沾衣：指眼泪沾湿了衣裳。

⑰ 信马归：无心鞭马，任其前行，是一种悲伤失意的样子。

归来池苑皆依旧，太液芙蓉未央柳①。
芙蓉如面柳如眉，对此如何不泪垂？
春风桃李花开日，秋雨梧桐叶落时。
西宫南苑多秋草②，宫叶满阶红不扫。
梨园弟子白发新③，椒房阿监青娥老④。
夕殿萤飞思悄然，孤灯挑尽未成眠。
迟迟钟鼓初长夜⑤，耿耿星河欲曙天⑥。
鸳鸯瓦冷霜华重⑦，翡翠衾寒谁与共⑧？
悠悠生死别经年，魂魄不曾来入梦。
临邛道士鸿都客⑨，能以精诚致魂魄⑩。
为感君王展转思⑪，遂教方士殷勤觅⑫。
排空驭气奔如电⑬，升天入地求之遍。
上穷碧落下黄泉⑭，两处茫茫皆不见。
忽闻海上有仙山，山在虚无缥缈间。
楼阁玲珑五云起⑮，其中绰约多仙子⑯。
中有一人字太真⑰，雪肤花貌参差是⑱。

---

① “归来”二句意谓：回到长安，见皇宫里的池台楼阁，花草树木还是老样子。太液：池名，汉长安有太液池，汉成帝与赵飞燕常游乐于此。唐也有太液池，在大明宫北。未央：汉宫名，故址在今西安城西北，此借指唐时的宫殿。芙蓉：荷花。

② 西宫：唐代以太极宫为西宫，也称西内，遗址在今西安城北，是当时最大的宫殿。南苑：唐兴庆宫，故址在今西安城区东南，已辟为兴庆公园。宫廷之内称为大内，南苑，犹云南宫。唐玄宗由成都回京，先住在兴庆宫。因该宫靠近大街，时常和外界接触，肃宗听了李辅国的谗言，便迁玄宗到西内甘露殿居住，等于把他软禁起来。

③ 梨园弟子：玄宗喜爱歌舞，并通晓音律，曾选“坐部伎”子弟三百人，教习于梨园。又有宫女数百人，习艺于宜春苑北，均称梨园弟子。白发新：白发新添，指年纪已老。

④ 椒房：后妃居住的宫殿，以椒粉涂壁，取其香暖，兼有多子之意。阿监：宫中女官。青蛾：青春美丽的容颜。“青蛾”与上句“白发”相对。

⑤ 迟迟：缓慢的样子。钟鼓：宫中报更计时的响器。

⑥ 耿耿：明亮的样子。谢朓《暂使下都夜发新林至京邑赠西府同僚》诗：“秋河曙耿耿。”星河：银河。

⑦ 鸳鸯瓦：也叫阴阳瓦，一俯一仰的瓦。霜华：即霜花。

⑧ 翡翠衾：绣着翡翠鸟的被子。翡翠也是雌雄双栖，形影不离的鸟。以上两句：用鸳鸯、翡翠这些比翼双飞的鸟反衬玄宗的孤单。

⑨ 临邛（qióng）：地名，今四川邛崃市。鸿都客：指到长安作客。鸿都：汉代洛阳宫门名，这里借指长安。

⑩ 致魂魄：引来魂魄。魂魄：指杨贵妃的亡魂。

⑪ 展转思：反复思念。

⑫ 方士：以求仙服药等巫术为职业的人。

⑬ 排空驭气：在空中腾云驾雾。奔：奔驰。

⑭ 碧落：道家称东方第一层天为碧落。这里指传说中的天堂。黄泉：地深处。这里指传说中的地狱。

⑮ 五云：五色的云彩。

⑯ 绰约：美好轻盈的样子。《庄子·逍遥游》：“藐姑射之山，有神人居焉，肌肤若冰雪，绰约若处子。”

⑰ 太真：杨贵妃做道士时，玄宗赐其道名为太真。

⑱ 雪肤花貌：雪一样白的肌肤，花一样美的容貌。参差（cēn cī）是：好像是，仿佛是。鲍照《登庐山》诗：“参差悉相似。”

金阙西厢叩玉扃①，转教小玉报双成②。
闻道汉家天子使，九华帐里梦魂惊③。
揽衣推枕起徘徊，珠箔银屏迤逦开④。
云鬓半偏新睡觉⑤，花冠不整下堂来。
风吹仙袂飘飖举⑥，犹似《霓裳羽衣》舞。
玉容寂寞泪阑干⑦，梨花一枝春带雨⑧。
含情凝睇谢君王⑨，一别音容两渺茫⑩。
昭阳殿里恩爱绝⑪，蓬莱宫中日月长⑫。
回头下望人寰处⑬，不见长安见尘雾。
唯将旧物表深情⑭，钿合金钗寄将去⑮。
钗留一股合一扇⑯，钗擘黄金合分钿⑰。
但令心似金钿坚，天上人间会相见。
临别殷勤重寄词，词中有誓两心知。
七月七日长生殿⑱，夜半无人私语时。
在天愿作比翼鸟，在地愿为连理枝⑲。
天长地久有时尽，此恨绵绵无绝期⑳。

---

① 金阙：金碧辉煌的神仙宫阙。阙：门楼。玉扃（jiōng）：玉做的门。道教相传，天堂之一的上清宫，左金阙，右玉扃。

② 小玉、双成：指仙山上的侍女。小玉：吴王夫差的女儿，相传死后成仙。双成：董双成，相传是西王母的侍女。这里皆借指太真的侍女。

③ 九华帐：绣着各种华美图案的帷帐。曹植《九华扇赋》序：“帝赐尚方竹扇，不方不圆，其中结成文，名曰九华。”

④ 珠箔（bó）：珠帘。银屏：镶银的屏风。迤逦（yǐ lǐ）：连绵不断。

⑤ 新睡觉：刚刚睡醒。

⑥ 仙袂（mèi）：指杨贵妃的衣袖。

⑦ 玉容：美好如玉的容颜。寂寞：惨淡的样子。泪阑干：眼泪纵横满面。阑干：纵横的样子。

⑧ “梨花”句意谓：杨贵妃脸上带泪，好像春天梨花上落了雨滴。

⑨ 凝睇（dì）：定睛，出神的样子。谢：以辞相告。

⑩ 音容：声音和面容。渺茫：模糊不清。这里指听不到，看不见。

⑪ “昭阳”句意谓：和唐玄宗的情爱断绝了。昭阳殿：汉宫名，汉成帝皇后赵飞燕所居。这里借指杨贵妃生前所居住的宫殿。

⑫ 蓬莱宫：仙人所住的宫室。这里指杨贵妃所在的仙境。

⑬ 人寰：人世，人间。

⑭ 旧物：指杨贵妃生前用过的东西，即下面的金钗、钿合之类。这些都是当年玄宗赠给杨贵妃的定情之物。陈鸿《长恨歌传》：“定情之夕，授金钗钿合以固之。”

⑮ 钿合：镶着珠宝金花的合子。金钗：一种分股形同花枝的首饰。

⑯ “钗留”句意谓：把钗分开，自留一股，带给玄宗一股；钿分两扇，留一扇，带给玄宗一扇。

⑰ 擘（bò）：用手分开。

⑱ 长生殿：在骊山华清宫内。

⑲ “在天”二句：杨贵妃追述她和唐玄宗当年共同发的誓言。比翼鸟：一种雌雄双飞的鸟。《尔雅·释地》：“南方有比翼鸟焉，不比不飞，其名谓之鹣鹣。”连理枝：两棵树的枝干连在一起的一种树。这里鸟和树都用来象征男女坚贞不渝的爱情。

⑳ 绵绵：长久不绝。最后两句说生离死别之恨长久难消。

## 学习建议

1. 讨论《长恨歌》的主题。

2. 这首诗以“长恨”命题，试理解诗篇的结句“天长地久有时尽，此恨绵绵无绝期”。

3. 以“芙蓉如面柳如眉，对此如何不泪垂”“春风桃李花开日，秋雨梧桐叶落时”等句为例，分析此诗情景交融的艺术特色。

4. 延伸阅读篇目：《卖炭翁》《上阳白发人》《琵琶行》《赋得古原草送别》。

# 早　雁

杜　牧

杜牧（803—852年），字牧之，京兆万年（今陕西西安）人，宰相杜佑之孙。唐文宗太和二年（828年）进士，为弘文馆校书郎。历监察御史、膳部、比部及司勋元外郎，黄州、池州、睦州、湖州刺史，官终中书舍人。早年颇有抱负，主张削平藩镇，抗击吐蕃、回纥统治集团的侵扰，加强国防，以拯救日趋衰败的唐王朝，晚年渐趋保守消极。

杜牧诗文兼长，是晚唐著名作家。他的散文以议论见长，气势纵横，敢于论说军国大事，指陈时弊，具有较强的现实性，继承了韩、柳派古文家的优良传统。他的诗意境清新，风格豪健俊爽，在晚唐轻浮艳丽的文坛上独树一帜。尤长七律和绝句。后人因此称他为“小杜”，以继杜甫；又因和李商隐齐名，被称为“小李杜”。

## 【导读】

唐武宗会昌二年（842年）八月，北方回纥族乌介可汗率兵南侵，引起边民纷纷逃亡。杜牧时任黄州刺史，闻此而忧之。八月正是大雁南飞的季节，此诗借雁抒怀，以惊飞四散的鸿雁比喻流离失所的人民，对他们有家而不能归的悲惨处境寄予深切的同情。又借汉言唐，对当权统治者昏庸腐败，不能守边安民进行讽刺。通篇为咏物，前四句写大雁惊飞，影过皇城，鸣声回荡在长安城上空。言外之意是：不知是否能引起皇宫中统治者的关注？后四句安慰大雁：胡骑尚在，你们到春天时也不要急于北飞，潇湘之地也可以觅食。此诗通篇无一语批评执政者，但在秋天就设想明年春天胡骑还在，则朝廷无力安边之意自明。这是非常含蓄的怨刺方法。

金河秋半虏弦开①，云外惊飞四散哀。
仙掌月明孤影过②，长门灯暗数声来③。
须知胡骑纷纷在④，岂逐春风一一回⑤？
莫厌潇湘少人处⑥，水多菰米岸莓苔⑦。

---

① 金河：在今内蒙古呼和浩特市南。秋半：八月。虏弦开：指回纥南侵。

② 仙掌：指长安建章宫内铜铸仙人举掌托起承露盘。“孤影过”与下文中的“数声来”，写早雁离散惊飞的悲惨。

③ 长门：汉宫名，汉武帝时陈皇后失宠时幽居长门宫。

④ 纷纷在：到处都是。

⑤ 岂逐：难道，意为不能。

⑥ 潇湘：代指湖南一带南方地区，湖南境内有潇水和湘水两大水系。

⑦ 菰（gū）米：一种生长在水泽中的草本植物，嫩茎叫茭的，果实叫菰米，均可吃。莓（méi）苔：泛指苔藓一类潮湿地带生长的植物，是大雁喜欢吃的。

## 学习建议

1. 分析忧国忧民的情绪在这首诗中化为感发人心形象的表现手法。
2. 从唐诗中再找出几首咏雁之作，比较一下其中寄寓感慨的异同。
3. 试析此诗咏物寄托手法的成功之处。

# 泊秦淮[①]

杜　牧

## 【导读】

杜牧前期颇为关心政治，对当时百孔千疮的唐王朝表示忧虑，他看到统治集团的腐朽昏庸，看到藩镇的拥兵自固，看到边患的频繁，深感社会危机四伏，唐王朝前景可悲。这种忧时伤世的思想，促使他写了好些具有现实意义的诗篇。《泊秦淮》也就是在这种思想基础上产生的，这首诗即景感怀。金陵曾是六朝都城，繁华一时。目睹如今的唐朝国势日衰，当权者昏庸荒淫，不免要重蹈六朝覆辙，无限感伤。诗中说，金陵歌女“不知亡国恨”，还唱着那《后庭花》曲。其实，这是作者借陈后主（陈叔宝）因追求荒淫享乐终至亡国的历史，讽刺晚唐那班醉生梦死的统治者不从中吸取教训，表现了作者对国家命运的无比关怀和深切忧虑。此诗写秦淮月夜，扑朔迷离，酒家夜市繁荣，弦歌处处，而世风日下，花天酒地、歌舞沉迷已成风气，商女只知清讴娱客，岂知前朝亡国之鉴？诗之警策之处在“不知”与“犹唱”的对比。诗人以冷眼看时事，以醒目观醉者，以历史讽现实：多少王朝的衰败，就是这样在人们醉生梦死、无忧无虑的享乐声中不知不觉地酿成的。人们脚下的金陵古城，就曾见证过多少这样的亡国故事。

烟笼寒水月笼沙[②]，夜泊秦淮近酒家。
商女不知亡国恨[③]，隔江犹唱后庭花[④]。

## 学习建议

1. 理解本诗最后两句的“曲笔”手法。
2. 体会首句两个“笼”字用的好处。
3. 简述这首诗的思想内涵。
4. 延伸阅读篇目：《遣怀》《赤壁》《秋夕》《赠别二首》《题宣州开元寺水阁》《山行》《清明》。

---

① 秦淮：即秦淮河。源出江苏溧水区东北，流经南京地区人长江。相传为秦始皇南巡会稽时开凿的，用来疏通淮水，故称秦淮河。

② 迷蒙的月色和轻烟淡雾笼罩着寒水和岸沙。“烟”“月”是互文见义。

③ 商女：歌女，在酒楼或船舫中以卖唱为生的女子。

④ 江：这里指秦淮河。后庭花：即《玉树后庭花》，南朝陈后主（陈叔宝）所作，有“玉树后庭花，花开不复久”之句。后人称之为亡国之音。

# 无题①·相见时难

李商隐

李商隐（812—858年），字义山，号玉溪生，又号樊南生，怀州河内（今河南省沁阳市）人。晚唐重要诗人，与杜牧并称“小李杜”。早年受知于牛僧孺党人天平节度使令狐楚，并经令狐楚之子令狐绹推荐，于文宗开成二年（837年）中进士。次年，入泾原节度使王茂元幕，后为王招为女婿。当时一般人认为王是李德裕党人，因而牛党指责他“背恩”。李商隐在党争的漩涡中无以自处，只好离开京城去当地方官的幕僚，终生不得志，长期过着寄人篱下的生活。晚年任过盐铁推官，四十六岁时客死荥阳。李商隐的诗歌，大都是抒发仕途潦倒的苦闷；有些咏史诗借古讽今，批判现实，思想性强；他独创的无题诗大多以爱情为题材，情思宛转，想象丰富，寄托深远，构思缜密，辞采清丽，尤其善用幻想和象征手法，对宋初西昆体有很大影响。部分作品用典深僻，过于隐晦，难于理解。诗体尤工七律、七绝，有《李义山诗集》《樊南文集》。

## 【导读】

这首七律，熔铸着刻骨铭心的相思之苦和深沉执着的追求之情。首句写相见无期的凄怆，语句从曹植“别易会难”翻出而意思更增进一层，体情深曲。次句以暮春衰残景象映衬别情，似还蕴涵着人生境遇、心灵创痛，哀怨重重。颔联从自身落笔，以“春蚕”“蜡炬”为喻，表白至死不渝的绵邈深情。颈联转换笔锋，悬想别后对方的相思之苦，体贴入微，更可见一片痴情。尾联借神话传说表示无望中的希望，既劝慰对方，也聊以自慰。

本诗情思深挚。三、四两句作为爱情盟誓，历来为人们称引激赏。两句运用比兴手法，以春蚕吐丝与蜡炬滴泪这两种常见的自然现象或生活现象，象征相思的绵绵不止和对爱情的忠贞不渝，生动贴切，含蕴隽永。五、六两句，悬想虚拟分手后对方的相思情状，是古诗中常用的“从对面写起”笔法。这样写，既写出了对方对诗人的灼灼思念，更曲折地表现出诗人对对方的一怀深情。既可收一石双鸟之效，又可见抒情婉曲之妙，正所谓“心已弛神到彼，诗从对面飞来”。

相见时难别亦难，东风无力百花残②。
春蚕到死丝方尽，蜡炬成灰泪始干③。

---

① 《无题》：李商隐的一部分诗自署“无题”，另一些诗虽有题目，如《锦瑟》，只是取了诗的起首两字，实际仍属无题诗。他的无题诗大都含蓄隐晦，其中有些写爱情，有些别有政治寄托。寄托的具体内容，历来众说纷纭。这首诗多认为是一首爱情诗。

② “相见”两句意谓：相见的机会难得，分别时更难舍难分。况且又正值暮春百花凋零之际，情况就更不堪言了。

③ “春蚕”两句形象地表明爱情的坚定执着，除非身死，相思和悲哀是不会休止的。蜡炬：点燃着的蜡烛。蜡烛点燃时下流的油脂，称蜡泪。这里是借蜡泪隐喻相思悲哀的眼泪。

晓镜但愁云鬓改①，夜吟应觉月光寒②。
蓬山此去无多路③，青鸟殷勤为探看④。

## 学习建议

1. 分析“相见时难别亦难”一句中的两个“难”字的不同含义及表达的感情。
2. 分析领联的修辞手法和表达的感情。
3. 分析颈联作者通过悬想对方的心境意绪的手法，对表现作者自己的相思之苦的效用。

① 晓镜：临晓照镜梳妆。镜：对镜梳妆，用作动词。但：只。云鬓改：两鬓添白发，青春的容颜逐渐消失。
② 夜吟：夜晚苦吟沉思。
③ 蓬山：指海上三神山中的蓬莱山。无多路：没有多远。
④ 青鸟：神话传说中的神鸟，为西王母使者。看：此处读平声。

# 隋 宫①

李商隐

## 【导读】

《隋宫》二首，是作者游江淮时，目睹南朝和隋宫故址，有感而作。这一首写隋炀帝为了寻欢作乐，无休止地出外巡游，开凿运河，建造行宫，劳民伤财，终于为自己制造了亡国的条件，成了和陈后主一样的亡国之君。讽古是为喻今，诗人把隋炀帝当作历史上以荒淫奢华著称的暴君的典型，来告诫晚唐的那些荒淫腐朽、醉生梦死的统治者。

紫泉宫殿锁烟霞，欲取芜城作帝家②。
玉玺不缘归日角，锦帆应是到天涯③。
于今腐草无萤火④，终古垂杨有暮鸦⑤。
地下若逢陈后主，岂宜重问后庭花⑥？

## 学习建议

1. 试析中间两联的艺术效果。
2. 结合作品《无题》（相见时难）、《隋宫》，谈谈李商隐诗歌的特点。
3. 延伸阅读篇目：《夜雨寄北》《嫦娥》《贾生》《锦瑟》。

---

① 隋宫：在长安，原名紫渊宫，唐人避高祖李渊之讳，改为紫泉宫。隋炀帝羡慕扬州及江南的繁华，弃紫泉宫不用，欲取江都作自己常居之家。

② 紫泉：即紫渊，避李渊讳改为紫泉。水紫色，在长安南。此喻长安。锁烟霞：喻冷落。芜城：江都（今扬州）。鲍照有《芜城赋》描写江都之荒芜，后人就把“芜城”当做江都别称。

③ 玉玺：皇帝的印。缘：因。日角：指隆起如日的额骨，古代以为是帝王之相，此指唐高祖。锦帆：指杨广的游船。

④ 于今句：史载隋炀帝好夜游，在长安、洛阳、江都等处。都曾大量搜集萤火，夜游时放出，光照山谷。江都有放萤院，相传是隋炀帝放萤之处。萤产卵于水边草根，次年春天，由蛹化为萤，故古人认为腐草化为萤。

⑤ 终古：久远。垂杨：指种于炀帝所凿运河两岸的垂柳。又称“隋堤柳”。

⑥ 陈后主：南朝陈朝的末代皇帝。陈朝末，敌兵压境，陈后主仍在寻欢作乐，请美妃张丽华舞《玉树后庭花》。后炀帝在江都，梦遇陈后主、张丽华，观《玉树后庭花》舞，后主问他：“龙舟之游乐乎？始谓殿下致治在尧、舜之上，今日复此逸游，大抵人生各图快乐，曩时何见罪之深耶？”此二句为嘲讽语。后庭花：即《玉树后庭花》，舞曲名，陈后主作。喻亡国之音。

# 菩萨蛮[1]·小山重叠

温庭筠

温庭筠（812？—870?），本名岐，字飞卿，太原祁（今山西祁县）人，晚唐著名词人。少时极有才情，尤长于诗赋。然生性傲岸，好讥斥权贵，由是科场失意，屡试不第。大中十三年（859年），始授随县尉，后任国子监助教。温庭筠精通音律，能逐弦吹之音，为侧艳之词。其内容多写妇女情思，闺怨离愁，语言艳丽，《菩萨蛮》十四首是典型的艳词风貌。然其词也有受民间曲子影响而以淡笔写柔情的作品，世以温庭筠、韦庄并称“温韦”。其诗与李商隐齐名。温庭筠为晚唐致力于填词的第一人，是促使文人词走向成熟的词坛巨擘。有《温飞卿诗集》，后人辑有《金荃词》一卷。

## 【导读】

这首《菩萨蛮》，为了适应宫廷歌伎的声口，也为了点缀皇宫里的生活情趣，把妇女的容貌写得很美丽，服饰写得很华贵，体态也写得十分娇柔，仿佛描绘了一幅唐代仕女图。

首写少妇所居富丽华贵的环境，绣屏掩映，阳光明灭。次写未起身时鬓发散乱的容态。“懒起”二句，叙写起身下床后画眉、梳妆的动态。一个“迟”字，与“懒起”相呼应，呈现出少妇无情无绪的神态。“照花”二句，承上启下，写出梳洗已毕，对镜簪花，与镜中人面交相辉映，愈增其容色艳丽。最后两句点出少妇更换新绣罗衣，忽然发现衣上金线绣的一双双鹧鸪鸟，不禁引发心中无限孤独的感觉。以此收结，不仅振起全篇，而且意在言外，耐人玩味。全词委婉含蓄地揭示了人物的内心世界，并成功地运用反衬手法。鹧鸪双双，反衬人物的孤独；容貌服饰的描写，反衬人物内心的寂寞空虚。表现了作者的词风和艺术成就。

小山重叠金明灭[2]，鬓云欲度香腮雪[3]。懒起画娥眉，弄妆[4]梳洗迟。
照花前后镜，花面交相映。新帖绣罗襦[5]，双双金鹧鸪[6]。

## 学习建议

1. 分析这首词含蓄地揭示人物内心世界的反衬手法。
2. 结合此词谈谈温庭筠艳丽的词风。
3. 延伸阅读篇目：《菩萨蛮·水晶帘里颇黎枕》《望江南·梳洗罢》。

---

① 菩萨蛮：词调名。
② 小山：指屏风上雕画的小山。金明灭：金光闪耀的样子。
③ 鬓云：像云朵似的鬓发。度：覆盖。香腮雪：雪白的面颊。
④ 弄妆：梳妆打扮。
⑤ 帖（tiē）：通“贴”，指贴金。罗襦：丝绸短袄。
⑥ 鹧鸪（zhè gū）：这里指罗袄上有金箔贴成的鹧鸪图纹。

# 竞渡诗

卢 肇

卢肇（818—882 年），字子发，唐宜春文标乡（今属江西宜春市分宜县）人。他出身于寒门，自幼勤奋好学，曾效法古人悬头刺股，以专力向学。他智慧超群，能诗善文，为当时贬为袁州长史的李德裕所赏识。唐武宗会昌三年（843 年），卢肇高中状元。卢为人耿直，器识宏远，不肯依附权贵。任职不久就被谪贬连州（今广东连州市），直到唐宣宗大中元年（847 年）被鄂岳节度使卢商荐为从事。又先后被江陵节度使裴休、太原节度使卢简求为幕僚。后入朝任秘书著作郎。不久，迁仓部员外郎，充集贤院学士。咸通年间（860—874 年），相继在歙州、宣州、池州、吉州任刺史。所到之处，施政有方，体察民情，为百姓拥戴。卢肇在歙州刺史任上作了一篇《海潮赋》，赋中涉及潮汐与月亮和太阳的直接关系，当时轰动文坛，朝廷曾予嘉奖，并交国史馆收藏。卢肇是唐代有名的诗赋家，其文章道德很受后人推崇，说袁州“学者不志于古人则已，倘有志焉，舍子发其谁与归”？“袁之文章节义自肇始”。卢肇著有赋集八卷、诗文集十三卷。此外，有《文标集》《屆堂龟鉴》等专集。

## 【导读】

唐武宗会昌二年（842 年），袁州考生纷纷离乡赴试。当时袁州刺史成应元非常势利，在郡中专门设宴为一位颇有才华的朱门子弟黄颇饯行，对出身贫寒的卢肇则异常冷落。卢肇写了一首《别宜春赴举》表达自己的志向。诗中说：“离山且作衔芦雁，入海终为戴角鱼。长短九霄飞直上，不教毛羽落空虚。”这次赴试，他果然高中榜首，成了江西历史上第一位状元。及至卢肇独占鳌头衣锦还乡时，当下袁州刺史颇感愧歉，率领下属诸官及豪绅隆重迎接。适逢五月端阳龙舟盛会，刺史等达官贵人邀卢肇同台观摩龙舟比赛。卢肇对成应元对待自己前后两种截然不同的态度颇有感慨，于是作《竞渡》一诗。诗的前六句把龙舟赛描绘得形象生动，有声有色。前进的鼓声像隐隐雷声，船桨翻起的水波像霏霏白雪，划船人和观众整齐地呐喊着，龙舟冲波跃浪胜似飞速的鸟儿。结尾两句一语双关，除了诉说对竞渡夺标龙舟的赞许，也暗喻当年自己并不被成应元看好，而最终还是蟾宫夺桂的事实，抒发踌躇满志之情。其诗云：“向道是龙君不信，果然夺得锦标归。”一时“锦标状元”之称传遍袁州内外，后人引为佳话。

石溪久住思端午，馆驿楼前看发机①。
鼙鼓动时雷隐隐，兽头凌处雪微微②。
冲波突出人齐譀，跃浪争先鸟退飞③。

---

① 石溪：在今宜春市樟树临江镇。
② 鼙（pí）：古代军中用的一种小鼓，又称骑鼓，这里指龙舟上的鼓。
③ 譀（hàn）：原指虎啸，这里指看龙舟赛时的齐声高喊。

向道是龙君不信，果然夺得锦标归①。

## 学习建议

1. 分析《竞渡》诗的写作特色。

2. 延伸阅读篇目：《别宜春赴举》《杨柳枝》《江陵府初试澄心如水》《牧童》《谪连州书春牛榜子》《送弟》。

① 君：一作“刚”。

# 鹧　鸪

郑　谷

郑谷（849—911年），字守愚，江西宜春市袁州区渥江乡人，唐末著名诗人。其父郑史，擅诗赋，唐文宗开成元年（836年）进士。郑谷在家庭熏陶之下，“颖悟绝伦”，年幼时大诗人司空图称他“当为一代风骚主”。他七岁随父去湖南，便“岳阳楼上敢题诗”。少时曾游历东南各地，一路吟咏，至二十岁时已“篇幅盈笥”。在晚唐，郑谷诗名颇盛，列为“咸通十哲”之一，尤以《鹧鸪》诗传诵广远，致有“郑鹧鸪”之称。光启三年（887年）中进士，官右拾遗，历都官郎中，人称郑都官。后京中突发兵变，连年朝纲不振，危机四伏，遂起归隐之心。904年郑谷弃官回到宜春，后隐于城南60里之仰山，筑书堂以居。诗僧齐已奉《早梅》诗求教，郑谷对诗句“前村深雪里，昨夜数枝开”评曰：“数枝非早也，未若一枝佳”，就将“数枝开”改为“一枝开”。齐已深为佩服，“不觉下拜”，惊叹改用“一”字之妙，即称郑谷为“一字师”，成语“一字之师”即源于此。郑谷一生诗文甚多，著有《云台编》三卷，另著有《宜阳外编》，《全唐诗》收录郑谷诗共有三百多首。

## 【导读】

鹧鸪，产于我国南部，形似雌雉，体大如鸠。其鸣声俗以为极似“行不得也哥哥”。古人感叹世路艰难，抒写离愁别恨，往往借鹧鸪啼声比兴。郑谷这首咏鹧鸪名作，重在表现鹧鸪啼声哀怨凄切，借以抒写游子的乡愁旅思，清人金圣叹称其“深得比兴之遗”。（《圣叹选批唐才子诗》）

诗的首联描写鹧鸪的习性和形貌特征。“暖戏烟芜锦翼齐”，是说这种鸟喜欢在温暖的荒野里嬉戏，羽毛鲜明美丽又齐整。“品流应得近山鸡”，在类别上应当与山鸡相近。颔联句以“雨昏”“花落”点染环境，形成凄迷意境、伤感氛围；而“青草湖”“黄陵庙”更可勾起读者对屈子怀沙、湘妃泣竹等历史传说的联想。游子在雨昏花落之时、湖边古庙之中，闻鹧鸪之啼，定会倍感其声之哀怨凄恻。颈联句紧承上句“啼”字而来。游子一听到鹧鸪啼声，就禁不住以袖拭泪；闺中少妇刚开始唱曲，就传来鹧鸪的啼声，难过得把眉眼也低下来了。“乍”“才”两个虚词极写鹧鸪啼声之感动人心，“征袖湿”“翠眉低”以人的感受烘托鹧鸪啼声之悲。尾联句又回到鹧鸪雌雄对啼上来。“相呼相应”既明写鹧鸪对啼的特性，又暗指游子、佳人的心灵呼唤。在那夕阳西下时分，从湘江两岸的苦竹丛中传来雌雄鹧鸪一呼一应，好像在叫“行不得也哥哥”！怎不引起游子浓重的乡愁旅思？诗人吟咏鹧鸪，没有把主要笔墨用于描写它的形貌或模拟它的叫声，而是着意表现它的叫声给人的感受，因而更为传神。

暖戏烟芜锦翼齐，品流应得近山鸡①。
雨昏青草湖边过，花落黄陵庙里啼②。
游子乍闻征袖湿，佳人才唱翠眉低③。
相呼相应湘江阔，苦竹丛深春日西。

## 学习建议

1. 了解鹧鸪的生活特点，体会作者的思想感情。
2. 延伸阅读篇目：《侯家鹧鸪》《迁客》《席上贻歌者》。

① 烟芜：轻烟笼罩的草地。品流：等级。山鸡：鸟名，形似雉，羽毛美丽。

② 青草湖：在今湖南境内洞庭湖东南。楚国诗人屈原遭谗去职，曾长期流浪于这一带。最后怀沙自沉于汨罗江。黄陵庙：即娥皇、女英二妃庙，在今湖南湘阴县。相传帝舜南巡，死葬苍梧之山，二妃追寻至此，泪下沾竹，溺于湘江，后人在洞庭湖畔的黄陵山上立祠怀念，这就是黄陵庙。

③ 唱：指唱当时传唱的《鹧鸪曲》。

# 鹊踏枝①·谁道闲情

冯延巳

冯延巳（903—960 年），一名延嗣，字正中，广陵（今江苏扬州）人。多才艺，工诗词。仕南唐，李璟时为宰相。他的词虽也写妇女、相思之类的题材，但不像花间派那样雕章琢句。他能用清新的语言，着力刻画人物内心的活动和哀愁，史称其“有辞学，多伎艺，善辨说”。工诗，尤喜乐府词，为南唐词坛存词最多的大家。冯词情思凄婉的词境，开北宋一代之风气，运用“托儿女之辞，写君臣之事”的传统手法，隐约流露出对南唐王朝国势的关心与忧伤，对温庭筠以来的婉约词风有所发展。今传《阳春集》词一卷，补遗一卷。

## 【导读】

这首《鹊踏枝》记叙“闲情”。开端“谁道”一句，揭示出涌上心头郁结已久而难以抛掷的“闲情”。每逢万物萌动的春季，更能触发这种情思，增添心中无奈的惆怅意绪。为了排遣这种情绪，词人借酒浇愁，可是日日饮酒也不能摆脱“闲情”的纠缠，承受着为闲情折磨的痛苦，但他仍然甘愿为此而容颜憔悴。下片“河畔”一句，承上“春来”写春景。这句从《古诗十九首》之二“青青河畔草，郁郁园中柳”而来。绿柳与青草，象征着绵绵柔情。“为问”两句，点出了年年有的愁绪，一个“新”字，既照应上文“闲情”，又是触景生情的内心呼喊。结尾两句写词人独立小桥，归来已黄昏的孤寂境界，表达出一种终难排遣的“闲情”，画龙点睛，振起全篇。全词情景交融，意蕴深婉。词并不着意刻画人物的外在形象，也不精心描写具体景物或情事，而是把笔墨集中在创造缠绵凄恻的感情境界上，形成了冯词的独特风格。

谁道闲情②抛掷久？每到春来，惆怅还依旧。日日花前常病酒③，不辞④镜里朱颜瘦。
河畔青芜⑤堤上柳，为问新愁，何事年年有⑥？独立小桥风满袖，平林新月人归后⑦。

## 学习建议

1. 以“闲情”为线索，梳理词的抒情层次。
2. 冯词素以“情思凄婉”著称，请以此词为例加以分析体会。
3. 延伸阅读篇目：《谒金门·风乍起》《南乡子·细雨湿流光》。

---

① 鹊踏枝：一作《雀踏枝》，唐玄宗时教坊曲名，后用为词调，即《蝶恋花》。
② 闲情：闲愁。实际指爱情、相思。
③ 病酒：饮酒过量，醉酒。
④ 不辞：不惜的意思。
⑤ 青芜：丛生的青草。
⑥ 何事：为何。
⑦ 新月：初升出的月亮。

# 虞美人①·春花秋月

李　煜

李煜（937—978年），初名从嘉，字重光，号钟隐。广陵（今江苏扬州）人。李璟第六子，961年嗣位，史称南唐后主。即位后对宋称臣纳贡，以求偏安一方，生活上则穷奢极欲。975年，宋军破金陵，他肉袒出降，虽封作违命侯，实已沦为阶下囚。太平兴国三年七月卒。据宋人王至《默记》记载，盖为宋太宗赐牵机药所毒毙。他精于书画，谙于音律，工于诗文，词尤为五代之冠。前期词多写宫廷享乐生活，风格柔靡；后期词反映亡国之痛，题材扩大，意境深远，感情真挚，语言清新，极富艺术感染力。后人将他与李璟的作品合辑为《南唐二主词》。

## 【导读】

此词抒写亡国之君的哀叹。词人通过春去秋来的季节转换和以流动不息的江水作比喻，形象生动地突出了悲恨相续的感情世界。全词不仅在即景抒情中渗透着心灵的伤痛，而且在艺术手法上以问起笔，以答收结，由问天、问人而到自问，凄楚中不无激越的音调和曲折回旋、流走自如的艺术结构，使作者沛然莫御的愁思贯穿始终，形成沁人心脾的美感效应。诚然，李煜的故国之思也许并不值得同情，他所眷念的往事离不开“雕栏玉砌”的帝王生活和朝暮私情的宫闱秘事。但这首脍炙人口的名作，在艺术上确有独到之处：“春花秋月”人多以为美好，作者却殷切企盼它早日“了”却；小楼“东风”带来春天的信息，却反而引起作者“不堪回首”的嗟叹。因为它们都勾发了作者物是人非的惆怅，映衬出他的囚居异邦之愁，用以描写由珠围翠绕，烹金馔玉的江南国主一变而为长歌当哭的阶下囚的作者的心境，是真切而又深刻的。结句“一江春水向东流”，是以水喻愁的名句，含蓄地显示出愁思的长流不断，无穷无尽。同它相比，刘禹锡的《竹枝调》“水流无限似侬愁”，稍嫌直率；而秦观《江城子》“使作春江都是泪，流不尽，许多愁”，则又说得过尽，反而削弱了感人的力量。

春花秋月何时了②？往事知多少③？小楼昨夜又东风④，故国不堪回首月明中⑤。

雕阑玉砌应犹在⑥，只是朱颜改⑦。问君能有几多愁⑧？恰似一江春水向东流。

---

① 虞美人：词调名。此调原为唐教坊曲，初咏项羽宠姬虞美人，因以为名，又名《一江春水》、《玉壶水》、《巫山十二峰》等，后用为词调。双调，五十六字，上下片各四句，皆为两仄韵转两平韵。

② 春花句：对人生厌倦的感叹。春花秋月，正是良辰美景，本应引起人们对赏心乐事的向往，但李煜从一国之主沦为阶下囚，故有“何时了”的怨叹。了：了结，完结。

③ 往事句：面对春花秋月，既悼惜去而不返的过去岁月，又不敢思量来日，故有此叹。

④ 小楼：指作者在汴京的住所。又东风：春天又来到了。

⑤ 故国：指南唐。不堪：不胜。

⑥ 砌：台阶。雕阑玉砌：指远在金陵的南唐故宫。应犹：一作“依然”。

⑦ 朱颜：红颜，指年轻容颜。朱颜改，暗指亡国。

⑧ 问君：假设词，其实是自己问自己。

## 学习建议

1. 体会“春花秋月何时了”的寓意所在及作者发出违反情理感叹的原因。

2. 作者在上片说“故国不堪回首月明中”，而下片起句却又去回首“雕阑玉砌”的故国宫殿，体会这种看似矛盾但体意深曲的艺术手法。

3. 体会末两句以水喻愁，对表达作者胸中愁情的作用。

# 浪淘沙①·帘外雨潺潺

李　煜

## 【导读】

此首词是李煜被俘入汴京后所作，是一首亡国之君绝望的哀歌。

上片采用倒叙手法，意在以五更寒雨渲染凄清孤独的氛围。词人被春夜雨声从梦中惊醒，而睡梦里“不知身是客”和“贪欢”的幻景，仿佛时光倒流，重温昔日帝王的欢乐，但醒来的现实是囚禁的痛苦，与片刻欢乐的梦境形成强烈的反差。下片纯用白描手法抒怀，不作任何修饰，孤寂、懊悔、悲苦、怅惘交织一体的感情倾泻而出，情至语痛，极富艺术感染力。如今无限江山已属他人，故国难归，旧欢难寻，作为失去自由的囚徒，只能在梦中找回一点慰藉。然而醒来的现实是无情的，残酷的。结尾“流水”二句，既与上片“春意”遥相照应，又象征着国亡身俘命运的不可逆转，正是人间天上，永无相会之日。全词从“梦里贪欢”的幻觉，“别易见难”的哀叹，到“流水落花”的象征，吟唱出凄凉绝望的人生悲剧。

李煜词善于从生活实感出发，抒写自己人生经历中的真切感受，自然明净，含蓄深沉。身为亡国之君的李煜，在词中很少作帝王家语，倒是以近乎普通人的身份，诉说自己的不幸和哀苦，容易与人在情感上相互沟通，产生共鸣。与其说本词是帝王之伤别，不如说它概括了离别中的人们的普遍遭遇。李煜词大多是四五十字的小令，调短字少，然包蕴极富，寄慨极深，没有高度的艺术概括力是做不到的。

帘外雨潺潺②，春意阑珊③。罗衾不耐五更寒④。梦里不知身是客，一饷贪欢⑤。

独自莫凭阑⑥，无限江山。别时容易见时难⑦。流水落花春去也，天上人间⑧！

---

① 浪淘沙：词调名。此词原为唐教坊曲，又名《浪淘沙令》《卖花声》等。唐人多用七言绝句入曲，南唐李煜始演为长短句。双调，五十四字（宋人有稍作增减者），平韵，此调又由柳永、周邦彦演为长调《浪淘沙慢》，是别格。

② 潺（chán）潺：形容雨声。

③ 阑珊：残尽。指春光即将消逝。

④ 衾（qīn）：绸被子。

⑤ 一饷：一会儿，一顿饭的工夫，谓时间很短。

⑥ 阑：同“栏”，栏杆。

⑦ 别：主要指与故国南唐无限江山的分别。以上三句用“别易会难”来表达亡国之后难以重见故土的悲哀之感。故土已属他人，如果凭栏远望，只会引起内心的无限痛楚，所以说“莫凭阑”。

⑧ 此两句意谓：大好的春光随着流水落花而飘逝，不知是在天上还是在人间，表示怅惘迷离的心境。一说：此二句承上而来，用春去不返比喻故土难再，用天上人间的巨大差距比喻今昔处境，亦通。

## 学习建议

1. 体会这首词中“流水”“落花”“春去”三物象对词人复杂情感的表现作用。

2. 王国维说“词至李后主而眼界始大，感慨遂深。”请以此词为例，分析词人的“眼界”究竟大在哪里，“感慨”究竟深在哪里。

3. 李煜词善于描写人物的心理活动。试以《虞美人·春花秋月何时了》及《浪淘沙·帘外雨潺潺》为例，简析之。

4. 延伸阅读篇目：《虞美人·林花谢了春红》《捣练子令·深院静》。

# 雨霖铃[①]·寒蝉凄切

柳　永

柳永（987？—1055?），字耆卿，初号三变，因排行七，又称柳七，祖籍河东（今属山西），后移居崇安（今属福建）。宋仁宗朝进士，官至屯田员外郎，故世称柳屯田。由于仕途坎坷、生活潦倒，他由追求功名转而厌倦官场，耽溺于旖旎繁华的都市生活，在“倚红偎翠”、“浅斟低唱”中寻找寄托。作为北宋第一个专力作词的词人，他不仅开拓了词的题材内容，而且制作了大量的慢词，发展了铺叙手法。他善于向民间曲子词学习，促进了词的通俗化、口语化，在词史上产生了较大的影响。有《乐章集》。

## 【导读】

此词表现作者离京南下时长亭送别的情景。上片记别，从日暮雨歇，送别都门，设帐饯行，到兰舟催发，泪眼相对，执手告别，依次层层描述离别的场面和双方惜别的情态，犹如一首带有故事性的剧曲，展示了令人伤心惨目的一幕。这与同样表现离情别绪但出之以比兴的唐五代小令是情趣不同的。北宋时柳词盛行于市井巷陌，“凡有井水饮处，即能歌柳词”（《避暑录话》）。这同他明白晓畅、情事俱显的词风不无关系。下片述怀，承“念”字而来，设想别后情景。刘熙载《艺概》卷四：“词有点有染。柳耆卿《雨霖铃》云‘多情自古伤离别，更那堪冷落清秋节。今宵酒醒何处，杨柳岸、晓风残月’。上二句点出离别冷落，‘今宵’二句，乃就上二句意染之。”确实，“今宵”二句之所以被推为名句，不仅在于虚中有实，虚景实写，更因为以景“染”情、融情入景。“今宵酒醒何处”，遥接上片“帐饮”，足见虽然“无绪”却仍借酒浇愁以致沉醉；“杨柳岸、晓风残月”，则集中了一系列极易触动离愁的意象，创造出一个凄清冷落的怀人境界。“此去”以下，以情会景，放笔直写，不嫌重拙，由“今宵”想到“经年”，由“千里烟波”想到“千种风情”，由“无语凝噎”想到“更与何人说”，回环往复又一气贯注地抒写了“相见时难别亦难”的不尽愁思。宋人论词往往有雅俗之辨，柳词一向被判为“俗曲”。此词上片中的“执手相看泪眼”等语，确实浅近俚俗，近于秦楼楚馆之曲。但下片虚实相间，情景相生，足以与其他著名的“雅词”相比，因此堪称俗不伤雅，雅不避俗。

寒蝉凄切，对长亭晚，骤雨初歇[②]。都门帐饮无绪[③]，留恋处[④]，兰舟催发[⑤]。执手相

---

① 雨霖铃：词调名。此调原为唐教坊曲。相传唐玄宗避安禄山乱入蜀，时霖雨连日，栈道中听到铃声。为悼念杨贵妃，便采作此曲，后柳永用为词调。又名《雨霖铃慢》。上下阕，一百零三字，仄韵。

② 长亭：古时驿路上供行人休息的亭舍，常是送别的地方。骤雨：阵雨。

③ 都门：京门，此指汴京近郊。帐饮：设帐幕饯别。无绪：没有情绪，无精打采。

④ 留恋处：一作“方留恋处”。

⑤ 兰舟：据《述异记》载，鲁班曾刻木兰树为舟。后用做船的美称。

看泪眼，竟无语凝噎①。念去去，千里烟波②，暮霭沉沉楚天阔③。

多情自古伤离别，更那堪，冷落清秋节！今宵酒醒何处？杨柳岸、晓风残月。此去经年④，应是良辰好景虚设。便纵有，千种风情，更与何人说⑤！

## 学习建议

1. 分析“今宵酒醒何处？杨柳岸、晓风残月”的写作手法。
2. 谈谈对该词雅俗的理解。

---

① 凝噎（yē）：悲痛气塞，说不出话来。一作“凝咽”。
② 去去：重复言之，表示行程之远。
③ 暮霭（ǎi）：傍晚的云气。沉沉：深厚的样子。楚天：楚地的天空，这里泛指长江中下游地区。
④ 经年：一年又一年。
⑤ 风情：男女恋情。

# 八声甘州[①]·对潇潇暮雨

柳　永

## 【导读】

这首望乡词通篇贯串一个“望”字，作者的羁旅之愁，漂泊之恨，尽从“望”中透出。上片起调雄浑苍茫，歇拍蓄势有力。抒写登楼凝望中所见，无论风光、景物、气氛，都笼罩着悲凉的秋意，触动着抒情主人公的归思。起调“潇潇”“洒”不仅状秋雨之动势，且描绘出雨之声，在深秋萧瑟寥廓的景象中表现游子的客中情怀。“渐”领起下三句所绘之景，苍茫辽阔，境界高远雄浑。这样写景，在词中确为少见，连鄙薄柳词的苏轼也以为“此语于诗句不减唐人高处”（宋赵令畤《侯鲭录》引。《能改斋漫录》作晁补之语）。六、七句的楼头所见，寄寓了词人意气消损，然而又羁旅他乡的心灵苦难。歇拍两句，以江水流逝作喻为下片直抒胸臆蓄势。下片直抒胸臆，却婉转道来。前三句写羁旅他乡，欲归不得的痛楚。接下来两句，写望中所思，从自己的望乡想到意中人的望归：她不但“归楼颙望”，甚至还“误几回、天际识归舟”，望穿秋水之际，对自己的迟迟不归已生怨恨。词面上与温庭筠《梦江南》：“梳洗罢，独倚望江楼。过尽千帆皆不是，斜晖脉脉水悠悠，肠断白蘋洲”相似，写法上采用“心往彼处驰去，诗从对面飞来”（清·蒲起龙）的方法。如此着笔，便把本来的独望变成了双方关山远隔的千里相望，见出两地同心，俱为情苦。虽然这是想象之辞，却反映了作者对独守空闺的意中人的关切之情，似乎在遥遥相望中互通款曲，进行心与心的交流，从而暗示读者：其人未归而其心已归，这就更见出归思之切。末二句顺势而出又遥应上片，有力而圆整地关合全词。另外，此词多用双声叠韵词，以声为情，声情并茂。双声如“清秋”“冷落”“渺邈”等，叠韵如“长江”“无语”“阑干”等。它们间见错出，相互配合，时而嘹亮，时而幽咽。这自然有助于增强声调的亢坠抑扬，更好地表现心潮的起伏不平。

对潇潇暮雨洒江天[②]，一番洗清秋[③]。渐霜风凄紧[④]，关河冷落，残照当楼[⑤]。是处红衰翠减[⑥]，苒苒物华休[⑦]。惟有长江水，无语东流。

---

① 《八声甘州》：一名《甘州》。《甘州》本唐玄宗时教坊大曲名，来自西域，后用为词调。此调前后共八韵，故名“八声”，属慢词。又名《潇潇雨》《宴瑶沁池》等。《词谱》以柳永为正体。九十七字，平韵。

② 潇潇：雨势急骤的样子。

③ 清秋：清冷的秋天。

④ 渐：逐渐。霜风：指深秋的风。凄紧：凄凉迫近。

⑤ 关河：山河。残照：落日的余光。当：面对。“当楼”等于说映照在楼上。

⑥ 是处：到处，处处。红衰翠减：指花叶凋零。红：代指花。翠：代指绿叶。李商隐《赠荷花》：“翠减红衰愁煞人。”翠：一作“绿”。

⑦ 苒（rǎn）苒：意同“荏苒”，形容时光消逝。物华：美好的景物。休：衰残。

不忍登高临远，望故乡渺邈①，归思难收②。叹年来踪迹，何事苦淹留③？想佳人，妆楼颙望④，误几回，天际识归舟⑤。争知我，倚栏干处⑥，正恁凝愁⑦！

## 学习建议

1. 细致而有层次的铺叙手法，是柳词的一大特色。该词上片写景，下片抒情。写景层层铺叙，情景交融；抒情则细腻深婉，曲折有致。试根据原词进行分析。

2. 体会“惟有长江水，无语东流”句承上启下所体现的词人的心境。

3. “想佳人，妆楼颙望，误几回，天际识归舟。”从词人抒发自己思乡之情的角度理解这几句运用的表现手法及好处。

4. 延伸阅读篇目：《蝶恋花·伫倚危楼风细细》《望海潮·东南形胜》《迷仙引·才过笄年》。

---

① 渺邈：渺茫遥远。

② 归思：渴望回家团聚的心思。

③ 淹留：久留。

④ 佳人：美人。古诗中常用以代指自己所怀念的对象。颙（yóng）望：凝望，呆望，抬头远望。

⑤ “误几回”句意谓：多少回错把远处驶来的船只当作爱人的归舟。语出谢朓《之宣城郡出新林浦向板桥》“天际识归舟，云中辨江树”，天际：目力所能达到的极远之处。

⑥ 争：怎。

⑦ 恁（rèn）：如此，这般。凝愁：愁苦不已，愁恨深重。

# 明妃曲（其一）①

王安石

王安石（1021—1086年），字介甫，号半山，临川（今江西抚州）人，北宋著名政治家，唐宋散文“八大家”之一，著名诗人。仁宗庆历二年（1042年）进士，官至宰相，封荆国公。熙宁二年始，王安石在宋神宗支持下推行新法，遭到守旧派的激烈反对，曾两度被迫离职。王安石在唐宋诗风嬗变过程中起到了承前启后的作用，早期诗风政治色彩较浓，晚年退居江宁期间刻意锤炼而妙造自然，“雅丽精绝”，影响很大。有《临川集》《临川先生歌曲》。

## 【导读】

这首诗作于嘉祐四年（1059年），原作二首，这是其一。

王安石《明妃曲》是咏昭君最好的诗之一，好在立意新。这诗前半部只写昭君的美，但不是从形象上写，而是从故事上写。昭君出来，泪湿鬓脚，自顾“无颜色”，但元帝见了，竟不能自持。原来昭君美不在容貌，而在精神，即“意态”。而画师又是个画肉不画骨的，所以“意态由来画不成，当时枉杀毛延寿”；二句成为千古绝唱。

后半部写昭君在蒙古仍是关心祖国，但是，“万里家人传消息，好在毡城莫相忆”。就是说，安慰来自家人，而非宫廷。宫廷呢？“君不见，咫尺长门闭阿娇，人生失意无南北”。这才是诗的主题。玩弄、遗弃女子，历代帝王皆如此，古今中外，概莫能外。“南北”者即中外。

这样，王安石就提出一个社会制度问题，虽然他没有解答。这层意思，比“和亲事却非”的论点高得多了；而白居易的“黄金何日赎娥眉”则简直不像话。居然有人作考证，说蔡文姬是被俘，可赎；王昭君是官派的，不可赎了；真是腐儒。不过，有人匿名作了首《反明妃怨》，说“昔日画图金不足，今日天涯以金赎”，讽刺得痛快。此人大约是清代的蔡尚翔。

明妃初出汉宫时②，泪湿春风鬓脚垂③。
低徊顾影无颜色④，尚得君王不自持⑤。

---

① 明妃曲：古乐府旧题，是歌咏王昭君出塞之事的。明妃，即王昭君，名嫱，字昭君，汉元帝时宫女，竟宁元年（公元前33年），汉朝与匈奴和亲，元帝以王嫱嫁匈奴王。晋人避晋文帝司马昭的讳，改称为明君或明妃。

② 初：刚刚。汉宫：汉朝的宫廷。

③ 春风：这里用以代指王昭君姣好的面容。杜甫《咏怀古适》五首中咏昭君一首有“画图省识春风面”之句。这里的春风即春风面的省称。

④ 低徊顾影：低着头，来回走动，顾影自怜，不忍远去的样子。无颜色：指因伤心忧郁而失去平常的姿色。

⑤ 尚：还，仍然。得：使得。不自持：不能自我控制，失态。这两句意思是说，王昭君临行之时，虽因极度忧伤，面色惨淡，但其美丽的容貌仍令汉元帝为之惊讶，为之动情。

归来却怪丹青手①，入眼平生未曾有②。
意态由来画不成③，当时枉杀毛延寿④。
一去心知更不归，可怜着尽汉宫衣⑤。
寄声欲问塞南事，只有年年鸿雁飞⑥。
家人万里传消息⑦，好在毡城莫相忆⑧。
君不见咫尺长门闭阿娇，人生失意无南北！⑨

## 学习建议

1. 试析此诗以议论入诗的特色。
2. 理解这首诗于传统见解中翻出新意之处。
3. 延伸阅读篇目：《书湖阴先生壁》《泊船瓜洲》《北山》《岁晚》。

---

① 丹青手：画工。丹是朱红色，青为青色，是古代绘画的两种主要颜色，两字并用泛指绘画艺术，画工也就被称为丹青手。

② 入眼平生：即平生入眼，平生所见。这两句的意思是说，汉元帝事后责怪宫廷画工没有把王昭君的绝色美貌如实地画下来。

③ 意态：风采神态。由来：本来。

④ 枉杀：白白地杀掉。毛延寿：人名，当时宫中的著名画师。据载，汉元帝召幸宫妃，都要先看看她们的画像。王昭君虽美丽但品行正直，不肯贿赂画工，被画得很丑，因而始终未见到元帝。不是此次遣派和亲，元帝也无从知道王昭君的美貌及个中情况。一位绝色佳人就这样失之交臂，汉元帝大为恼怒，为此杀了一批画工，当时被杀者中有一位叫毛延寿。这两句的意思是说，人的风采神情本来就是画不出来的，汉元帝当时怪罪毛延寿，把他杀掉，真是冤枉。

⑤ 更：再。着：穿。这两句是说，王昭君心知既然出了汉宫，就不可能再回到汉朝，但她身在胡庭心在汉，坚持不改汉宫的穿着，天长日久，带来的衣服都穿完了。

⑥ 寄声：委托传递声音。塞南：边塞以南，相对于塞外而言，指汉王朝统治的地区。鸿雁：大雁，古代传说大雁能为人传书。这两句是说，昭君欲托大雁问问故国的情况，但年年只见雁南飞，不见消息往来。

⑦ 家人：家乡的人，或即指家里人。以下四句是作者附加的议论，故意用“家人”的口吻说出来，这是诗歌中常见的一种曲折表达方式。

⑧ 毡（zhān）城：这里指匈奴人的首府。匈奴人住毡篷，所以如此称谓。忆：思念汉宫。

⑨ 君不见：乐府诗的常用语，意思是说“您难道不知道”。咫（zhǐ）尺：极近的距离。长门：长门宫，汉朝宫殿名。闭：幽禁，秘密囚禁。阿娇：汉武帝的皇后，姓陈，小名阿娇，成语“金屋藏娇”说的就是她与汉武帝之间的事。在她得宠时，汉武帝曾以金屋藏之，及其失宠，又把她关闭在长门宫，虽然近在咫尺，也不许相见。这两句是说，曾经备受宠爱的陈阿娇，尚且被打入冷宫。人一失宠，无论近在咫尺，还是远在天涯，遭遇都一样。人生既然失意了，也就没有什么南北分别，不要计较在南还是在北了。

# 饮湖上初晴后雨·水光潋滟晴方好

苏　轼

苏轼（1037—1101 年），字子瞻，号东坡居士，眉山（今四川省眉山市）人。宋仁宗嘉祐二年（1057 年）进士，因作诗讽刺新法，被新党罗织下狱，是为“乌台诗案”，出狱后谪黄州团练副使。哲宗元祐间累迁翰林学士。又因反对尽废新法而遭旧党排挤。绍圣初，又以讥刺先朝之罪远谪惠州（治所在今广东省惠阳市）、儋州（治所在今广东省儋州市）。苏轼是我国历史上成就最高的作家之一，散文名列“唐宋八大家”，诗歌、书法与黄庭坚齐名，词作最富有开创精神，风格清雄超旷，被视为豪放词派的创始人。有《苏东坡集》《东坡乐府》。

## 【导读】

本诗是写西湖的名作。其中后两句尤为后人称道。南宋诗人武衍云：“除却淡妆浓抹句，更将何语比西湖?”（《正月二日泛舟湖上》）近代诗人陈衍在《宋诗精华录》中说：“后二句遂成西湖定评”。由于比喻的传神韵致，西子湖也成了西湖的别名。

前两句扣题“初晴后雨”，写晴也写雨。“潋滟”故“好”，“空濛”故“奇”。气候变化，方显出西湖韵致多端，但不变的是她的美。这两句大处着笔，直写湖山相映之美，而略去花鸟柳烟，盖绝句句短，故浓缩之也，且这样写也抓住了西湖的主要特点。后两句用一奇特比喻，用西施比西湖，这一比喻不仅很美，且比出了西湖的风情韵致。西施在苎罗山下浣纱，不施粉黛，天姿国色，后进吴王宫殿，浓妆艳抹，依然国色天香。西湖晴日固好而雨中亦奇，两者正是淡妆浓抹，不损其天生丽质。这个比喻的独特处还在于，此前人们往往以物喻人，而此喻则以人喻物，真是神来之笔。全诗前两句是对西湖美的客观描写，后两句是对西湖的主观评价。全诗洋溢着作者对西湖深深的爱。

水光潋滟晴方好①，山色空濛雨亦奇②。
欲把西湖比西子③，淡妆浓抹总相宜④。

## 学习建议

试析此诗第三句比喻新奇贴切巧妙的特色。

① 潋滟（liàn yàn）：波光粼粼的样子。方好：正显得美好。
② 空濛：细雨之中的山中雾气迷茫，似有若无。亦奇：也很奇妙。
③ 西子：即春秋时越国美人西施，姓施，家住浣纱溪村（在今浙江诸暨市）西，所以称为西施。
④ 相宜：相称，合适。

# 江城子①·十年生死

## （乙卯正月二十日夜记梦）

苏　轼

## 【导读】

题记中“乙卯”年指的是宋神宗熙宁八年（1075 年），其时苏东坡任密州（今山东诸城）知州，年已四十。正月二十日这天夜里，他梦见爱妻王弗，便写下了这首“有声当彻天，有泪当彻泉”（陈师道语）的悼亡词。

苏东坡的这首词是“记梦”，实际上词中记梦境的只有下片的五句，其他都是真挚朴素，沉痛感人的抒情文字。“十年生死两茫茫”，恩爱夫妻，一朝永诀，转瞬十年了。“不思量，自难忘”，人虽云亡，而过去美好的情景“自难忘”。“千里孤坟，无处话凄凉”。这是抹杀了生死界线的痴语、情语，格外感人。“纵使相逢应不识，尘满面，鬓如霜”又把现实与梦幻混同了起来，把死别后的个人忧愤，包括在苍老衰败之中。这时苏轼才四十岁，已经“鬓如霜”了，“纵使相逢”，亡妻恐怕也认“我”不出了。这个不可能的假设，感情深沉悲痛，表现了对爱侣的深切怀念，也寄寓了自己的身世之感。下片的头五句，才入题开始“记梦”。“夜来幽梦忽还乡”，写自己梦中忽然回到了思念中的故乡，那个两人曾共度甜蜜岁月的地方，“小轩窗”是那样亲切而又熟悉，妻子“正梳妆”的情态容貌，依稀当年。夫妻相见，没有出现久别重逢、卿卿我我的亲昵，而是“相顾无言，唯有泪千行”。“无言”，包括了千言万语，表现了“此时无声胜有声”的沉痛。“料得年年肠断处，明月夜，短松冈。”作者推己及人，料想长眠地下的爱侣，在年年伤逝的这个日子，为了眷恋人世、难舍亲人，该是柔肠寸断。

这首悼亡词运用分合顿挫、虚实结合以及叙述白描等多种艺术手法，表达怀念亡妻的感情，语言平易质朴，在对亡妻的思念中又糅进自己的身世感慨，因而能将夫妻之间的感情表达得深婉而真挚，感人至深。

十年生死两茫茫②，不思量③，自难忘。千里孤坟④，无处话凄凉。纵使相逢应不识，

---

① 《江城子》：词调名，又名《江神子》。双调，七十字，平韵。此调首见于《花间集》韦庄所作。欧阳炯用此调所填词中有“如西子镜，照江城”语，犹含本意。此词悼念亡妻王氏。《苏轼文集·亡妻王氏墓志铭》云：“治平二年（1065 年）五月丁亥，赵郡（苏轼祖籍）苏轼之妻王氏，卒于京师。六月甲午，殡于京城之西。其明年六月壬午，葬于眉（苏轼为眉山人）之东北彭山区安镇乡可龙里先君、先夫人墓之西北八步。”王氏名弗，十六岁来嫁，夫妻和合，二十七岁时不幸卒于汴京。

② “十年”句意谓：作者与妻子死别十年，生死隔绝，音讯渺茫。茫茫：毫无所知。

③ 思量：思念。

④ 千里孤坟：当时诗人在密州做官，亡妻的坟却远在四川。

尘满面，鬓如霜①。

夜来幽梦忽还乡②。小轩窗③，正梳妆。相顾无言，惟有泪千行。料得年年肠断处，明月夜，短松冈④。

## 学习建议

1. 该词上片一般理解为梦前所思，请谈谈你的看法。
2. 具体分析“相顾无言，惟有泪千行”的情感内涵。
3. 举例说明词中运用白描手法表现细节的艺术效果。

① “纵使”句：意谓诗人自伤奔走劳碌与衰老。霜：比喻白发。

② 幽梦：隐隐约约的梦境。

③ 轩窗：居室的窗户。轩：有窗的小屋。

④ “料得”句意谓：设想死者的痛苦，以写自己的悼念之情。孟棨《本事诗·徵异》引张姓妻孔氏诗：“欲知肠断处，明月照孤坟。”短松冈：种着小松树的山冈。古人葬地多种松柏。仲长统《昌言》卷下：“古之葬松柏梧桐以识其坟。”

# 定风波①·莫听穿林

苏　轼

## 【导读】

苏轼这首词通过野外途中偶遇风雨这一生活中的小事，于简朴中见深意，于寻常处生奇警，表现出旷达超脱的胸襟，寄寓着超凡超俗的人生理想。

上片借“穿林打叶”，写出风雨的急骤；“竹杖芒鞋”，写出条件的简陋。但就是在这种情况下，诗人的态度是“莫听”“吟啸”“徐行”，而“谁怕”二字，更把作者倔强、豁达的性格表现无遗。结句的“一蓑烟雨任平生”，承上启下，由此次遇雨联想到人的一生，赋予这件小事更广泛的意义。

下片写雨后酒醒、天霁、日出，回头望望刚才遇雨的地方，四处已是一片平静。这画面的意思是自然界有疾风骤雨，有阴晴圆缺，人世间也不乏风雷盖顶，也不会一帆风顺。但是风雨总有停歇，厄运总有转机，重要的是要镇定、从容。所以诗人最后说：“归去，也无风雨也无晴。”意思是回家吧，走自己的路，世间本来没有什么风雨、什么阴晴。只要有了这大度的人生态度，什么风浪不能度过呢？

三月七日，沙湖道中遇雨②，雨具先去，同行皆狼狈，余不觉。已而遂晴。故作此。

莫听穿林打叶声，何妨吟啸且徐行③。竹杖芒鞋轻胜马④，谁怕？一蓑烟雨任平生⑤。

料峭春风吹酒醒⑥，微冷，山头斜照却相迎。回首向来萧瑟处，归去，也无风雨也无晴⑦。

## 学习建议

1. 简要分析本词的主题思想。

---

① 《定风波》：唐玄宗时教坊曲名，后演为词调。敦煌曲子词《定风波》有“问儒士，谁人敢去定风波”语，可见此调取名的本义为平定变乱之意。此词作于宋神宗元丰五年（1082 年），时苏轼仍在黄州（治所在今湖北省黄冈市）贬所任上。词中反映了作者不怕任何风波，风雨不惊的情怀。

② “三月七日”：指宋神宗元丰五年（1082 年）的三月七日。沙湖：地名。

③ 吟啸（xiào）：吟诗长啸，表示意态安定闲适。陶渊明《归去来辞》：“登东皋以舒啸，临清流而赋诗。”徐行：慢步而行。徐：慢慢地。

④ 芒鞋：草鞋，芒：一种草，叶细长而尖，茎叶可编制鞋。苏轼被贬黄州后，曾在《答李之仪书》中云“得罪以来，深自闭塞，扁舟草履，放浪山水间，与樵渔杂处，往往为醉人所推骂，辄自喜渐不为人识。”

⑤ 一蓑句：披着蓑衣，在烟雨中悠然自得地任时光流逝。这是典型的隐士风度。作者因冒风雨而行，故自比隐士。

⑥ 料峭：形容春天的微寒。

⑦ 回首三句：心境平淡，修养到一定程度，自然界的风雨阴晴就不算什么了。作者在其《独觉》诗中亦有“回首向来萧瑟处，也无风雨也无晴”语。萧瑟处风雨凄凉处。萧瑟：风雨吹打树林的声音，亦用来形容寂寞凄凉的情景。

2. 具体说明这首词言在此而意在彼、语意双关、以小见大的特点。

3. 延伸阅读篇目：《游金山寺》《和子由渑池怀旧》《惠崇春江晚景》《有美堂暴雨》《水龙吟·似花还似非花》《临江仙·夜饮东坡醒复醉》《蝶恋花·花褪残红青杏小》《浣溪沙·山下兰芽短浸溪》《江城子·密州出猎》《卜算子·缺月挂疏桐》。

# 寄黄几复

黄庭坚

黄庭坚（1045—1105年），字鲁直，号山谷、涪翁，洪州分宁（今江西修水县）人，北宋著名诗人。英宗治平进士，“苏门四学士”之一。他论诗主张无一字无来历，重视格律技巧，诗风宗法杜甫，瘦硬奇峭，影响很大，形成“江西诗派”。精书法，与蔡襄、苏轼、米芾为“宋四家”，亦善于词，与秦观齐名，世称“秦七、黄九”。有《山谷集》。

## 【导读】

本诗自注曰：“乙丑年德平镇作。”又云：“几复在广州四会，予在德州德平镇，皆海滨也。”黄几复名介，南昌人，与黄庭坚同科进士，此诗是写同科及第后长期分离的思念之情。

诗之开头即写得飘逸不凡。吴汝纶曰：“黄诗起处每飘然而来，亦奇气也。”首句写二人相隔之远，连能传书的大雁也无法到达。这两句已写到对友人的思念。诗之第二联被张耒称为“奇语”，其“奇”在一联中不仅未用一个动词，而且没有动词化了的名词，而全由名词、数量词组成，创造出独特的意境。诚如霍松林先生所说：“‘桃李春风’与‘江湖夜雨’，这是‘乐’与‘哀’的对照，快意与失望，暂聚与久别，往日的交情与当前的思念，都从时、地、景、事、情的强烈对照中表现出来，令人寻味无穷。”（《宋诗鉴赏辞典》）“持家”一联，前句言其贫穷，家无长物空有四壁，后句意谓黄不愿从官场世故中去求得功名富贵。“想得”一联收束全诗，设想十年不见的友人生活在南方蛮烟瘴雨的艰苦环境中读书已满头白发，进一步写足对友人的思念。这是一首拗体七律，杜甫晚年多作拗体，黄庭坚学杜写拗律更多，如“持家但有四立壁”句，后五字皆仄。方东树称黄诗为“兀傲奇崛之响”，诗之兀傲与作者个性的桀骜不驯有关，见出诗人的个性特征。

我居北海君南海①，寄雁传书谢不能②。
桃李春风一杯酒，江湖夜雨十年灯③。
持家但有四立壁④，治病不蕲三折肱⑤。
想得读书头已白，隔溪猿哭瘴溪藤。

---

① “我居”句：《左传》僖公四年：“齐侯以诸侯之师侵蔡，蔡溃，遂伐楚。楚子使与师言曰：‘君处北海，寡人处南海，唯是风马牛不相及也。……’”春秋时，齐国处于北方近海之地，楚国处于南方（近）海之地，故一称北海，一称南海。按德州旧属齐地，四会在广东南部，故云。

② “寄雁”句：古有雁足传书之说（见《汉书·苏武传》），又传说雁南飞不过衡山回雁峰，更何况是岭南一带，因此托雁传书也不能了。

③ “桃李”二句：黄几复与黄庭坚同于治平四年（1067年）同科进士。此后一别十年。

④ 四立壁：《史记·司马相如列传》：“家徒四壁立。”意谓家中贫无所有。

⑤ 蕲：同“祈”，求。“三折肱（gōng）”：喻阅历多。《左传》定公十三年：“三折肱，知为良医。”这句话是称道黄几复有治世的才能，不待阅历丰富，已有良好政绩。

## 学习建议

1. 颔联“桃李春风一杯酒，江湖夜雨十年灯”被称为“奇语”，试对其作具体分析。

2. 此诗多用典故，追求“无一字无来历”，但基本上脱化无迹。请找出其用典的出彩之处。

3. 延伸阅读篇目：《登快阁》《鄂州南楼书事四首》《雨中登岳阳楼望君山二首》。

# 送密老住五峰①

黄庭坚

## 【导读】

黄庭坚姑父蔡曾，新昌盐步镇（今江西宜春市宜丰县新昌镇）人。精通经史，终生不仕，筑南园隐居。黄庭坚常往来于姑父家，曾作《东郭居士南园记》。南园遂成宜丰历代名胜。黄庭坚足迹几乎遍布宜春境域，奉新、高安、万载、宜丰、袁州各地均留有黄庭坚诗作。宋绍圣年间，袁州司理李冲元好禅，在城中建难禅阁（其址在今重桂路，至今尚存）。黄庭坚过袁州，与李冲元论禅逾月，作《难禅阁铭》而去。

此诗描绘了古宜春一派梵天佛国的景象。宜春，有着深厚的禅宗文化积淀，自唐宋以来，禅宗就在这片土地上生根、开花、结果。诸多禅林遗迹随处可见，无数法门龙象开堂说法于崇山峻岭之间，呈现出耀古烁今、异彩纷呈的禅宗文化景观。黄庭坚与宜丰五峰山长老唱答，诗中有“从来美酒无深巷”之句，后演化成俗语“好酒不怕巷子深”。

我穿高安过萍乡，七十二渡绕羊肠②。
水边林下逢衲子，南北东西古道场③。
五峰秀出云雨上，中有宝坊如侧掌④。
去与青山作主人，不负法昌老禅将⑤。
栽松种竹是家风，莫嫌斗绝无来往⑥。
但得螺蛳吞大象，从来美酒无深巷⑦。

## 学习建议

1. 了解宜春禅宗文化的历史。

2. 延伸阅读篇目：《赠仰山简老太师》《冲雨向万载道中得逍遥观托宿遂戏题》《赣上食莲有感》《登快阁》。

---

① 密老：盖指法昌山倚遇禅师后嗣。

② 高安：古属筠州。萍乡：古属袁州。七十二渡：黄庭坚《书萍乡县厅壁》有“庭坚杭荆州，略洞庭，涉修水，经七十二渡出万载，来宜春，省伯氏元明于萍乡。”承接上二句，一种版本有“去时撷茗春风香，归来秧稻春日长”二句。

③ 衲子：僧人。道场：释道二教称诵经礼拜的场所。

④ 宝坊：对寺院的美称。侧掌：此系化用杜甫诗“秦川对酒平如掌”。

⑤ 法昌：山名，在今南昌境内。老禅将：指单身住持法昌山三十年的倚遇禅师。

⑥ 斗绝：指五峰山的高峻。

⑦ 但得二句：法昌倚遇禅师《法身颂》有“螺师（蛳）吞大象”句，意为开悟法门。此二句意为：五峰山虽险绝，但只要能开悟法门，自然就可以闻名天下。

# 鹊桥仙[1]·纤云弄巧

秦 观

秦观（1049—1100 年），字少游，一字太虚，号淮海居士，扬州高邮（今江苏高邮市）人，北宋著名词人。少有才名，研习经史，喜读兵书。元丰八年进士及第，授定海主簿，调蔡州教授。与黄庭坚、晁补之、张耒受知于苏轼，并称“苏门四学士”。绍圣元年（1094年），坐元祐党籍，出为杭州通判，之后被分别贬往处州（今浙江丽水）、郴州（今属湖南）、横州（今广西横县）、雷州（今广东海康）等地。徽宗即位，复宣德郎，允北归，途中卒于藤州（今广西藤县），年五十二。他的词艺术成就很高，善于捕捉所写事物的突出特征，构成优美的艺术形象，以传达情怀。语言自然典雅，风格清丽婉约。有《淮海集》《淮海词》。

## 【导读】

此词熔写景、抒情与议论于一炉，叙写牵牛、织女二星相爱的神话故事，赋予这对仙侣浓郁的人情味。词中明写天上双星，暗写人间情侣，讴歌了真挚、细腻、纯洁、坚贞的爱情，读来荡气回肠，感人肺腑。

词一开始即写“纤云弄巧”，轻柔多姿的云彩，变化出许多优美巧妙的图案，显示出织女的手艺何其精巧绝伦。可是，这样美好的人儿，却不能与自己心爱的人共同过美好的生活。“飞星传恨”，那些闪亮的星星仿佛都在传递着他们的离愁别恨，正在飞驰长空。“银汉迢迢暗渡”，以“迢迢”二字形容银河的辽阔，牛、女相距之遥远。“暗渡”二字既点“七夕”题意，同时紧扣一个“恨”字，他们踽踽宵行，千里迢迢来相会。接下来词人宕开笔墨，以富有感情色彩的议论赞叹道：“金风玉露一相逢，便胜却人间无数。”热情歌颂了一种理想的、圣洁而永恒的爱情。“柔情似水”，两人相会的情意，就像悠悠无声的流水，是那样的温柔缠绵。“似水”照应“银汉迢迢”，即景设喻，十分自然。“佳期如梦”，除言相会时间之短，还写出爱侣相会时的复杂心情。“忍顾鹊桥归路”，转写分离，刚刚借以相会的鹊桥，转瞬间又成了和爱人分别的归路。不说不忍离去，却说怎忍看鹊桥归路，婉转语意中，含有无限惜别之情，含有无限辛酸眼泪。回顾佳期幽会，疑真疑假，似梦似幻，及至鹊桥言别，恋恋之情，已至于极。词笔至此忽又空际转身，爆发出高亢的音响：“两情若是久长时，又岂在朝朝暮暮！”这两句感情色彩很浓的议论，与上片的议论遥相呼应，这样上、下片同样结构，叙事和议论相间，从而形成全篇连绵起伏的情致。这种正确的恋爱观，这种高尚的精神境界，远远超过了古代同类作品，是十分难能可贵的。

① 鹊桥仙：词调名。旧时传说七月七日为牛郎织女在天河聚会之期，有喜鹊为他们搭桥相会。这首词又题作“七夕”。

纤云弄巧①，飞星传恨②，银汉迢迢暗度③。金风玉露一相逢④，便胜却人间无数。柔情似水，佳期如梦，忍顾鹊桥归路⑤！两情若是久长时，又岂在朝朝暮暮⑥！

## 学习建议

1. 体会这首词所道出的爱情真谛，并谈谈你的爱情观。
2. 分析这首词叙事与议论相间的结构特征，以及这种结构对表达主题的作用。

---

① 纤云：细薄的云。弄巧：变出巧妙的花样。古人认为织女是织棉的能手。旧俗，妇女七月七日夜向织女星乞求智巧，故亦称“七夕”为“乞巧节”。

② 飞星传恨：牵牛、织女二星相互传递不得相聚的离恨。飞星：指织女星。恨：离恨。

③ 银汉：银河。迢迢：遥远的样子。暗度：相传织女星每年七夕渡河与牵牛星相会一次。度：通“渡”。李善注曹植《洛神赋》：“牵牛为夫，织女为妇，织女、牵牛之星各处一旁，七月七日乃得一会。”

④ 金风玉露：秋风秋露之美称，表示相会的时令环境。语出隋代李密《淮阳感秋》诗：“金风荡初节，玉露凋晚林。”金风：秋风。玉露：白露。古代以四季分配五行，秋令属金，故秋风叫“金风”。玉以白色为多，故以“玉”代“白色”。

⑤ 忍顾：即不忍回顾。鹊桥：韩鄂《岁华纪丽》卷三引《风俗通》：“织女七夕当渡河，使鹊为桥。”

⑥ “两情”两句意谓：爱情贵在真挚不移，而不在朝暮相处。朝朝暮暮：谓朝夕相守。

# 踏莎行①·雾失楼台

秦　观

## 【导读】

此词为作者绍圣四年（1097 年）贬谪郴州时所作。词中抒写了作者流徙僻远之地的凄苦失望之情和思念家乡的怅惘之情。上片以写景为主，描写了词人谪居郴州登高怅望时的所见和谪居的环境。开头三句，分别用了“失”“迷”“无”三词，接连写出三种曾经存在过或人们的想象中存在过的事物的消失，表现了一个屡遭贬谪的失意者的怅惘之情和对前途的渺茫之感。“可堪孤馆闭春寒，杜鹃声里斜阳暮”两句正面实写词人羁旅郴州客馆不胜其悲的现实生活。少游以一个羁旅之身，所居住的是寂寞孤馆，所感受的是料峭春寒，所听到的是杜鹃啼血，所见到的是日暮斜阳，此情此景，只能以“可堪”道之。“可堪”者，岂堪也，词人在这重重凄厉的氛围中，又怎能忍受得了呢？

下片以抒情为主，写他谪居生活中的无限哀愁。“驿寄梅花，鱼传尺素”，实是无中生有之境。没有任何人给自己寄梅、传素，尽是痴盼中语。故有无数重恨，越砌越多，越砌越高。一“砌”字，不仅把抽象的微妙的感情形象化，而且也可使人想象词人心中的积恨如砖石垒成，沉重坚实而又无法消解。如此深重难排的苦恨中，迸发出最后两句：“郴江幸自绕郴山，为谁流下潇湘去？”从表面上看，这两句似乎是即景抒情，写词人纵目郴江，抒发远望怀乡之思。无情的山水似乎也能听懂人语，词人痴痴问询郴江：你本来生活在自己的故土，和郴山欢聚一起，究竟为了谁而竟自离乡背井，“流下潇湘去”呢？词人笔下的郴江之水，已经注入了作者对自己离乡远谪的深长怨恨，富有象征性。

此词以新颖细腻、委婉含蓄的手法描写了作者特定环境中的特定心绪，抒发了内心不能直言的深曲幽微的贬徙之悲，寄托了深沉哀婉的身世之感。使用写实、象征的手法营造凄迷幽怨、含蓄深厚的词境，充分体现了作者身为北宋婉约派大家的卓越艺术才能。

雾失楼台，月迷津渡②，桃源望断无寻处③。可堪孤馆闭春寒，杜鹃声里斜阳暮。
驿寄梅花，鱼传尺素④，砌成此恨无重数。郴江幸自绕郴山，为谁流下潇湘去⑤？

---

① 踏莎行：词调名。唐五代词不载，始见于北宋寇准、晏殊词。

② “雾失”二句：浓雾遮蔽了楼台，朦胧月光下找不到渡口。津：渡口。

③ “桃源”句：桃花源，陶渊明《桃花源记》中描绘的仙境，此处比自己向往的地方。

④ “驿寄”二句：寄梅典出《荆州记》，三国时东吴陆凯与范晔为友，于江南寄梅与长安范晔，并赠诗“折梅逢驿使，寄与陇头人。江南无所有，聊寄一枝春。”尺素，一尺白绸，代书信，典出古乐府《饮马长城窟行》：“客从远方来，遗我双鲤鱼。呼儿烹鲤鱼，中有尺素书。”

⑤ “郴江”二句：郴江，发源于湖南郴县的郴山，下游与耒水相会，又向北汇入湘江。潇、湘二水，至零陵合流，一般以潇湘代指湘江或湖南。这里秦观只取前一用法。

## 学习建议

1. 体会此词情景交融、纤细幽微的特点。
2. 对“雾失”三句试作分析。
3. 分析“郴江”两句词的含义。
4. 延伸阅读篇目:《满庭芳·山抹微云》《浣溪沙·漠漠轻寒上小楼》。

# 如梦令①·昨夜雨疏风骤

李清照

李清照（1084—1151年?），号易安居士，济南人，宋代著名女词人。父亲李格非是著名的学者和散文家，母亲也工文章。丈夫赵明诚是太学士，又是金石学家，曾任莱州、淄州太守。她婚前与婚后，都生活在一个文艺、学术空气很浓的家庭里，可以从容地进行创作和研究，从而成为一个才气焕发，有抱负，有理想，有政治、文学见解的女作家。金兵入侵，破坏了她的美满生活。南渡不久，赵明诚病死，她亲历变乱，颠沛流离，在寂寞中度过晚年。其词今存者仅四十五首（不含存疑之作），不足3 500字，是我国历史上创作字数最少的大作家。她工于造语、创意出奇而长于白描，塑造出鲜明的艺术形象。有今人所辑《李清照集》。

## 【导读】

本篇是李清照早期的词作之一，词的写法别致。首先，从听觉方面来塑造形象并构成意境。作者不是平铺直叙地去描写百花凋残的暮春景象，而是立足清晨醒后，从“昨夜”写起，通过“雨疏风骤”，从听觉上展开联想，然后转化为视觉形象：“绿肥红瘦”。值得指出的是，这“绿肥红瘦”四字只不过是作者内心虚拟想象之词，它还有一个向客观现实转化的过程。正因为这首词有一个从听觉到视觉，有一个从内心到客观现实的转化过程，所以才能给读者留下广阔的想象空间，便于进行艺术的再创造。其次，通过问答进行感情上的对比烘托。这种写法，不仅语言精练生动，结构也由此显得分外紧凑，使读者有如闻其声、如见其人的真切感。人物的身份、性格、教养以及感情上的细微差别也都历历在目，词也由此而显得生动活泼。“却道”一句，写出了“卷帘人”观察上的粗疏与感情上的淡漠，它恰好衬托出作者体察的细腻与情思的深婉。再次，成功地使用拟人化的手法。词中把本来用以形容人的“肥”“瘦”二字，借来用以形容绿叶的繁茂与红花的稀少，暗示出春天的逐渐消失。这一句不论是在语言的提炼上还是在修辞手法的使用上，都是极富创造性的。

这首小令总共不过三十三字，但它却能通过生活中一个极其普通的细节，反映作者丰富的内心世界，用语平白浅近，意境含蓄深厚，具有“弦外音，味外味”。

昨夜雨疏风骤，浓睡不消残酒②。试问卷帘人③，却道，海棠依旧。知否？知否？应是绿肥红瘦④。

---

① 如梦令：词调名。苏轼《东坡乐府》卷下《如梦令》词序：“此曲本唐庄宗制，名《忆仙姿》，嫌其名不雅，故改为《如梦令》。庄宗作此词，卒章云：‘如梦，如梦，和泪出门相送。’因取以为名云。”

② 雨疏风骤：雨猛风狂。疏：疏狂。不消：指昨晚的酒意尚未消失。

③ 卷帘人：指正在卷帘的侍女。

④ 绿肥红瘦：枝叶繁茂，花朵凋零。绿，指海棠的绿叶。红，指海棠的花。

## 学习建议

1. 简析《如梦令·昨夜雨疏风骤》的艺术特点。

2. 人们在评论这首词时，认为“绿肥红瘦”是全词最紧要之处。试分析“绿肥红瘦”的具体含义，并结合全词简要谈谈“绿肥红瘦”中包含的情绪。

# 醉花阴·薄雾浓云①

李清照

## 【导读】

这首词是作者早期和丈夫赵明诚分别之后所写，它通过悲秋伤别来抒写词人的寂寞与相思情怀。比喻巧妙是这首词广泛传诵的重要原因之一。古诗词中以花喻人瘦的作品屡见不鲜，如“人与绿杨俱瘦”（宋无名氏《如梦令》），“人瘦也，比梅花、瘦几分”（宋程垓《摊破江城子》），“天还知道，和天也瘦”（秦观《水龙吟》）等等，但比较起来却均未及李清照本篇写得这样成功。词中还适当地运用了烘云托月的手法，有藏而不露的韵味。例如，下片写菊，并以菊喻人。但全篇却不见一“菊”字。“东篱”，本来是用陶渊明“采菊东篱下”诗意，但却隐去了“采菊”二字，实际是藏头。又如，“把酒”二字也是如此，“酒”字之前，本来有“菊花”二字，因古人于九月九日有饮菊花酒的风习，这里也省略了“菊花”二字。再如“暗香”，这里的“暗香”指的是菊花而非其他花蕊的香气。“黄花”，也就是“菊花”。由上可见，全词不见一个“菊”字，但“菊”的色、香、形态却俱现纸上。词中多此一层转折，吟味时多一层思考，诗的韵味也因之增厚一层。设问手法也是词中值得注意的艺术特点之一。“莫道”一句，实际上可以与贺铸《青玉案》中“试问闲愁都几许”一句相媲美。所不同的是“莫道”句带有反诘与激问的成分。

元伊士珍《琅环记》有如下一段故事：“易安以重阳《醉花阴》词函致（赵）明诚。明诚叹赏，自愧弗逮，务欲胜之。一切谢客，忌食忘寝者三日夜，得五十阕，杂易安作，以示友人陆德夫。德夫玩之再三，曰：‘只三句绝佳’。明城诘之。答曰：‘莫道不消魂，帘卷西风，人比黄花瘦。’正易安作也。”不论这一故事的可信程度如何，单从这故事的流传就足以说明李清照的生活体验不是一般文人所能体验得了的，她的艺术风格与艺术技巧，也不是一般词人所能模仿得了的。词里出现的那种多愁善感、弱不禁风的闺阁美人形象，也正是这样创造出来的。

薄雾浓云愁永昼②，瑞脑消金兽③。佳节又重阳④，玉枕纱厨⑤，半夜凉初透。

---

① 醉花阴：词调名。首见于北宋毛滂词。其词有“人在翠阴中，欲觅残春。春在屏风曲。劝君对客杯须覆”，取以为名。此词一题“重阳”或“九日”。

② 愁永昼：整天都在发愁。永昼，指秋日漫长的白天。永，长。

③ 瑞脑句：香料在香炉中渐渐烧完了。瑞脑，一称龙脑，香料，旧称冰片。金兽，兽形的铜香炉。一说，金兽指涂上金粉的兽形香料。

④ 重阳：节令名，又称“重九”，为阴历九月初九日。

⑤ 玉枕：磁枕的美称。纱厨：即碧纱帐，以木为架，罩以绿纱，内可安放床位，用以避蚊蝇。

东篱把酒黄昏后①，有暗香盈袖②。莫道不消魂③，帘卷西风④，人比黄花瘦⑤。

## 学习建议

1. 分析此词“移情于物”的艺术特点。

2. 分析“莫道”三句词的比兴手法。

3. 延伸阅读篇目：《一剪梅·红藕香残玉簟秋》《永遇乐·落日熔金》《武陵春·风住尘香花已尽》《声声慢·寻寻觅觅》。

① 东篱：种菊花的地方。语出陶渊明《饮酒》(其五)：“采菊东篱下，悠然见南山。”把酒：端起酒杯。
② 暗香：指菊花的幽香。盈：充满。
③ 消魂：感触甚深，愁苦深重。江淹《别赋》：“黯然销魂者，惟别而已矣。”
④ 帘卷西风：“西风卷帘”的倒文。
⑤ 黄花：菊花。因菊花多黄色，故名。

# 催租行①

范成大

范成大（1126—1193年），字致能，号石湖居士，平江吴郡（今江苏苏州）人。绍兴二十四年（1154年）进士，授徽州司户参军。三十一年入京，历任馆职。乾道五年（1169年）除礼部员外郎，升起居舍人。次年奉命使金，交涉河南陵寝及改受书礼仪事，不辱使命，完节而归。后出任静江、成都的行政长官，淳熙五年（1178年）入为参知政事，再出知明州、建康。因病辞官，隐居故乡石湖十年。与陆游、杨万里、尤袤齐名，为南宋四大家之一。他的诗题材广泛，以反映农村社会生活内容的作品成就最高。其诗风格纤巧婉丽，温润精雅，富有民歌风味。文赋在当时也享有盛名。词作情深意浓，与秦观相近，后期作品则近于苏轼。范成大的作品在南宋末年即产生了显著的影响，到清初影响更大。有《石湖居士诗集》和《石湖词》。

## 【导读】

这是范成大早年写的一首反映地方官吏向农民敲诈勒索的诗。全诗没有一点主观议论，作者抓住了里正催租的特写镜头，通过行动尤其是人物对话的描写，活灵活现地写出了里正的滑头无赖及农夫的无奈酸楚。诗人的憎恶与怜悯是在这催租情形的客观描写中自然而然地流露出来的，这是范成大民生问题诗篇与唐代白居易新乐府诗“卒章显志”的不同之处。

输租得钞官更催②，踉跄里正敲门来③。
手持文书杂嗔喜：“我亦来营醉归耳！”④
床头悭囊大如拳⑤，扑破正有三百钱。
“不堪与君成一醉，聊复偿君草鞋费。”⑥

---

① 行：乐府诗的一种体裁。作者自注此诗与另三首是“效王建”。王建，中唐诗人，擅长乐府诗，当时与张籍齐名，史称“张王乐府”。王建诗集中没有《催租行》一题，范成大是学习王建乐府的关心民生的精神和通俗切实的风格。

② 钞：户钞，农民交完租子后，官府发给的凭据。宋代缴税有四钞：给农民收执的户钞、官府据以注销登记的县钞、纳粮官执掌的监钞、仓库收藏凭据的住钞。农民交租与否，以四钞互相对证，但官府往往从中作弊，常不据钞销簿，逼民再次缴纳，或藏匿证钞，以求贿赂。更：再。催：催租。

③ 踉跄（liàng qiàng）：走路不稳，跌跌撞撞的样子。里正：里为古代农村乡以下一级基层行政单位，一里之长称为里正。

④ 文书：这里指催租的文件。杂嗔喜：表情既是责怪，又似嘻皮。亦：不过，只是。营：谋求。这两句写里正来催租，表情复杂，半真半假，对农户说，我不过是来找点酒喝了回去。

⑤ 悭（qiān）囊：即扑满，一种陶制储钱罐，大肚小口，钱易进不易出，所以称悭囊。悭，吝啬的意思。

⑥ 不堪：不够。君：对里正的尊称。聊：姑且。这两句是农民的话，意思是说，我这几个钱不够您买酒喝的，权当做您的跑腿钱吧。

## 学习建议

1. 简析诗中“里正”形象的性格特点。

2. 诗歌故事情节波澜曲折，结构布局严谨，试加以分析。

3. 延伸阅读篇目:《后催租行》《州桥》《四时田园杂兴·梅子金黄杏子肥》《四时田园杂兴·昼出耘田夜绩麻》《四时田园杂兴·新筑场泥镜面平》。

# 初入淮河①

杨万里

杨万里（1127—1206年），字廷秀，号诚斋，吉水（今属江西）人，南宋诗人。绍兴二十四年（1154年）进士，官至秘书监，主张抗击金人，收复失地。以正直敢言，累遭贬抑。宁宗时因奸相专权辞官居家，终忧愤而死。他一生勤苦，据传作诗两万多首，是我国文学史上写诗最多的诗人之一。现存诗四千二百多首。其诗构思新巧，语言通俗明畅，自成一家，时称“诚斋体”。其词风格清新、活泼自然，与诗相近。著有《诚斋集》。

## 【导读】

淳熙十六年（1189年）十二月，金遣裴满余庆来贺明年正旦，杨万里奉派为接伴使，伴送金使北返。初次到了原为北宋腹地，现在却已成为宋、金国界的淮河，不禁感慨横生，写下这一组充满忧郁气氛的诗。这时，上距靖康之祸已六十年。一方面，南宋政权已经巩固，而另一方面，收复北方失地的希望也变得更为渺茫。和陆游那种充满激情、富于想象的作品不同，杨万里集中这类涉及时事的作品，却显示出一种无可奈何的悲凉。

这组诗分四个层次。第一层写统治者无耻苟安；第二层写守边将士空有壮志，却无杀敌立功机会；第三层写两岸相对立的现状（情况）；第四层写中原遗民渴盼收复的痛苦。四层紧密相连，表达一个主题，自然地形成了对比的关系，在对比中显出强烈的艺术效果。

**其一**

船离洪泽岸头沙，
人到淮河意不佳②。
何必桑乾方是远，
中流以北即天涯③。

**其二**

刘岳张韩宣国威④，

---

① 宋孝宗淳熙十六年（1189年）十二月，金方派裴满余庆等来南宋庆贺明年正旦。杨万里时任秘书监，受命为接伴金国贺正旦使，前往金回贺。此诗乃北行途中所作，原作共四首。

② 洪泽：湖名，在今江苏、安徽两省，和淮河通连。作者由洪泽湖进入淮河，再向北走。沙：水中或岸边淤积而成的土地。意：心情。这两句是说，出了洪泽湖，进入淮河，心情就不好，这是因为宋朝失去北方半壁江山，淮河则成了当时宋、金两国的分界线。

③ 桑乾：桑干河，当时通称芦沟河，清改名永定河，发源于山西朔州北，流经今北京西南，至今天津入海。方是：才是。这两句是说，何必要到桑干河才算遥远呢，如今淮河以北就可称为天涯了。唐人诗中多以桑干河以北为塞北；北宋时，以桑干河下游为宋、辽国界，宋人使辽至此，不免难堪，苏辙《渡桑干》诗：“胡人送客不忍去，久安和好依中原。年年相送桑干上，欲话白沟一惆怅。”可如今淮河已成了中国北部边境了！

④ 刘、岳、张、韩指南宋初年抗金名将刘光世、岳飞、张俊、韩世忠。

赵张二将筑皇基①。
长淮咫尺分南北，
泪湿秋风欲怨谁②？

**其三**

两岸舟船各背驰③，
波痕交涉亦难为④。
只余鸥鹭无拘管⑤，
北去南来自在飞。

**其四**

中原父老莫空谈，
逢着王人诉不堪⑥。
却是归鸿不能语，
一年一度到江南⑦。

## 学习建议

1. 分析这组诗的层次并指出各层次之间的关系。
2. 分析诗人在这组诗中抒发的思想情感。
3. 分析《其三》诗的衬托手法。
4. 延伸阅读篇目：《小池》《过杨二渡》《过松源晨炊漆公店》之五。

---

① 赵、张指当时另外两位名将相赵鼎、张浚。筑皇基：树立起南宋皇朝的基业。

② 这两句是说既然有这么多忠勇的将领，却仍然只能以淮河为界，使大家在秋风中落泪，这该怨谁呢？诗人在这里暗示了高宗和秦桧等投降派应当负责任。咫：周尺八寸。咫尺：形容距离很近。

③ 背驰：朝着相反的方向行驶。

④ 这句是宋、金以淮河为国境线，断绝交通，就似乎连一条河也分成两半，各流各的，难以相关。

⑤ 拘管：拘束，限制。

⑥ 这两句是作者愤慨之词，说政府无心也无力收复失地，虽然父老对王人诉说积压在心头的痛苦，却不免仍是空谈。中原：这里泛指中国北方。空谈：白白地诉说失国之苦。王人：皇帝的使臣，这里指宋朝派到金朝的使节。不堪：指不能忍受的民族压迫。

⑦ 这两句是进一步代沦陷区人民抒发他们的民族感情。南宋诗人中常以羡慕鸿雁之能由南而北以寄托其对北方故土的怀念。（如陆游《冬夜闻雁有感》：“夜闻雁声起太息，来时应过桑乾碛。”）本诗则反过来，以羡慕鸿雁之能由北而南来代中原父老抒发其向往南方民族政权的感情。鸿：雁。不能语：不会说话。

# 关山月①·和戎诏下

陆　游

陆游（1125—1210年），字务观，号放翁，越州山阴（今浙江绍兴）人，南宋伟大的爱国诗人。宋高宗绍兴二十三年（1153年），他参加礼部试，虽名在前列，却因触怒秦桧而被黜，孝宗时赐进士出身。他生长于南宋国势危迫之际，立志“扫胡尘”“靖国难”，在政治生涯中屡遭主和派排挤和打击，但仍坚持理想，始终不渝。他自称“六十年间万首诗”，现存九千四百余首，题材广阔，内容丰富，以表现抗金复国的愿望、抒发壮志难酬的悲愤为主旋律，风格悲壮雄阔，一些描写自然风光和农村生活的清新之作也广为流传。他的散文和词也有较高成就。与范成大、杨万里、尤袤并称“中兴四大家”。有《渭南文集》《剑南诗稿》等，后人辑有《放翁词》。

## 【导读】

本篇作于陆游五十三岁，时因权臣论劾，罢官在成都做“闲人”。当时陆游自南郑前线调回后方已经五年了，而屈膝辱国的隆兴和议签订至今也已十五年。回顾历史，思考现实，他愤慨不满，于是，用乐府旧题一连写下了《关山月》《出塞曲》《战城南》三首诗，借以抒吐内心的苦闷和激愤。《关山月》就题意而生发，叙写同一个月光之下，关山（边境）内外三种不同人（将军、士兵、遗民）的境遇和心态。它以时间为触发点，巧妙地通过一个守边士兵的口吻，分别从其所闻、所见、所感三个层面展开。诗人善于选取最具特征化、最具概括力的细节（如马肥死、弓断弦、征人骨、遗民泪等），构成典型的生活场景（如朱门歌舞、戍楼望月等），并通过不同生活场景的鲜明对照，愤怒谴责了统治者的妥协投降政策及其造成的严重后果，倾诉了爱国将士报国无门的满腔悲愤，表达了中原遗民盼望光复的迫切心情，具有强烈的时代精神。诗歌意境的杳远空阔，声调的激越苍凉，风格的沉郁悲壮，颇能体现陆游爱国诗的艺术风貌。

和戎诏下十五年②，将军不战空临边③。
朱门沉沉按歌舞④，厩马肥死弓断弦⑤。

---

① 这是一首七言古诗，作于南宋孝宗淳熙四年（1177年），以乐府古题写时事及自己的感慨。此前十五年，即隆兴二年（1164年），宋孝宗下诏与金国议和，并订立和约。关山月：本是汉乐府《鼓角横吹曲》十五曲之一，多写戍边将士月夜思乡之情，后多用以写边塞生活。

② 和戎：宋孝宗隆兴元年（1163年）下诏和戎，派遣使臣至金议和，次年签订和约，称“隆兴和议”。诏：皇帝颁布的命令。从孝宗下诏到作者写这首诗，一共过了十五年。

③ 临：到。此二句意谓：和戎诏书已下达十五年了，边塞上的将帅没有征战之事，只不过徒然巡逻防守罢了。

④ 朱门：指豪门贵族。古代权贵之家大门多涂成朱红色。沉沉：形容庭院的深邃。按歌舞：按曲拍表演歌舞。按：打拍子。

⑤ 厩（jiù）：马棚。这里“厩马”指官马。以官马肥死、弓弦断裂代指无人主持收复中原的大计。

戍楼刁斗催落月①，三十从军今白发②。
笛里谁知壮士心③？沙头空照征人骨④。
中原干戈古亦闻⑤，岂有逆胡传子孙⑥！
遗民忍死望恢复⑦，几处今宵垂泪痕。

## 学习建议

1. 体会本诗选取典型事物、创造典型场景抒情言志的表现手法。
2. 分析本诗用“月夜”统摄全篇的表现手法。
3. “笛里谁知壮士心？沙头空照征人骨。”分析这两句诗的境界和表达的感情。

---

① 戍楼：边地用来守望、警戒的岗楼。刁斗：古代军用的一种铜锅，可用来做饭，也可敲打作为行军信号或行军报更的梆子。

② 以上两句意谓：在刁斗声中，十五年的时光夜复一夜地过去，三十岁从军，而今已满头白发，却未能参加一场对敌战争。

③ 笛：羌笛，代指《关山月》曲调，该曲演奏用笛，如王昌龄《从军行》云：“更吹羌笛关山月。”

④ 沙头：沙场。上两句意谓：《关山月》曲调中所寄寓的战士报国无路的悲哀，有谁能够理解？战士们既未成功，又未成仁，只是白白地抛尸沙场。

⑤ 干戈：本为古代兵器，干为矛，戈为戟，后用以指代战争。

⑥ 逆胡传子孙：指女真贵族在中原的生息繁衍。从金国建立至灭北宋，已传国五世。

⑦ 遗民：金政权统治区内的中原人民，原为北宋子民。忍死：因有所期待而隐忍住死的愿望。恢复：指光复中原。

# 钗头凤[①]·红酥手

陆　游

## 【导读】

陆游初娶唐氏，夫妇风情甚美。然儿媳不合婆婆的心意，老人家活活拆散了这一姻缘。几年后的一个春日，陆游在家乡城南禹迹寺的沈园邂逅已经别嫁的前妻，前妻唐琬遣人送酒肴致意，使陆游惆怅莫名，即成此词，挥笔题写于园壁。全词记述了词人与唐氏的这次相遇，表达了他们眷恋之深和相思之切，也抒发了词人怨恨愁苦而又难以言状的凄楚心情。

全词上片由追昔到抚今。下片回到现实，以“春如旧”与上片“满城春色”句相呼应，以“桃花落，闲池阁”与上片“东风恶”句相照应，把同一空间不同时间的情事和场景历历如绘地叠映出来。

全词多用对比手法。如上片，越是把往昔夫妻共同生活时的美好情景写得真切如现，就越使得他们被迫离异后的凄楚心境深切可感，也就越显出“东风”的无情和可憎，从而形成感情的强烈对比。再如上片写“红酥手”，下片写“人空瘦”，形象鲜明的对比中，充分地表现出“几年离索”给唐氏带来的巨大精神折磨和痛苦。

全词节奏急促，声情凄紧，再加上“错，错，错”和“莫，莫，莫”先后两次感叹，荡气回肠，大有恸不忍言、恸不能言的情致。总而言之，这首词达到了内容和形式的完美统一，是一首别开生面、催人泪下的作品。

红酥手，黄縢酒[②]，满城春色宫墙柳[③]。东风恶[④]，欢情薄，一怀愁绪，几年离索[⑤]。错，错，错！

春如旧，人空瘦。泪痕红浥鲛绡透[⑥]。桃花落，闲池阁。山盟虽在，锦书难托。莫，莫，莫！

## 学习建议

1. 谈谈你对陆游爱情悲剧的认识。
2. 简要分析这首词的语言特色。

---

① 钗头凤：词调名。原名《撷芳词》，相传取自北宋政和间宫苑撷芳园之名。后因陆游有“可怜孤似钗头凤”词句，故名。

② “红酥手”二句：叙写唐琬以酒肴款待陆游。红酥手，红润而白嫩的手。黄縢（téng）酒，又名黄封酒，一种官酿的米酒。

③ 宫墙柳：绍兴原为古代越国的都城，宋高宗时也一度以此为行都，故称当地柳树为宫墙柳。

④ 东风恶：喻指其母对美好姻缘的破坏。

⑤ 离索：离散索居。

⑥ “泪痕”句：泪水湿透了手帕。浥（yì），润湿。鲛绡，神话传说中鲛人（即美人鱼）所织的丝绢。后人用以指丝织的手帕。

# 卜算子[①]·驿外断桥边

陆　游

## 【导读】

这首《卜算子》以“咏梅”为题，作者亦是以梅花自喻。

上片状物写景，描绘了风雨中独自绽放的梅花。梅花长在偏僻的“驿外断桥边”，“寂寞开无主”，它不是由人精心栽种的，它寂寞地开放着，“已是黄昏独自愁，更著风和雨”。在这样的暮色黄昏中，独自挺立开放的梅花难免会有着孤苦无依的愁苦，更何况环境如此恶劣，风雨交加，备受摧残。这实在令人深深叹息。

下片抒情，主要抒写梅花的两种美德：其一，“无意苦争春，一任群芳妒”，它朴实无华，不慕虚荣，不与百花争春，在寒冬孤傲挺立开放，它的与世无争使它胸怀坦荡，一任群花自去嫉妒；其二，“零落成泥碾作尘，只有香如故”，志节高尚，操守如故，就算沦落到化泥作尘的地步，还香气依旧。这几句词意味深长，从中不难看到作者身世与人格的投影。作者作此词时，正因力主对金用兵而受贬，因此他以“群花”喻当时官场中卑下的小人，而以梅花自喻，表达了虽历尽艰辛，也不会趋炎附势，而只会坚守节操的决心。

这首词以清新的语调写出了傲然不屈的梅花，暗喻了自己的坚贞不屈，笔致细腻，意味深隽。咏物词贵在“不离不即”“不粘不脱”，做到托物寄意，物我相融。此词不雕镂梅花形貌，而着重摄取其神韵，借以自我写照，是咏梅的上乘之作。

驿外断桥边[②]，寂寞开无主[③]。已是黄昏独自愁，更著风和雨[④]。
无意苦争春，一任群芳妒。零落成泥碾作尘[⑤]，只有香如故。

## 学习建议

1. 分析陆游这首词中“梅花”的象征意义及其表达的思想感情。
2. 理解陆游这首词的主题。
3. 理解陆游的这首词在写法上的特点。
4. 延伸阅读篇目：《金错刀行》《书愤》《游山西村》《小园》《剑门道中遇微雨》《溪上作》《鹧鸪天·懒向青门学种瓜》《诉衷情·当年万里觅封侯》。

---

① 卜算子：词调名。据万树《词律》卷三《卜算子》记载，因唐代骆宾王写诗用数名，人称“卜算子”，遂以为名。以为取义于“卖卜算命之人”。又名《缺月挂疏桐》《百尺楼》《眉峰碧》。双调，四十四字，仄韵。
② 驿（yì）外：指驿站附近。古代官办的供传递公文的人中途住宿和换马的处所，称驿站。
③ 无主：没有人去过问。
④ 著：加上。
⑤ 碾：压碎。

# 水龙吟·登建康赏心亭①

辛弃疾

辛弃疾（1140—1207年），字幼安，号稼轩，历城（今山东济南）人，南宋杰出的爱国词人。辛弃疾二十二岁时在北方参加耿京领导的抗金义军，后渡江南归宋廷。一生主张抗战，坚持北伐，虽才兼将相，但始终不被信任重用，只做过签判、通判、转运副使、知府、安抚使等。曾先后进呈《美芹十论》《九议》等奏章，陈述收复大计，均未被采纳。四十二岁后落职闲居江西农村近二十年，抑郁而死。稼轩词题材广泛，意境深远，手法多样，善于用典，辛弃疾把爱国抱负和满腔忧愤倾注到词作之中，形成雄奇豪壮、苍凉沉郁的风格，是南宋豪放词的主要代表。现存词六百余首，有词集《稼轩长短句》。

## 【导读】

这首词是辛弃疾于宋孝宗乾道五年（1169年）任建康通判时所作。作者当时正当壮年，虽有满腹经纶，一腔热血，却沉沦下僚，年华虚掷，于是借登临观览，抒发了英雄失意、功业难成的郁愤之情。上片所写景物，是作者登临时即目所见，从中引出漂泊南方、渴望报国，而无用武之地的忧愤。首两句用挺拔而宛转的句子写出了望中的阔大境界。“遥岑远目”“玉簪螺髻”是望中所见，但“献愁供恨”则点明词人不为登山临水，观赏自然，而重在抒广阔山河引起的“愁恨”，即山河破碎之愁、家国之恨。数句写景阔大，见出愁恨绵绵无尽。“落日楼头”到“登临意”一气贯下，着眼点在“登临意”上。“落日楼头”令人联想到南宋统治者不思匡复的衰颓局面；“断鸿声里”写北方战火中离散的人民；“江南游子”写词人南归后的沦落不偶；“把吴钩看了”是说作者不忘战斗，志在恢复；“阑干拍遍”谓词人报国之志未酬。种种“登临意”情愫纠结于胸，却“无人会”，表现了辛弃疾当时的孤独心情。这是由景生愁的原因，也是登临的本意。下片述怀言志，三个典故叠用，表达了丰富复杂的情感内涵：借张翰弃官归乡，表报国壮志；借许汜为刘备所羞，表不谋私利；借桓温感叹，表岁月蹉跎，功业无成。“倩何人”三句，不但写出了一种孤独之感，回应上片“无人会，登临意”，而且用一种慷慨呜咽的笔调收束下片的议论，使词不同凡响，有“裂竹之声”。

此词取景阔大，抒情主人公失落而不潦倒，不失英雄气度，而“愁恨”又深远绵长，如滔滔江河，回环奔涌，两者的融合，形成辛词独有的豪放而沉郁的风格。

---

① 水龙吟：词调名。调名的来源，毛先舒《填词名解》卷三谓采李白诗“笛奏龙吟水”。陈元龙《片玉集注》卷十谓本于李贺诗“雌龙怨吟寒水光”。这都是只能作为参考的说法。建康：今江苏南京。赏心亭：在建康下水门城楼上，下临秦淮河，可尽观览之胜。

楚天千里清秋①，水随天去秋无际。遥岑远目②，献愁供恨，玉簪螺髻③。落日楼头，断鸿声里④，江南游子⑤，把吴钩看了⑥，阑干拍遍⑦，无人会⑧，登临意。

休说鲈鱼堪脍，尽西风，季鹰归未⑨？求田问舍，怕应羞见，刘郎才气⑩。可惜流年，忧愁风雨；树犹如此⑪！倩何人、唤取红巾翠袖，揾英雄泪⑫？

## 学习建议

1. 前人说这首词有“潜气内转”的特点，请据此分析词中复杂的情感内容。

2. 分别说明词中所用典故的含义，体会稼轩词“以文为词”的艺术特色。

3. 体会词中自然景物呈现的浓厚主观色彩。

4. 延伸阅读篇目：《水龙吟·渡江天马南来》《清玉案·东风夜放花千树》《丑奴儿·少年不识愁滋味》《破阵子·醉里挑灯看剑》《南乡子·何处望神州》《永遇乐·京口北固亭怀古》《丑奴儿·书博山道中壁》《清平乐·茅檐低小》。

---

① 楚天：江南一带古属楚地，故称。

② 遥岑（cén）远目：即“远目遥岑”的倒文。韩愈《城南联句》：“遥岑出寸碧，远目增双明。”岑：小而高的山。目：望。

③ 玉簪螺髻：比喻山。韩愈《送桂州严大夫》：“水作青罗带，山如碧玉簪。”皮日休《缥缈峰》：“似将青螺髻，撒在明月中。”玉簪：女子插在头发上用以绾发的一种饰物。螺髻：梳成螺形的发髻。

④ 此句语出柳永词《玉蝴蝶》“望处雨收云断”，“断鸿声里，立尽斜阳。”断鸿：离群的孤雁。

⑤ 江南游子：作者远离家乡，流寓江南，故以此自称。

⑥ 吴钩：吴地出产的兵器，似剑而刃弯。此处用李贺《南园》诗意：“男儿何不带吴钩，收取关山五十州。”

⑦ 阑干拍遍：因怀想世事而做出的动作。北宋刘概少时曾凭栏而立，怀想世事，以手拍栏干，并吟诗曰：“读书误我四十年，几回醉把阑干拍。”见王辟之《渑水燕谈录》卷四。

⑧ 会：理解。此句用欧阳修《蝶恋花》词意：“无人会得凭栏意。”

⑨ “休说”三句：意谓自己不愿学张翰弃官归隐。刘义庆《世说新语·识鉴》：“张季鹰辟齐王东曹掾，在洛见秋风起，因思吴中菰菜莼羹、鲈鱼脍，曰：‘人生贵得适意耳，何能羁宦数千里以要名爵？’遂命驾便归。”脍：通鲙，切得很细的肉。季鹰：张翰，字季鹰，晋吴郡人。

⑩ “求田”三句：意谓自己不愿学许汜只知添置田舍。《三国志·魏志·陈登传》记载：刘备与许汜共论天下人，许汜抱怨陈登豪气不除，竟然自卧于大床，令许汜卧于下床。刘备对他说：“君有国士之名，今天下大乱，帝王失所，望君忧国忘家，有救世之意。而君求田问舍，言无可采，是元龙（陈登）所讳也，何缘当与君语！”求田问舍：添置家产。刘郎：刘备。

⑪ “可惜”三句：意谓感叹虚度年华。《世说新语·言语》：“桓公（温）北伐，经金城，见前为琅琊时种柳，皆已十围，慨然曰：‘木犹如此，人何以堪！’攀枝折条，泫然流泪。”流年：指时光流逝。犹：尚且。

⑫ 倩（qiàn）：请。红巾翠袖：女子装束，借代歌女。揾（wèn）：擦拭。

# 扬州慢[①]·淮左名都

姜 夔

姜夔（1155？—1221?），字尧章，自号白石道人，鄱阳（今江西波阳）人，宋代著名词人。父知汉阳县，夔幼随宦。淳熙间，客湖南，萧德藻爱其诗词，妻以兄女，因寓湖州。曾试进士，不第，以布衣终。与杨万里、范成大等当代著名文士多有交游，诗词唱和，有宾主之乐。姜夔诗词俱佳，其诗早年学江西派，后自成一家，用字造语精心刻意，意境自然高妙。其词清空幽静，如野云孤飞，音律精妙，其自度曲尤为著名。其词多写羁旅之思及身世之感，在部分词作中，抒发了忧时伤乱的情怀，从一定程度上反映了宋金对峙的社会面貌。与辛弃疾、吴文英鼎足而三，成为南宋词坛上“清空”词派的代表作家。其诗论亦有较大影响，有《诗说》一卷，论述诗歌创作的见解。其所传词中有十七首附有自注工尺旁谱，为流传至今的重要词乐文献。诗词有《白石道人诗集》《白石词》。

## 【导读】

姜夔身历高、孝、光、宁四朝，其青壮年正当宋金媾和之际，朝廷内外，文恬武嬉，将恢复大计置之度外。姜夔曾因此而痛心疾首，深致慨叹。淳熙二年，他客游扬州时便有感于这座历史名城的凋敝和荒凉，而自度此曲，抒写黍离之悲。上片由“名都”“佳处”起笔，却以“空城”作结，其今昔盛衰之感昭然若揭。“过春风十里，尽荠麦青青”，自虚处传神，城池荒芜、人烟稀少、屋宇倾颓的凄凉情景不言自明，这与杜甫的“城春草木深”（《春望》）用笔相若。“春风十里”，并非实指一路春风拂面，而是化用杜牧诗意，使作者联想当年楼阁参差、珠帘掩映的盛况，反照今日的衰败景象。“胡马窥江”二句写金兵的劫掠虽然早已成为过去，而“废池乔木”犹以谈论战事为厌，可知当年带来的战祸兵燹有多么酷烈！陈廷焯《白雨斋词话》认为：“‘犹厌言兵’四字，包括无限伤乱语，他人累千百言，亦无此韵味。”姜词以韵味胜，其佳处即在于淡语不淡，其中的韵味反倒是某些浓至之语所不及的。“清角”二句，不仅益增寂凄，而且包含几多曲折：下有同仇敌忾之心，而上无抗金北伐之意，这样，清冷的号角声便只能徒然震响在兵燹之余的空城。词的下片，作者进一步从怀古中展开联想：晚唐诗人杜牧的扬州诗历来脍炙人口，但如果他重临此地，必定再也吟不出深情缱绻的诗句，因为眼下只有一弯冷月、一泓寒水与他徜徉过的二十四桥相伴；桥边的芍药花虽然风姿依旧，却是无主自开，不免落寞。尤其“二十四桥”二句，愈工致，愈惨淡，可谓动魄惊心。萧德藻认为此词“有《黍离》之悲”，的确深中肯綮。

淳熙丙申至日②，予过维扬③。夜雪初霁，荠麦弥望。入其城则四顾萧条，寒水自碧，暮色渐起，戍

---

① 扬州慢：姜夔的自度曲。

② 淳熙丙申至日：宋孝宗淳熙三年（1176年）的冬至日。

③ 维扬：扬州。

角悲吟①。予怀怆然，感慨今昔，因自度此曲。千岩老人以为有《黍离》之悲也②。

淮左名都③，竹西佳处④，解鞍少驻初程⑤。过春风十里，尽荠麦青青⑥。自胡马窥江去后⑦，废池乔木，犹厌言兵⑧。渐黄昏，清角吹寒⑨，都在空城。

杜郎俊赏⑩，算而今，重到须惊。纵豆蔻词工，青楼梦好，难赋深情⑪。二十四桥仍在，波心荡，冷月无声⑫。念桥边红药⑬，年年知为谁生！

## 学习建议

1. 体会姜夔这首词所表达的“《黍离》之悲”的内涵。
2. 体会本词化用前人诗句的作用。
3. 分析这首词的艺术特点。
4. 延伸阅读篇目：《暗香·旧时月色》《踏莎行·燕燕轻盈》。

---

① 戍角：军营中吹奏的号角。

② 千岩老人：萧德藻，字东夫，自号千岩老人。姜夔曾跟他学诗，又是他的侄女婿。黍离：《诗经·王风·黍离》写亡国之悲。后以“黍离之悲”喻亡国之哀。

③ 淮左名都：宋朝设置淮南路，后分东西两路。淮南东路称淮左，扬州是其首府。

④ 竹西：扬州城东禅智寺侧有竹西亭，环境清幽。杜牧在《题扬州禅智寺》诗中曾说：“谁知竹西路，歌吹是扬州？”作者因以竹西代指扬州。

⑤ 初程：初次的行程。作者是第一次到扬州，故云。

⑥ 春风十里：杜牧《赠别》诗：“春风十里扬州路，卷上珠帘总不如。”姜夔此处借用，是说所过之处本为扬州繁华之地，如今却是荒草遍野，满目凄凉。

⑦ 胡马窥江：指宋高宗绍兴三十一年（1161年）金兵南侵，攻破扬州一事。

⑧ 废池两句：是说扬州饱经战乱破坏之后，就连荒废的池沼、乔木都对敌人的侵扰心存厌恨。

⑨ 清角吹寒：寒风中传来凄清的号角声。

⑩ 杜郎：杜牧。他曾在扬州游赏，写过不少赞美扬州风物的诗句。俊赏：俊逸清赏。

⑪ 纵豆蔻三句：是说杜牧纵有诗才，也难以表达这种深沉的悲怆之情。“豆蔻”、“青楼”用杜牧诗意。杜牧《赠别》诗：“娉娉袅袅十三余，豆蔻梢头二月初。”《遣怀》诗：“十年一觉扬州梦，赢得青楼薄幸名。”

⑫ 二十四桥句：唐时扬州城内有桥二十四座。杜牧《寄扬州韩绰（chāo）判官》诗：“二十四桥明月夜，玉人何处教吹箫？”这里借以点明今昔情景的强烈反差。

⑬ 红药：芍药。相传扬州芍药为天下奇花，每至春月，开明桥边芍药花开很盛。

# 正气歌

文天祥

文天祥（1236—1283 年），字宋瑞，一字履善，号文山，庐陵（今江西吉安）人，南宋末年著名的民族英雄、爱国诗人。元人南侵，文天祥起兵抗战，任右丞相兼枢密使。1278 年被元军所俘，坚贞不屈，1283 年慷慨就义。诗文风格苍凉沉郁，有《文山先生全集》。

## 【导读】

《正气歌》这首诗作于元世祖至元十八年（1281 年）夏，作者被押赴燕京囚禁的第二年。诗的序言部分是说：囚室狭小，阴暗潮湿，各种恶气并生，在这种恶劣环境中生活了两年，竟没有生病，靠的是自己修养而得的浩然正气。

诗的前一部分热情洋溢地歌颂了支持他坚持斗争的浩然正气。开头十句，说明山河日月等都是正气赋予的形体，对于人来讲，有了正气，在太平情况下，能发挥才能，为国家的繁荣昌盛尽力；在国家危难之际，能表现出坚贞不渝的节操。接着十六句，列举了历史上的十二名杰出人物，描述了他们的凛然正气和壮烈斗争。然后用八句，总论正气是天地、人伦、道义赖以存在的支柱，正气得到发扬，生死就会置之度外。诗的后一部分叙述自己的牢狱生活。由于有正气支撑着，就有力量承受一切肉体痛苦，抵抗住各种疾病的侵袭，经得住百般折磨和考验。并指出，历史上的英雄圣贤是他学习的榜样，他们的崇高精神和传统美德一直鼓舞着他。全篇感情炽烈，慷慨悲壮，大义凛然，表现了崇高的民族气节。尽管作者对“正气”的阐述具有明显的唯心主义色彩，所坚持的伦理观念是属于封建主义思想范畴，所举历史人物也并非全都值得称道，但全篇所表现出的强烈爱国主义精神和昂扬的斗志，对后世产生了巨大的教育作用。诗中热情歌颂古代为正义而斗争的人们，揭示出传统的民族气节，表现自己在任何环境下都能经受考验的顽强意志。

全诗以排比之法，仿如汉赋之铺陈，一气呵成，慷慨淋漓，凛然正气洋溢于字里行间。

余囚北庭①，坐一土室。室广八尺，深可四寻②，单扉低小③，白间短窄④，污下而幽暗⑤。当此夏日，诸气萃然⑥：雨潦四集⑦，浮动床几，时则为水气；涂泥半朝⑧，蒸沤历澜⑨，时则为土气；乍晴暴

---

① 余：我。北庭：指元朝首都燕京（今北京）。
② 寻：古时八尺为一寻。
③ 单扉：单扇门。
④ 白间：窗户。
⑤ 污下：低下。
⑥ 萃（cuì）然：聚集的样子。
⑦ 雨潦（lǎo）：下雨形成的地上积水。潦：雨水，路上的积水。
⑧ 涂泥半朝：朝当作潮，意思是狱房墙上涂的泥有一半是潮湿的。
⑨ 蒸沤历澜：热气蒸，积水沤，到处都杂乱不堪。澜：澜漫，杂乱。

热①，风道四塞②，时则为日气；檐阴薪爨③，助长炎虐④，时则为火气；仓腐寄顿⑤，陈陈逼人⑥，时则为米气；骈肩杂遝⑦，腥臊污垢⑧，时则为人气；或圊溷⑨，或毁尸⑩，或腐鼠，恶气杂出，时则为秽气⑪。叠是数气⑫，当侵沴⑬，鲜不为厉⑭，而予以孱弱⑮俯仰其间⑯，于兹二年矣⑰，无恙⑱。是殆有养致然⑲，然尔亦安知所养何哉⑳？孟子曰㉑：“我善养吾浩然之气㉒。”彼气有七，吾气有一，以一敌七，吾何患焉㉓！况浩然者，乃天地之正气也。作《正气歌》一首。

天地有正气，杂然赋流形㉔。
下则为河岳，上则为日星㉕；
于人曰浩然，沛乎塞苍冥㉖。
皇路当清夷㉗，含和吐明庭㉘。
时穷节乃见㉙，一一垂丹青㉚。

---

① 乍晴：刚晴，初晴。

② 风道四塞：四面的风道都堵塞了。

③ 薪爨（cuàn）：烧柴做饭。

④ 炎虐：炎热的暴虐。

⑤ 仓腐寄顿：仓库里贮存的米谷腐烂了。

⑥ 陈陈逼人：陈旧的粮食年年相加，霉烂的气味使人难以忍受。陈陈：陈陈相因，《史记·平准书》：“太仓之粟，陈陈相因。”

⑦ 骈肩杂遝（tà）：肩挨肩。拥挤杂乱的样子。

⑧ 腥臊：鱼肉发臭的气味，此指囚徒，身上发出的酸臭气味。

⑨ 圊溷（qīng hùn）：厕所。

⑩ 毁尸：毁坏的尸体。

⑪ 秽：肮脏。

⑫ 叠是数气：这些气加在一起。

⑬ 侵沴（lì）：恶气侵人。沴：灾气。

⑭ 鲜不为厉：很少有不生病的。厉：病。

⑮ 孱（chán）弱：虚弱。

⑯ 俯仰其间：生活在那里。

⑰ 于兹：至今。

⑱ 无恙：没有生病。

⑲ 是殆有养致然：这大概是因为会保养元气才达到这样的吧。殆：大概。有养：保有正气。语本《孟子·公孙丑》：“我善养吾浩然之气。”致然：使然，造成这样子。

⑳ 然尔亦安知所养何哉：然而又怎么知道所保养的内容是什么呢？

㉑ 孟子：名轲，战国时代的思想家，有《孟子》一书传世。

㉒ 浩然之气：纯正博大而又刚强之气。见《孟子·公孙丑》。

㉓ 吾何患焉：我还怕什么呢。我国古代的许多思想家都认为浩然正气对于人身有无所不能的巨大力量。

㉔ “天地有正气”两句：天地之间充满正气，它赋予各种事物以不同形态。这类观点明显地有唯心色彩，但作者主要用以强调人的节操。杂然：纷繁，多样。

㉕ “下则为河岳”两句：是说地上的山岳河流，天上的日月星辰，都是由正气形成的。

㉖ “于人曰浩然”两句：赋予人的正气叫浩然之气，它充满天地之间。沛乎：旺盛的样子。苍冥：天地之间。

㉗ 皇路当清夷：当国家太平的时候。皇路：国运，国家的局势。清夷：清平，太平。

㉘ 含和吐明庭：正气和谐地表露在政事修明的朝廷里。吐：表露。

㉙ 时穷节乃见：国家危难之际，气节便表现了出来。见：同“现”，表现，显露。

㉚ 垂丹青：见于画册，传之后世。垂：留存，流传。丹青：图画，古代帝王常把有功之臣的肖像和事迹叫画工画出来。

在齐太史简①，在晋董狐笔②，
在秦张良椎③，在汉苏武节④；
为严将军头⑤，为嵇侍中血⑥，
为张睢阳齿⑦，为颜常山舌⑧；
或为辽东帽⑨，清操厉冰雪⑩；
或为《出师表》⑪，鬼神泣壮烈⑫；
或为渡江楫⑬，慷慨吞胡羯⑭；
或为击贼笏⑮，逆竖头破裂⑯。
是气所旁薄⑰，凛烈万古存⑱。
当其贯日月，生死安足论⑲！

---

① 在齐太史简：太史：史官。简：古代用以写字的竹片。《左传》襄公二十五年载，春秋时，齐国大夫崔杼把国君杀了，齐国的太史在史册上写道："崔杼弑其君。"崔杼怒，把太史杀了。太史的两个弟弟继续写，都被杀，第三个弟弟仍这样写，崔杼没有办法，只好让他写在史书上。

② 在晋董狐笔：《左传·宣公二年》载：春秋时，晋灵公被赵穿杀死，晋大夫赵盾没有处置赵穿，太史董狐在史册上写道："赵盾弑其君。"孔子称赞这样写是"良史"笔法。

③ 张良椎：《史记·留侯世家》载：张良祖上五代人都做韩国的丞相，韩国被秦始皇灭掉后，他一心要替韩国报仇，找到一个大力士，持一百二十斤的大椎，在博浪沙（今河南新乡县南）伏击出巡的秦始皇，未击中。后来张良辅佐刘邦建立汉朝，封留侯。

④ 苏武节：《汉书·苏武传》载：汉武帝时，苏武出使匈奴，匈奴人要他投降，他坚决拒绝，被流放到北海（今苏联西伯利亚贝加尔湖）边牧羊。为了表示对祖国的忠诚，他一天到晚拿着从汉朝带去的符节，牧羊十九年，始终坚贞不屈，后来终于回到汉朝。

⑤ 严将军：《三国志·蜀志·张飞传》载：严颜在刘璋手下做将军，镇守巴郡，被张飞捉住，要他投降，他回答说："我州但有断头将军，无有降将军也！"张飞见其威武不屈，把他释放了。

⑥ 嵇侍中：嵇绍，嵇康之子，晋惠帝时做侍中（官名）。《晋书·嵇绍传》载：晋惠帝永兴元年（304年），皇室内乱，惠帝的侍卫都被打垮了，嵇绍用自己的身体遮住惠帝，被杀死，血溅到惠帝的衣服上。战争结束后，有人要洗去惠帝衣服上的血，惠帝说："此嵇侍中血，勿去！"

⑦ 张睢阳：即唐朝的张巡。《旧唐书·张巡传》载：安禄山叛乱，张巡固守睢阳（今河南商丘），每次上阵督战，大声呼喊，牙齿都咬碎了。城破被俘，拒不投降，敌将问他："闻君每战，眥裂，嚼齿皆碎，何至此耶？"张巡回答说："吾欲气吞逆贼，但力不遂耳。"敌将"视其齿，存者不过三数"。

⑧ 颜常山：即唐朝的颜杲卿，任常山太守。《新唐书·颜杲卿传》载：安禄山叛乱时，他起兵讨伐，后城破被俘，当面大骂安禄山，被钩断舌头，仍不屈，被杀死。

⑨ 辽东帽：东汉末年的管宁有高节，是在野的名士。避乱居辽东（今辽宁省东南部），一再拒绝朝廷的征召，他常戴一顶黑色帽子，安贫讲学，名闻于世。

⑩ 清操厉冰雪：是说管宁严格奉守清廉的节操，凛如冰雪。厉：严肃，严厉。

⑪ 出师表：诸葛亮出师伐魏之前，上表给蜀后主刘禅，表明自己为统一事业奋斗到底的决心。表文中有"鞠躬尽瘁，死而后已"的名言。

⑫ 鬼神泣壮烈：鬼神也被诸葛亮的壮烈精神感动得流泪。

⑬ 渡江楫：东晋爱国志士祖逖率兵北伐，渡长江时，敲着船桨发誓北定中原，后来终于收复黄河以南失地。楫：船桨。

⑭ 胡羯：古代对北方少数民族的称呼。过去史书上曾称匈奴、鲜卑、羯、氐、羌为五胡。这句是形容祖逖的豪壮气概。

⑮ 击贼笏（hù）：唐德宗时，朱泚（zǐ）谋反，召段秀实议事，段不肯同流合污，以笏猛击朱泚的头，大骂："狂贼，吾恨不斩汝万段！我岂逐汝反耶？"笏：古代大臣朝见皇帝时所持的手板。

⑯ 逆竖：叛乱的贼子，指朱泚。

⑰ 是气：这种"浩然之气"。旁薄：充塞。

⑱ 凛烈：庄严、令人敬畏的样子。

⑲ "当其贯日月"二句：当正气激昂起来直冲日月的时候，个人的生死还有什么值得计较的。

地维赖以立，天柱赖以尊①。
三纲实系命②，道义为之根③。
嗟予遘阳九④，隶也实不力⑤。
楚囚缨其冠⑥，传车送穷北⑦。
鼎镬甘如饴⑧，求之不可得。
阴房阒鬼⑨火，春院闷天黑⑩。
牛骥同一皂，鸡栖凤凰食⑪。
一朝濛雾露⑫，分作沟中瘠⑬。
如此再寒暑⑭，百沴自辟易⑮。
哀哉沮洳场⑯，为我安乐国。
岂有他缪巧，阴阳不能贼⑰？
顾此耿耿存⑱，仰视浮云白⑲。
悠悠我心悲，苍天曷有极⑳！

---

① “地维赖以立”二句：是说地和天都依靠正气支撑着。地维：古代人认为地是方的，四角有四根支柱撑着。天柱：古代传说，昆仑山有铜柱，高入云天，称为天柱。

② 三纲实系命：是说三纲实际系命于正气，即靠正气支撑着。三纲：封建时代最基本的社会关系，是君臣、父子、夫妻三者。认为：君为臣纲，父为子纲，夫为妻纲，故称三纲。（见《白虎通德论》）

③ 道义为之根：道义以正气为根本。

④ 嗟予遘（gòu）阳九：可叹我遇上了厄运。嗟：感叹词。遘：遭逢，遇到。阳九：即百六阳九，古人用以指灾难年头，此指国势的危亡。

⑤ 隶也实无力：是说我实在无力改变这种危亡的国势。隶：地位低的官吏，此为作者谦称。

⑥ 楚囚缨其冠：《左传》成公九年载：春秋时，楚子重攻陈以救赵，楚国被俘的人戴着一种楚国帽子（表示不忘祖国），被拘囚着，晋侯问是什么人，旁边人回答说是“楚囚”。这里作者是说，自己被拘囚着，把从江南戴来的帽子的带子系紧，表示虽为囚徒仍不忘宋朝。

⑦ 传车：官办交通站的车辆。穷北：极远的北方。

⑧ 鼎镬甘如饴：身受鼎镬那样的酷刑，也感到像吃糖一样甜，表示不怕牺牲。鼎镬：大锅。古代一种酷刑，把人放在鼎镬里活活煮死。

⑨ 阴房阒（qù）鬼火：囚室阴暗寂静，只有鬼火出没。杜甫《玉华宫》诗：“阴房鬼火青。”阴房：见不到阳光的居处，此指囚房。阒：幽暗、寂静。

⑩ 春院闷天黑：虽在春天里，院门关得紧紧的，照样是一片漆黑。杜甫《大云寺赞公房》诗：“天黑闷春院。”闷：关闭。

⑪ 牛骥同一皂二句：牛和骏马同槽，鸡和凤凰共处，比喻贤愚不分，杰出的人和平庸的人都关在一起。骥：良马。皂：马槽。鸡栖：鸡窝。

⑫ 一朝濛雾露：一旦受雾露风寒所侵。濛：当作“蒙”，受。

⑬ 分作沟中瘠（jí）：料到自己一定成为沟中的枯骨。分：料，估量。沟中瘠：弃于沟中的枯骨，《说苑》：“死之则不免为沟中之瘠。”

⑭ 如此再寒暑：在这种环境里过了两年了。

⑮ 百沴自辟易：各种病害都自行退避了。这是说没有生病。

⑯ 沮洳（jù rù）场：低下阴湿的地方。

⑰ “岂有他缪（miù）巧”二句：哪有什么妙法奇术，使得寒暑都不能伤害自己？缪巧：智谋，机巧。贼：害。

⑱ 顾此耿耿存：只因心中充满正气。顾：但，表示意思有转折的连接词。此：指正气。耿耿：光明貌。

⑲ 仰视浮云白：对富贵不屑一顾，视若浮云。《论语·述而》：“不义而富且贵，于我如浮云。”

⑳ “悠悠我心悲”两句：我心中亡国之痛的忧思，像苍天一样，哪有尽头。曷：何，哪。极：尽头。

哲人日以远①，典型在夙昔②。
风檐展书读③，古道照颜色④。

## 学习建议

1. 理解文天祥对正气维系天地的价值及纲常的说明。
2. 体会文天祥赞颂正气时的如火热情。
3. 延伸阅读篇目：《指南录》后序、《过零丁洋》《金陵驿》。

---

① 哲人日以远：古代的圣贤一天比一天远了。哲人：贤明杰出的人物，指上面列举的古人。
② 典型：榜样，模范。夙昔：从前，过去。
③ 风檐展书读：在临风的廊檐下展开史册阅读。
④ 古道照颜色：古代传统的美德，闪耀在面前。

# 鹧鸪天[①]·只近浮名不近情

元好问

元好问（1190—1257 年），字裕之，号遗山，忻州秀容（今山西省忻州市）人，金代杰出的文学家，史学家。兴定五年（1221 年）进士，曾任国史院编修、南阳令、尚书省左司员外郎等职。金亡后绝意仕进，潜心著述。好问才雄学赡，在诗、词、文、曲、小说和文学批评方面均有造诣，诗歌成就尤高。今存诗 1 361 首，内容丰富。部分诗篇生动反映了当时的社会动乱和百姓苦难。诗人善于用典型的场景、简洁的语言勾勒出国破家亡的惨状和时代的劫难，沉郁悲凉，追踪老杜，堪称一代史诗。元好问诗体裁多样，七言是其所长。其词艺术上以苏、辛为典范，博采众长，兼有豪放、婉约诸种风格，当为金代词坛第一人。撰《壬辰杂编》（又名《金源君臣言行录》）百余万言（已佚），编《中州集》《中州乐府》《唐诗鼓吹》等著作。

## 【导读】

这是一首借酒浇愁感慨激愤的小词，盖作于金灭亡前后。当时，元好问作为金孤臣孽子，鼎镬余生，栖迟零落，满腹悲愤，无以自吐，不得不借酒浇愁，在醉乡中求得片刻排解。这首词就是在这种背景和心境下产生的。

词的上片四句，表述了两层意思。前两句以议论起笔为一层，是说只近浮名而不饮酒，也未必有其成就。元好问在金亡前后，忧国忧民，悲愤填膺，既无力挽狂澜于既倒，乃尽弃“浮名”，沉湎于醉乡。第二层意思，便是对酒的功效的赞颂：“三杯渐觉纷华远，一斗都浇魂磊平。”词人说，三杯之后，便觉远离尘世。然后再用“一斗”句递进一层，表现酒的作用和自己对酒的需要。下片词人表明只有在“醒复醉，醉还醒”即不断浇着酒的情况下，才能在那个世上生存。“灵均”以下三句，将屈原对比，就醉与醒，饮与不饮立意，从而将满腹悲愤，更转深一层。《楚辞·渔父》说，“屈原既放，游于江潭，行吟泽畔，颜色憔悴，形容枯槁”。但屈原却不去饮酒，仍是“众人皆醉我独醒”，以其独醒，悲愤太深，以致憔悴可怜。这里词人对屈原显然也是同情的，但对其虽独醒而无成，反而落得憔悴可怜，则略有薄责之意。因而对其《离骚》，尽管“读杀”，也总觉得全然无味了。“浑无味”，并非真的指斥《离骚》无味，而是因其太清醒、太悲愤，在词人极其悲痛的情况下，这样的作品读来只能引起更大的悲愤；而词人的目的，不是借《离骚》以寄悲愤，而是要从悲愤中解脱出来，这个目的，是“读杀”《离骚》也不能达到的。“何以解忧？唯有杜康！”所以只有饮酒了（像阮步兵那样），以“好个诗家”独赞阮步兵。但这种褒贬，只是愤激之词，正话反说，将哀痛家国、感念世乱的心情，用拗折之笔写出。显然，词人在屈、阮对比亦即醒醉对比之中，决然选中了后者，词人也走了阮步兵的道路。

---

① 此词调又名“千叶莲”“半花桐”“思佳客”“思越人”“骊歌一叠”等。双调，五十五字，平韵。宋人以下填此词，字句多同，无异体。

只近浮名不近情，且看不饮更何成①？三杯渐觉纷华远，一斗都浇魂磊平②。
醒复醉，醉还醒，灵均憔悴可怜生③。《离骚》读杀浑无味，好个诗家阮步兵④！

## 学习建议

1. 体会这首词的思想内涵。

2. 分析这首词的层次结构。

3. 延伸阅读篇目：《摸鱼儿·问莲根》《岐阳》《论诗三十首·曹刘坐啸虎生风》《雁门道中书所见》。

---

① 《世说新语·任诞》：张季鹰纵任不拘，说："使我有身后名，不如及时一杯酒。"柳永《鹤冲天》词："忍把浮名，换了浅斟低唱。"又《陈书·阴铿传》："铿与宾朋饮宴，有侍者行觞，铿因以酒肉赐之，说：'吾辈终日酣饮，而侍者不知其味，非人情也'"。这一句是将三个典故反用，说"不饮"两个字。首句言世态之恶浊。浮名：虚名，多指功名荣禄。情：情理。第二句言面对此样世态，除却买醉，还能做什么？

② 《世说新语·任诞》：王光禄云："酒正自使人人自远"。又王大曰："阮籍胸中垒块，故须酒浇之"。纷华：尘世纷扰之浮华。远：《强村丛书》误作"近"，后诸本皆沿其误。磊：同"垒块"，指胸间积郁不平气。

③ 灵均：屈原字灵均。《史记·屈原列传》：屈原至于江滨，被发行吟泽畔，颜色憔悴。渔父见而问之曰："子非三闾大夫欤？何故而至此？"屈原曰："举世混浊而我独清，众人皆醉而我独醒，是以见放"。"可怜生"乃唐宋诗词惯用语，"生"为语助词。

④ 杀：形容极致之辞，犹言"死"。读杀，意谓读死了。浑无味：全无味，愈读愈没味。阮步兵：晋阮籍曾任步兵校尉。《晋书·阮籍传》：籍闻步兵营厨人善酿，有贮酒三百斛，乃求为步兵校尉，遗落世事。

# 临江仙①·滚滚长江东逝水

杨 慎

杨慎（1488—1559年），字用修，号升庵，四川新都人。正德六年（1511年）进士第一，曾任翰林修撰、经筵讲官。嘉靖三年（1524年），因“大礼仪”廷杖削籍，贬戍云南，三十五年后，卒于贬所。天启朝追谥“文宪”。升庵博闻广识，《明史》本传称其著述之富，明代第一。后人辑有《升庵集》，另有《丹铅录》《升庵诗话》《词林万选》等，于学术、诗文、词曲诸方面均有建树。词有《杨慎词曲集》，其词藻丽其外，凄咽于内，对明代词风的转变有一定影响，被誉为“明代词宗”。

## 【导读】

这首词已为诗词选家和广大读者喜爱与熟悉，获得广泛的共鸣。清初毛宗岗父子置其于《三国演义》卷首。今《三国演义》电视剧把其作为主题曲。《词话丛编》收之于《词品》卷首。他的这首《临江仙》，似可看作明词第一。

词的开首两句令人想到杜甫的“无边落木萧萧下，不尽长江滚滚来”和苏轼的“大江东去，浪淘尽，千古风流人物”，以一去不返的江水比喻历史的进程，用后浪推前浪来比喻英雄叱咤风云的丰功伟绩。然而这一切终将被历史的长河带走。“是非成败转头空”是对上两句历史现象的总结，从中也可看出作者旷达超脱的人生观。“青山依旧在，几度夕阳红”，青山和夕阳象征着自然界和宇宙的亘古悠长，尽管历代兴亡盛衰、循环往复，但青山和夕阳都不会随之改变，一种人生易逝的悲伤感悄然而生。下片为我们展现了一个白发渔樵的形象，任它惊涛骇浪、是非成败，他只着意于春风秋月，在握杯把酒的谈笑间，固守一份宁静与淡泊。历史上多少人曾经轰轰烈烈，最终无不化为尘埃，老人则超越是非，听命自然，以秋月春风为伴，在江渚之上过着寄情诗酒的生活，笑谈古今。表明诗人不计个人的荣辱得失超然物外的一种旷达情怀。全词似怀古，似言志；开篇从大处落笔，切入历史的宏流，四、五句在景语中富哲理、意境深邃；下片则具体刻画了老翁形象，在其生活环境、生活情趣中寄托自己的人生理想，从而表现出一种大彻大悟的历史观和人生观。

杨慎这首《临江仙》词，说尽兴亡，寄寓感慨，“奇藻天发”，“似近而远”。因而与唐诗之陈子昂《登幽州台歌》、元曲之张养浩《山坡羊·潼关怀古》，皆“警绝莫及”，堪称千古绝唱。

《廿一史弹词》第三段说秦汉开场词②。

---

① 此词调名原系唐教坊曲名。《花庵词选》云：“唐词多缘题所赋，临江仙之言水仙，亦其一也。”始见《花间集》所作词。此调体格甚多，常见一体为变调，六十字，平韵。又名“庭院深深”“采莲回”“画屏春”“雁后归”“想娉婷”“瑞鹤仙令”“鸳鸯梦”“谢新恩”。

② 《廿一史弹词》：杨慎晚年所著历史通俗说唱之作，原名《历代史略十段锦词话》，一段相当于一回。此词系第三段开场词，后来清初的毛宗冈移置于《三国演义》卷首。

滚滚长江东逝水，浪花淘尽英雄①。是非成败转头空。青山依旧在，几度夕阳红。白发渔樵江渚上②，惯看秋月春风。一壶浊酒喜相逢。古今多少事，都付笑谈中。

## 学习建议

1. 体会全词“物象”及其寄托的思想感情。
2. 体会“是非成败转头空”中“转头”暗含的意思。
3. 简要评述这首词的艺术风格。
4. 延伸阅读篇目：《明月篇》《西征夜》《转应曲》《少年游》。

① 淘尽：荡涤一空。
② 渔樵：渔父和樵夫。渚：水中的小块陆地。江渚：江湾。

# 圆圆曲①

吴伟业

吴伟业（1609—1672年）字骏公，号梅村，太仓（今江苏太仓）人，明清之际著名诗人。崇祯四年进士，会试第一，殿试第二，任翰林编修，官至左庶子。南明弘光朝任少詹事，因与马士英、阮大铖不合，辞官归里。入清后，一度隐居家乡，以复社名宿主持东南文社活动。顺治十年（1653年），迫于征召而事清，为秘书院侍讲，迁国子监祭酒。一年后归田，从此不复出仕。其诗感怀身世，反映现实，早期风格绮丽，明亡后多激荡苍凉之音。以七言歌行著称，效法唐人"元白"，记叙明清易代重大事件，自成"梅村体"，影响深远。著有《梅村家藏稿》等。

## 【导读】

《圆圆曲》是"梅村体"的代表作，也是吴伟业著名的长篇歌行。此诗以吴三桂与陈圆圆的悲欢离合为线索，展现了明清之际变幻莫测的时代风云，其中融注了诗人的社稷兴亡之感、世事沧桑之叹，既有对红颜薄命的同情，更有对吴三桂"冲冠一怒为红颜"重色卖国的可耻行径的冷峻讥讽，有"诗史"之誉。

全诗打破了古典叙事诗严格遵循时空逻辑直线式发展的传统布局，交互运用倒叙、插叙、顺叙等叙事方法。通过时序和语气的变化，以及夹叙夹议的手法，使叙述过程灵动多姿。作品先倒叙吴三桂为圆圆引清兵入关，接着逆流回溯，追叙圆圆的出身及二人的定情，再正叙陈、吴的团圆及陈的备极宠荣。笔法迂回盘曲，极尽俯仰生姿之能事，情节一波三折，极富传奇色彩。作者把历史和现实有机地结合在一起，以抒写深沉的亡国之痛。用典频繁而贴切，引人联想，耐人寻味。巧妙地将吴三桂、陈圆圆同吴王夫差、西施联系起来，运用不少历史典故入诗，不但增加了诗歌的容量，使诗篇具有一种深沉的历史感，而且使作品更加含蓄蕴藉，余味无穷。作者写的是当代很敏感的题材，自己的态度不能直接表露，但巧妙采用了正话反说、自相矛盾等手法，收到了较好的反讽效果。全诗辞藻绮丽，音调流转，富于音乐美、韵律美。

鼎湖当日弃人间②，破敌收京下玉关③。

---

① 圆圆：陈圆圆，明末苏州名妓。本姓邢，名沅，字畹芬，小字圆圆，嫁吴三桂为妾。李自成攻占北京，圆圆被俘，为李自成部将收纳。这时吴三桂镇守山海关，出于私恨，引清兵入关，攻陷北京，圆圆又归吴三桂，后随吴三桂到云南。

② 鼎湖当日弃人间：据《史记·封禅书》，黄帝铸鼎于荆山下，鼎成，有龙来迎，黄帝乘龙升天。后人以此代指帝王死去。此处指明崇祯皇帝在李自成军入北京后被迫自杀。

③ 玉关：指山海关。一说以甘肃的玉门关代指山海关。此句是说吴三桂引清兵打败李自成，攻克北京。

恸哭六军俱缟素①，冲冠一怒为红颜②。
红颜流落非吾恋③，逆贼天亡自荒宴④。
电扫黄巾定黑山⑤，哭罢君亲再相见⑥。
相见初经田窦家⑦，侯门歌舞出如花⑧。
许将戚里箜篌伎⑨，等取将军油壁车⑩。
家本姑苏浣花里⑪，圆圆小字娇罗绮⑫。
梦向夫差苑里游⑬，宫娥拥入君王起⑭。
前身合是采莲人⑮，门前一片横塘水⑯。
横塘双桨去如飞，何处豪家强载归？
此际岂知非薄命，此时只有泪沾衣。
熏天意气连宫掖⑰，明眸皓齿无人惜⑱。
夺归永巷闭良家⑲，教就新声倾坐客⑳。
坐客飞觞红日暮㉑，一曲哀弦向谁诉㉒？
白皙通侯最少年㉓，拣取花枝屡回顾。
早携娇鸟出樊笼㉔，待得银河几时渡㉕？

---

① 六军：泛指吴三桂的军队。缟（gǎo）素：白色的丧服。此句言吴三桂的军队为崇祯皇帝服丧。

② 红颜：指陈圆圆。此句意谓吴三桂发怒实际上是为了爱妾陈圆圆。

③ 吾：吴三桂自称。

④ 逆贼：指李自成。荒宴：荒淫宴乐。

⑤ 电扫：形容如同闪电一般迅速扫平。黄巾：东汉末年的黄巾起义军。黑山：东汉末年张燕领导的军队，以曾聚于黑山得名。此处均指李自成带领的起义军队。

⑥ 君亲：指崇祯皇帝和吴三桂的父亲。相见：指与陈圆圆相见。以上四句写的是吴三桂的自辩之言。

⑦ 田窦：西汉时武安侯田蚡和魏其侯窦婴，均为外戚。这里借指崇祯帝田贵妃的父亲田弘遇。一说指崇祯帝周后的父亲周奎。

⑧ 侯门：公侯贵族之家。出如花：形容歌舞女子貌美如花。

⑨ 戚里：帝王姻亲所居之地，此处指田弘遇家。空侯：即箜篌，古乐器名。空侯伎：弹箜篌的歌伎，指陈圆圆。此句是说田弘遇愿将自己的歌伎陈圆圆送给吴三桂。

⑩ 将军：指吴三桂。油壁车：妇女所乘之车，因车壁以油涂饰而得名。

⑪ 姑苏：今江苏苏州。浣花里：唐代蜀中名妓薛涛曾居成都浣花溪，这里借用指陈圆圆在苏州所在的妓院。

⑫ 小字：小名。娇罗绮：形容容貌美好，比美丽的丝织品还要娇艳。

⑬ 夫差苑：春秋时吴王夫差，其宫苑在苏州。夫差宠爱西施，为她建姑苏台。

⑭ 以上两句以陈圆圆梦入吴王宫苑，暗示陈圆圆曾被送入明皇宫。

⑮ 前身：前生。合是：该是。采莲人：指普通乡间女子。古诗中常以称呼西施，这里借指陈圆圆。

⑯ 横塘：在苏州西南胥门外。此两句写陈圆圆被豪家强取，用船载去。

⑰ 熏天意气：形容外戚气焰冲天。宫掖（yè）：泛指皇宫。掖即掖廷，宫内的旁舍，是妃嫔居住的地方。此句是说外戚田弘遇家气势熏天，把陈圆圆送入宫中。

⑱ 明眸皓齿：形容陈圆圆的美丽。此句意谓陈圆圆虽然美丽，却得不到皇帝的爱惜。

⑲ 永巷：宫中长巷，宫女居住的地方。良家：指田弘遇家。此句意谓把陈圆圆从宫中送回田弘遇家。

⑳ 教就：教会。倾：倾心，爱慕，这里指使座客爱慕。

㉑ 飞觞（shāng）：频频举杯。觞，古代盛酒器。

㉒ 哀弦：指琴歌哀怨。此句意谓陈圆圆心中的哀怨之情无人可以倾诉。

㉓ 白皙：指吴三桂皮肤白皙。通侯：汉代列侯中的最高一等，这里借指吴三桂。

㉔ 娇鸟：喻圆圆。此句写吴三桂早盼着将陈圆圆带回自己家中。

㉕ 此句用牛郎、织女故事，以渡银河喻婚娶。

恨杀军书抵死催①，苦留后约将人误。
相约恩深相见难，一朝蚁贼满长安②。
可怜思妇楼头柳③，认作天边粉絮看④。
遍索绿珠围内第⑤，强呼绛树出雕栏⑥。
若非壮士全师胜⑦，争得蛾眉匹马还⑧？
蛾眉马上传呼进，云鬟不整惊魂定⑨。
蜡炬迎来在战场⑩，啼妆满面残红印⑪。
专征箫鼓向秦川⑫，金牛道上车千乘⑬。
斜谷云深起画楼⑭，散关月落开妆镜⑮。
传来消息满江乡，乌桕红经十度霜⑯。
教曲伎师怜尚在⑰，浣纱女伴忆同行⑱。
旧巢共是衔泥燕⑲，飞上枝头变凤凰⑳。
长向尊前悲老大㉑，有人夫婿擅侯王㉒。
当时只受声名累，贵戚名豪竞延致㉓。
一斛珠连万斛愁㉔，关山漂泊腰肢细。

---

① 杀：通“煞”，很，极。抵死：竭力，不停。

② 蚁贼：以敌视的口吻称李自成的军队之众。长安：以汉唐故都长安代指北京。

③ 此句化用唐王昌龄《闺怨》诗：“闺中少妇不知愁，春日凝妆上翠楼。忽见陌头杨柳色，悔教夫婿觅封侯。”以闺中少妇喻圆圆已成吴三桂之妾。

④ 粉絮：白色的柳絮，比喻轻薄的女性。此两句是说，陈圆圆已是思夫的良家妇，却被当成轻薄的妓女。

⑤ 索：搜取。绿珠：西晋石崇宠姬。内第：内宅。

⑥ 绛树：汉末著名歌女，借指圆圆。

⑦ 若非：如果不是。壮士：指吴三桂。

⑧ 争得：怎么能。娥眉：指圆圆。

⑨ 云鬟：发鬟如云，形容女子发型之美。此两句言陈圆圆归来时，发型不整，惊魂未定。

⑩ 蜡炬：蜡烛。据《拾遗记》载，魏文帝聘娶薛灵芸，于十里之外燃烛，相继不绝。此句用该典，借指吴三桂盛迎圆圆的情景。

⑪ 残红印：脸上的胭脂为泪痕所乱。

⑫ 箫鼓：指军中箫鼓之声。秦川：自大散关以北到岐雍，夹渭川南北岸，沃野千里，以秦之故地，所以称秦川，其地约包括今陕西甘肃两省。此处指陕西。

⑬ 金牛道：从陕西沔县进入四川的古栈道。千乘（shèng）：千辆。

⑭ 斜（yé）谷：在今陕西眉县西南。

⑮ 散关：大散关，在今陕西宝鸡市西南。此两句写陈圆圆随军到陕西一带的情形。

⑯ 乌桕（jiù）：树名，深秋时叶变红。此两句是说陈圆圆的消息传到苏州，距她离开时已有约十年之遥了。

⑰ 教曲伎师：曾经教圆圆唱歌的师傅。怜尚在：为陈圆圆在乱离中幸免于难而感庆幸。

⑱ 浣纱：相传西施入吴宫前曾在若耶溪浣纱。此句是说陈圆圆昔日的女伴听到她的消息，回忆起她们过去在一起时的情形。

⑲ 衔泥燕：喻地位贫贱。此句意谓以前在一起的时候，都是贫贱之人。

⑳ 凤凰：喻高贵。此句意谓如今陈圆圆攀上高枝，拥有富贵之身。

㉑ 尊：酒樽。此句意谓常常借酒消愁，哀叹年老。

㉒ 此句言羡慕陈圆圆嫁了个富贵之人。

㉓ 竞：争着。延致：招请。此两句是说当年因为青楼之名，引得豪门贵族争着要请她。

㉔ 一斛（hú）珠：传奇《梅妃传》载，唐玄宗把外国所献宝珠，赐一斛给梅妃。梅妃作诗，玄宗命乐工用新声谱曲，名《一斛珠》。一斛相当于十斗。这里用一斛珠形容陈圆圆身价之高。万斛愁：形容愁思无限。此句意谓吴三桂对陈圆圆宠爱有加，却因此而给陈圆圆带来无限愁思。

错怨狂风飏落花，无边春色来天地[1]。
尝闻倾国与倾城[2]，翻使周郎受重名[3]。
妻子岂应关大计，英雄无奈是多情[4]。
全家白骨成灰土，一代红妆照汗青[5]。
君不见馆娃初起鸳鸯宿[6]，越女如花看不足[7]。
香径尘生鸟自啼[8]，屧廊人去苔空绿[9]。
换羽移宫万里愁[10]，珠歌翠舞古梁州[11]。
为君别唱吴宫曲[12]，汉水东南日夜流[13]。

## 学习建议

1. 分析作品叙事中语气变化、夹叙夹议的手法。
2. 理解夫差的典故在作品中的作用。
3. 试将吴伟业《圆圆曲》与白居易《长恨歌》比照对读，分析其异同。
4. 延伸阅读篇目：《捉船行》《织妇词》。

---

① 春色：喻荣华富贵。此二句是说圆圆错怨自己的身世如同随风飘扬的落花，但历经漂泊之后，却获得荣华富贵。

② 尝闻：曾经听说。倾国倾城：《汉书·外戚传》载李延年歌："北方有佳人，绝世而独立；一顾倾人城，再顾倾人国。宁不知倾城与倾国，佳人难再得。"其意为美人能给人造成祸害，后用以形容绝色女子。

③ 翻：反而。周郎：三国时周瑜，字公瑾，人称"周郎"。早年即为吴国大将，懂音乐，又娶著名美女小乔为妻。这里以周郎喻吴三桂。此二句言据说美人会使人遭祸，可吴三桂却因陈圆圆而著名。

④ 此二句言妻子之事怎能与军国大计相提并论，无奈吴三桂儿女情长。其意乃在讽刺吴三桂为女色而降清。

⑤ 红妆：指陈圆圆。汗青：指史册。

⑥ 馆娃：宫名，吴王夫差为西施所建，遗址在苏州灵岩山。

⑦ 越女：指西施。

⑧ 香径：采香径。

⑨ 屧（xiè）廊：即响屧廊。吴王为西施而建，以木板铺廊，穿木鞋经过时会发出声响，故名。

⑩ 换羽移宫：羽、宫为古代五音中的两种。换羽移宫喻人事的变迁，这里用以指改朝换代。

⑪ 古梁州：陕西汉中南郑一带为古梁州所在，当时吴三桂开府汉中南郑。

⑫ 吴宫曲：即上面所说的有关吴宫盛衰之事。

⑬ 汉水：汉中临汉水。此句化用李白《江上吟》"功名富贵若长在，汉水亦应西北流"语意，强调功名富贵不能长保。

# 金缕曲①·赠梁汾②

纳兰性德

纳兰性德（1655—1685年），原名成德，字容若，号楞伽山人，满洲正黄旗人。清朝太傅明珠长子。天资聪颖，少好读书，受汉族传统文化熏陶颇深，喜结交朝野文士。康熙十五年（1676年）进士，官至一等侍卫，受到皇帝宠信，然与其人生志向不合，心情郁闷。能诗文，尤以词著称。今存词348首，词作多抒写护驾出巡之凄苦、与妻子别离之愁绪，以及“羁栖良苦”的人生感受，情感真切，出语自然，风格婉丽清新，向有满洲词人第一之誉，为清词大家。有《通志堂集》《纳兰词》等。

## 【导读】

此篇作于清康熙十五年（1676年）。据顾贞观记云：“岁丙辰，容若年二十有二，乃一见即恨识余之晚，阅数日，填此曲为余题照。”（见《弹指词》卷下所附纳兰赠词后贞观自注）这年容若获殿试二甲七名，赐进士出身，并授三等侍卫，不久又晋为一等。他以贵介公子，皇帝近侍的身份与沉居下僚（当时顾贞观被聘为纳兰性德家的家庭教师）的顾梁汾相识，不但大有相见恨晚之叹，且对其不幸的遭遇深表同情。这首词即是纳兰与梁汾相识不久的题赠之作。所谓“题照”之“照”，指的是《侧帽投壶图》，此“照”谁人所绘，不详。性德即将这首《金缕曲》书其上而赠与梁汾。此词采用直抒胸臆的手法，尽出肺腑，不假雕饰，真切自然地表达了诚挚朴素的友情。上片专门就自己的身世向友人作表白。将自己的贵族出身完全不当回事，甚至带有厌恶之感。相反，对遭逢知己却视作人间莫大幸事，就如同当年的平原君一样。知己相逢，有酒共醉，有泪共倾，以“月如水”收结，比喻这种友情的真挚和美好。下片转而劝慰朋友。顾贞观曾遭人诬构排挤，罢职归家，作为知己，性德对他的遭遇深表同情，并加以宽慰。宽慰之外，又重申友情的精诚不变，生死不渝。最后，以“然诺重，君须记”收结，既是对顾贞观所托救难友一事的承诺，也是对顾、纳两人知己之情的再度确认。

这首词中多处运用典故，不但义深辞约，增加了词的内容含量，表达出复杂深厚的感情，而且也使词增加了特殊的韵味，取得更好的美学效果。故而徐釚《词苑丛谈》说：“词旨（山钦）奇磊落，不啻坡老、稼轩，都下竞相传写，于是教坊歌曲无不知有《侧帽词》者。”严迪昌《清词史》云：此词“情辞兼备，超迈有神”，都对本词给以极高的评价。

① 金缕曲：词调名，又名《贺新郎》。

② 梁汾：顾贞观（1637—1714年），字华峰，号梁汾，清初词人，作者的挚友。康熙十五年（1676年），作者与顾贞观相识，情意相投，于是作此词赠之。词写知己相遇的情义，以及人才受到排斥的悲愤，情辞恳切，直抒胸臆，性情毕现。

德也狂生耳①。偶然间，淄尘京国②，乌衣门第③。有酒惟浇赵州土④，谁会成生此意⑤！不信道，竟逢知己。青眼高歌俱未老⑥，向尊前，拭尽英雄泪⑦。君不见，月如水。

共君此夜须沈醉。且由他，娥眉谣诼⑧，古今同忌。身世悠悠何足问⑨，冷笑置之而已。寻思起，从头翻悔。一日心期千劫在⑩，后身缘，恐结他生里⑪。然诺重⑫，君须记。

## 学习建议

1. 分析这首词表达情感直露而不浅薄的特点。
2. 理解词中几处用典的含义及作用。
3. 延伸阅读篇目：《长相思》。

---

① 德：作者自称。

② 淄尘京国：谢朓《酬王晋安》诗："谁能久京洛，缁尘染素衣。"这里借用其意，表现身居北京之无奈。淄尘，黑尘，喻污垢。淄，通"缁"，黑色。京国，京城。

③ 乌衣门第：东晋王、谢大族多居金陵乌衣巷，后世遂以巷名指称世家大族。作者出身满洲贵族，父明珠官至武英殿大学士，累加太傅，晋太子太师。故云。

④ "有酒"句：用李贺《浩歌》"买丝绣作平原君，有酒唯浇赵州土"句，表示愿学战国时赵国平原君，虚己下士，广结宾客。浇，浇酒祭祀。赵州土，平原君墓土。

⑤ 成生：自称。作者原名成德，后避太子讳改性德。

⑥ "青眼"句：化用杜甫《短歌行赠王郎司直》"青眼高歌望吾子，眼中之人吾老矣"句，表达对朋友的深厚情谊。作者和顾贞观当时都尚年轻，故云"俱未老"。青眼，尊重之眼光。阮籍能为青白眼，"嵇康赍酒挟琴造之，籍大悦，乃见青眼。"（《世说新语》）

⑦ "向尊前"二句：为二人自视甚高，又均不得志而感伤。

⑧ 娥眉谣诼（zhuó）：指有人对顾贞观造谣诬构。语出屈原《离骚》："众女嫉余之娥眉兮，谣诼谓余以善淫。"娥眉，亦作"蛾眉"，喻才能。谣诼，造谣毁谤。

⑨ 悠悠：遥远而不定貌。

⑩ 心期：心心相印，情投意合。千劫在：经久历险而不变（心）。

⑪ 后身缘：来生情缘。

⑫ 然诺重：即重然诺，守信用。此指作者许诺竭力救助顾贞观落难朋友吴兆骞的事。

# 咏史·金粉东南十五州①

龚自珍

龚自珍（1792—1841年），字璱人，曾更名易简，又字伯定，又更名巩祚，号定庵，浙江仁和（今杭州）人，晚清著名的思想家、文学家。清道光九年（1829年）进士，曾任内阁中书、礼部主事等职，后辞官南归，道光二十一年（1841年）卒于丹阳云阳书院。主张革新变法，开康有为等人“变法维新”的先声。诗、文、词各体兼长，其诗善抒感慨，议论纵横，想象丰富，奇境独辟，开一代风气，被柳亚子誉为“三百年来第一流”。其文冲破桐城古文的束缚，独抒己见，表达真情实感，具有深刻的思想性和强烈的战斗性，语言活泼多样。其词“绵丽飞扬，意欲合周、辛而一之，奇作也”。（谭献《复堂日记》二）著有《定庵全集》，今人辑有《龚自珍全集》。

## 【导读】

清王朝对待知识阶层心机之邃深、权术之酷虐，令人触目惊心。对此，李祖陶尝生动地描述道：“今之文人，一下笔惟恐触碍于天下国家。”“人情望风觇景，畏避太甚。见鳝而以为蛇，见鼠而以为虎，消刚正之气，长柔媚之风。”（《与杨蓉诸明府书》）一边面对官场之污浊，一边面对士林之喑哑，龚自珍这首题为《咏史》的名作正为世风之无聊窒闷而发。

首联以“金粉东南十五州”概指富庶繁华之区，其间恩怨缠结，皆为“名流”倾轧而成。颔联申说“名流”中之官场，既有手柄大权、铜气熏天之“牢盆狎客”，亦多团扇麈尾、高谈阔论而百无一能之贵介子弟，二者共同酿就的恶浊之风深为诗人所厌憎。颈联二句向来为人传诵。这一联对现实的另一端、与官场相对照的“士林”心态予以揭皮见骨的描摹，痛下针砭。表示了诗人对高压下的知识群体的柔媚、怯懦充满愤懑与同情。尾联诗人锋芒所向是玩弄士人于股掌之间的最高统治层。从刘邦假惺惺的不可能兑现的封侯许诺，到李世民“天下英雄入我彀中矣”的洋洋得意，再到朱元璋“寰中士夫不为君用”即“自外其教”，应“诛其身而没其家”的酷法，再到清初以来不绝如缕的文字狱案，谙熟史事的龚自珍哪一件不是深悉底里？他们才是造就这些“黑幕”的总后台！诗人真正可贵的思考蕴藏在最后这一问中。

此诗的特点在于一是表现为吟咏历史与讽喻现实的统一；二是表现为政治思想与艺术概括的统一；三是全诗层次清晰，笔锋犀利，用典贴切，叙议结合，增强了诗歌的现实性和批判性。造语凝重端方，属对严谨工整，音调铿锵悦耳，读来有骨力铮铮之感，增强了诗歌的韵律美和音乐美。

① 本篇作于道光五年十二月（1826年1月）。作者当时因母丧离官后寓居昆山，目睹东南富庶地区，坏人当道，政治黑暗，而不少知识分子在清廷高压政策的钳制和恐怖下，又养成苟安自保的风习；所谓“名流”不是流连声色，便热衷于勾心斗角，争名逐利。作者在诗中对此表达了他的愤慨和讽刺。

金粉东南十五州①，万重恩怨属名流②。
牢盆狎客操全算③，团扇才人踞上游④。
避席畏闻文字狱⑤，著书都为稻粱谋⑥。
田横五百人安在⑦，难道归来尽列侯⑧？

## 学习建议

1. “避席”一联，后人视作警句，请你谈谈对这两句诗的理解。

2. 理解诗篇引用历史上田横和他五百部下殉难的典故及其言外之意。

3. 延伸阅读篇目：《乙亥杂诗·少年哀乐过于人》《梦中作四截句》之二、《能令公少年行》《湘月》。

① 金粉：古时妇女化妆用的铅粉，这里借以形容繁华绮丽的生活。东南向被称为“金粉之地”。东南十五州：泛指江南富庶地区。

② 属（zhǔ）：结。《国语·晋语四》：“齐秦不得其请，必属怨焉。”韦昭注：“属，结也。”名流：知名之士。这里指当时社会上沽名钓誉的头面人物。

③ 牢盆：煮盐的铁制器具。《史记·平准书》：“愿募民自给费，因官器作煮盐，官与牢盆。”《本草》：“煮盐之器，汉谓之牢盆。”这里指代把持盐政的官僚政客。狎（xiá）客：陪伴帝王、权贵游乐，善于奉承拍马并深得信任的幸臣或门客。操全算：这里是把持的意思。

④ 团扇才人：指不学无术、流连声色而身居高位的人。东晋豪门世族王导的孙子王珉任中书令，生活放荡，不懂政事，喜欢手执白团扇。踞上游：占据着官府的高位。

⑤ 避席：离座避开。文字狱：指统治者故意从文字作品中摘取字句，断章取义，罗织成罪而加以迫害作者的一种冤狱。清代康熙、雍正、乾隆三朝屡兴文字狱，株连甚广。

⑥ 稻粱谋：谋求稻粱，挣口饭吃。

⑦ 田横：楚汉相争时，田横自立为齐王。刘邦称帝后田横耻于臣事，不受劝降封爵，自己及所部皆自刎而死。事见《史记·田儋列传》。

⑧ 列侯：汉制，群臣异姓有功封侯的，称为列侯。

# 再别康桥

徐志摩

徐志摩（1897—1931 年）现代诗人、散文家，浙江海宁人。1921 年开始创作新诗。1923 年，参与发起成立新月社。1924 年与胡适、陈西滢等创办《现代评论》周刊。1926 年在北京主编《晨报》副刊《诗镌》，与闻一多、朱湘等人开展新诗格律化运动，影响到新诗艺术的发展。1931 年初，与陈梦家、方玮德创办《诗刊》季刊。同年 11 月 19 日，由南京乘飞机到北平，因遇雾在济南附近触山，机坠身亡。著有诗集《志摩的诗》《翡冷翠的一夜》《猛虎集》《云游》，散文集《落叶》《巴黎的鳞爪》《自剖》《秋》，小说散文集《轮盘》，戏剧《卞昆冈》（与陆小曼合写），日记《爱眉小札》《志摩日记》等。

## 【导读】

1928 年秋，作者再次到英国访问，旧地重游，勃发了诗兴，将自己的生活体验化作缕缕情思，融汇在所抒写的康桥美丽的景色里，也驰骋在诗人的想象之中。

全诗以“轻轻的”“走”“来”“招手”“作别云彩”起笔，接着用虚实相间的手法，描绘了一幅幅流动的画面，构成了一处处美妙的意境，细致入微地将诗人对康桥的爱恋，对往昔生活的憧憬，对眼前的无可奈何的离愁，表现得真挚、浓郁、隽永。

这首诗表现出诗人高度的艺术技巧。诗人将具体景物与想象糅合在一起构成诗的鲜明生动的艺术形象，巧妙地把气氛、感情、景象融汇为意境，达到景中有情，情中有景。诗的结构形式严谨整齐，错落有致。全诗七节，每节四行，组成两个平行台阶；一、三行稍短，二、四行稍长，每行六至八字不等，诗人似乎有意把格律诗与自由诗二者的形式糅合起来，使之成为一种新的诗歌形式，富有民族化、现代化的建筑美。诗的语言清新秀丽，节奏轻柔委婉，和谐自然，伴随着情感的起伏跳跃，犹如一曲悦耳徐缓的散板，轻盈婉转，拨动着读者的心弦。

诗人闻一多在 20 世纪 20 年代曾提倡现代诗歌的“音乐的美”“绘画的美”“建筑的美”，《再别康桥》一诗，可以说是“三美”具备，堪称徐志摩诗作中的绝唱。

轻轻的我走了，
　　正如我轻轻的来；
我轻轻地招手，
　　作别西天的云彩。

那河畔的金柳，
　　是夕阳中的新娘，
波光里的艳影，
　　在我的心头荡漾。

软泥上的青荇，
　　油油的在水底招摇；
在康河的柔波里，
　　我甘心做一条水草！

那榆荫下的一潭，
　　不是清泉，是天上虹
揉碎在浮藻间，
　　沉淀着彩虹似的梦。

寻梦？撑一支长篙，
　　向青草更青处漫溯，
满载一船星辉，
　　在星辉斑斓里放歌。

但我不能放歌，
　　悄悄是别离的笙箫；
夏虫也为我沉默，
　　沉默是今晚的康桥！

悄悄的我走了，
　　正如我悄悄的来；
我挥一挥衣袖，
　　不带走一片云彩。

## 学习建议

1. 分析诗人在这首诗中所蕴涵的情感。

2. 感受作品的“三美”特征。

3. 延伸阅读篇目：《雪花的快乐》《沙扬娜拉》《我不知道风是在哪一个方向吹》《偶然》。

# 雨 巷

戴望舒

戴望舒（1905—1950 年）现代诗人。原名戴梦鸥。1929 年 4 月，出版了第一本诗集《我的记忆》，这本诗集也是戴望舒早期象征主义诗歌的代表作，其中最为著名的诗篇就是《雨巷》，受到了叶圣陶的极力推荐，成为传诵一时的名作。1936 年 10 月，戴望舒与卞之琳、孙大雨、梁宗岱、冯至等人创办了《新诗》月刊，这是中国近代诗坛上最重要的文学期刊之一。抗日战争爆发后，戴望舒转至香港主编《大公报》文艺副刊，并且创办了《耕耘》杂志。1950 年在北京病逝，享年 45 岁。

## 【导读】

《雨巷》是戴望舒的成名作和前期的代表作，他曾因此而赢得了“雨巷诗人”的雅号。这首诗写于 1927 年夏天，当时全国处于白色恐怖之中，戴望舒因曾参加进步活动而不得不避居于松江的友人家中，在孤寂中咀嚼着大革命失败后的幻灭与痛苦，心中充满了迷惘的情绪和朦胧的希望。《雨巷》一诗就是他的这种心情的表现，其中交织着失望和希望、幻灭和追求的双重情调。这种情调在当时是有一定的普遍性的。

《雨巷》运用了象征性的抒情手法。诗中那狭窄阴沉的雨巷，在雨巷中徘徊的独行者，以及那个像丁香一样结着愁怨的姑娘，都是象征性的意象。这些意象又共同构成了一种象征性的意境，含蓄地暗示出作者既迷惘感伤又有期待的情怀，并给人一种朦胧而又幽深的美感。富于音乐性是《雨巷》的另一个突出的艺术特色。全诗共七节，每节六行，每行长短不等，押韵的位置长短不等，但间隔有致，一韵到底。特别是诗人十分巧妙地运用了词语的重叠、音组的停顿和反复拉长了诗的节奏，构成了一种回荡往返、摄人心魄的音乐旋律，“雨巷”“悠长”“姑娘”“芬芳”“惆怅”等词在韵脚中一再重复，更传达出一种流动着的情绪，一种低回而迷茫的感觉。因此叶圣陶先生称赞这首诗为中国新诗的音节开了一个“新纪元”。

撑着油纸伞，独自
彷徨在悠长、悠长
又寂寥的雨巷，
我希望逢着
一个丁香一样地
结着愁怨的姑娘。

她是有
丁香一样的颜色，
丁香一样的芬芳，

丁香一样的忧愁，
在雨中哀怨，
哀怨又彷徨；

她彷徨在寂寥的雨巷，
撑着油纸伞
像我一样，
像我一样地
默默彳亍着
冷漠、凄清，又惆怅。

她静默地走近
走近，又投出
太息一般的眼光
她飘过
像梦一般地，
像梦一般地凄婉迷茫。

像梦中飘过
一枝丁香地，
我身旁飘过这女郎；
她静静地远了，远了，
到了颓圮的篱墙，
走尽这雨巷。

在雨的哀曲里，
消了她的颜色，
散了她的芬芳，
消散了，甚至她的
太息般的眼光
她丁香般的惆怅。

撑着油纸伞，独自
彷徨在悠长、悠长
又寂寥的雨巷，
我希望飘过
一个丁香一样地
结着愁怨的姑娘。

## 学习建议

1. 试分析这首中“丁香”的意象。
2. 体会这首诗的音乐之美。
3. 延伸阅读篇目：《我的记忆》《我用残损的手掌》《寻梦者》《断指》。

# 发　现

闻一多

闻一多（1899—1946年），湖北省浠水县人。1920年开始诗歌创作，1922年7月，赴美留学，学习美术，但更喜欢文学，尤积极创作新诗。1923年9月，他的诗集《红烛》出版，歌颂自然美、青春美，抒写诗人理想。1925年6月，闻一多留美回国，先后任教于北京艺术专科学校、武汉大学、青岛大学、清华大学等。他致力于新诗艺术美的探索，写下了《诗的格律》等一系列理论文章，提出了音乐美、绘画美、建筑美的诗歌“三美”的新格律诗理论主张，并努力实践，写出许多精美诗篇。1928年1月，《死水》出版，这部诗集是他新格律诗理论的完美体现，熔中国古典诗歌格律美和西方诗歌音节体式为一炉，开了一代诗风，影响巨大。抗战爆发后，闻一多随清华学校南迁昆明，任教于西南联大，仍潜心研究古代文化文学。但专制制度和黑暗现实促使他拍案而起，投身到民主斗争中，成为一名勇敢的民主斗士，在一系列演讲中，为民主自由而呐喊。在李公朴夫人报告李公朴死难会上作了最后一次的演讲后，于1946年7月15日在昆明遇难。

## 【导读】

早在“五四”时期，闻一多先生就已经成为一个正直、善良、富有民族自尊心和自豪感的爱国者。留学美国时期，他又因饱受种族歧视和凌辱，愤然提前回国。然而，作为祖国忠诚的儿子，当他怀抱着一颗炽热的爱国之心和报效祖国、为祖国奉献自己一切的雄心回来之时，发现祖国远不是他想的那般美好。

其实，在美国的时候，他对自己祖国的破碎不堪有所知晓，但是，那时的诗人怀着赤诚的心把他所热爱的祖国美化了、神圣化了。当现实击碎了作者的梦想时，因失望而悲痛的情感就化成了感人的诗篇——《发现》。

诗人在巨大的悲痛中顽强地挣扎着，在深广的忧愤中执着地追寻着，竟至“呕出一颗心来”，就因为“如花的祖国”珍藏在诗人的心里，这是多么炽烈而深厚的爱国热情啊！诗人没有因失望而沉沦，相反却在失望和愤懑中升腾起一种对祖国的执着和忠贞的爱。“在我心里”这个结尾，石破天惊，出乎意外而又合乎情理，它既揭示了悬念，指出这才是真正的“发现”，又突出地表现了诗人对祖国的爱之深切、爱之永恒。联系到诗人忠诚磊落的一生，联系到他为追求这心中的祖国而流尽的最后一滴血，这样的结尾越发显得荡气回肠、震撼人心了。至此，一位伟大的爱国者的形象跃然纸上，使人肃然起敬。

这首诗短小却立意非凡，构思新颖灵巧，尤其是“开头和结尾是不平常的，有吸引力的”（何其芳《诗歌欣赏》）。这的确是诗人的匠心独运，力求给人一种意外的惊奇之感。

我来了，我喊一声，迸着血泪，
“这不是我的中华，不对，不对！”
我来了，因为我听见你叫我；

鞭着时间的罡风，擎一把火，
我来了，那知道是一场空喜。
我会见的是噩梦，那里是你？
那是恐怖，是噩梦挂着悬崖，
那不是你，那不是我的心爱！
我追问青天，逼迫八面的风，
我问，拳头擂着大地的赤胸，
总问不出消息；我哭着叫你，
呕出一颗心来，你在我心里！

## 学习建议

1. 联系生活实际去理解一开始诗人吼叫一声“我来了，我喊一声，迸着血泪，‘这不是我的中华，不对，不对！’”时的心情。

2. 反复阅读全诗，仔细思考诗人“发现”了什么。

3. 延伸阅读篇目：《死水》《心跳》《一句话》《奇迹》。

# 有一座坟墓

朱 湘

朱湘（1904—1933 年）字子源，安徽太湖县人，现代诗人，是新月诗社的代表人物之一。1920 年入清华大学，参加清华文学社活动。1922 年开始在《小说月报》上发表新诗并加入文学研究会，此后专心于诗歌创作和翻译。1927 年 9 月赴美国留学，先后在威斯康星州劳伦斯大学、芝加哥大学、俄亥俄大学学习英国文学等课程。1929 年 8 月回国，应聘到安徽大学任英国文学系主任。1932 年夏天离职，漂泊辗转于北平、上海和长沙等地，以写诗卖文为生。终因生活窘困，愤懑失望，于 1933 年 12 月 5 日晨在上海开往南京的船上投江自杀。著作有诗集《永言集》，散文和评论《中书集》《文学闲谈》等。

## 【导读】

朱湘在中国现代诗坛上是个奇特的存在，无论是他的人还是他的诗。这首《有一座坟墓》写于 1925 年 8 月，这时，朱湘和他深爱的刘霓君女士结婚不到半年，正处在蜜月期，却写了这样一首奇怪的诗歌。

朱湘的写作虽然从表面上看，个人化色彩很浓厚，但并不能从时代的情绪氛围里脱出身来，即使是朱湘处在幸福的日子里，还是对社会充满了关照，并且是全身心地投入。这首诗歌表现了朱湘对于所处的时代的整体感受，黑暗的社会现实就像一个巨大的可怕的坟墓。然而，在这种对于社会的隐喻的背后，其实也藏着诗人对于人生和死亡的态度：对于人生，便是努力去打破这坟墓，去创造一个新鲜的世界；而对于死亡，则表现出不同的态度，很明显，作者是厌恶笔下的这个充满恐怖氛围的鬼蜮的。那么，为什么作者又大量描写坟墓、萤火、怪鸟等与死亡联系紧密的意象呢？可能更多表达出了一种生命个体不能被容于社会的巨大的孤独感。

面对如此肮脏的社会现实、悲苦的人生际遇、孤独的心理状态，朱湘在得到如同面对幽暗的坟墓一般的诗意体验的同时，也试图从这坟墓的阴影里摆脱。至少在诗歌的世界里，朱湘仿佛已经消解了死亡意识所带给自己的种种压迫感。当然，在现实的世界里，他还是最终选择了死亡。这或许是文学与现实的巨大差距吧。也许，诗歌可以解救我们的心灵，却无法对我们的现实生活进行关照。

有一座坟墓，
坟墓前野草丛生，
有一座坟墓，
风过草象蛇爬行。

有一点萤火，
黑暗从四面包围，

有一点萤火，
映着如豆的光辉。

有一只怪鸟，
藏在巨灵的树荫，
有一只怪鸟，
作非人间的哭声。

有一钩黄月，
在黑云之后偷窥，
有一钩黄月，
忽然落下了山隈①。

## 学习建议

1. 思考这首诗歌的主题。
2. 分析诗歌中“坟墓”“萤火”“怪鸟”等关键意象。
3. 延伸阅读篇目：《葬我》《雉夜啼》《梦》。

① 隈［wēi］：① 山、水等弯曲的地方；② 角落。

# 散　文

## 中国散文发展概述

我国古代散文有广义、狭义之分，就广义而言，其文体范围不仅包括记言、记事、抒情、写景、论说、杂感以及经传史书等的散体文，而且包括赋体文和骈体文，本文取其广义。而从狭义角度来说，散文为区别于韵文、骈文，即凡不押韵、不重排偶的散体文章，包括经、传、史书在内，一律称之为散文，又称“古文”。现代的散文指除诗歌、戏剧、小说以外的文学作品，包括杂文、小品文、随笔、游记、传记、见闻录、回忆录、报告文学等。近年来，由于传记、报告文学、杂文等已发展为独具特色的文体，所以人们又趋于把散文的范围缩小。散文的产生、发展经历了一个漫长的时期，有自己独特的体式特点。

殷商时代有了文字，也就有了记史的散文。到了周朝，各诸侯国的史官进一步以朴素的语言、简洁的文字记录了列国间的史实，如《春秋》。以后，随着时代的需求，又有了《左传》《国语》《战国策》等历史著作。

先秦历史散文为中国的历史文学奠定了基础，对后世历史家和古文家都产生了极为深远的影响。

春秋战国之交是社会大变革的时代，各种学术流派纷纷著书立说，争论不休，形成百家争鸣的局面。代表不同阶级或阶层的思想家的著作，促进了说理散文的发展。这些思想家有儒家、墨家、道家、法家等。记载他们言论的书流传到现在的有《论语》、《孟子》、《墨子》、《庄子》、《韩非子》等。

先秦诸子的说理散文无论在思想上，还是在艺术风格上，都对后世散文的发展产生了显而易见的影响。

汉初，政论散文有所发展。贾谊是西汉初年杰出的文学家，他的文章《过秦论》总结了秦代灭亡的原因，汲取了秦末农民起义的教训，发展了先秦的民本思想。他的散文善用比喻，语言富于形象性。

除贾谊外，汉初还有不少散文家，他们的文章大多或论秦之得失，或针对时弊，提出自己的主张，其中以晁错和邹阳成就较高。晁错以主张募民备塞的《守边劝农疏》《论贵粟疏》两篇散文最为著名。

汉武帝时，罢黜百家，独尊儒术，封建王朝迫切需求总结古代文化，给予大一统的统治局面以哲学和历史的解释，司马迁的《史记》应运而生。它的出现将先秦历史散文又大大向前发展了一步。在《史记》的影响下，东汉产生了不少历史散文著作，班固的《汉书》便是其中的杰出代表。

汉代出现了一种新的文体“赋”。赋的名称始于战国赵人荀卿的《赋篇》，到后代形成了特定的体制。讲究文采、韵节，兼具诗歌和散文的双重性质。接近散文的称“文赋”，接近于骈文的称“骈赋”。汉初贾谊的《吊屈原赋》《鹏鸟赋》，司马相如的《子虚赋》

《上林赋》，西汉末年杨雄的《甘泉赋》《羽猎赋》《长杨赋》《河东赋》，班固的《两都赋》，东汉张衡的《二京赋》，都是汉赋的名篇。

散文从汉代到六朝，出现了“文”“笔”的对立。所谓“文”，就是专尚词藻华丽，受字句和声律约束的骈文。所谓“笔”，就是专以达意明快为主，不受字句和声律约束的散文。“文”“笔”分裂后，骈文就成为和散文相对举的一种文体。骈文盛行于六朝，代表作家有徐陵、庾信。中唐古文运动以后，稍告衰落。在元明两代成为绝响。至清初，作者接踵而起。

魏晋南北朝时期，骈文盛行，狭义上的散文衰落。但在被人们誉为中国北朝散文双璧的郦道元《水经注》和杨衒之《洛阳伽蓝记》中仍有一些质朴的叙事、抒情、写景的优美文字。

唐朝韩愈大力反对浮华的骈俪文，提倡作“古文”，一时从者甚众，后又得柳宗元大力支持，“古文”创作业绩大增，影响更大，成为文坛的主要风尚，文学史上称其为“古文运动”。以“韩柳”为首的“古文运动”的胜利，树立了一种摆脱陈言俗套，自由抒写的新文风，大大提高了散文的抒情、叙事、议论、讽刺的艺术功能。

中唐以后，“古文运动”一度衰落，到了宋代，欧阳修再一次掀起了“古文运动”，此后的王安石、曾巩、苏轼、苏洵、苏辙等人都在古文革新运动的影响之下取得了各自的成就，后人将他们与唐代韩愈、柳宗元合称为“唐宋八大家”。

北宋的历史文学家司马光编有一部历史巨著《资治通鉴》，它除具有史学价值外，还非常具有文学价值。

南宋散文家在北宋诸位大家影响下，产生了一部分上书言事的政论文，表现了作者鲜明的政治态度，胡铨、陈亮、叶适是这方面的代表作家。古文运动的成功，使散文更切合实用，南宋时大量出现的笔记杂文便是一个明证。洪迈的《容斋随笔》、王明清的《挥尘录》是笔记杂文中的佳作，此外，朱熹的古文长于说理，造诣匪浅。

明初的宋濂是“开国文臣之首”，他的一部分传记文很有现实意义，比较著名的作品有《秦士录》《王冕传》《李疑传》等。明中叶以后，针对“程朱”理学、八股文的束缚，以李梦阳、何景明为首的前七子发起“复古运动”，倡导文必秦汉。他们在对扫荡八股文风起到一定积极作用的同时，又走上了盲目模拟古人的路子。后来的李攀龙、王世贞为代表的“后七子”复古运动，也再一次重复了他们的错误。

归有光等“唐宋派”首先起来反对“复古派”，进而是万历年间的“公安派”也加入猛烈抨击拟古主义的队伍。

“公安派”以袁宗道、袁宏道、袁中道为代表，时称“三袁”，袁宏道最为著名。他们认为不同的时代有不同的文学，因此反对贵古贱今，模拟古人。袁宏道更出于作家的主观要求提出了“性灵说”。“公安派”的散文创作特点是：冲破传统古文的陈规旧律，自然流露个性，语言不事雕琢。

与“公安派”存在的同时还有以钟惺、谭元春为代表的“竟陵派”，他们也主张独抒性灵。

“公安派”与“竟陵派”革新的直接产物是晚明大量出现的小品散文，这是传统散文的一个发展，张岱是小品散文作者中比较有成就的一位。他的小品散文题材较广，山水名胜、风俗世情、戏曲技艺乃至古董玩具等都可以入他的文。他的散文语言清新活泼，形象生动，广览简取，《西湖七月半》《湖心亭看雪》是他的代表作。

明末清初，晚节不保的侯方域的散文取得了较高的艺术成就，代表作有《李姬传》《马伶传》《任源邃传》等。

“桐城派”古文是清中叶最著名的一个流派，主要作家方苞、刘大櫆、姚鼐都是安徽桐城人，“桐城派”因此而得名。方苞继承归有光的传统，提出“义法”主张，并使之成为“桐城派”古文的基本理论。“桐城派”古文作品选材用语只重阐明立意，而不期堆砌材料，因而文章一般简洁自然，但缺乏生气，代表作品有方苞的《狱中杂记》《左忠毅公逸事》，姚鼐的《登泰山记》等。

与“桐城派”对立存在的是提倡“骈文”的复社作家，汪中是其中成就最大者。

清初有不少成绩突出的散文家，如王猷定、魏禧。王猷定的传奇性散文以小说传奇体打破了传统古文写法，代表作有《李一足传》《汤琵琶记》《义虎记》等。魏禧以人物传记最为突出，代表作是《大铁椎传》。

康有为、梁启超为清末改良运动的代表人物，也是学术上改良派的代表作家。他们的散文无视传统古文的程式，直抒己见，畅所欲言，是政治斗争的有效工具。梁启超的新体散文更是对一切传统古文的猛烈冲击，为晚清的文体解放和“五四”的白话文运动开辟了道路，他的《少年中国说》即是这样一篇典型作品。

新文学诞生的初期，在报刊上发表议论散文影响最大的有陈独秀、李大钊、鲁迅、周作人、钱玄同、刘半农等。他们的作品以随感录为主要形式，内容包罗广泛，重点在思想革命和文学革命上。鲁迅是写作议论散文成就最高的作家。

发展期的散文风格各异、样式不一，呈现一派繁荣景象。就形式而言，有记叙、写景、抒怀、言志、评述；风格上形成了鲁迅的峻冷峭拔，周作人的平和冲淡，朱自清、冰心等的清新雅致，郭沫若、郁达夫等人的豪迈挥洒，叶圣陶、许地山的朴素平直，徐志摩的浓艳绚丽等。

语丝社周作人是小品文的开拓者之一，代表作《故乡的野菜》《乌篷船》《菱角》《夏之梦》等多以小题材为描述对象，笔调从容、闲逸，于趣味性、知识性中潜移默化地培育着对生活的热爱。与周作人艺术风格相近的是同为语丝社的林语堂。他的代表作是《翦拂集》。

何其芳的抒情散文在20世纪30年代别有风姿，被称为“诗人的散文”。作为现代派诗人，他将现代派的一些方法渗入散文创作，以达抒写情感之目的，代表作为《画梦录》。

记叙性散文中，李广田记人的篇章很有代表性。他笔下的人物描写没有故事情节，只截取一些生活片段，加以抒情的寥寥几笔，以达传神之效。

抗战爆发，尤其是皖南事变之后，富有战斗性的杂文发出时代的最强音。郭沫若、闻一多、冯雪峰、聂绀弩、丰子恺、林默涵等许多作家也都写了大量杂文。

记叙与抒情相结合的散文在国统区成绩突出。茅盾的《白杨礼赞》、《风景谈》，巴金的《废园外》《灯》《龙》都是名篇，沈从文的《湘西散记》是记叙自然与人文状况的美文。

新中国建立初期，作家和战斗在各条战线上的业余作者们，运用散文自觉地高唱反映新时代、新人物、新事物、新风貌的赞歌。

1957年以后，散文创作受到各界重视，作品无论数量还是质量都大大超过了上一时期，名家俊作竞相涌现。这一时期的散文园地进入成熟的收获期，冰心、巴金、叶圣陶等老作家以孜孜不倦的求索精神达到了炉火纯青的艺术境界。更为可喜的是，以杨朔、刘白羽和秦牧为代表的中青年散文家日渐成熟，形成了各自的艺术风格。

新时期的散文，最先带着时代的气息飞进人们的心里。改革开放后，全社会沸腾的生活首先在散文中得以体现。此外，反映生活各方面，如回顾个人经历和情怀、揭示生活哲理的散文亦重展笑颜，绽放光彩。

游记散文也日渐繁荣，它们大多继承古典散文中寄情于景的传统手法，于一山一水中寄托自己的情怀。这当中，国际题材的作品风采独具。

进入世纪之交与新世纪之后，散文也出现了多样化、多极化的趋势，余秋雨的大文化散文，刘亮程、王充闾、王剑冰、周涛等人的散文，从历史入手，开始了时代与文化的反思，为民族、为思想浓墨重彩。

青春派散文家接过老一辈人的散文创作风骨，刘卫东的历史散文、韩晗的游记散文别有特色，在青年作家中，独树一帜。

# 秦晋殽之战

《左传》

《左传》是《春秋左氏传》的简称，又名《左氏春秋》。相传为春秋末年鲁国人左丘明所作，今人多认为它是战国初年鲁国史官根据各国史料编成的。它是继《春秋》之后我国现存的又一部编年体史书，也是我国现存的第一部记事详备完整的编年史书。记事上起鲁隐公元年（公元前722年），下至鲁悼公十四年（公元前453年），共二百六十多年的历史，再现了春秋时期周王朝以及各诸侯国之间的政治、军事、外交、文化等方面的活动。《左传》善于对庞大的史实进行剪裁，长于叙事，尤其善于描写复杂的战争，善于通过人物对话、行动和其他细节刻画人物形象，语言简洁生动，具有较高的艺术性。与公羊高《公羊传》、谷梁赤《谷梁传》，并称“春秋三传”。

## 【导读】

春秋中叶，东周王朝日益萎靡，已无力控制天下，诸侯中一些大国则凭借军事实力逐鹿中原，扩张势力。殽之战之所以爆发，根本原因在于秦晋两国要争夺中原霸权。孟子说“春秋无义战”。作者对春秋间的战争也多持否定态度，对战争发起者多有谴责。秦穆公为插足中原，背弃盟约，偷袭盟邦郑国，且利令智昏，不听蹇叔对形势的分析预测，制定了“劳师袭远”的错误方略，从而导致秦军的败亡。因此，作者认为，秦穆公“以贪勤民”，师出不义，是挑起战争的罪魁祸首，应该承担罪责。

本文记叙的重点不在描写战争经过和战争场面，而是揭示秦军失败的原因，因而对战争本身，作者仅以寥寥数语一笔带过，而将笔墨主要用来交代战争酝酿阶段多方对形势的分析、判断，以及道义、民心、策略、士气等因素对战争胜负的影响，以揭示战争胜负的必然性。所以，尽管本文所记的人物众多，头绪纷杂，却依然给人以脉络清晰、神气凝聚的感觉。

本文虽以记事为主，但也生动简洁地描绘出人物的言语行动，人物性格鲜明。秦穆公的利令智昏和善于补过，蹇叔的审时度势和远见卓识，先轸的处事果决而又有些粗野，孟明败军之际不失风度，还有商人弦高随机应变、急中生智，都给我们留下了深刻的印象。人物语言的描述尤其出色，弦高犒师、皇武子辞客、孟明谢赐的三段言辞，都绵里藏针，意在言外，委婉得体而曲折尽意。

冬，晋文公卒。庚辰，将殡于曲沃①；出绛，柩有声如牛②。卜偃使大夫拜③，曰：“君

---

① 庚辰：晋文公死后的第二天，据推算为十二月初十日。殡：殡葬。曲沃：晋国的旧都，也是晋君祖坟所在地（在今山西闻喜县东）。

② 柩（jiù）：装有尸体的棺材。“柩有声如牛”，是一种迷信传说，其实绝无其事。

③ 卜偃：掌管晋国卜筮的大夫，姓郭名偃。大夫：此处泛指当时参加晋文公殡丧的官员。

命大事①，将有西师过轶我②；击之，必大捷焉。”

杞子自郑使告于秦曰③：“郑人使我掌其北门之管④，若潜师以来⑤，国可得也。”穆公访诸蹇叔⑥。蹇叔曰：“劳师以袭远，非所闻也⑦。师劳力竭，远主备之⑧，无乃不可乎？师之所为，郑必知之⑨；勤而无所⑩，必有悖心⑪，且行千里，其谁不知！”公辞焉⑫，召孟明、西乞、白乙⑬，使出师于东门之外⑭。蹇叔哭之曰：“孟子⑮！吾见师之出而不见其入也⑯！”公使谓之曰：“尔何知？中寿⑰，尔墓之木拱矣⑱！”

蹇叔之子与师⑲。哭而送之，曰：“晋人御师必于殽⑳。殽有二陵焉㉑：其南陵，夏后皋之墓也㉒；其北陵，文王之所辟风雨也㉓。必死是间，余收尔骨焉㉔！”秦师遂东㉕。

三十三年，春，秦师过周北门㉖。左右免胄而下㉗，超乘者三百乘㉘。王孙满尚幼，观

---

① 大事：指军事。

② 西师：西方的军队；秦国在晋国之西，故此处指秦军。轶（yì）：本意是后车超过前车；此处“轶”与“过”连用，作“越过”解。晋国位于秦国、郑国之间，秦攻郑必经过晋国。

③ 杞子：秦国大夫。按：鲁僖公三十年九月，秦、晋联合出兵攻郑，郑国大夫烛之武说服了秦穆公，拆散了秦、晋的联盟，秦国单独同郑国媾和。秦穆公在撤军时，怕郑国为晋国所灭，故派秦国三个大夫杞子、逢孙、扬孙领兵留守郑国。

④ 掌：掌管，管理。管：锁钥，即锁头与钥匙。此处专指钥匙。

⑤ 潜师：秘密派军队。

⑥ 访：询问，即征求意见。蹇（jiǎn）叔：秦国大夫，是秦国的元老。

⑦ 劳师：劳苦了军队。非所闻也：不是我听说过的，即我没听说过这样做能成功的。蹇叔委婉的口气，实际是不赞成。

⑧ 远主：指郑君。

⑨ 之：指秦军侵郑的企图。

⑩ 无所：没有所得；一说指用兵不合道理。

⑪ 悖（bèi）心：悖逆之心，怨恨之心。

⑫ 辞：不听，不接受，拒绝。焉：它，指蹇叔的劝告。

⑬ 孟明：秦国大夫，姓百里，名视，字孟明，是秦国元老百里奚之子。西乞：秦国大夫，姓西乞，名术。白乙：秦国大夫，姓白乙，名丙。孟明视、西乞术、白乞丙三人，都是秦国的将帅。

⑭ 东门：指秦国都城之东门。按：秦国自德公开始，定都于雍（在今陕西凤翔县南），故东门即雍之东门。

⑮ 孟子：即孟明。

⑯ 入：回来。蹇叔说：“不见其入也”，是预言秦师必败。

⑰ 中寿：古代把人活到六七十岁，称为中寿。但说法不一：有说六十为中寿，有说七十为中寿，还有说百岁为中寿。蹇叔当时大约七八十岁，已经过了中寿的年龄。

⑱ 拱（gǒng）：两手合抱。秦穆公因蹇叔哭师出语不祥，故骂蹇叔早就该死了。

⑲ 蹇叔之子：本文未提其名，司马迁认为西乞术、白乙丙即蹇叔之子（见《史记·秦本纪》）。

⑳ 必于殽：一定在殽山。殽，同“崤”，山名，在河南洛宁县北。

㉑ 二陵：两个山头。殽山二陵相距三十五里，故称“二殽”。

㉒ 南陵：南面山头。夏后皋：夏代的君主，名皋，夏桀的祖父。后，国君。

㉓ 北陵：北面山头。文王：即周文王。

㉔ 尔骨：你的尸骨。

㉕ 遂东：向东进发。遂：就。

㉖ 三十三年：鲁僖公三十三年（公元前627年）。周北门：周王都城洛邑的北门。

㉗ 左右：指兵车上左右两旁的武士。免胄（zhòu）：脱下头盔。

㉘ 超乘：跳上车。指秦军刚免胄下车又跳上车，这是对周天子的无礼。三百乘：即三百辆兵车。

之①；言于王曰："秦师轻而无礼②，必败。轻则寡谋，无礼则脱③；入险而脱，又不能谋，能无败乎④？"

及滑⑤，郑商人弦高将市于周，遇之⑥。以乘韦先⑦，牛十二，犒师⑧。曰："寡君闻吾子将步师出于敝邑⑨，敢犒从者⑩。不腆敝邑⑪，为从者之淹⑫，居则具一日之积，行则备一夕之卫⑬。"且使遽告于郑⑭。

郑穆公使视客馆⑮，则束载、厉兵、秣马矣⑯。使皇武子辞焉⑰，曰："吾子淹久于敝邑⑱，唯是脯、资、饩、牵竭矣⑲。为吾子之将行也⑳，郑之有原圃㉑，犹秦之有具囿也㉒，吾子取其麋鹿，以间敝邑㉓，若何？"杞子奔齐，逢孙、扬孙奔宋。

孟明曰："郑有备矣，不可冀也㉔。攻之不克，围之不继㉕，吾其还也。"灭滑而还。

晋原轸曰："秦违蹇叔，而以贪勤民㉖，天奉我也㉗。奉不可失，敌不可纵㉘。纵敌患生㉙，违天不祥，必伐秦师。"栾枝曰："未报秦施而伐其师，其为死君乎㉚？"先轸曰："秦

---

① 王孙满：周共王的玄孙。

② 轻：轻狂放肆。

③ 寡谋：缺少谋略。脱：粗疏，随便，即粗心大意。

④ 险：险要地方，指殽山地区。

⑤ 及滑：到了滑国。滑：姬姓国名（在今河南省滑县）。

⑥ 弦高：郑国的大商人。市：做买卖。周：指周王的都城。

⑦ 乘（shèng）：四，古代一辆兵车叫一乘，每乘四匹马，故"乘"可解为"四"。韦：熟牛皮。先：指先送四张熟牛皮。为先行礼物；古代送礼往往有先行礼物。

⑧ 牛十二：即十二头牛。

⑨ 出于敝邑：经过敝国。

⑩ 从者：跟从的人，部下，此指秦军。

⑪ 不腆（tiǎn）：不丰厚。

⑫ 淹：久，指秦军在外行军很久。但也有解作"留"，指秦军留居郑国。

⑬ 居：住下。积：供给品，给养，即每天食用的米、菜、薪、刍（马吃的草料）之类。

⑭ 遽（jù）：传递公文的车子，又称驿车，是古代最快的交通工具。

⑮ 郑穆公：名兰，文公庶出的儿子，为郑国第九君，在位二十二年。使视：派人察看，指察看杞子等人的动静。杞子、逢孙、扬孙三人就在郑国的客馆中。

⑯ 束载：捆扎行装；一说是整顿车乘。厉兵：磨砺武器。秣（mò）马：喂饱马匹。

⑰ 皇武子：郑国大夫。辞：辞谢，下逐客令，即用一番言词让戍郑的秦大夫杞子等人离开郑国。

⑱ 淹久：久留。

⑲ 脯：干肉。资：粮食。饩（xì）：已宰杀的牲畜的肉。牵：尚未宰杀的牲畜。

⑳ 将行：就要走。

㉑ 原圃：郑国养禽兽的园子，在今河南中牟县西北。

㉒ 具囿（yòu）：秦国养禽兽的园子，在今陕西凤翔县境内。

㉓ 麋（mí）：与鹿同类，但比鹿大。间：通"闲"，安闲，休息。一说"间"可解作"留下"，是皇武子表面上挽留杞子等人。此说可作参考。

㉔ 有备：有防备。

㉕ 不继：后无继之师，即后援接应不上。

㉖ 违蹇叔：违背蹇叔的意见，即不听蹇叔的话。以贪勤民：因为贪得而劳动民众。

㉗ 奉：给予，指赐给的好机会。

㉘ 纵：放纵。

㉙ 患生：生出祸患。

㉚ 死君：指死去的晋文公。

不哀吾丧而伐吾同姓①，秦则无礼，何施之为②？吾闻之：一日纵敌，数世之患也。谋及子孙③，可谓死君乎？”遂发命，遽兴姜戎④。子墨衰绖⑤，梁弘御戎，莱驹为右⑥。

夏四月，辛巳⑦，败秦师于殽。获百里孟明视、西乞术、白乙丙以归。遂墨以葬文公。晋于是始墨⑧。

文嬴请三帅⑨，曰：“彼实构吾二君⑩，寡君若得而食之，不厌⑪。君何辱讨焉⑫？使归就戮于秦⑬，以逞寡君之志⑭，若何？”公许之。

先轸朝，问秦囚⑮。公曰：“夫人请之，吾舍之矣⑯。”先轸怒曰：“武夫力而拘诸原⑰，妇人暂而免诸国⑱。堕军实而长寇雠⑲，亡无日矣。”不顾而唾⑳。

公使阳处父追之。及诸河，则在舟中矣。释左骖㉑，以公命赠孟明㉒。孟明稽首曰：“君之惠，不以累臣衅鼓㉓，使归就戮于秦；寡君之以为戮，死且不朽㉔。若从君惠而免之㉕，三年，将拜君赐㉖。”

秦伯素服郊次㉗，乡师而哭曰㉘：“孤违蹇叔以辱二三子㉙，孤之罪也。”不替孟明㉚。

---

① 丧：丧事，指晋文公新死。同姓：指郑国和滑国。郑、滑都是姬姓国，是晋国的同姓。

② 何施之为：还讲什么恩施；亦可解为“什么叫做恩施”。

③ 谋及子孙：为子孙后代打算。

④ 遽兴：急速调动。姜戎：姜姓的戎族，居于秦晋之间，与晋国友好。

⑤ 子：指晋襄公，因晋文公未葬故称“子”。晋襄公名驩（huān），文公之子，晋国第二十五君，在位七年。衰（cuī）：丧服。绖（dié）：麻的腰带。因穿白孝服行军不吉利，故晋国把白丧服染黑了。

⑥ 梁弘：晋国大夫。莱驹：晋国大夫。右：车右。

⑦ 四月辛巳：四月十四日。

⑧ 晋于是始墨：晋国从此开始用黑色丧服。

⑨ 文嬴（yíng）：晋文公的夫人，晋襄公嫡母，秦穆公的女儿，姓嬴。请三帅：向襄公请求释放秦国三个统帅。三帅，指孟明视、西乞术、白乙丙三人。

⑩ 彼：指孟明视、西乞术、白乙丙三帅。构：挑拨离间。二君：指秦、晋国国君。

⑪ 寡君：指秦穆公。

⑫ 辱讨：劳驾惩办。辱，劳驾，屈辱。讨，杀，处罚。

⑬ 就戮：受刑戮，即被杀。

⑭ 逞：快，满足。

⑮ 朝：指朝见晋襄公。

⑯ 夫人：指文嬴。之：指秦国三帅。舍之：释放了他们。

⑰ 武夫：武士，战士。力：奋力拼命。拘：擒获，捉住。原：原野，指战场。

⑱ 妇人：指文嬴，先轸因生气而称文公夫人为“妇人”。暂：仓促之间，即轻易地。

⑲ 堕（huī）：毁坏。军实：战果，即胜利果实。也有把“军实”解为“作战物资”，可供参考。

⑳ 不顾：不管，指不管在襄公面前。唾：吐唾沫，指先轸由于生气而失礼。

㉑ 释：解下。左骖（cān）：车子左边的套马。

㉒ 以公命：用晋襄公的名义。阳处父伪称晋襄公之命赠马，想骗孟明等回岸受马而捕获。

㉓ 累（léi）臣：囚臣，被囚禁之臣，即俘虏。衅（xìn）鼓：用血涂鼓，即处死。

㉔ 之以为戮：即“以之为戮”，把我们杀死。

㉕ 从君惠：托晋君的恩惠。

㉖ 拜赐君：拜谢晋君的恩赐。

㉗ 素服：白色的丧服。郊次：在郊外等候。

㉘ 乡师：向着军队，指面向归来的将士。乡，同“向”。

㉙ 二三子：你们，各位，指孟明等人。

㉚ 不替：不废，即不撤换，不革职。

"孤之过也，大夫何罪[1]？且吾不以一眚掩大德[2]。"

## 学习建议

1. 以本文为例，谈谈《左传》记事及塑造人物的特点。
2. 体会文中的几段外交辞令（如弦高犒师，皇武子辞师和孟明谢赐）意在言外的特点。
3. 延伸阅读篇目：《郑伯克段于鄢》《城濮之战》《晋公子重耳之亡》。

① 大夫：指孟明一人。
② 一眚（shěng）：眼力障碍，比喻小过失。眚，过失，过错。

# 召公谏厉王弭谤

《国语》

《国语》是我国第一部国别史，以记言为主，故称之为《国语》。司马迁认为作者是左丘明，今多认为非成于一人之手。《国语》记事上起周穆王，下至周贞定王，分别记载周、鲁、齐、晋、郑、楚、吴、越八国的部分史实，共二十一卷。其主要内容是通过人物的言论反映春秋各国的政治、军事和外交活动，分析史事得失，品评人物高下，引出历史教训。文字简明质朴而不乏生动之处，说理有条不紊而多睿智卓识。

## 【导读】

本文记述了西周时厉王不听召公的劝谏，一意孤行，采取高压政策堵塞言路，激化了他同国人的矛盾，终于引起国人起义，推翻了厉王的统治，将他流放于彘地。本文的中心部分是召公劝谏厉王弭谤的谏辞，阐明了“防民之口，甚于防川”的道理，并以历史的经验极为精彩生动地说明了这一道理，反映了贵族阶层中的开明的政治家已经能够清醒地认识到人民的力量和人民的意志在政治统治中的作用。

本文分为三部分。第一、二自然段为第一部分，写周厉王暴虐，利用卫巫监视、禁止人民的批评。第三自然段为第二部分，写召公的谏辞，以防川为喻说明不能压制人民舆论的道理。第四自然段为第三部分，写厉王不听劝谏的后果。

本文叙述与议论相结合，重在议论。以叙述交代事件的必要发展过程及前因后果，以议论展示人物的思想见识，做到了重点突出与结构完整。召公针对厉王弭谤而发表的一大段议论是文章的中心内容，显示了很高的论说艺术水平。第一层以治水来喻治民，形象而精警。第二层以前代治国经验，正面规谏厉王。第三层以比喻论民众舆论对治国安邦的作用。这段议论主要运用了比喻说理、史实说理和严谨的逻辑观等艺术手法，是形象性与逻辑性的艺术结合。语言古朴精练，精警透辟，具有很强的说服力。句式富于变化，流畅自然，显示了作者驾驭语言的能力。

王虐①，国人谤王②。召公告曰③：“民不堪命矣④。”王怒，得卫巫⑤，使监谤者⑥。以告⑦，则杀之。国人莫敢言，道路以目⑧。

---

① 王：周厉王，名胡，夷王之子，公元前878年即位，在位37年。虐：暴虐。

② 国人：住在大邑中的人，这里泛指民众。谤：批评，指斥。

③ 召（shào）公：召穆公，名虎，周王的卿士。一作“邵”。

④ 民不堪命：老百姓受不了暴虐的政令。堪：胜，任。命：命令，政令。

⑤ 卫巫：卫国的巫者。巫：以沟通于人神之间，替人祈祷为职业的人。

⑥ 监：监视。

⑦ 以告：把谤王的人报告给王。介词“以”后面省略了“谤者”。

⑧ 道路以目：路上相遇，彼此用眼睛示意，表示问候。意指人们害怕担当谤王的嫌疑，见了面不敢互相讲话。意即敢怒不敢言。

王喜，告召公曰："吾能弭谤矣①，乃不敢言②！"

召公曰："是障之也③。防民之口，甚于防川。川壅而溃④，伤人必多；民亦如之。是故为川者⑤决之使导⑥，为民者⑦宣之使言⑧。故天子听政⑨，使公卿至于列士献诗⑩，瞽献曲⑪，史献书⑫，师箴⑬，瞍赋⑭，矇诵⑮，百工谏⑯，庶人传语⑰，近臣尽规⑱，亲戚补察⑲，瞽、史教诲，耆、艾修之⑳，而后王斟酌焉㉑。是以事行而不悖㉒。民之有口，犹土之有山川也，财用于是乎出㉓；犹其有原隰之有衍沃也㉔，衣食于是乎生。口之宣言也，善败于是乎兴㉕。行善而备败㉖，其所以阜财用衣食者也㉗。夫民虑之于心而宣之于口，成而行之㉘，胡可壅也㉙？若壅其口，其与能几何㉚？"

王弗听。于是国莫敢出言，三年乃流王于彘㉛。

---

① 弭（mǐ）：禁止，消弭。
② 乃：副词，这里有"终于"的意思。
③ 是：这，此。指厉王弭谤的方法。障：防水堤。这里用做动词，阻挡。
④ 壅：堵塞。溃：决口。
⑤ 为川者：治河的人。为：治。
⑥ 决之使导：排除堵塞使水疏通。决：排除。导：疏导。
⑦ 为民者：治民的人。
⑧ 宣之使言：开放言路使民能尽言。宣：作"通"解，有开导之意。
⑨ 听政：处理政务，即执政。
⑩ 公卿：三公九卿。至于：以及。列士：上士、中士、下士的总称。献诗：进献讽谏的诗篇。
⑪ 瞽（gǔ）献曲：盲乐师进献采自民间的乐曲。瞽：无目的盲人，这里指盲乐师。据说音乐的风格、曲调也能反映政治的状况，人民的意见。
⑫ 史献书：史官进献史籍，以资借鉴。
⑬ 师箴（zhēn）：乐师进规箴的言辞。师：乐师。
⑭ 瞍（sǒu）赋：盲人诵读公卿列士的献诗。瞍：指没有眸子的盲人。
⑮ 矇诵：盲人弦歌讽诵箴言和史籍。矇：指有眸子而看不见物的盲人。
⑯ 百工：百官。
⑰ 庶人传语：一般平民可把意见逐级传给朝廷。
⑱ 近臣尽规：在国王左右的臣子要极尽忠心对王规谏。尽：极尽，指言无不尽。
⑲ 亲戚补察：同族亲属弥补国王的过失，监察国王的是非。亲戚：指与国王同宗的大臣。
⑳ 耆（qí）艾：古称六十岁为耆，五十岁为艾，这里指国内的元老。修：修理整饬。
㉑ 而后王斟酌焉：然后由国王斟酌取舍，付之实行。
㉒ 悖（bèi）：逆，不顺。
㉓ 于是乎出：由这里生产出来。
㉔ 此句意为"就好像土地上有原隰衍沃一样。"原：高而平坦的土地。隰（xí）：低而潮湿的土地。衍：低下而平坦的土地。沃：有河流可用于灌溉的土地。
㉕ 善败：等于说"好坏"。兴：起，发；意指体现出来。
㉖ 备：防。
㉗ 所以阜财用衣食：用来以丰富财物、器用和衣食的方法。所以："用来……方法"。阜：增多。
㉘ 成而行之：考虑成熟了，自然要流露出来。成：成熟。行：实行，这里有"自然流露"的意思。
㉙ 胡：何。
㉚ 其与能几何：这有什么帮助呢？与：作"助"解。一说：与，语助词。能几何，就是"能怎样"的意思。
㉛ 流王于彘（zhì）：把厉王放逐到彘地去了。彘，晋地，在今山西霍县境内。此事在公元前842年。

## 学习建议

1. 分析“防民之口，甚于防川”的思想价值。

2. 《国语》记事高度概括，试举本文开头和结尾所述内容加以说明。

3. 延伸阅读篇目：《晋语·叔向贺贫》《周语·祭公谏穆王征犬戎》《晋语·骊姬之难》。

# 冯谖客孟尝君

《战国策》

《战国策》，简称《国策》，其初又有《国事》《短长》《事书》等多种名称。西汉时，刘向对其进行了整理编订，定名为《战国策》。按东周、西周、秦、齐、楚、赵、魏、韩、燕、宋、卫、中山12国的次序编订为33篇，记事上接《春秋》，下至秦一统天下之际，大约二百四十年（公元前460年—公元前220年）。《战国策》主要是记叙战国时代谋臣策士们游说各国或互相辩难的言行，反映了战国时代政治、军事、外交斗争和各诸侯国之间的各种复杂的社会矛盾。《战国策》文思开阔，论事周密，寓意深刻，语言生动，善用夸张、比喻、排比，对后代的传记散文和说理散文的发展，起到了重要作用。

## 【导读】

本文选自《齐策四》，记叙了战国时期食客冯谖寄食效力于孟尝君门下，在复杂的政治斗争中保住了主人权力地位的事迹，描绘了冯谖富有才干智谋及远见卓识的“奇士”形象。冯谖不仅仅是个依附主人的食客，也是个具有独立思想和卓越才能的策士。在他的身上，体现了政治上的民本思想，反映了战国时期的养士之风，突出了士阶层在政治生活中的作用。

作者刻画冯谖的形象，主要采取了欲扬先抑、层层深入的方法。开篇写他“无好”、“无能”，寄食于人却再三弹铗而歌，要求优厚的生活待遇，仿佛是不知餍足的小人，而后再写他自告奋勇为孟尝君收债“市义”，营就“三窟”，展示其卓越不凡的见识和才具，令人心折，充分显示出作者艺术构思的巧妙匠心。此外，故事情节的生动有趣、一波三折，孟尝君及其手下人对冯谖态度的映衬，也从不同侧面丰满了冯谖的形象。

齐人有冯谖者①，贫乏不能自存②。使人属孟尝君③，愿寄食门下④。孟尝君曰：“客何好？⑤”曰：“客无好也。”曰：“客何能？”曰：“客无能也。”孟尝君笑而受之，曰：“诺。⑥”

左右以君贱之也⑦，食以草具⑧。居有顷⑨，倚柱弹其剑⑩，歌曰：“长铗，归来乎⑪！

---

① 有冯谖（xuān）者：有一个叫冯谖的人。

② 贫乏：贫穷。存：生活。

③ 属（zhǔ）：请托。孟尝君：姓田，名文，齐国贵族，“孟尝君”是他的封号。战国四君子之一（其他三君子是魏国的信陵君，赵国的平原君，楚国的春申君）。

④ 寄食门下：到孟尝君门下讨口饭吃。

⑤ 何好（hào）：爱好什么。

⑥ 诺：答应的声音，表示同意。

⑦ 左右：指孟尝君左右办事的人。以：以为。贱：轻视，贱视。

⑧ 食（sì）以草具：给他吃粗劣的食物。食：给……吃。草具，盛装粗劣饭食的食具。

⑨ 居有顷：过了一段时间。

⑩ 倚：靠着。

⑪ 长铗（jiá）：剑把。

食无鱼。”左右以告①。孟尝君曰：“食之②，比门下之客③。”居有顷，复弹其铗，歌曰：“长铗，归来乎！出无车。”左右皆笑之，以告。孟尝君曰：“为之驾④，比门下之车客⑤。”于是乘其车，揭其剑⑥，过其友⑦，曰：“孟尝君客我⑧！”后有顷，复弹其剑铗，歌曰：“长铗，归来乎！无以为家⑨。”左右皆恶之⑩，以为贪而不知足。孟尝君问：“冯公有亲乎？”对曰：“有老母。”孟尝君使人给其食用，无使乏。于是冯谖不复歌。

后孟尝君出记⑪，问门下诸客：“谁习计会⑫，能为文收责于薛者乎⑬？”冯谖署曰⑭：“能。”

孟尝君怪之，曰：“此谁也？”左右曰：“乃歌夫‘长铗归来’者也⑮。”孟尝君笑曰：“客果有能也⑯，吾负之⑰，未尝见也。”请而见之。谢曰⑱：“文倦于事⑲，愦于忧⑳，而性懧愚㉑，沉于国家之事㉒，开罪于先生㉓。先生不羞㉔，乃有意欲为收责于薛乎？”冯谖曰：“愿之。”于是约车治装㉕，载券契而行㉖，辞曰：“责毕收㉗，以何市而反㉘？”孟尝君曰：“视吾家所寡有者。”

驱而之薛㉙。使吏召诸民当偿者㉚，悉来合券㉛。券遍合，起，矫命，以责赐诸民㉜。

---

① 以告：把这件事（冯谖唱歌的事）告诉了孟尝君。
② 食之：供给他饮食。
③ 比门下之客：按门下（有食鱼资格的）客人那样对待。
④ 为之驾：给他备了出门坐的车。
⑤ 有车客：有车坐的门客。
⑥ 揭：举起。
⑦ 过：访问。
⑧ 客我：以我为客，把我当客人看待。
⑨ 无以为家：没有用来赡养家庭的东西。为家：养家。
⑩ 恶（wù）：讨厌。
⑪ 出记：出了一个文告（征询门客的意见）。记：文告。
⑫ 谁习计会（kuài）：谁熟悉会计的业务？计会，即会计。
⑬ 文：孟尝君的名。责：通作“债”。薛：地名，孟尝君的封地，在今山东枣庄市附近。
⑭ 署：署上自己的名字。指在文告上签名，表示能胜任此事。
⑮ 乃歌夫“长铗归来”者也：就是唱“长剑呵，我们还是回去吧”的那个人。乃：就。夫：语词，无实义。
⑯ 果：果真。
⑰ 负之：亏待了他。意谓平时忽视冯谖才能。
⑱ 谢：致歉。
⑲ 倦于事：为国事劳碌。意谓事务繁忙。
⑳ 愦（kuì）于忧：困于忧患，被忧患弄得头昏。愦：昏乱。
㉑ 懧（nuò）愚：怯懦无能。懧，同“懦”。
㉒ 沉：沉溺。
㉓ 开罪：得罪。
㉔ 不羞：不以此而感到羞辱。
㉕ 约车治装：预备车子，收拾行装。约：预备。治：整治，收拾。
㉖ 券（quàn）契：指债券。券：契据。古代的券分两半，各执其一作为凭证。如今天的合同。契：合同，证券。
㉗ 毕收：完全收齐。
㉘ 何市而反：买些什么东西回来。市：买。
㉙ 驱而之薛：驱车到薛地。之：往。
㉚ 使吏召诸民当偿者：让小吏召集老百姓中应当还债的人。
㉛ 悉来合券：都来对借据。
㉜ 起，矫命，以责赐诸民：站起来，假托孟尝君的命令把债款送给欠债的老百姓。意即勾销债务，不必再偿还。矫：假托。

因烧其券。民称万岁。

长驱到齐①，晨而求见。孟尝君怪其疾也②，衣冠而见之③，曰："责毕收乎？来何疾也！"曰："收毕矣！""以何市而反？"冯谖曰："君云'视吾家所寡有者'。臣窃计④：君宫中积珍宝，狗马实外厩⑤，美人充下陈⑥；君家所寡有者，以义耳⑦。窃以为君市义⑧。"孟尝君曰："市义奈何？⑨"曰："今君有区区之薛⑩，不拊爱子其民⑪，因而贾利之⑫。臣窃矫君命，以责赐诸民，因烧其券，民称万岁。乃臣所以为君市义也⑬。"孟尝君不说⑭，曰："诺。先生休矣⑮！"

后期年⑯，齐王谓孟尝君曰⑰："寡人不敢以先王之臣为臣⑱！"孟尝君就国于薛⑲。未至百里⑳，民扶老携幼，迎君道中正日。孟尝君顾谓冯谖㉑："先生所为文市义者，乃今日见之！"

冯谖曰："狡兔有三窟，仅得免其死耳。今君有一窟，未得高枕而卧也。请为君复凿二窟。"孟尝君予车五十乘㉒，金五百斤，西游于梁㉓。谓惠王曰："齐放其大臣孟尝君于诸侯㉔。诸侯先迎之者，富而兵强。"于是梁王虚上位㉕，以故相为上将军㉖，遣使者黄金千斤，车百乘，往聘孟尝君。冯谖先驱，诫孟尝君曰㉗："千金，重币也㉘；百乘，显使也㉙。

---

① 长驱：直驱，中途不停下。
② 疾：急，迅速。
③ 衣冠而见之：穿戴整齐接见他。衣冠，这里是名词作动词用，指穿衣、戴帽。
④ 臣窃计：我私下思考。窃：私自，谦词。计：考虑。
⑤ 实：充满。厩（jiù）：马棚。
⑥ 美人充下陈：美女充满了后室。
⑦ 以义耳：只不过是"义"罢了。以，在这里是特殊用法，有仅、只的意思。
⑧ 窃以为君市义：我私下用债券替你买了"义"。以为：以之为。
⑨ 奈何：怎么样。
⑩ 区区：小小的。
⑪ 拊爱：即抚爱。子其民：把老百姓当亲生子女一样看待。
⑫ 贾（gǔ）利之：以商贾手段在他们身上谋取利益。
⑬ 乃臣所以为君市义也：这就是我替你买"义"的方式。所以：所用……。
⑭ 说（yuè）：同"悦"。
⑮ 休矣：得了吧。算了吧。休：息。
⑯ 期年：满一年。
⑰ 齐王：指齐湣王。
⑱ 寡人不敢以先王之臣为臣：我不敢把先王时的臣当做我的臣。先王，指齐湣王父亲齐宣王。孟尝君是齐宣王时臣，这句话是免去孟尝君之职的一种委婉之辞。
⑲ 就国：到封地去。国，指孟尝君的封地。
⑳ 未至百里：（离薛）还差一百里。
㉑ 顾：转身，回头。
㉒ 乘（shèng）：量词，四马一车叫乘。
㉓ 西游于梁：往西到梁去游说。梁，魏国都城，在今河南开封。
㉔ 齐放其大臣孟尝君于诸侯：齐国出让它的大臣孟尝君给诸侯。放：在此有"出让"之意。
㉕ 虚上位：空出最高的职位来。
㉖ 故相：原来的国相。
㉗ 先驱：前驱，在前面导行。诫：告。
㉘ 重币：厚礼。币：礼物。
㉙ 显使：显贵的使者。

齐其闻之矣①。”梁使三反②，孟尝君固辞不往也③。

齐王闻之，君臣恐惧，遣太傅赍黄金千斤④，文车二驷⑤，服剑一⑥，封书谢孟尝君曰⑦：“寡人不祥⑧，被于宗庙之祟⑨，沉于谄谀之臣⑩，开罪于君。寡人不足为也⑪，愿君顾先王之宗庙，姑反国统万人乎⑫？”冯谖诫孟尝君曰：“愿请先王之祭器⑬，立宗庙于薛⑭。”庙成，还报孟尝君曰：“三窟已就⑮，君姑高枕为乐矣！”

孟尝君为相数十年，无纤介之祸者⑯，冯谖之计也。

## 学习建议

1. 如果说冯谖初为门客时频频争地位待遇是自信的表现，那么请分析他的这种自信的主客观原因。

2. 分析冯谖、孟尝君的人物形象。

3. 延伸阅读篇目：《秦策·苏秦始将连横》《燕策·赵且伐燕》《楚策·庄辛说齐襄王》《魏策·唐雎劫秦王》。

---

① 其：在这里表示推测，有大概的意思。
② 三反：往返三次。
③ 固辞：一再推辞。
④ 赍（jī）：携带。
⑤ 文车：彩绘的车。驷：一车四马叫一驷。
⑥ 服剑一：佩剑一把。
⑦ 封书谢孟尝君：封好了信向孟尝君道歉。
⑧ 不祥：不吉利。
⑨ 被于宗庙之祟：遭到了祖宗神灵降下的祸。被：遭受。
⑩ 沉于谄谀之臣：被谗谄阿谀之臣迷惑。沉：沉迷。
⑪ 不足为：不值得顾念、帮助。为：助。
⑫ 姑反国统万人乎：姑且回国都统领万民吧。
⑬ 先王之祭器：先王传下来的祭器。
⑭ 立宗庙于薛：在薛地立了齐国先王的宗庙。这是冯谖替孟尝君设的安身之计，孟尝君与齐王同族，立宗庙于薛，可使齐王重视薛地。
⑮ 就：营就，造成。
⑯ 纤（xiān）介：细微。介：通作“芥”。

# 孔子论修身

《论语》

孔子（公元前551年—公元前479年），名丘，字仲尼，鲁国陬邑（今山东曲阜市）人，儒家学派的创始人，伟大的政治家、思想家、教育家，也是我国第一个开办私学教育的人。他自幼好学执礼，青年从政，仕途不显，后聚徒讲学。“堕三都”失败后，周游列国。晚年返鲁，讲学著述，整理典籍。相传《诗》《书》《易》《礼》《乐》《春秋》等古籍都经他整理。孔子政治思想的核心是“仁”与“礼”。在教学上，他主张“有教无类”，“学而不厌，诲人不倦”，“因材施教”，“循循善诱”，创行了许多宝贵的教学方法。

《论语》是孔门后学记录孔子及其弟子言行的语录体著作。《论语》约成书于战国初年，内容涉及哲学、政治、教育、文学等诸多方面，是儒家的一部重要经典。今存二十篇，主要记载了孔子言行。《论语》文字简朴而含义隽永，富于哲理性和启发性。

## 【导读】

这里所选《论语》里的几则语录，其内容主要侧重在增进学业和修养人格两个方面。孔子认为：增进学问，要有“知之为知之，不知为不知”的实事求是的明智态度，要把学习知识与思考辨析两相结合。修养人格，贵在从善如流、见贤思齐，贵在以身作则，贵在经得住考验。要时时刻刻维护仁义，即使牺牲性命也在所不惜。这些思想见解，是孔子长期学识积累和丰富人生经验的积淀，充满真知灼见，且言简意赅，两千多年来一直被人们广泛传诵，大多已成为志士仁人牢记、遵信的格言。

子曰①：学而不思则罔②，思而不学则殆③。（《论语·为政》）

子曰：由，诲女知之乎④！知之为知之，不知为不知，是知也。（《论语·为政》）

子曰：富与贵，是人之所欲也，不以其道得之⑤，不处也⑥。贫与贱，是人之所恶也⑦，不以其道得之，不去也⑧。君子去仁⑨，恶乎成名⑩？君子无终食之间违仁⑪，造次必于

① 子：先秦时对有学问、有道德的人的尊称。这里指孔子，《论语》各则语录均如此。

② 罔（wǎng）：通“惘”，迷惘，迷惑。

③ 殆（dài）：危险。一说，殆，假借为“怠”，疲怠，倦怠之意。

④ 由：孔子弟子，姓仲，字子路。女：通“汝”。

⑤ 道：正当的途径。

⑥ 处：接受。

⑦ 恶（wù）：厌恶，不喜欢。

⑧ 去：摈弃，摆脱。

⑨ 仁：爱。

⑩ 恶（wū）乎：怎么可能。

⑪ 终食之间：在吃一顿饭那样的短时间里。

是①，颠沛必于是②。（《论语·里仁》）

子曰：三人行，必有我师焉。择其善者而从之③，其不善者而改之。（《论语·述而》）

子在川上曰④：逝者如斯夫⑤！不舍昼夜⑥。（《论语·子罕》）

子曰：岁寒，然后知松柏之后凋也⑦。（《论语·子罕》）

子曰：其身正⑧，不令而行⑨；其身不正，虽令不从⑩。（《论语·子路》）

## 学习建议

1. 思考孔子有关增进学业和人格修养的论述在今天的借鉴意义。
2. 延伸阅读篇目：《论语》全文。

① 造次：紧迫，匆忙。
② 颠沛：跌倒，挫折，流离失所。
③ 善者：优秀、正确、善良、美好之处。
④ 川上：河岸上。
⑤ 逝者：流逝的东西，在此指时间。斯：这，此指流水。
⑥ 舍：停止。
⑦ 凋：凋零，残落。
⑧ 正：行为端正。
⑨ 不令而行：没有命令也有人服从实行。
⑩ 虽令不从：即使三令五申，人们也不听从。

# 上善若水

《老子》

老子（生卒年不详），姓李，名耳，字聃，号伯阳，春秋后期楚国苦县（今河南鹿邑东）人，曾做过周朝的“守藏室之史”，后弃官退隐，著名的思想家，道家学派的创始人。

《老子》是用韵文写成的道家哲学著作，相传为老子所著，但学术界对此书作者及其成书年代多有歧见。书分为八十一章，上下两篇，五千多字。其中，上篇三十七章，称《道经》，下篇四十四章，称《德经》，因其后来被尊为道教经典，故又称《道德经》。全书文约义赡，言辞隽永，是一部不朽的哲理著作。

## 【导读】

本章把水作为一个“行为者”或“行为者集群”而进行了一系列拟人化的肯定评述，赞美水既给人带来好处又不跟别人争斗的品德，劝导人们以水为典范。

老子认为，有道德的上善之人，有像水一样的柔性。水性柔顺，滋养万物而不与万物相争，有功于万物而又甘心屈尊于万物之下。而且水性柔而能变形：在海洋中是海洋之形，在江河中是江河之形，在杯盆中是杯盆之形，在瓶罐中是瓶罐之形。正因为这样，老子弘扬水的精神，其实是在宣扬一种处世哲学，做人要与水一样，有极大的可塑性。有道德的人，效法水的柔性，温良谦让，广泛施恩却不奢望报答。

上善若水①。水善利万物而不争。处众人之所恶②，故几于道③。居善地④，心善渊⑤，与善仁⑥，言善信⑦，正善治⑧，事善能⑨，动善时⑩。夫唯不争，故无尤⑪。

## 学习建议

1. 思考《上善若水》章对我们做人、修身的启示。
2. 延伸阅读篇目：《老子》全文。

---

① 上善：最高的善。汉《老子道德经河上公章句》：“上善之人，如水之性。”
② 处众人之所恶：待在众人都不愿意待的地方。
③ 几：靠近，接近。
④ 地：天高地低，这里取卑下的意思。是说水往下流，安于处在卑下之处。
⑤ 渊：渊深所以流缓。是说心要如渊那样静。汉《老子道德经河上公章句》：“水心空虚，渊深清明。”
⑥ 与：交往。是说交往要善待他人。
⑦ 言善信：是说言谈要诚信。
⑧ 正：同“政”，从政要善于治理。汉《老子道德经河上公章句》：“无有不洮，清且平也。”
⑨ 事善能：是说做事要像水那样能干。
⑩ 动善时：是说行动要像水那样顺应时机，能动则动。
⑪ 尤：罪过。

# 非攻（上）

《墨子》

墨子（公元前480年—公元前420年），名翟，鲁国人，一说宋国人，手工业者出身，曾做过宋国大夫，是墨家学派的创始人，也是一位思想家和教育学家。在先秦时，墨学与儒学对立，同为当时显学，所创墨者集团，既是学术团体，又是生活俭朴、纪律严明的政治团体。墨子提倡“尚贤”“尚同”“兼爱”“非攻”“节用”“节葬”“非乐”“非命”等。其思想反映了当时中下阶层的愿望和利益。

《墨子》由墨子弟子及其后学整理先师的言论、笔记而成，小部分是墨子自著，大部分是后学的整理或发挥。书中阐述了墨子的思想，记载了墨子及其弟子的言行。《汉书·艺文志》著录为七十一篇，现存五十三篇。《墨子》的文章比《孟子》《庄子》虽稍乏文采，但论点鲜明，论据充足，语言质朴，逻辑性强，极富说服力，在先秦诸子散文中独具风格。名篇如《非攻》《公输》。

## 【导读】

“非攻”意为谴责侵略战争。《非攻》有上、中、下三篇，观点一致而详略有异。针对春秋战国之交，战争频繁、民不聊生的时代特点，墨家学派纷纷起来上说下教，谴责侵略，甚至身先士卒，直接参加制止侵略的战斗，用他们的实际行动进行“武器的批判”。本篇即阐明侵略之为不义的道理。为了辨明侵略之不义，墨子采用了人们认识客观事物所惯用的类比推理的方法，来阐明事理，得出了侵略是一种不义行径这一结论。第一段从偷窃抢劫的事例说起，指出现在有人做着最大的不义之事——侵略别国，大规模地杀人和掠夺，君子们非但不谴责，反而称誉它合于义。第二段单以杀人之事作类推。杀人者死，凡人皆知。今侵略别国至于杀人如麻，理当万死无赦。然而君子们反誉以为义，炫耀后世，可见他们根本不懂义与不义的区别。第三段则以人的生理感觉事例作类比。如果人的视觉、味觉在量少时能区分黑白甘苦，量多时反而错乱颠倒，则此人当视为没有正常的分辨能力。现今君子们能区分小是小非，对于侵略别国这样的大非之事不仅不知谴责，反而称誉它合于义，荒谬绝伦如此，则当视为没有正常的理智。全文虽铺为三段，其核心论点只有一个，即侵略别国是大不义的行径。君子们誉之为义，墨子斥之为不义。墨子为判断义与不义确立了一个准则：凡损人利己的行为，都属不义。换言之，凡爱人利人的行为，则都为义。墨家以爱人利人作为立身处世的崇高原则。墨子就从上述准则出发，从容地剥去侵略者“义”的伪装，暴露其“不义”的本质。

今有一人，入人园圃①，窃其桃李，众闻则非之②，上为政者得则罚之③。此何也？以

① 园圃（pǔ）：种果树的园子为园，种蔬菜的园子为圃。这里指果园。
② 非：责备，非难。
③ 得：捕获的意思。

亏人自利也[1]。至攘人犬豕鸡豚者[2]，其不义又甚入人园圃窃桃李[3]。是何故也？以亏人愈多。苟亏人愈多[4]，其不仁兹甚[5]，罪益厚[6]。至入人栏厩[7]，取人马牛者，其不仁义又甚攘人犬豕鸡豚。此何故也？以其亏人愈多。苟亏人愈多，其不仁兹甚，罪益厚。至杀不辜人也[8]，拖其衣裘，取戈剑者[9]，其不义又甚入人栏厩取人马牛，此何故也？以其亏人愈多。苟亏人愈多，其不仁兹甚矣，罪益厚。当此天下之君子[10]，皆知而非之，谓之不义。今至大为不义，攻国，则弗知非，从而誉之，谓之义[11]。此可谓知义与不义之别乎？

杀一人，谓之不义，必有一死罪矣[12]。若以此说往[13]，杀十人，十重不义[14]，必有十死罪矣；杀百人，百重不义，必有百死罪矣。当此天下之君子，皆知而非之，谓之不义。今至大为不义，攻国，则弗知非，从而誉之，谓之义。情不知其不义也，故书其言以遗后世[15]；若知其不义也，夫奚说书其不义以遗后世哉[16]？

今有人于此，少见黑曰黑，多见黑曰白，则必以此人为不知白黑之辩矣[17]；少尝苦曰苦，多尝苦曰甘，则必以此人为不知甘苦之辩矣。今小为非，则知而非之；大为非，攻国，则不知非，从而誉之，谓之义：此可谓知义与不义之辩乎？是以知天下之君子也，辩义与不义之乱也[18]。

## 学习建议

1. 本文的中心论点是“天下之君子也，辩义与不义之乱也”，分析文章紧扣一论点进行论证的表现手法。

2. 延伸阅读篇目：《兼爱》《节用》。

---

① 以亏人自利：用损害别人而使自己得利。亏：损害。

② 至：至于。攘（rǎng）：偷窃。豕（shǐ）：猪。豚（tún）：小猪。

③ 甚：超过，更加。

④ 苟：如果。

⑤ 兹：同“滋”，更加。

⑥ 厚：重。

⑦ 栏：牛栏。厩（jiù）：马棚。

⑧ 不辜人：无罪的人。辜：罪。

⑨ 拖：同“拖”，夺取，剥夺。

⑩ 当此：当今。

⑪ 这几句的意思是：现在，至于那些大肆进行的不义，攻打别人的国家，却不知道是错误的，还跟在后面称赞这种行为，说它是合乎义的。

⑫ 一死罪：一项死罪。

⑬ 若以此说往：如果按照这个说法类推下去。往：往前推断。

⑭ 重（chóng）：作“倍”解，下同。

⑮ 情不知二句的意思是说：这是因为他们的确不知道攻人之国是不义的，所以就把那些有关攻国的话记载下来，留给后代。情：诚，的确。书：记载。

⑯ 奚说：什么理由。奚：何。句谓：如果他们知道这是不义的，为什么还要把这些言论记录下来传给后世呢？

⑰ 辩：同“辨”，分辨，区别。

⑱ 乱：混乱，指颠倒是非。

# 民贵君轻

《孟子》

孟子（公元前372年—公元前289年），名轲，字子舆、子车，战国邹（今山东邹县）人，鲁国贵族孟孙氏之后裔，授业于子思之门人，是孔子之后儒家学派的重要代表。曾仕齐为卿，游说滕、鲁，晚年退归邹，授徒讲学，著书立说。他主张“王道”“仁政”，反对不义战争和横征暴敛；提倡“民贵君轻”，以民为本。他又倡言“性善”，重视个人后天的道德修养。

《孟子》是记载孟子及其弟子言行的语录体散文，由孟子及其门徒共同完成。全书七篇，每篇分上下。《孟子》较《论语》篇幅加长，议论增多，论辩逻辑缜密，气势充沛，感情强烈，富于鼓动性。善于运用形象帮助说理，善用寓言故事和短小譬喻，善于设置机巧，引人入彀，因势利导地进行论辩。

## 【导读】

“以民为本”的思想，是我国古代文化中的优良传统之一。人类一旦进入文明社会，建立了国家，统治者如何处理与民众的关系，就成为一个至关重要的问题。为了巩固统治，安定社会秩序，当时各学派的思想家都提出了自己的想法。不仅儒家，包括道家、墨家以及《左传》《国语》《管子》等著作中，都不同程度地蕴含着“民为邦本”的思想。相比较而言，儒家所代表的民本思想最强烈、最集中。

这里所选录的《孟子》中的文辞，都是直接阐发“民本”思想的。孟子的“民本”思想主要表现为：一是批判统治者横征暴敛，荒淫挥霍，无视人民利益，以至于“狗彘食人食而不知检，涂有饿莩而不知发”；二是强调人民的生存权，必须保证百姓“不饥不寒”“养生丧死无憾”，否则，无异于“率兽而食人”的独夫民贼；三是强调统治者首先必须获得民心，并进而提出“民为贵、社稷次之，君为轻”的石破天惊观念；四是强调主政者应设身处地为民着想，忧民之忧，乐民之乐，把民本思想升华到一个相当自觉的政治道德境界。中国传统的“民本”思想，在古代历史发展中一直保持着其思想的先进性，是中华民族很早就留下的一笔宝贵精神财富。虽然它与现代以人为本的理念还有区别、有差距，但在精神实质上却有内在联系，应当予以充分肯定和发扬。

（孟子对梁惠王问）① 曰：“不违农时，谷不可胜食也②；数罟不入洿池③，鱼鳖不可胜食也；斧斤以时入山林④，材木不可胜用也。谷与鱼鳖不可胜食，林木不可胜用，是使民养

① 梁惠王（公元前400年—公元前319年）：又称魏惠王，名罃，战国时魏国君主。

② 胜食：吃不完。胜（shēng）：尽。

③ 数罟（cù gǔ）：细密的渔网。数：细密。罟：渔网。洿（wū）池：深池。

④ 斤：斧头的一种。以时：按时，指遵循四季规律，而非砍伐无时。

生丧死无憾也①。养生丧死无憾，王道之始也。五亩之宅，树之以桑，五十者可以衣帛矣②；鸡豚狗彘之畜③，无失其时，七十者可以食肉矣；百亩之田，勿夺其时，八口之家可以无饥矣；谨庠序之教④，申之以孝悌之义⑤，颁白者不负戴于道路矣⑥。老者衣帛食肉，黎民不饥不寒，然而不王者，未之有也。狗彘食人食而不知检⑦，涂有饿莩而不知发⑧。人死，则曰：'非我也，岁也⑨。'是何异于刺人而杀之，曰：'非我也，兵也。'王无罪岁，斯天下之民至焉。"（《孟子·梁惠王上》）

庖有肥肉⑩，厩有肥马⑪，民有饥色，野有饿莩，此率兽而食人也。兽相食，且人恶之；为民父母，行政，不免于率兽而食人，恶在其为民父母也⑫。（《孟子·梁惠王上》）

齐宣王问曰："汤放桀⑬，武王伐纣⑭，有诸?"孟子对曰："于传有之⑮。"曰："臣弑其君⑯，可乎?"曰："贼仁者谓之'贼'⑰，贼义者谓之'残'。残贼之人谓之'一夫'⑱。闻诛一夫纣矣⑲，未闻弑君也。"（《孟子·梁惠王下》）

孟子曰："桀纣之失天下也，失其民也；失其民者，失其心也。得天下有道：得其民，斯得天下矣。得其民有道：得其心，斯得民矣。得其心有道：所欲与之聚之⑳，所恶勿施㉑，尔也㉒。民之归仁也，犹水之就下㉓，兽之走圹也㉔。故为渊驱鱼者㉕，獭也；为丛驱爵者㉖，鹯也㉗；为汤、武驱民者㉘，桀与纣也。……"（《孟子·离娄上》）

---

① 无憾：没有遗恨，没有不满。

② 衣：名词用作动词，穿衣。

③ 豚：小猪。彘（zhì）：猪。

④ 庠序：古代地方学校。

⑤ 申：再三申明开导。悌：敬爱兄长，引申为顺从长者。

⑥ 颁白者：须发半白的老人。颁：同"斑"。负戴：背负、头顶东西。泛指肩挑手提一类的辛苦劳作。

⑦ 检：《汉书·食货志》引作"敛"。敛，收敛，检束。不知检，即放纵之意。

⑧ 涂：通"途"。饿莩（piǎo）：饿死的人。莩通"殍"。发：指开仓赈救。

⑨ 岁：年成。泛指自然灾害。

⑩ 庖：厨房。

⑪ 厩（jiù）：马厩。

⑫ 恶（wū）在：何在，在哪里。

⑬ 汤放桀：汤，殷商的开国之君。桀，夏朝的亡国之君。据古代传说，夏桀暴虐，汤兴兵讨伐，把桀流放到南巢（今安徽巢县东北五里处有其故城遗迹）。

⑭ 武王伐纣：武王，周武王，周朝开国之君。纣：殷商王朝的亡国之君。纣王无道，周武王兴兵讨伐，纣王大败，自焚而死。

⑮ 传：传记。

⑯ 弑：臣下无理地杀死君主，儿女杀死父母，均用"弑"，有贬义。

⑰ 贼：残害，破坏。

⑱ 一夫：后世称"独夫"，指残暴失众的孤立统治者。

⑲ 诛：杀，一般指合乎正义地讨杀罪犯。

⑳ 与之聚之：给予人民并且为他们积聚财富。

㉑ 所恶勿施：百姓所厌恶的事就不要强加于他们身上。

㉒ 尔也：如此而已。

㉓ 犹水之就下：意谓如水向低处流，是其自然本性所决定的。

㉔ 走圹：奔向旷野。"圹"：通"旷"。

㉕ 为渊驱鱼：把鱼儿赶向深池中。

㉖ 爵：同"雀"。

㉗ 鹯（zhān）：鹞鹰。

㉘ 汤武：指商汤和周武王。二人一为商朝开国之君，一为周朝开国之君，古称贤明。

孟子曰：“民为贵，社稷次之①，君为轻。是故得乎丘民而为天子②，得乎天子而为诸侯，得乎诸侯而为大夫。诸侯危社稷，则变置③，牺牲既成④，粢盛既絜⑤，祭祀以时⑥；然而旱干水溢，则变置社稷⑦。”（《孟子·尽心下》）

## 学习建议

1. 分析中国传统的以民为本思想与现代以人为本思想的区别和联系。

2. 孟子的“忧民”“乐民”之说与范仲淹《岳阳楼记》中“先天下之忧而忧，后天下之乐而乐”的思想有联系又有区别，谈谈你的认识。

3. 延伸阅读篇目：《梁惠王上·齐桓晋文之事章》《告子上·舍生取义章》。

---

① 社：土神。稷：谷神。天子诸侯所祭，以祈丰年。后来常以社稷为国家的代称。

② 得：获得信任。丘：众，聚。这句话说，能得众民之心的为天子。

③ 变置：更换，改立。

④ 牺牲：指祭祀时所用的猪、牛、羊一类牲口。成：肥壮。

⑤ 粢（zī）盛：盛在杋器中的黍稷一类祭品。絜：通“洁”。

⑥ 祭祀以时：祭祀不失时节。

⑦ 然而两句：意思是说，如果对社稷之神的祭祀已诚敬，然而仍有水旱之灾，则是其神不尽识，就得更置社稷。古以句龙为社神，以柱为稷神，殷汤时大旱，乃废柱，另立弃为稷神，即变置社稷的例子。

# 秋水（节选）

《庄子》

庄子（公元前369？—公元前286？），名周，战国时宋国蒙（今河南商丘东北）人，战国中期道家学派最重要的代表人物。家境贫寒，曾为蒙漆园吏，遍游楚、魏、赵、齐、鲁等国。楚成王闻其贤名，以厚礼聘任相职，庄子不就，终生穷困。熟悉各家学说，最服膺老子，与老子并称为“老庄”。他激烈批判现实的黑暗，主张清静无为，顺应自然，提倡齐万物、一死生，追求绝对的精神自由，宣扬不谴是非、与世俗处。其思想对后世产生过深刻影响。

《庄子》是庄子及其门人后学的著作。原有五十二篇，现存三十三篇，分为内篇七篇，外篇十五篇，杂篇十一篇。一般认为，内篇是庄子自著，外、杂篇出于其门人、后学之手。庄子的散文想象丰富，构思奇特，善于运用大胆的夸张，奇谲的比喻和辛辣的讽刺，其散文风格汪洋恣肆，波澜起伏，如天马行空，变化无端，姿态横生，具有浓厚的浪漫主义色彩。

## 【导读】

《秋水》（《庄子·外篇》），是《庄子》中的又一长篇，用篇首的两个字作为篇名，中心是讨论人应怎样去认识外物。通过伯、若问答，作者阐述了在无限广大的宇宙中，个人的认识和作为都要受到主客观条件的制约，因而是十分有限的；人的认识既然是有限的，人们就不能囿于个人有限的见闻而自满自足，而应不断开阔眼界，不停止学习。

庄子散文善于运用寓言来进行说理。本文虚构了河伯与北海若这两个人物的对话，北海若代表庄子思想，河伯则代表庄子思想的对立面，通过两人对话展开说理，阐明主旨。文章开头的景物描写，为河伯心情和认识上的变化及北海若的议论提供了形象的背景，衬托出河伯与北海若在认识上的不同，渲染文章的主旨。

庄子散文善于援譬设喻，“井鼃不可以语于海”“夏虫不可以语于冰”“曲士不可以语于道”比喻人的认识不可能超越其生存活动的客观环境，因而是有限的。“吾在于天地之间，犹小石小木之在大山也”等几个比喻，说明事物的大小都是相对的，人的认识十分有限，因而应该不断开拓自己视野。通过由小及大，由河至大海，再由大至小，在层层比较中阐述“方存乎见少，又奚以自多”的道理。这种利用客观事物，以形象为喻层层推理的运用，大大加强了说理的形象性和说服力。排比与反诘两种修辞手法的运用，使文章说理极富气势。

秋水时至①，百川灌河②，泾流之大③，两涘渚崖之间，不辩牛马④。于是焉河伯欣然自喜，以天下之美为尽在己。顺流而东行，至于北海，东面而视，不见水端。于是焉河伯始

---

① 时：按时令。
② 灌：奔注。河：黄河。
③ 泾（jìng）：直流的水波，此指水流。
④ 不辩：分不清。辩，通“辨”。

旋其面目①，望洋向若而叹曰②："野语有之曰：'闻道百，以为莫己若者'，我之谓也。且夫我尝闻少仲尼之闻而轻伯夷之义者③，始吾弗信。今我睹子之难穷也④，吾非至于子之门，则殆矣，吾长见笑于大方之家⑤。"

北海若曰："井鼃不可以语于海者⑥，拘于虚也⑦；夏虫不可以语于冰者，笃于时也⑧；曲士不可以语于道者⑨，束于教也。今尔出于崖涘，观于大海，乃知尔丑⑩，尔将可与语大理矣⑪。天下之水，莫大于海；万川归之，不知何时止而不盈；尾闾泄之⑫，不知何时已而不虚⑬；春秋不变，水旱不知。此其过江河之流⑭，不可为量数。而吾未尝以此自多者⑮，自以比形于天地，而受气于阴阳，吾在于天地之间，犹小石小木之在大山也⑯。方存乎见少⑰，又奚以自多⑱！计四海之在天地之间也，不似礨空之在大泽乎⑲？计中国之在海内，不似稊米之在太仓乎⑳？号物之数谓之万㉑，人处一焉；人卒九州，谷食之所生，舟车之所通，人处一焉。此其比万物也，不似豪末之在于马体乎？五帝之所连㉒，三王之所争，仁人之所忧，任士之所劳㉓，尽此矣！伯夷辞之以为名，仲尼语之以为博。此其自多也，不似尔向之自多于水乎㉔？"

## 学习建议

1. 分析本文善于援譬设喻的特点。
2. 庄子之文雄辩而深微，结合本文谈谈庄子散文的特点。
3. 延伸阅读篇目：《逍遥游》《至乐》《人间世》《德充符》。

---

① 旋：掉转，改变。
② 望洋：茫然抬头的样子。
③ 伯夷：商孤竹君之子，与弟叔齐争让王位，被认为节义高尚之士。
④ 子：原指海神若，此指海水。
⑤ 长：永远。大方之家：有学问的人。
⑥ 鼃：同"蛙"。
⑦ 虚：同"墟"，居住的地方。
⑧ 笃（dú）：固。引申为束缚、限制。
⑨ 曲士：孤陋寡闻的人。
⑩ 丑：鄙陋，缺乏知识。
⑪ 大理：大道。
⑫ 尾闾（lǘ）：海的底部，排泄海水的地方。
⑬ 虚：流空。
⑭ 过：超过。
⑮ 自多：自夸。
⑯ 大：同"太"。
⑰ 方：正。存：察，看到。见（xiàn）：显得。
⑱ 奚：何，怎么。
⑲ 礨（lěi）：石块。礨空：石块上的小空洞。大泽：大湖泊。
⑳ 稊（tí）米：泛指细小的米粒。
㉑ 号：称。
㉒ 连：继续。
㉓ "仁人"二句：仁人：指专门讲仁义的儒家者流。任士：指身体力行的墨家者流。墨家以任劳以成人之所急为己任，故称。
㉔ 向：刚才。

# 劝学篇（节选）[1]

《荀子》

荀子（公元前298年—公元前238年），名况，又称荀卿，赵国人，是战国后期儒家学派最主要的代表人物。《荀子》，现存三十二篇，大部分为荀况所作。文章已不再是语录或对话的连缀，而是自成体系的专题论文。《荀子》是典型的学者之文，说理深透，结构谨严，逻辑严密；善于运用自然界和日常生活中的事例作为论据，巧譬博喻，反复论证。造语简练，多用铺陈手法和排比句式。《荀子》的《赋篇》在体制上是汉赋的渊源之一。

## 【导读】

《劝学》篇是荀况的代表作之一。文章以朴素的唯物主义为理论基础，旁征博引，娓娓说理，反映了先秦儒家在教育方面的某些正确观点，也体现了作为先秦诸子集大成者的荀子文章的艺术风格。这里节选了其中的三段。第一段着重论述学习的重要意义，它能使人“知明而行无过”，即提高思想认识和加强品德修养。第二段写学习能使人增长才干，有了知识才能“善假于物”，比一般不学无术的人来得高明。第三段写正确的学习态度和方法应当是循序渐进，不断积累，持之以恒，才能取得成效。

全文围绕“学不可以已”的论题展开论述，层次井然。运用大量浅显贴切的比喻来阐述深奥的道理，通俗明了，鲜明生动。从形式上看，《劝学》中的比喻灵巧多样、运用自如。阐述观点，论证道理，有的从正面设喻（“积土成山，风雨兴焉；积水成渊，蛟龙生焉；积善成德，而神明自得，圣心备焉”），有的从反面设喻（“不积跬步，无以至千里；不积小流，无以成江海”），有的单独设喻，有的连续设喻。有的同类并列，有的正反对照。有的只设喻而把道理隐含其中，有的先设喻再引出要说的道理。用喻虽多，却无板滞生硬的感觉，相反，随着用比的连续转换和充分展开，形成整齐而又富于变化的句式，使文章显得错落有致，生气勃勃。大量运用短句排比和正反对比，正反比照说理，逻辑严密，语言精警，较好地体现了荀子说理雄辩的特色。

君子曰：学不可以已②。青取之于蓝，而青于蓝③；冰水为之，而寒于水。木直中绳，輮以为轮，其曲中规；虽有槁暴，不复挺者，輮使之然也④。故木受绳则直⑤，金就砺则

---

① 劝：勉励、鼓励。

② 学不可以已：学习不可以停止。已：停止。君子：指有道德、有学问的人。

③ 蓝：草名，叶子可制染料。

④ 六句意为：木头本来直得和划了墨线一样，经过火烤弯成车轮，它的弯度完全符合圆规取圆的要求，即使再暴晒也不能使它再挺直了，这是人工把它弯成这样的。中（zhòng）：符合。绳：木工用来取直的墨线。輮：通“煣”（róu），用火烤木使其弯曲。规：圆规。虽：即使。有：又，再。槁（gǎo）：枯干。暴：“曝”（pù）的古字，晒。挺：直。然：这样。

⑤ 木受绳则直：木材根据墨线来斫削就能弄得很直。

利①，君子博学而日参省乎己，则知明而行无过矣②。

……

吾尝终日而思矣，不如须臾之所学也③。吾尝跂而望矣④，不如登高之博见也。登高而招，臂非加长也，而见者远⑤；顺风而呼，声非加疾也，而闻者彰⑥。假舆马者，非利足也，而致千里⑦；假舟楫者，非能水也，而绝江河⑧。君子生非异也，善假于物也⑨。

……

积土成山，风雨兴焉；积水成渊，蛟龙生焉⑩；积善成德，而神明自得，圣心备焉⑪。故不积跬步⑫，无以致千里；不积小流，无以成江海。骐骥一跃⑬，不能十步；驽马十驾，功在不舍⑭。锲而舍之，朽木不折；锲而不舍，金石可镂⑮。螾无爪牙之利，筋骨之强，上食埃土，下饮黄泉，用心一也⑯。蟹八跪而二螯，非蛇蟮之穴无可寄托者，用心躁也⑰。……

## 学习建议

1. 学习荀子《劝学》篇后，谈谈你对“学不可以已”的认识。
2. 分析本文运用生动的比喻进行形象说理的艺术手法。
3. 延伸阅读篇目：《成相篇》《赋篇》。

---

① 金：指金属制成的刀剑等。就：接触。砺（lì）：粗的磨刀石。利：锋利。
② 博学：广博地学习。日：每日。参省（cān xǐng）：检验察看。乎：于。己：自己。知：通“智”。
③ 须臾（yú）：片刻。
④ 跂（qì）：踮起脚来。
⑤ 见者：看见的人。
⑥ 疾：这里作“强”解。彰：显著，这里指清晰。
⑦ 假：借助。舆：车。利足：善跑的腿脚。致：达到。
⑧ 楫（jí）：船桨。这里指船。能水：会游水。绝：这里是“横渡”、“横过”的意思。
⑨ 生：同“性”，指人的秉性、资质。异：特异。物：外物，外在条件。
⑩ 焉：于此。
⑪ 善：好事。而：则。神明：指精神、智慧。自得：自然会得到。圣心：指圣人的品德。
⑫ 跬（kuǐ）步：半步。
⑬ 骐骥：骏马。
⑭ 驽（nú）马：劣马。驾：马拉车一天的行程为一驾。功：功效。不舍：不止。
⑮ 锲（qiè）：用刀刻。舍：丢弃。镂（lòu）：加工雕刻。
⑯ 螾：同“蚓”。一：专一。
⑰ 跪：指蟹脚。螯（áo）：蟹的钳夹。躁：浮躁，不专一。

# 报任安书

司马迁

司马迁（公元前145—?），字子长，夏阳（今陕西韩城）人，先世为周代史官，父谈任汉武帝太史令。司马迁少时从大儒董仲舒、孔安国学，二十岁后漫游几遍全国。武帝元封三年（公元前108年），得继父职，他博览汉室藏书，参以游历见闻，在其父累积编次的大量史料基础上，于太初元年（公元前104年），开始从事《史记》的编写。天汉二年（公元前99年），因替孤军奋战、不得已投降匈奴的李陵辩解，被处腐刑。在狱中，他仍写作不辍，出狱后，授大多由宦官充任的中书令。使他更发愤著述，终于在征和初年（公元前92年）左右，完成了《史记》这部巨著。不久即去世，年六十余。

《史记》是我国第一部纪传体通史，记载自传说中的黄帝至汉武帝时三千多年历史，凡五十二万余言，一百三十篇，分十二“本纪”、十“表”、八“书”、三十“世家”、七十“列传”。第一次以人物传记的形式反映了上自黄帝下至汉武帝间中华民族的奋斗史，塑造了众多栩栩如生的历史人物形象，既开创了中国纪传体史学，又开创了中国传记文学。各体有机配合，构成了这部“究天人之际，通古今之变，成一家之言”（《报任安书》）的历史巨著。

## 【导读】

《报任安书》是司马迁任中书令时写给他的朋友任安的一封信，见于《汉书·司马迁传》及《文选》卷四十一。全文可分成五个部分来赏读。第一部分：诉说自己困厄受辱的处境，陈说无力“推贤进士”的苦衷，倾吐了愤懑的心情，并表达了对即将离世的朋友的怜念。第二部分：回忆事情的经过，向任安说明真相。第三部分：对自己为何不索性一死以求解脱作出解释。第四部分：对自己写作《史记》的思想动力，对《史记》的构成作了介绍。第五部分：司马迁再次倾诉自己遭受酷刑后产生的深不可灭的耻辱感，答复任安的问题。具体写了痛苦的原因、表现，说自己已形同宦竖，又不能引退隐居，只能在世上隐忍苟活，实在无法推贤进士，也不想用言辞自饰，是非功过，只有死后乃定，又一次陈述其苦衷。

《报任安书》见识深远，辞气沉雄，情怀慷慨，言论剀切，是激切感人的至情之作。其中叙事、议论、抒情，志气盘桓，交融一体。信中司马迁的崇高的人生信念和为《史记》献身的精神，具有深刻的启示意义和教育价值。

太史公、牛马走、司马迁①，再拜言。

① 太史公：这里指作者自己。牛马走：像牛马一样奔走的仆役。走，义同“仆”。此十二字《汉书·司马迁传》无，据《文选》补。按，古代书信常在开头先列具写信人的官职姓名。

少卿足下[①]：曩者，辱赐书[②]，教以顺于接物[③]，推贤进士为务[④]。意气勤勤恳恳[⑤]，若望仆不相师用[⑥]，而流俗人之言[⑦]。仆非敢如是也！虽罢驽[⑧]，亦侧闻长者遗风矣[⑨]。顾自以为身残处秽[⑩]，动而见尤[⑪]，欲益反损，是以抑郁，而无谁语[⑫]。谚曰："谁为为之[⑬]？孰令听之！"盖钟子期死，伯牙终身不复鼓琴[⑭]。何则？士为知己用，女为说己容[⑮]。若仆，大质已亏缺矣[⑯]，虽才怀随和[⑰]，行若由夷[⑱]，终不可以为荣，适足以发笑而自点耳[⑲]。书辞宜答，会东从上来[⑳]，又迫贱事，相见日浅，卒卒无须臾之间[㉑]，得竭指意[㉒]。今少卿抱不测之罪，涉旬月[㉓]，迫季冬[㉔]，仆又薄从上上雍[㉕]，恐卒然不可讳[㉖]。是仆终已不得舒愤懑以晓左右[㉗]，则长逝者魂魄私恨无穷[㉘]。请略陈固陋[㉙]。阙然久不报[㉚]，幸勿过[㉛]。

仆闻之："修身者，智之府也[㉜]；爱施者，仁之端也；取予者，义之符也[㉝]；耻辱者，勇之决也；立名者，行之极也。"士有此五者，然后可以托于世[㉞]，列于君子之林矣。故祸

---

① 足下：古代对人的敬称。

② 曩（nǎng）：从前。

③ 接物：待人接物。

④ 务：事务，任务。

⑤ 勤勤恳恳：诚恳的样子。

⑥ 望：怨。相师用：效法他人的意见行事。

⑦ 流：这里有顺从、追随的意思。

⑧ 罢（pí）：通"疲"。驽（nú）：劣马。罢驽：这里比喻才能庸劣。

⑨ 侧闻：在一旁听到。这是自谦之词。

⑩ 顾：只是。身残：指受了宫刑。处秽：处在污秽可耻的境地，指形同宦官。

⑪ 尤：罪过。这里是指责的意思。

⑫ 语（yù）：告诉。

⑬ 谁为（wèi）为（wéi）之：给谁做事。

⑭ 钟子期、伯牙，都是春秋楚人。伯牙善弹琴，钟子期最能欣赏、理解伯牙的琴音。后来钟子期死了，伯牙认为已无知音，便毁琴，从此不再弹琴。

⑮ 说（yuè）：同"悦"。

⑯ 大质：身体。质：本。身体是人对一切事业的根本，所以称为大本。

⑰ 随和：随侯之珠与和氏之璧，是春秋时期著名的宝物，这里用以比喻才能。

⑱ 由夷：指许由和伯夷，两人都是被前人称颂的有高尚品德的人。

⑲ 点：污辱。自点：自取污辱。

⑳ 会：正赶上。上：皇上。

㉑ 卒（cù）卒：急急忙忙的样子。卒，通"猝"。须臾：意谓少停顷刻。间（jiàn）：空闲。

㉒ 指意：心意。指，同"旨"。

㉓ 旬月：满一个月。

㉔ 季冬：冬季的最末一个月，即阴历十二月。汉朝法律规定，每年十二月处决罪犯，所以这句的意思是说，快到处决罪犯的时候了。

㉕ 薄：迫近。雍：地名。春秋间秦故都，在今陕西省凤翔县南。

㉖ 不可讳：死的委婉说法。

㉗ 左右：原意是左右侍奉的人。这里是古代书信中常用的谦词，不直称对方，以表尊敬。

㉘ 长逝者：即死者，指任安。

㉙ 固陋：褊狭浅陋的见解。

㉚ 阙然：相隔很久。

㉛ 过：责怪。

㉜ 府：财物集中之处。

㉝ 符：凭证，标志。

㉞ 托：托身，立身。

莫憯于欲利①，悲莫痛于伤心，行莫醜于辱先，诟莫大于宫刑②。刑余之人③，无所比数，非一也④，所从来远矣！昔卫灵公与雍渠同载，孔子适陈⑤；商鞅因景监见，赵良寒心⑥；同子参乘，爰丝变色⑦：自古而耻之！夫中材之人，事关于宦竖⑧，莫不伤气，况忼慨之士乎⑨？如今朝廷虽乏人，奈何令刀锯之余荐天下豪俊哉！

仆赖先人绪业⑩，得待罪辇毂下⑪，二十余年矣。所以自惟：上之，不能纳忠效信，有奇策才力之誉，自结明主；次之，又不能拾遗补阙⑫，招贤进能，显岩穴之士⑬；外之，不能备行伍⑭，攻城野战，有斩将搴旗之功⑮；下之，不能累日积劳，取尊官厚禄，以为宗族交游光宠⑯。四者无一遂⑰，苟合取容⑱，无所短长之效⑲，可见于此矣。乡者仆亦尝厕下大夫之列⑳，陪外廷末议㉑，不以此时引维纲㉒，尽思虑，今已亏形，为扫除之隶㉓，在阘茸之中㉔，乃欲卬首信眉㉕，论列是非，不亦轻朝廷羞当世之士邪！嗟乎嗟乎！如仆，尚何言哉！

---

① 憯（cǎn）：同“惨”。

② 诟：耻辱。

③ 刑余之人：受刑后得到余生的人。特指受过宫刑的人，或虽非受刑而被阉割的人。

④ 无所比数：无法与其他人比较。比数：比较。

⑤ “昔卫灵公”两句：据《史记·孔子世家》载，孔子在卫国时，有一次卫灵公与夫人南子同车出游，让宦官雍渠同车陪侍，而让孔子乘后面的一辆车跟随，招摇过市，孔子认为是一种耻辱，于是就离开卫国，到曹国去了。这里说去卫适陈，所记不同。适，到……去。

⑥ “商鞅”两句：据《史记·商君传》载，秦国贤者赵良认为，商鞅是通过宦官景监的推荐才见到秦孝公并被重用的，一开始名声就不好。所以这里说“赵良寒心”。

⑦ “同子”两句：据《史记·袁盎晁错列传》载，汉文帝乘车外出，让宦官赵同在车中陪侍，袁盎伏在车前直言谏阻，文帝只好让赵同下车。赵同，原名谈，司马迁为避其父的名讳，所以称其为赵同或同子；爰丝，即袁丝，袁盎字丝，袁，《汉书》作“爰”。

⑧ 宦竖：对宦官的贱称。竖，古代对卑贱者的蔑称。

⑨ 忼慨：同“慷慨”。忼慨之士：是一种有远大抱负，而意志刚毅激昂的人。

⑩ 绪业：遗业。

⑪ 待罪：做官的谦词。辇（niǎn）毂（gǔ）下：皇帝车驾的左右。这里代指京城。辇，皇帝乘坐的车；毂，车轮中心插入车轴的圆木，常代指车轮。

⑫ 拾遗补阙：指帮助皇帝弥补失误。阙，通“缺”。

⑬ 岩穴之士：指隐居山野的贤士，有用人才。

⑭ 备：充任，充数。行伍：军队。

⑮ 搴（qiān）：拔取。

⑯ 交游：指朋友。

⑰ 遂：成就。

⑱ 苟合取容：苟且求合以得到别人的容纳。

⑲ 短长之效：特别的表现。短长，或小或大，或劣或优；效，效验，贡献。

⑳ 乡者：过去。厕（cì）：夹杂，处于，谦词。下大夫：按周代官制，太史属下大夫这一级别，作者这里也是用为谦词。

㉑ 外廷：即外朝。汉代把官员分为外朝与中朝，外朝是丞相以下的正规行政官员。国家疑难大事由外朝官员讨论。末：微末。末议：谓自己发表一些微不足道的意见。这是谦词。

㉒ 维纲：指国家的重要法令。

㉓ 亏形：形体残缺。扫除之隶：喻地位卑下如役隶。

㉔ 阘（tà）茸：卑贱。

㉕ 卬：通“昂”。信（shēn）：通“伸”。

且事本末未易明也。仆少负不羁之才①，长无乡曲之誉②。主上幸以先人之故，使得奉薄技，出入周卫之中③。仆以为戴盆何以望天④？故绝宾客之知，忘室家之业，日夜思竭其不肖之才力，务壹心营职，以求亲媚于主上。而事乃有大谬不然者！

夫仆与李陵，俱居门下⑤，素非相善也。趣舍异路⑥，未尝衔杯酒接殷勤之欢。然仆观其为人自奇士，事亲孝，与士信，临财廉，取予义，分别有让⑦，恭俭下人⑧。常思奋不顾身，以徇国家之急⑨。其素所畜积也⑩，仆以为有国士之风。夫人臣出万死不顾一生之计，赴公家之难，斯已奇矣。今举事壹不当，而全躯保妻子之臣，随而媒孽其短⑪，仆诚私心痛之！且李陵提步卒不满五千⑫，深践戎马之地⑬，足历王庭⑭，垂饵虎口，横挑强胡。卬亿万之师⑮，与单于连战十余日，所杀过当⑯，虏救死扶伤不给⑰。旃裘之君长咸震怖⑱，乃悉征左右贤王⑲，举引弓之民，一国共攻而围之。转斗千里，矢尽道穷，救兵不至，士卒死伤如积。然陵壹呼劳军，士无不起躬流涕⑳，沬血饮泣㉑，张空弮㉒，冒白刃，北首争死敌㉓。陵未没时，使有来报，汉公卿王侯皆奉觞上寿㉔。后数日陵败，书闻，主上为之食不甘味，听朝不怡㉕。大臣忧惧，不知所出。仆窃不自料其卑贱，见主上惨凄怛悼㉖，诚欲效其款款之愚㉗。以为李陵素与士大夫绝甘分少㉘，能得人之死力，虽古名将不过也；身虽陷败，彼观其意㉙，且欲得其当而报汉；事已无可奈何，其所摧败，功亦足以暴于天下㉚。仆

---

① 负：仗恃。不羁（jī）之才：不受拘束的高远之才。
② 乡曲：乡里。
③ 周卫：指防卫周密的宫禁。
④ 戴盆望天，比喻二者不可兼得。这里作者以喻自己忙于职守，无暇他顾。
⑤ 门下：指可以出入宫门的官。李陵曾任侍中，司马迁当时任太史令，都是宫内之官。
⑥ 趣（qū）舍：进取或退止。趣，同“趋”。
⑦ 分别有让：指对有差别的事物肯于退让。
⑧ 下人：居于人下，甘居人后。
⑨ 徇：通“殉”，舍身以从其事。
⑩ 素所畜积：指平素各种表现中所包含的相同的气度。畜：同“蓄”，蓄积，指其言行志向。
⑪ 媒孽（niè）：酿酒的酒曲。这里引申为扩大，夸大。
⑫ 提：率领。
⑬ 戎马之地：指战场。或解“戎马”为代指匈奴。
⑭ 王庭：匈奴王的住地。
⑮ 卬：这里有昂首面对、昂首迎敌的意思。
⑯ 当：相当，相等。“过当”指超过了和自己军队相等的数量。
⑰ 不给（jǐ）：供应不上，顾不上。指匈奴对于死伤的人来不及担运。
⑱ 旃（zhān）裘：兽毛制作的皮衣，这里代指匈奴。旃，通“毡”。
⑲ 左右贤王：匈奴的最高官位，分领东西两部。
⑳ 起躬：起身。
㉑ 沬（huì）血：用血洗脸，指血流满面。沬，洗脸。
㉒ 弮（quān）：强有力的弩弓。
㉓ 北首：面向北。死敌：与敌人拼死。
㉔ 奉觞（shāng）上寿：捧着酒杯向皇上祝贺。觞，酒器。
㉕ 听朝：上朝听政。
㉖ 怛（dá）：痛苦。
㉗ 款款之愚：诚恳的忠心。
㉘ 绝甘分少：好吃的东西自己不要，分财物时自己要最少的。
㉙ 彼观其意：即“观彼其意”。
㉚ 暴（pù）：显露。

怀欲陈之，而未有路。适会召问，即以此指，推言陵功①，欲以广主上之意，塞睚眦之辞②。未能尽明，明主不深晓，以为仆沮贰师③，而为李陵游说，遂下于理④。拳拳之忠终不能自列⑤，因为诬上，卒从吏议⑥。家贫，财赂不足以自赎⑦。交游莫救，左右亲近不为壹言⑧。身非木石，独与法吏为伍，深幽囹圄之中⑨，谁可告愬者⑩！此正少卿所亲见，仆行事岂不然邪？李陵既生降，隤其家声⑪，而仆又茸以蚕室⑫，重为天下观笑。悲夫悲夫！事未易一二为俗人言也⑬。

仆之先人，非有剖符丹书之功⑭，文史星历⑮，近乎卜祝之间⑯，固主上所戏弄，倡优畜之⑰，流俗之所轻也。假令仆伏法受诛，若九牛亡一毛，与蝼蚁何异⑱？而世又不与能死节者比，特以为智穷罪极，不能自免，卒就死耳。何也？素所自树立使然⑲。人固有一死，死，有重于泰山⑳，或轻于鸿毛，用之所趋异也㉑。太上，不辱先；其次，不辱身；其次，不辱理色㉒；其次，不辱辞令；其次，诎体受辱㉓；其次，易服受辱㉔；其次，关木索、被棰楚受辱㉕；其次，剔毛发、婴金铁受辱㉖；其次，毁肌肤、断支体受辱㉗；最下，腐刑极

---

① 推言：阐述。推：举。

② 睚（yá）眦（zì）：怒目而视。

③ 沮：败坏，中伤。贰师：指贰师将军李广利。李广利是武帝宠妃李夫人之兄，武帝为提拔他，派他征匈奴，李陵协助。李陵被围，李广利坐视不救。司马迁替李陵说话，所以武帝认为他有意中伤贰师将军。

④ 理：即大理，古代的司法官。

⑤ 拳拳：忠诚恭谨的样子。列：陈述，罗列。

⑥ 卒从吏议：指武帝最后同意法吏的判决。

⑦ 汉朝规定，被判刑的罪犯可以用财物赎罪。财赂，财货。

⑧ 左右亲近：指皇帝身边的近臣。

⑨ 幽：囚禁。囹（líng）圄（yǔ）：监狱。

⑩ 告愬（sù）：诉说。愬，同“诉”。

⑪ 隤（tuí）：毁坏，败坏。

⑫ 茸（róng）：推人。蚕室：养蚕的房屋。这里指受了宫刑的人居住的房屋，因受宫刑后不可受风寒，要住进像蚕室那样温暖密封的房屋，因而叫作蚕室。

⑬ 一二：逐一罗列情状。

⑭ 剖符：汉代皇帝给功臣的一种凭信。符，竹制，上写永不改变爵位的誓言，剖分为二，皇帝与功臣各存其一。丹书：即丹书铁券，铁制的券契，用朱砂书写誓词，故称丹书。得剖符丹书的功臣，子孙有罪可以赦免。

⑮ 文史星历：史籍和天文历法，这些都是太史令掌管的事务。

⑯ 卜祝：负责占卜和祭祀的官职。

⑰ 倡优：乐人和戏人，是古代被人轻贱的下等人。

⑱ 蝼蚁：蝼蛄和蚂蚁，泛指微小的生物。

⑲ 所自树立：自己用来立身的。指工作和职位。

⑳ 固：本来。

㉑ 用之所趋：意思是为什么去死。用，因；之，代词，代死。

㉒ 理色：脸面。理：纹理；色，脸色。或解为道理和脸面。

㉓ 诎（qū）体：指身体被捆绑。诎，同“屈”。

㉔ 易服：指换上罪人的衣服。

㉕ 关木索：戴上枷索。关，指戴上；木，指枷；索，绳索。棰（chuí）楚：木杖和荆杖，都是刑具。

㉖ 剔毛发：把头发剃光，即所谓髡（kūn）刑。剔，通“剃”。婴金铁：指颈上套着铁圈，即所谓钳刑。婴，环绕。

㉗ 毁肌肤、断支体：指毁伤肉体的刑罚。如脸上刺字的黥（qíng）刑、砍去双脚的刖（yuè）刑等。支，同“肢”。

矣[1]！传曰："刑不上大夫[2]。"此言士节不可不厉也[3]。猛虎处深山，百兽震恐，及其在穽槛之中[4]，摇尾而求食，积威约之渐也[5]。故士有画地为牢，势不入；削木为吏，议不对；定计于鲜也[6]。今交手足，受木索，暴肌肤，受榜棰[7]，幽于圜墙之中[8]。当此之时，见狱吏则头枪地[9]，视徒隶则心惕息[10]。何者？积威约之势也。及已至此，言不辱者，所谓强颜耳[11]，曷足贵乎！且西伯[12]，伯也[13]，拘牖里[14]；李斯，相也，具五刑[15]；淮阴，王也，受械于陈[16]；彭越、张敖，南向称孤，系狱具罪[17]；绛侯诛诸吕[18]，权倾五伯[19]，囚于请室[20]；魏其，大将也，衣赭、关三木[21]；季布为朱家钳奴[22]；灌夫受辱居室[23]。此人皆身至王侯将相，声闻邻国，及罪至罔加[24]，不能引决自财[25]，在尘埃之中[26]。古今一体，安在其不辱也！由此言之，勇怯，势也；强弱，形也。审矣[27]！曷足怪乎？且人不能蚤自财绳墨之外[28]，已稍陵夷[29]；至于鞭棰之间，乃欲引节，斯不亦远乎！古人所以重施刑于大夫者，殆为此也。

夫人情莫不贪生恶死，念亲戚[30]，顾妻子。至激于义理者不然，乃有不得已也。今仆不幸蚤失二亲，无兄弟之亲，独身孤立。少卿视仆于妻子何如哉？且勇者不必死节，怯夫慕

---

① 腐刑：即宫刑。破坏生殖机能的酷刑，仅次于死刑。

② 刑不上大夫：刑罚不会用到大夫身上。此语见《礼记·曲礼》。

③ 厉：同"砺"，磨砺和劝勉。

④ 穽：同"阱"，捕兽的陷坑。槛（jiàn）：关野兽的木笼。

⑤ 积威约：长期威力的约束。渐：逐渐发展的结果。

⑥ 定计：指早就拿定主意。鲜：指态度鲜明。或解为夭亡、不以寿终。

⑦ 榜：鞭打。

⑧ 圜墙：指监狱。圜，通"圆"。

⑨ 枪：同"抢（qiāng）"，撞，触。

⑩ 徒隶：狱卒。惕息：不敢喘息，形容极其恐惧。

⑪ 强颜：厚着脸皮。

⑫ 西伯：即周文王。殷纣时他是西方诸侯之长，故称。

⑬ 伯：方伯，即一方诸侯之长。

⑭ 牖（yǒu）里：是殷王纣囚文王的地方。牖，《史记·周本纪》作"羑"。

⑮ 李斯被赵高陷害，最后被腰斩，灭三族。

⑯ 韩信先被封为楚王，有人告他谋反，刘邦假做南游，到陈地，韩信来见，被逮捕。后被赦，封为淮阴侯。

⑰ 彭越，汉初功臣，封梁王；张敖，汉初功臣张耳之子，父死，袭为赵王。二人都因被诬告谋反，下狱定罪。

⑱ 绛侯：周勃的封号。吕后死，吕禄等人谋反，周勃与陈平等诛灭吕氏亲族，迎立文帝。

⑲ 五伯（bà）：即春秋五霸。伯，通"霸"。

⑳ 请室：汉代囚禁有罪官吏的监狱。周勃后来被诬告谋反，下狱治罪。

㉑ 衣赭（zhě）：穿红褐色的衣服。古代囚服为赭色。三木：指加在颈、手、足三处的刑具，即枷和桎（zhì）梏（gù）。魏其侯窦婴，景帝时为大将军，武帝时被诬下狱处死。

㉒ 季布原为项羽将领，屡次困辱刘邦。项羽死后，刘邦悬赏捉拿季布。季布剃光了头，颈戴铁圈，改变姓名，卖身为鲁人朱家的奴隶。

㉓ 灌夫平七国之乱有功，为中郎将。武帝时被诬下狱、灭族。居室，少府所属的官署名。

㉔ 罔加：法网加在身上。罔，同"网"。

㉕ 引决：自杀。自财：自杀。财，通"裁"。

㉖ 尘埃：指监狱。

㉗ 审矣：明白了。

㉘ 蚤：通"早"。绳墨：指法令。

㉙ 陵夷：卑下，衰颓。

㉚ 亲戚：这里指父母。

义，何处不勉焉。仆虽怯耎欲苟活，亦颇识去就之分矣①，何至自湛溺累绁之辱哉②！且夫臧获婢妾，犹能引决③，况若仆之不得已乎？所以隐忍苟活④，函粪土之中而不辞者⑤，恨私心有所不尽，鄙没世而文采不表于后也⑥。

古者富贵而名摩灭⑦，不可胜记，唯俶傥非常之人称焉⑧。盖西伯拘，而演《周易》⑨；仲尼厄，而作《春秋》⑩；屈原放逐，乃赋《离骚》⑪；左丘失明，厥有《国语》⑫；孙子膑脚，《兵法》修列⑬；不韦迁蜀，世传《吕览》⑭；韩非囚秦，《说难》《孤愤》⑮。《诗》三百篇，大氐圣贤发愤之所为作也⑯。此人皆意有所郁结，不得通其道⑰，故述往事，思来者⑱。及如左丘无目，孙子断足，终不可用，退论书策⑲，以舒其愤，思垂空文以自见⑳。

仆窃不逊，近自托于无能之辞，网罗天下放失旧闻㉑，考之行事，稽其成败兴坏之理㉒。上计轩辕㉓，下至于兹，为十表、本纪十二、书八章、世家三十、列传七十㉔，凡百三十篇。亦欲以究天人之际㉕，通古今之变，成一家之言。草创未就，适会此祸，惜其不成，是以就极刑而无愠色㉖。仆诚已著此书，藏之名山，传之其人㉗，通邑大都。则仆偿前辱之责㉘，虽万被戮㉙，岂有悔哉！然此可为智者道，难为俗人言也。

---

① 怯耎（ruǎn）：胆怯软弱。耎，古“软”字。去就：去留，进退。这里指偷生或赴死。

② 湛溺：是说陷身其中，不能自拔。湛，同“沉”。累（léi）绁（xiè）：捆绑犯人的绳索，引申为牢狱。累，同“缧”。

③ 臧获：古代骂奴婢的贱称。

④ 隐忍：克制忍耐。

⑤ 函：包围。粪土：指监狱。

⑥ 鄙：鄙陋，鄙薄。没（mò）世：终结一世，即死。文采：指文章。

⑦ 摩：通“磨”，拭去。

⑧ 俶傥（tì tǎng）：卓越豪迈，才华不凡，不受拘束。

⑨ 传说文王被拘禁时，把《易》的八卦推演为六十四卦。

⑩ 厄（è）：受困，指孔子周游列国所受的困厄。

⑪ 赋：创作。

⑫ 左丘即左丘明。关于他失明的事，他书未见记载；《国语》是否为他所作，学者多有疑问。

⑬ 孙子即孙膑（bìn）。膑，断足之刑；修列，著述，编著。

⑭ 《吕览》：即《吕氏春秋》，吕不韦为相时命门客编写的。

⑮ 《说（shuì）难》《孤愤》是韩非著作中的两篇。

⑯ 氐：同“抵”。

⑰ 通其道：行其道，即实现其理想。

⑱ 思来者：意思是想到以后的人会有理解自己的。

⑲ 书策：写作，著书。策，竹简。

⑳ 垂：流传。空文：即指文章著作。当时还不能以文章建立功业，故称空文。

㉑ 放失（yì）：因战乱而散失的事物。失，同“佚”。

㉒ 稽：考察。理：道理，规律。

㉓ 轩辕：黄帝名。

㉔ “上计轩辕”至“列传七十”，凡二十六字，《汉书》删去，此从《文选》补入。

㉕ 天人之际：天道与人事的关系。

㉖ 极刑：指宫刑。愠（yùn）：怨怒。

㉗ 其人：指志同道合之人，能传布自己著作的人。

㉘ 责（zhài）：同“债”。

㉙ 戮：辱。

且负下未易居[①]，上流多谤议[②]。仆以口语遇遭此祸，重为乡党戮笑[③]，污辱先人，亦何面目复上父母之丘墓乎？虽累百世，垢弥甚耳[④]！是以肠一日而九回，居则忽忽若有所亡，出则不知所如往。每念斯耻，汗未尝不发背沾衣也。身直为闺阁之臣[⑤]，宁得自引深臧于岩穴邪[⑥]？故且从俗浮湛，与时俯仰[⑦]，通其狂惑[⑧]。今少卿乃教以推贤进士，无乃与仆之私指谬乎[⑨]？今虽欲自彫瑑[⑩]，曼辞以自解[⑪]，无益于俗，不信[⑫]，祇取辱耳[⑬]。要之[⑭]死日，然后是非乃定。书不能尽意，故略陈固陋。谨再拜。

## 学习建议

1. 谈谈司马迁的人格魅力对你的影响。
2. 思考"人固有一死，死，有重于泰山，或轻于鸿毛"这句格言的内涵。
3. 延伸阅读篇目：《高祖本纪第八》《外戚世家第十九》。

---

① 负下：负罪之下，背负罪名的情况下。
② 上流：向上游行。
③ 乡党：同乡之人。
④ 垢：耻辱。
⑤ 闺阁之臣：指宦官。闺閤，宫中的小门，借指宫中深密之处。
⑥ 引：引退。
⑦ 俯仰：应付，周旋。
⑧ 通：舒发。
⑨ 私指：私意，自己的态度和意向。指，同"旨"。
⑩ 自彫瑑（diāo zhuàn）：修饰、美化自己。彫：雕刻。瑑：是雕刻成连绵状的花纹。
⑪ 曼辞：美饰之辞。
⑫ 不信：不被信任。
⑬ 祇：同"只"。
⑭ 要之：总而言之。

# 归田赋

张　衡

张衡（78—139年），字平子，河南南阳西鄂（今河南南阳市北）人，东汉中期杰出的科学家和著名的文学家。精于天文历算，文学创作以诗、赋为主，尤以辞赋著称。其赋今存十三篇，以《二京赋》《归田赋》最负盛名，前者创汉赋长篇之极轨，后者开后世抒情赋之先河，是汉代散体大赋向抒情小赋转变的标志性作品。诗歌则以《同声歌》和《四愁诗》较有影响，在文人五言、七言诗歌发展史上都占有一定的地位。

## 【导读】

《归田赋》约作于顺帝永和三年（138年）。它是我国赋史上第一篇以描写田园生活和乐趣为主题的抒情小赋。它的出现，也标志着我国辞赋由事类大赋向抒情小赋的转变。宦海浮沉，世路艰难，壮志难酬，晚年的张衡于是产生了归田隐居的念头。全赋紧扣“归田”，反映了抱负无法伸展但又不愿同流合污的思想矛盾。

文章大致可以分为三部分：第一部分叙归田之由。第二部分叙归田之乐。第三部分叙罢游归庐，著书立说。此部分实际是作者对第二部分内容的否定。作者受到老子教诲的感慨，又复认识到不能一味耽于“般游”之乐，理想的生活应是居蓬庐之中读书写作，宣扬儒家的社会政治学说，而将个人荣辱得失置于度外。

在写作手法上，一是把自己的心境、情绪融合到环境、景物的描写之中，造成了意与境的结合，形成了诗意化的和谐优美的意境。二是以议论、用典、铺叙等手法来述志和抒情。写景状物主以抒情，叙事议论主以表志。在作者的内在心理上，现实的幽暗与压抑和憧憬的美好与自由形成了鲜明的比照。《归田赋》的语言平浅清新，工致典雅。写景状物细腻形象，铺叙议论意蕴深厚。此赋篇制短小，全用四六句式，且多用排偶，形式整齐，韵律和谐。在形式上体现了“骈四俪六”的骈体文特征，可以说是汉代最早出现的比较成熟的骈体赋。

游都邑以永久，无明略以佐时①；徒临川以羡鱼，俟河清乎未期②。感蔡子③之慷慨，从唐生④以决疑；谅天道之微昧⑤，追渔父以同嬉。超埃尘以遐逝⑥，与世事乎长辞。

---

① 都邑：指京都洛阳。永久：长久。无明略以佐时：没有高明的谋略来辅佐当代的君王。

② “临川以羡鱼”句：喻空有愿望而无法实现，等黄河变清（政治清明）不可预期。《淮南子·说林训》载：“临河而羡鱼，不若归家织网。”俟：等待。河清：传说黄河一千年清一次，常用来比喻简直不可能的事。

③ 蔡子：蔡泽。战国游士，久不得志，请唐举给他看相，后发奋，入秦为相。见《史记范雎蔡泽列传》。

④ 唐生：唐举，魏人，善看相。

⑤ 谅：的确。微昧：光线微弱不明亮。

⑥ 埃尘：犹说浊世。遐：远。

于是仲春令月，时和气清，原隰郁茂①，百草滋荣。王雎鼓翼，鸧鹒②哀鸣，交颈颉颃，关关嘤嘤③。于焉逍遥，聊以娱情。

尔乃龙吟方泽，虎啸山丘④。仰飞纤缴⑤，俯钓长流。触矢而毙，贪饵吞钩。落云间之逸禽，悬渊沉之魦鰡⑥。

于时曜灵俄景⑦，继以望舒⑧，极般游之至乐，虽日夕而忘劬⑨。感老氏⑩之遗诫，将回驾乎蓬庐。弹五弦之妙指，咏周、孔之图书⑪。挥翰墨以奋藻，陈三皇之轨模⑫。苟纵心于物外，安知荣辱之所如⑬！

## 学习建议

1. 谈谈这篇赋所代表的作者抒情小赋的特点。
2. 分析本文所抒发的作者的情感。
3. 延伸阅读篇目：《应间》《思玄赋》。

---

① 令：好，美。原：高平之地。隰：低平之地。郁茂：草木繁盛貌。

② 王雎（jū）：即《诗经·周南·关雎》里的“雎鸠”。鸧鹒（cāng gēng）：又叫黄莺。

③ 颉颃（jié háng）：鸟上下翻飞的样子。关关嘤嘤：和鸣声。

④ 这两句比喻归隐之后，适得其所，就像龙虎归于大泽山丘，得以从容吟啸，自由自在。尔乃：于是。方泽：大泽。按：方通“旁”，所以方泽为大泽。《广雅·释诂一》：“方，大也。”段玉裁《说文解字注·方部》：“方，又假借为旁。”

⑤ 飞：飞射。纤缴（zhuó）：用来系在箭尾以射鸟的绳线。纤：细。

⑥ 逸禽：飞鸟。魦鰡（shā liú）：均为海里的大鱼。

⑦ 曜（yào）灵：太阳。俄：斜。景：同“影”。

⑧ 望舒：神话中月亮的御者，这里指月亮。

⑨ 般（pán）：游玩没有止境。劬（qú）：劳累。

⑩ 老氏：老子。《老子·十二章》曰：“驰骋畋猎，令人心发狂”。遗戒：遗训。蓬庐：茅房。

⑪ 指：同“旨”，意趣。周孔：周公和孔子。

⑫ 翰：笔。奋藻：挥发词藻，指写漂亮文章。轨模：法则。

⑬ 苟：且。如：至。

# 登楼赋①

王　粲

王粲（177—217年），字仲宣，山阳高平（今山东邹县）人。少有才名。汉献帝初平初，因董卓劫持汉室君臣迁都，随父由洛阳西至长安。西京扰乱，南下投奔荆州牧刘表。未被重用，羁留荆州达十五年之久。后归曹操，辟为丞相掾，赐爵关内侯。官至侍中。王粲为“建安七子”之一，其诗辞气慷慨，有部分反映社会动乱和人民疾苦之作，现实性比较强烈。其赋抒情真挚，风格清丽。在七子中成就最高，与曹植并称“曹王”。明人辑有《王侍中集》。

## 【导读】

《登楼赋》是建安时期具有代表性的抒情小赋作品。此赋主要抒发作者久客荆州的乡愁与怀才不遇的悲慨，真实地表现了汉末大动乱形势下，一部分文人流离伤时的心态和渴望建功立业的抱负。

这篇赋的一个主要特色是通过色调不同的景物描写，烘托作者复杂变化的情感，情景浑融一体。此赋三段，首段先写登楼的目的是欲排遣忧愁，奠定了全赋的抒情基调，然后以铺排手法叙写所登之楼的处势及登楼所见四周壮丽的景致。次段以路遥山高川深之景烘托有乡难归之情。末段以一萧瑟苍凉的薄暮图抒写自己壮志难酬、怀才不遇、报国无门的愁苦与愤懑。景物的勾画完全适应情感变化的需要，显示了高超的艺术匠心。情景交融的写法使赋作产生了诗情画意的艺术效果。此赋还善于运用典故。如“北弥陶牧，西接昭丘”，看似写景实是用了两个典故，暗寓自己未能如范蠡那样建功立业，暗讥刘表非楚昭王那样的明君。又如以尼父叹“归欤”、钟仪楚奏、庄舄越吟的典故，抒写怀土恋乡之情。此外“匏瓜”、“井渫”句也是用典。历史典故的运用增加了思想情感表达的深广度和厚重度。此赋语言自然而流畅，优美而又不失质朴，铺排而不见繁缛。结构布局严谨。标志着汉魏抒情小赋在艺术上的完全成熟。

登兹楼以四望兮，聊暇日以销忧②。览斯宇之所处兮③，实显敞而寡仇④。挟清漳之通

---

① 本篇是王粲在荆州依刘表时登麦城城楼所作。

② 兹楼：指麦城（在今湖北省）城楼。关于王粲所登何楼，向有异说。《文选》李善注引盛弘之《荆州记》，以为是当阳城楼。《文选》刘良注则说为江陵城楼。按赋中所述“挟清漳之通浦兮，倚曲沮之长洲”和“西接昭丘”的位置，应为当阳东南、漳沮二水之间的麦城城楼。暇：同“假”，借。

③ 斯宇：这座城楼。

④ 显敞：明亮宽敞。寡仇：很少可以匹敌。

浦兮，倚曲沮之长洲①，背坟衍之广陆兮，临皋隰之沃流②。北弥陶牧，西接昭丘③，华实蔽野，黍稷盈畴④。虽信美而非吾土兮，曾何足以少留⑤！

遭纷浊而迁逝兮，漫逾纪以迄今⑥。情眷眷而怀归兮，孰忧思之可任⑦？凭轩槛以遥望兮，向北风而开襟⑧。平原远而极目兮，蔽荆山之高岑⑨。路逶迤而修迥兮，川既漾而济深⑩。悲旧乡之壅隔兮⑪，涕横坠而弗禁。昔尼父之在陈兮，有归欤之叹音⑫。钟仪幽而楚奏兮，庄舄显而越吟⑬。人情同于怀土兮，岂穷达而异心⑭！

惟日月之逾迈兮，俟河清其未极⑮。冀王道之一平兮，假高衢而骋力⑯。惧匏瓜之徒悬兮，畏井渫而莫食⑰。步栖迟以徙倚兮，白日忽其将匿⑱。风萧瑟而并兴兮，天惨惨而无色⑲。兽狂顾以求群兮，鸟相鸣而举翼⑳。原野阒其无人兮㉑，征夫行而未息。心凄怆以感发兮，意忉怛而憯恻㉒。循阶除而下降兮，气交愤于胸臆㉓。夜参半而不寐兮，怅盘桓以

---

① “挟清漳”两句：挟带着清清漳水浦口，倚傍着弯弯沮水的长洲。挟：带。漳：漳水，在今湖北当阳市境内。浦：注入大河的支流或水渠。沮（jū）：沮水，也在当阳境内，与漳水会合南流入长江。长洲：水中长形的陆地。

② 背：城楼的背面，这里作动词，背靠。坟衍：地势高起为坟，广平为衍。临：面对着。皋隰（xí）：水边之地为皋，低湿之地为隰。

③ “北弥”两句：北连陶朱公的陵墓，西接楚昭王的坟丘。弥：终，极至。陶牧：地名，在湖北江陵西，相传此地有春秋时越人范蠡（陶朱公）的坟墓，故有此名。昭丘：楚昭王坟墓，在当阳市郊。据《左传·哀公六年》记载，楚昭王是春秋时深知用人之道的明君。

④ 华实：花和果实。畴（chóu）：田地。

⑤ 信：诚，确实。曾：语助词。

⑥ 纷浊：纷乱污浊，喻时世混乱。迁逝：迁徙流亡，指作者离乡南流荆州避难。漫：长久。纪：十二年，古时十二年为一纪。

⑦ 眷眷：怀恋貌。任：当，禁受。

⑧ 向北风：王粲家乡山阳高平在麦城之北，故云。凭：倚靠。轩槛：城楼上的窗户和栏杆。

⑨ 极目：放眼远望、尽目光之所及。荆山：山名，在今湖北南漳县，漳水发源于此。岑：山小而高。

⑩ 逶迤（wēi yí）：长而曲折貌。修：长。迥（jiǒng）：远。漾：水长貌。济：渡河。

⑪ 壅：阻塞。

⑫ 尼父：即孔子，他字仲尼，故鲁哀公称其为尼父。孔子周游列国，绝粮于陈，曾叹息说：“归欤！归欤！”（见《论语·公冶长》）。

⑬ 钟仪：春秋时楚人，在战争中被郑国俘虏，献于晋国。晋侯让他弹琴，他弹奏的都是楚国的乐曲。《左传·成公九年》：“乐操土风，不忘旧也。”幽：囚禁。庄舄（xī）：春秋时越人，在楚为官，据《史记·陈轸传》，越人庄舄在楚国做大官，病中思乡，仍发出越国的语音。显：显达。

⑭ 穷：失意、困厄。达：显贵，得意。

⑮ 惟：思。一说语助词。逾迈：逝去。俟：等待。河清：指黄河水清。据《左传·襄公八年》，逸《诗》有云：“俟河之清，人寿几何？”古以黄河水清喻时世太平。

⑯ 高衢（qú）：大道，喻良好的政治局面。

⑰ 匏（páo）瓜：与瓠（hú）瓜同属葫芦科。《本草纲目》：“瓠之无柄而圆大，形扁者为匏。”《论语·阳货》孔子曰：“吾非瓠瓜也哉，焉能系而不食？”以匏瓜徒悬喻不为世用。井渫（xiè）：淘治井水。《周易·井卦》：“井渫不食，为我心恻。”渫，除去井中污浊。井渫莫食喻已虽洁其志而不为世用。作者借用来抒发忧恐刘表不加重用，才能得不到施展的心情。

⑱ 栖迟：游息。徙倚：徘徊。

⑲ 惨惨：天色暗淡无光。

⑳ 求群：寻找同类。

㉑ 阒（qù）：寂静。

㉒ 忉怛（dāo dá）：悲痛貌。憯恻（cǎn cè）：凄伤。

㉓ 阶除：指楼梯。除：宫殿台阶。

反侧①。

## 学习建议

1. 体味《登楼赋》所抒写的作者的思想感情，谈谈你学习此赋后的体会或联想。
2. 文中多处用典，分别说出这些典故在文中的含意。
3. 延伸阅读篇目：《七哀诗》二首。

① 盘桓以反侧：犹辗转反侧，指愁绪重重，难以入睡。

# 与山巨源绝交书[①]

嵇　康

嵇康（223—262 年），字叔夜。谯郡铚（今安徽宿县）人，三国时曹魏文学家，“竹林七贤”之一。早年丧父，家境贫困，但仍励志勤学，文学、玄学、音乐等无不博通。曾任中散大夫，史称“嵇中散”。他是曹魏宗室的女婿，学问渊博，而性格刚直，疾恶如仇。因拒绝与当时掌权的司马氏合作，对他们标榜的虚伪礼法加以讥讽和抨击，直接触犯了打着礼教幌子的谋夺曹氏政权的司马昭及其党羽，结果遭诬被处死。他临刑的时候，有三千名太学生请求以他为师，可见他在当时社会上的声望。他的散文长于辩论，思想新颖，析理绵密，笔锋犀利。诗歌大部分是四言，风格比较清峻，但往往带有浓厚的消极思想。有《嵇中散集》。

## 【导读】

司马昭杀害魏帝曹髦的次年（261 年），为了得到舆论的支持，司马昭就想把在士林中声望甚高、号召力很强的嵇康拉拢过来。具体步骤是由嵇康之友尚书吏部郎山涛出面，以山涛即将转散骑侍郎、吏部郎出缺为由，推荐嵇康来替代。但是，嵇康十分憎恶司马氏的残暴和虚伪，十分蔑视司马氏的官职，便写了《与山巨源绝交书》这篇名文。文章集中叙述了作者不羁礼法的思想性格，流露了不愿与执政者同流合污的生活态度，从一定程度上表现了魏晋易代之际一部分正直知识分子的政治立场和立身处世的精神面貌。

本文行文无所承袭，文风恣肆奔放，洒脱明畅，不避俚俗，流动着强烈的傲世超俗的感情色彩。如作者列举自己“七不堪、二不可”一段，生动地描述了自己的个性，直至“头面常一月十五日不洗，不大闷痒，不能沐也。每常小便而忍不起，令胞中略转乃起耳。”等生活细节，都能纵情所至，毫不遮掩。鲜明地展示了作者的真思想、真个性和真情感。本文还善于运用鲜明的对照和生动的比喻。如作者在描述自己的思想性格与礼法的矛盾时，基本采用对照的笔调，官场之不堪，个性之通脱，犹如水火，势不两立。为了说明自己决不出仕的志愿，作者以“虽饰以金镳，飨以嘉肴，愈思长林而志在丰草”的野鹿作比，十分形象。又将《庄子》《列子》中的一些典故信手拈来，作为鲜明生动的比喻，来嘲讽为司马氏拉拢的名士山涛的卑劣、愚蠢。这些都显示了极强的艺术魅力。

康白：足下昔称吾于颍川[②]，吾常谓之知言[③]，然经怪此意尚未熟悉于足下，何从便得

---

① 山巨源：山涛，字巨源，与嵇康同是魏末“竹林七士”中的人物。先隐后仕，依附司马氏。

② 白：告语。足下：旧时书信中的一种尊敬称谓。称：称说嵇康不愿出仕。颍川：中原郡名，这里指山涛叔父山嵚，他曾为颍川太守。

③ 此两句意谓，当年你曾在颍川太守山嵚面前称道我不愿出仕，我常认为这是知己之言。知言：知己之言。

之也①。前年从河东还②，显宗、阿都说足下议以吾自代③，事虽不行④，知足下故不知之⑤。足下傍通⑥，多可而少怪⑦，吾直性狭中⑧，多所不堪⑨，偶与足下相知耳。间闻足下迁⑩，惕然不喜⑪，恐足下羞庖人之独割⑫，引尸祝以自助⑬，手荐鸾刀⑭，漫之膻腥⑮，故具为足下陈其可否⑯。

吾昔读书，得并介之人⑰，或谓无之，今乃信其真有耳。性有所不堪⑱，真不可强⑲；今空语同知有达人无所不堪⑳，外不殊俗㉑，而内不失正㉒，与一世同其波流㉓，而悔吝不生耳㉔。老子、庄周，吾之师也，亲居贱职；柳下惠、东方朔㉕，达人也，安乎卑位，吾岂敢短之哉㉖！又仲尼兼爱，不羞执鞭㉗；子文无欲卿相㉘，而三登令尹㉙，是乃君子思济物

---

① 这句话意谓，然而也常常奇怪我的志趣在你来说还不是非常了解，你是怎样得知的呢？实指嵇康淡泊名利、不愿出仕的意志。

② 河东：郡名，辖境相当于今山西南部黄河以东地区。

③ 显宗：公孙崇，字显宗。阿都：嵇康好友吕安，小名阿都，262 年，与嵇康一道被司马昭杀害。这句说，显宗、阿都告诉我，你曾打算要我来代替你的职位。

④ 事虽不行：指山涛举嵇康自代一事未实行。

⑤ 故不知之：原来并不了解我。故：原来。

⑥ 傍通：善于应变。

⑦ 多可而少怪：指山涛通达世故，遇事多认可而少疑怪。

⑧ 狭中：心地狭窄。

⑨ 堪：容忍，忍受。

⑩ 间（jiàn）：近来。迁：升官。

⑪ 惕然：恐惧的样子。

⑫ 庖（páo）：厨师。割：屠宰。

⑬ 以上两句话用《庄子》“越俎代庖”的典故，意思是说，山涛推荐自己去做官，犹如厨师拉祭师来代庖。尸祝：祭师，古代祭祀时读祝辞的人。

⑭ 以上两句意思是说，让我手执鸾刀，也沾上一身膻腥气。荐：举。鸾：刀把上装饰的铃。

⑮ 漫：污染。膻腥：动物的腥味。

⑯ 具：备，详尽地。陈：陈述。

⑰ 并介之人：既能兼济天下又是耿介孤直的人。并：指兼济天下。介：耿介孤直。

⑱ 性：生性，个性。

⑲ 强：勉强。

⑳ 空语：空话，虚说。

㉑ 殊俗：与世俗不同。

㉒ 失正：失去正道。

㉓ 同其波流：随波逐流。

㉔ 悔吝：悔恨。以上五句意思是说，现在大家都说有一种于世无所不能忍受的通达之人，外表与世俗无异，内心又不失去正道，随波逐流与世浮沉而不生悔恨之心，但这只是空话而已。

㉕ 柳下惠：姓展，名禽，春秋时鲁人，居柳下，卒谥惠，故称柳下惠。东方朔：西汉武帝时人，善辞赋，为人诙谐多智。

㉖ 短：轻视。

㉗ 不羞执鞭：不以做执鞭之士为羞。《论语·述而》：“子曰：富而可求也，虽执鞭之士，吾亦为之。”

㉘ 子文：春秋时楚人。无欲卿相：不想做卿相。

㉙ 三登令尹：《论语·公冶长》：“令尹子文，三仕为令尹，无喜色；三已（停止、罢免）之，无愠（怨恨）色。”令尹：楚官名。

之意也①。所谓达则兼善而不渝②，穷则自得而无闷③。以此观之，故尧、舜之君世④，许由之岩栖⑤，子房之佐汉⑥，接舆之行歌⑦，其揆一也⑧。仰瞻数君，可谓能遂其志者也。故君子百行⑨，殊途而同致⑩，循性而动⑪，各附所安⑫。故有处朝廷而不出，入山林而不返之论⑬。且延陵高子臧之风⑭，长卿慕相如之节⑮，志气所托，不可夺也。吾每读尚子平、台孝威传⑯，慨然慕之，想其为人。加少孤露⑰，母兄见骄⑱，不涉经学⑲。性复疏懒，筋驽肉缓⑳，头面常一月十五日不洗，不大闷痒，不能沐也㉑。每常小便，而忍不起，令胞中略转乃起耳㉒。又纵逸来久，情意傲散㉓，简与礼相背㉔，懒与慢相成，而为侪类见宽㉕，不攻其过。又读庄、老，重增其放，故使荣进之心日颓㉖，任实之情转笃㉗。此犹禽鹿少见

---

① “是乃”句：这是因为君子有着济世的意向啊。济物：济世。

② 渝：改变。

③ 无闷：不忧闷。

④ 君世：为世之君。君作动词用。

⑤ 许由：上古尧时隐士。岩栖：隐居山林。

⑥ 子房：秦汉之际著名谋略之士张良。

⑦ 接舆：春秋时楚国隐士。行歌：边走路边唱歌。

⑧ 其揆一也：承以上数句，意思是说这些人行为虽有不同，而原则却是一样的，都是顺乎本性的（即后文的“循性而动，各附所安”）。揆：法度，原则。

⑨ 百行：各种各样的行为。

⑩ 殊途：走着不同的路。同致：到达相同的地点。这句意思出于《周易·系辞传》：“天下同归而殊途，一致而百虑。”

⑪ 循性：顺着本性。

⑫ 各附所安：各得其安。附：归附。

⑬ “故有”两句：《韩诗外传》：“朝廷之士为禄，故入而不出；山林之士为名，故往而不返。”处朝廷：指做官；入山林：指做隐士。

⑭ 延陵：春秋时吴国公子延陵季札。高：这里用作动词。高子臧之风，以子臧的作风为高。子臧，春秋时曹国公子，据《左传》载，曹宣公死，曹人欲立子臧为君，子臧不从，离国而去。后来，吴国欲立季札为君，季札自比子臧，也拒绝为君。

⑮ 长卿：西汉大文学家司马相如，字长卿。相如：指战国时赵人蔺相如。节：气节。《史记·司马相如传》：“相如既学，慕蔺相如之为人，更名相如。”

⑯ 尚子平：东汉隐士。台孝威：东汉隐士。二人在《后汉书·逸民传》有传。

⑰ 孤露：指幼年丧父，孤苦无依。

⑱ 母兄见骄：被同母兄溺爱而骄纵。

⑲ 涉：涉猎、阅读。经学：儒家经典之学。

⑳ 筋驽肉缓：筋骨迟钝，肌肉松缓。驽：迟钝。缓：松弛。

㉑ 不能：不肯，不愿。能：通“耐”。

㉒ 胞：膀胱。

㉓ 傲散：孤傲散漫。

㉔ “简与礼”两句：举止随便与礼法相违背，性情疏懒与处事怠慢却是相辅相成。简：简略。慢：怠慢。两词皆指举止随便，不拘礼法。

㉕ 侪（chái）类：朋友们。宽：宽容。

㉖ 荣进：仕进求荣。颓：减弱。

㉗ 任实：放任本性，率性而为。转笃：加强。笃：厚。

驯育[1]，则服从教制[2]，长而见羁[3]，则狂顾顿缨[4]，赴蹈汤火，虽饰以金镳[5]，飨以嘉肴[6]，愈思长林而志在丰草也[7]。

阮嗣宗口不论人过[8]，吾每师之而未能及；至性过人[9]，与物无伤，唯饮酒过差耳[10]。至为礼法之士所绳[11]，疾之如雠，幸赖大将军保持之耳[12]。吾不如嗣宗之贤，而有慢弛之阙[13]，又不识人情，闇于机宜[14]，无万石之慎[15]，而有好尽之累[16]。久与事接，疵衅日兴[17]，虽欲无患，其可得乎？又人伦有礼，朝廷有法，自惟至熟[18]，有必不堪者七[19]，甚不可者二：卧喜晚起，而当关呼之不置[20]，一不堪也。抱琴行吟，弋钓草野[21]，而吏卒守之，不得妄动，二不堪也。危坐一时[22]，痹不得摇[23]，性复多虱，把搔无已，而当裹以章服[24]，揖拜上官，三不堪也。素不便书[25]，又不喜作书，而人间多事，堆案盈机，不相酬答，则犯教伤义，欲自勉强，则不能久，四不堪也。不喜吊丧，而人道以此为重，已为未见恕者作怨[26]，至欲见中伤者[27]。虽瞿然自责[28]，然性不可化[29]，欲降心顺俗[30]，则诡故不情[31]，亦终不能获

---

① 少见：从小被。

② 教制：管教。

③ 见羁：被捉住束缚起来。

④ 狂顾：发狂地四顾张望。顿：毁坏。缨：绳索。

⑤ 镳（biāo）：马衔，又称马嚼子。

⑥ 飨（xiǎng）：用酒食款待。

⑦ 愈：更加。

⑧ 阮嗣宗：阮籍，嵇康好友。不论人过：不议论别人的过失。

⑨ 至性：纯厚的本性。

⑩ 过差：过度。

⑪ 绳：纠人之失，弹劾罪过。作动词用。

⑫ 大将军：指司马昭。《晋书·阮籍传》："籍又能为青白眼，见礼俗之士，以白眼对之……由是礼法之士疾之若仇，而帝每保护之。"

⑬ 慢弛：傲慢松懈。阙：同"缺"。

⑭ 闇：同"暗"。机宜：随机应变之理。

⑮ 万石：西汉石奋及四子以谨慎著称，皆官至二千石，合为万石，汉景帝曾称石奋为万石君。

⑯ 好尽：说话没有保留，不知顾忌。累：过失。

⑰ 疵衅日兴：过失、仇隙会日益发生。疵：过失。衅：仇隙。兴：产生。

⑱ 惟：思。熟：精详。

⑲ 必不堪：一定不能忍受。

⑳ 当关：守门的人。不置：不放。

㉑ 弋（yì）：用拴着绳子的箭射鸟。

㉒ 危坐：端正地坐着。

㉓ 痹（bì）：麻痹。摇：动。

㉔ 章服：指官服。

㉕ 不便：不习。书：书札。

㉖ "已为"句：已经被不谅解我的人所怨恨。为：被。恕：宽恕。

㉗ "至欲"句：甚至有想对我加以陷害的人。见中伤：加以攻击，陷害。

㉘ 瞿然：惊惧貌。

㉙ 化：改变。

㉚ 降心：压抑自己傲散的情意。

㉛ 诡故：违反本性。诡：作动词用，违反。故：指本性。不情：不合常情。

无咎无誉①如此，五不堪也。不喜俗人，而当与之共事，或宾客盈坐，鸣声聒耳②，嚣尘臭处③，千变百伎④，在人目前，六不堪也。心不耐烦，而官事鞅掌⑤，机务缠其心⑥，世故烦其虑⑦，七不堪也。又每非汤武而薄周孔⑧，在人间不止⑨，此事会显⑩，世教所不容⑪，此甚不可一也。刚肠疾恶，轻肆直言⑫，遇事便发，此甚不可二也。以促中小心之性⑬，统此九患，不有外难，当有内病，宁可久处人间邪？又闻道士遗言，饵术黄精⑭，令人久寿，意甚信之；游山泽，观鱼鸟，心甚乐之；一行作吏，此事便废，安能舍其所乐而从其所惧哉！

夫人之相知，贵识其天性，因而济之⑮。禹不逼伯成子高⑯，全其节也；仲尼不假盖于子夏，护其短也⑰；近诸葛孔明不逼元直以入蜀⑱，华子鱼不强幼安以卿相⑲，此可谓能相终始，真相知者也。足下见直木不可以为轮，曲木不可以为桷⑳，盖不欲枉其天才㉑，令得其所也。故四民有业㉒，各以得志为乐，唯达者为能通之㉓，此足下度内耳㉔。不可自见好章甫，强越人以文冕也㉕；已嗜臭腐，养鸳雏以死鼠也㉖。吾顷学养生之术㉗，方外荣华㉘，

---

① 无咎无誉：不受怪罪，不受称誉。

② 聒（guō）：嘈杂喧闹。

③ 嚣尘臭处：喧杂的声音、飞扬的尘土，把处所弄得很污浊。

④ 千变百伎：指官场中人与人间的各种诡诈机巧。伎：一作“技”，指机巧，伎俩。

⑤ 鞅掌：事务繁忙。

⑥ 机务：政务，官场事务。

⑦ 世故：世俗应酬。

⑧ 汤武：商汤和周武王。周孔：周公和孔子。

⑨ 在人间不止：在别人面前不停止议论（汤武周孔之事）。

⑩ 此事：指“非汤武薄周孔”。会显：将会显露。

⑪ 世教：指司马氏鼓吹的名教。

⑫ 肆：放肆。

⑬ 促中小心：心胸狭窄。

⑭ 饵：服食。术（zhú）、黄精：药材名。

⑮ 济：成全。

⑯ 伯成子高：人名，传说是上古贤者，《庄子·天地》篇说：伯成子高“辞为诸侯而耕”，并批评禹治理天下不善，禹未逼迫他。

⑰ “仲尼”两句：据《孔子家语·致思》记载，孔子外出遇雨，有的学生叫他向子夏借伞，孔子知子夏有小气的毛病，没有去借，这样就掩饰了子夏的短处。

⑱ 元直：徐庶，字元直，曾为刘备幕僚，其母为曹操所俘，他不得已辞别刘备，诸葛亮未加阻留。事见《三国志·诸葛亮传》。

⑲ 华子鱼：华歆，字子鱼。幼安：管宁，字幼安。二人自幼友善，后来华歆做了高官，荐举管宁，管宁坚决不肯出仕，华歆也不强求。事见《三国志·管宁传》。

⑳ 曲者：弯曲之木。桷（jué）：屋椽。

㉑ 枉：曲，改变。天才：即本性，天生是什么材料就用来做什么，故曰“不枉其天才”。

㉒ 四民：指士、农、工、商。

㉓ 通：了解。之：指“四民有业，各以得志为乐”。

㉔ 度内：识度以内。足下度内，意指你是一定能想得到的。

㉕ “不可”两句：不能自己见到一顶漂亮帽子，就强迫越人也戴它。《庄子·逍遥游》：“宋人资章甫而适诸越，越人断发文身，无所用之。”这里借用，是想说明人们所好不同。不能勉强。章甫：古代一种帽子。文冕：漂亮的帽子。

㉖ “已嗜”两句：自己嗜好腐臭之物，就用死鼠去喂养鸳雏。《庄子·秋水》：“南方有鸟，其名为鹓（yuān）雏，……非梧桐不止，非练实（竹实）不食，非醴泉不饮。于是鸱得腐鼠，鹓雏过之，仰而视之，曰：‘赫’！”此处化用，是想说明不要以为自己喜欢做官就勉强别人也出来做官。嗜：嗜好。鸳雏：鸟名。

㉗ 顷：不久。近来。

㉘ 方：正。外：疏远，排斥。作动词用。

去滋味①，游心于寂寞②，以无为为贵。纵无九患③，尚不顾足下所好者④。又有心闷疾，顷转增笃⑤，私意自试⑥，不能堪其所不乐⑦。自卜已审⑧，若道尽途穷则已耳⑨，足下无事冤之⑩，令转于沟壑也⑪。吾新失母兄之欢，意常凄切。女年十三，男年八岁，未及成人，况复多病。顾此悢悢⑫，如何可言！今但愿守陋巷，教养子孙，时与亲旧叙离阔⑬，陈说平生，浊酒一杯，弹琴一曲，志愿毕矣。足下若嬲之不置，不过欲为官得人，以益时用耳⑭。足下旧知吾潦倒粗疏，不切事情⑮，自惟亦皆不如今日之贤能也⑯。若以俗人皆喜荣华，独能离之⑰，以此为快，此最近之⑱，可得言耳⑲。然使长才广度⑳，无所不淹㉑，而能不营㉒，乃可贵耳。若吾多病困，欲离事自全，以保余年，此真所乏耳㉓。岂可见黄门而称贞哉㉔！若趣欲共登王涂㉕，期于相致㉖，时为欢益㉗，一旦迫之，必发狂疾，自非重怨，不至于此也㉘。野人有快炙背而美芹子者，欲献之至尊，虽有区区之意，亦已疏矣㉙。愿足下

---

① 滋味：美味。

② 寂寞：道家追求的一种虚无静泊的心境。

③ 纵：即使。九患：指上文“七必不堪”和“二甚不可”。

④ 不顾：不屑一顾。所好者：指山涛喜欢的功名利禄。

⑤ 增笃：加重。

⑥ 自试：自己设想。

⑦ 堪：忍受。

⑧ 卜：考虑。审：明确审定。

⑨ 已：止。以上二句意思是说，自己经过考虑并已决定，如果我无路可走，也就算了。

⑩ 无事：不要。冤：委曲。

⑪ 转于沟壑：指死亡。以上二句意思是说，你不要做冤屈我的事，使我陷于死地。

⑫ 悢（liàng）悢：悲恨。

⑬ 离阔：指离别之情。

⑭ 嬲（niǎo）：纠缠。不置：不放。为官得人：为官府拉拢人。益时用：对现实需要有所补益。

⑮ 不切事情：不愿接近世事。

⑯ 自惟：自思。贤能：贤能之人，这里指出仕之人，暗含讽刺之义。以上三句说，你早就知道我潦倒粗疏，我也想到自己在各方面都不及当今在朝为官的贤能之人。

⑰ 离之：抛弃荣华富贵。

⑱ 此最近之：这样讲最接近我的本情。

⑲ 可得言：可以这么说。

⑳ 长才广度：高才大度。

㉑ 淹：淹通，通达。

㉒ 以上三句意思说，如果是个高才广度、无所不通的人，而又能不营求仕进，那才是可贵呢。不营：指不求仕进。营：营求。

㉓ 此真所乏：意思是说，自己的确缺乏“长才广度”。

㉔ 黄门：指宦官。称贞：称赞其有贞节。宦官失掉生理条件，不淫乱，这是不得已之贞，而非宦者本来就贞洁。这句用来比喻不能称赞无才不仕的人。

㉕ 趣：音“促”，催促。登王涂：步入仕途。涂，同“途”。

㉖ 期于相致：希望一定把我弄到官场。期：希望。致：招致。

㉗ 欢益：欢悦补益。

㉘ “自非”两句：意思是说，假如你不是对我有深怨，不会迫我发狂疾。

㉙ “野人”四句：《列子·杨朱》记载，宋国有一农夫，以为太阳晒背能取暖，想把这办法献给国君。同乡的富人对他说：从前有人爱吃芹子，向乡绅称道，曾引起众人的嘲笑。这里用这个典故，是讽刺山涛。快：认为快乐。炙背：太阳晒背。芹子：芹菜。美：以……为美。区区：诚恳的样子。疏：隔膜，远于事理。

勿似之①。其意如此，既以解足下②，并以为别。嵇康白。

## 学习建议

1. 以本文为例说明嵇康散文的特色。
2. 简述本文中所呈现出的嵇康的个性和生活态度，谈谈其在当时的积极意义。
3. 延伸阅读篇目：《幽愤诗》《赠秀才入军》《琴赋》《声无哀乐论》。

① 勿似之：不要像那个野人。
② 解足下：向你解释。

# 江　水[①]（节选）

郦道元

郦道元（469—527年），字善长，范阳涿县（今河北涿州市）人，北魏时期卓越的地理学家。生于仕宦家庭，仕任尚书郎、颍川太守、东荆州刺史、御史中尉等职。孝昌三年任关右大使，时雍州刺史萧宝寅谋反，疑道元奉使袭己，遣将杀之。郦道元一生勤于读书和著述。《魏书》卷八十九说："道元好学，历览奇书。撰注《水经》四十卷，《本志》十三篇，又为《七聘》及诸文，皆行于世。"但除《水经注》外，其余著作都已亡佚。《水经注》不仅是一部具有重大科学价值的地理巨著，而且也是一部颇具特色的山水游记。郦道元以饱满的热情，简洁的文笔，精美的语言，形象、生动地描绘了祖国的壮丽山川，对后代游记文学有很大的影响。

## 【导读】

本文是《水经》中《江水》中的"（江水）又东过巫县南，盐水从县东南流注之"的一条注。记叙了长江三峡雄伟壮丽的奇景，能激发人们热爱祖国大好河山的感情。

本文虽属节选，但全文结构严谨，布局巧妙，浑然一体，尤其作者在描山摹水上更见功力。由于作者曾"践跻此境"，有具体感受，所以能掌握三峡雄峻的特点和不同季节的风貌。首先，作者采取先大而小，先总后分的办法，按季节分层次，写得起讫分明，各具特色。其次，善于选取富有特征性的事物，寥寥几笔，使境界全出，叫读者恍如身临其境。如以"朝发白帝，暮到江陵"表现水流湍急，以"素湍绿潭，回清倒影"形容江水澄澈，风光妩媚，以"空谷传响，哀转久绝"渲染猿鸣幽凄、山谷空旷，言简意赅，情景交融。再次，各个部分，各有侧重，互相映衬，互相补充，从不同角度写出了三峡特色。后面的三个部分，又都围绕着第一部分关于山峡总的特点来写。最后，作者运笔富于变化，有正面落笔，有侧面烘托，有粗线勾勒，有工笔细描，有明言直写，有隐喻暗示，有全景鸟瞰，有特写镜头，有仰观远景，有俯察近物，有绘形写貌，有摹声录音，有自己立言，有由人代语，虽只几百字的短文，却概括千里，包容四季，收纳山水草木，罗入清猿怪柏，真可谓片言敌万语，尺素罗千里。

自三峡七百里中，两岸连山，略无阙处[②]。重岩叠嶂，隐天蔽日，自非停午夜分，不见曦月[③]。

---

① 本文选自《水经注》卷三十四。江：长江。

② 自：在。三峡：即瞿塘峡、巫峡、西陵峡，西起四川奉节白帝城，东至湖北宜昌南津关，沿途崖壁高出江面五百至千米以上，山高峡窄，水深流急，惊涛轰鸣，形势奇险。三峡全长二百零四公里。阙：通"缺"。三句意为：在三峡的七百里中，两岸山连着山，一点没有中断的地方。

③ 自非：若非。停午：中午。夜分：半夜。曦：日光。四句意为：重叠的山峰，把天日都遮掉了。假如不是正午和半夜，就看不见太阳和月亮。

至于夏水襄陵，沿泝阻绝①。或王命急宣，有时朝发白帝，暮到江陵，其间千二百里，虽乘奔御风，不以疾也②。

春冬之时，则素湍绿潭，回清倒影，绝巘多生怪柏，悬泉瀑布，飞漱其间③，清荣峻茂，良多趣味④。

每至晴初霜旦，林寒涧肃，常有高猿长啸，属引凄异，空谷传响，哀转久绝⑤。故渔者歌曰："巴东三峡巫峡长⑥，猿鸣三声泪沾裳。"

## 学习建议

1. 分析本文描写山峡自然景观的艺术手法。

2. 古时三峡之美，美在山险水异，令许多文人骚客为之歌咏。请根据自己的平时积累，谈谈自己对三峡工程的看法。

3. 延伸阅读篇目：《水经注·河水》。

---

① 襄：上，漫上。陵：丘陵。沿：顺流而下。泝（sù）：同"溯"，往上游走的路。两句意为：待到夏季大水漫上丘陵，下行和上行陆路都阻断了。

② 白帝：地名，白帝城，在今四川奉节东。江陵：今湖北江陵。奔：飞奔的马。以：为。意谓即使骑着快马，驾着疾风前进，也都比不上船行这么快。

③ 素：白色。湍：急流。潭：深水。回清：指素湍回映的清光。倒影：指绿潭映出的倒影。绝巘：陡峭、无路可登的山峰。巘（yǎn）：山峰。悬泉：从山岩上流下的泉水，像挂着似的。大的就成为瀑布。漱：冲刷。其间：指山林之中。

④ 清荣峻茂：指水清、树荣、山峻、草茂。良多：颇多。

⑤ 肃：六句意为：每逢（秋季）初晴的日子或霜后的早晨，树林和溪涧显出一派寒冷肃杀的景象。常有高处的猿猴不断地长声啸叫，凄凉奇异，在空谷中来回传响，听来更是悲哀婉转，很久才会消失。肃杀，指深秋草木枯落的景象。高猿：高处的猿猴。属引：指猿声连续不断。凄异：凄凉奇异。

⑥ 巴东：郡名，故址在今四川奉节县东。

# 哀江南赋序

## 庾　信

庾信（513—581 年），字子山，祖籍南阳新野（今属河南）人。东晋初“永嘉之乱”，迁居金陵。他的父亲庾肩吾，也是梁代著名的作家。父子二人均以诗文才能受到梁简文帝萧纲的依重，出入宫禁，成为当时著名的宫廷作家，与他们同时的另一对父子作家徐摛、徐陵，也备受萧纲的宠信。由于这两对父子作家，都富有文才，写作的诗文在风格上都以绮艳著称，因而号称为“徐庾体”。前期多奉和应制之作，内容单薄轻浅；后期羁旅他乡，多思念故国之作，内容丰富深刻，呈现出清新刚健、苍凉悲壮的风格，故杜甫有“庾信文章老更成”之句。其文学创作集六朝诗、赋、文章之大成，虽用典颇多，但情文兼至，用意曲深而有变化自如之妙。有《庾子山集》传世。

### 【导读】

《哀江南赋》是中国辞赋史上的名篇巨制。是庾信后期为哀叹梁王朝而作的。它详尽地描述了梁王朝由盛转衰的历史轨迹，悲愤地展示了侯景之乱等祸难的过程，揭露了梁统治集团的荒淫，讴歌了为国捐躯的英雄们的献身精神。这里所选的赋序，主要说明作赋的宗旨，并概括了“悲身世”“念王室””“述家风””“陈世德”的基本内容。沉抑苍凉的风格代表了庾信后期作品的典型特征。

这篇序文大致可分为三部分。从开头至“惟以悲哀为主”为第一部分，叙述自己写作此赋的背景与原因。从“日暮途远”至“岂河桥之可闻”为第二部分，此段承上文身世之悲而来，主要是叙述自己出使被拘的经过，同时也表达了对故国的思念。从“孙策以天下为三分”至结束为第三部分，此段前半承上文王室之痛而来，主要写作者对梁朝忽然衰亡之原因的疑惑不解（此正为赋文全面分析梁亡原因预作伏笔）与深沉痛惜。而“呜呼，山岳崩颓”以下，则双绾上文，再次点明故国“履危亡之运”的痛苦与个人“舟楫路穷”的悲哀。

本序是用非常精美的骈文写成。骈文是六朝的代表性文体，庾信则是其中最重要的作家。全文基本由典故组织而成，然而作者用典精切自然，不但能准确地表情达意，而且有时甚至看不出是用典（比如“日暮途远，人间何世”），这是非博览群书不可的。此外，对偶工稳而不板滞，感情充沛而文气疏宕，这些也都是同时或后代作家很少能企及的。

粤以戊辰之年，建亥之月①，大盗移国，金陵瓦解②。余乃窜身荒谷，公私涂炭③。华

---

① 粤：发语辞。戊辰：梁武帝太清二年（548 年）岁在戊辰。建亥之月：夏历十月。

② 大盗：窃国篡位者，此指侯景。移国：篡国。《后汉书·光武帝纪》赞曰：“炎正中微，大盗移国。”金陵：即建邺，今南京市，梁国都。《南史·梁武帝纪》：“太清二年八月戊戌，侯景举兵反。十月，……至建邺。”

③ 窜：逃匿。荒谷：《左传》杜预注：“荒谷，楚地。”此指江陵（今湖北江陵县，古楚地）。《北史·庾信传》：“侯景作乱，梁简文帝命信率宫中文武千余人营于朱雀航。及景至，信以众先退。台城陷后，信奔于江陵。”公私：公室和私家。涂炭：谓陷于泥涂和炭火之中，比喻遭遇灾难。《尚书》：“有夏昏德，民坠涂炭。”

阳奔命，有去无归①。中兴道销，穷于甲戌②。三日哭于都亭③，三年囚于别馆④。天道周星，物极不反⑤。傅燮之但悲身世，无处求生⑥；袁安之每念王室，自然流涕⑦。

昔桓君山之志士⑧，杜元凯之平生⑨，并有著书，咸能自序⑩。潘岳之文采，始述家风⑪；陆机之词赋，先陈世德⑫。信年始二毛，即逢丧乱⑬；藐是流离，至于暮齿⑭。燕歌远别，悲不自胜⑮；楚老相逢，泣将何及⑯。畏南山之雨，忽践秦庭⑰；让东海之滨，遂飡周粟⑱。下亭漂泊，高桥羁旅⑲。楚歌非取乐之方⑳，鲁酒无忘忧之用㉑。追为此赋，聊

---

① 华阳：华山之南。阳，山南。此指江陵。奔命：奉命奔走。梁元帝承圣三年（554年），庾信奉命由江陵出使西魏，十一月，江陵被西魏攻陷，信遂留长安未归。

② 中兴：指梁元帝于承圣元年（552年）平侯景之乱，即位江陵。道销：中兴之道消亡。甲戌：承圣三年岁在甲戌。《南史·元帝纪》："承圣三年，魏使于谨来攻。……十一月，魏军至栅下，帝见执。魏人戕帝。"

③ "三日"句：《晋书·罗宪传》："魏之伐蜀，宪守永安城。及成都败，知刘禅降，乃率所部临于都亭三日。"临，《左传》杜注："哭也。"都亭，都城亭阁。

④ "三年"句：《左传·昭公二十三年》："晋人来讨，叔孙婼如晋，晋人执之，……乃馆诸于箕。"按"三年"不知所指，或信为此赋时被羁已三年，俟考。

⑤ 天道：天理。周星：即岁星，也称太岁，木星，因其一十二年绕天一周，故名。物极不反：指梁朝就此一蹶不振、再难恢复。

⑥ 傅燮：字南容，东汉末年人。无处求生：据《后汉书·傅燮传》载，燮为汉阳太守，王国、韩遂等攻城，城中兵少粮乏，其子劝燮弃城归乡，燮慨叹："汝知吾必死耶！……世乱不能养浩然之志，食禄又欲避其难乎？吾行何之，必死于此。"遂令左右进兵，临阵战死。

⑦ 袁安：字邵公，后汉时人。自然流涕：《后汉书·袁安传》："安为司徒，以天子幼弱，外戚擅权，每朝会进见及与公卿言国家事，未尝不噫呜流涕。"

⑧ 桓君山：即桓谭，字君山，后汉时人。著《新论》二十九篇。志事：一作"志士"。

⑨ 杜元凯：即杜预，字元凯，晋代人，有《春秋经传集解》。其序云："少而好学，在官则观于吏治，在家则滋味典籍。"

⑩ 自序：古人著书往往有自序记述身世和写作旨意。桓谭《新论》自序今佚。

⑪ 潘岳：字安仁，晋代诗人。始述家风：潘岳有《家风诗》，自述家族风尚。

⑫ 陆机：字士衡，晋代诗人。先陈世德：陆机有《祖德赋》《述先赋》，又《文赋》："咏世德之骏烈。"陈：陈述。

⑬ 二毛：指头发有黑白二色。丧乱：指侯景之乱和江陵沦陷被留西魏。时信年四十左右。

⑭ 藐：远。"藐是"一作"狼狈"。暮齿：暮年。

⑮ 《燕歌》：指乐府《燕歌行》。《乐府诗集》引《广题》曰："燕，地名也，言良人从役于燕而为此曲。"《北史·王褒传》："褒作《燕歌》，妙尽塞北苦寒之言。元帝及诸文士和之，而竞为愴切。"今《庾子山集》中亦有此作。

⑯ 楚老：代指故国父老。旧说引《汉书·龚胜传》，谓楚人龚胜于王莽时不愿"一身事二姓"，"遂不复开口饮食，积十四日死"，庾信世居楚地，故引此事深惭自己身事二姓。泣将何及：《后汉书·逸民传》："桓帝世党锢事起，守外黄令陈留张升去官归乡里，道逢友人，共班草而言。……因相抱而泣。老父趋而过之，植其杖，太息言曰：'吁！二大夫何泣之悲也，夫龙不隐鳞，凤不藏羽，网罗高悬，去将安所？虽泣何及乎！'"

⑰ 南山之雨：《列女传·贤明传》："妾闻南山有玄豹，雾雨七日而不下食者何也？欲以泽其毛而成文章，故藏而远害。"一说以山高在阳喻君主，谓迫于君命不敢不使魏。践秦庭：《左传》定公四年载："申包胥如秦乞师，……立依于庭墙而哭，日夜不绝声，……七日，……秦师乃出。"此句指自己使魏，本求保梁。

⑱ "让东海"二句：据《史记·伯夷列传》载，孤竹君之子伯夷、叔齐因相互推让君位，先后逃至海滨。武王灭纣，二人以为不义，遂不食周粟，饿死于首阳山。二句言己本以谦让为怀，却不能如夷、齐那样殉义。一说让东海句用《史记·齐太公世家》载齐康公十九年"田常曾孙田和始为诸侯，迁康公海滨"事，指魏、周换代。飡：同"餐"。

⑲ 下亭：《后汉书·范式传》载孔嵩应召入京，道宿下亭，马匹被盗。高桥：一作"皋桥"。《后汉书·梁鸿传》：梁鸿"至吴，依大家皋伯通，居庑下。"皋家傍桥，在今江苏苏州阊门内。上句言自己漂泊不定，下句以梁鸿喻其寄迹生涯。

⑳ 楚歌：楚地民歌。《汉书·高帝纪》："帝谓戚夫人曰：'为我楚舞，吾为若楚歌。'"

㉑ 鲁酒：鲁地之酒。许慎《淮南子注》："楚会诸侯，鲁、赵俱献酒于楚王，鲁酒薄而赵酒厚。楚之主酒吏求酒于赵，赵弗与。吏怒，乃以赵厚酒易鲁薄酒。奏之楚王，以赵酒薄，故围邯郸也。"

以记言[①]，不无危苦之词，惟以悲哀为主[②]。

日暮涂远，人间何世[③]！将军一去，大树飘零[④]；壮士不还，寒风萧瑟[⑤]。荆璧睨柱，受连城而见欺[⑥]；载书横阶，捧珠盘而不定[⑦]。钟仪君子，入就南冠之囚[⑧]；季孙行人，留守西河之馆[⑨]。申包胥之顿地，碎之以首[⑩]；蔡威公之泪尽，加之以血[⑪]。钓台移柳，非玉关之可望[⑫]；华亭鹤唳，岂河桥之可闻[⑬]！

孙策以天下为三分，众才一旅[⑭]；项籍用江东之子弟，人唯八千[⑮]；遂乃分裂山河，宰割天下[⑯]。岂有百万义师，一朝卷甲；芟夷斩伐，如草木焉[⑰]。江淮无涯岸之阻[⑱]，亭

---

① 记言：《汉书·艺文志》："古之王者，世有史官。左史记言，右史记事。"据此可知庾信为此赋，非惟慨叹身世，亦兼记史也。

② "不无"二句：本嵇康《琴赋》序："称其材干，则以危苦为上；赋其声音，则以悲哀为主。"

③ 日暮涂远：谓年岁已老而离乡路远。涂，同作"途"。《吴越春秋》："子胥谢申包胥曰：'吾日暮途远，吾故倒行而逆施之。'"远一作"穷"。人间何世：《庄子》有《人间世》篇，王先谦《集解》："人间世，谓当世也。"二句感慨年老世变。

④ "将军"二句：《后汉书·冯异传》："每所止舍，诸将并坐论功，异常独屏树下，军中号曰'大树将军'。"此以冯异自喻，言己去国，梁朝沦亡。

⑤ 壮士：指荆轲。《战国策·燕策》记太子丹送荆轲易水上，"高渐离击筑，荆轲和而歌，……曰：'风萧萧兮易水寒，壮士一去兮不复还！'"二句言己出使西魏，一去不归。

⑥ 荆璧：即和氏璧，因楚人和氏得之楚山而名。睨：斜视。连城：相连之城。二句典出《史记·廉颇蔺相如列传》："赵惠文王时，得楚和氏璧。秦昭王闻之，使之遗赵书，愿以十五城请易璧。……遂遣相如奉璧西入秦。……相如视秦王无意偿赵城，……因持璧却立，倚柱，怒发上冲冠，谓秦王曰：'……大王必欲急臣，臣头今与璧俱碎于柱矣！'……秦王恐其破璧，乃辞谢固请，召有司案图，指从此以往十五都予赵。……相如度秦王虽斋，决负约不偿城，乃使其从者衣褐，怀其璧，从径道亡，归璧于赵。"此指自己使魏被欺。

⑦ 载书：盟书。珠盘：诸侯盟誓所用器皿。《周礼·天官·冢宰》"若合诸侯，则共珠盘玉敦。"郑注："合诸侯者必割牛耳，取其血歃之以盟。珠盘以盛牛耳。"二句用毛遂事。《史记·平原君列传》："平原君与楚合纵，言其利害，日出而言之，日中不决。毛遂按剑历阶而上，……谓楚王之左右曰：'取鸡狗马之血来！'毛遂奉铜盘而进之，……于是定纵。"此言己出使西魏，未能缔约，梁朝反遭攻打。

⑧ "钟仪"二句：《左传》成公七年载："楚子重伐郑。……囚郧公钟仪，献诸晋。……晋人以钟仪归，囚诸军府。"九年，"晋侯观于军府，见钟仪问之曰：'南冠而絷者谁也？'有司对曰：'郑人所献楚囚也。'……使与之琴，操南音，……文子曰：'楚囚，君子也。'"此以钟仪自比，谓己本楚人而羁留魏、周，有类南冠之囚。

⑨ 季孙：春秋时鲁国大夫。行人：掌朝觐聘问之官。西河：今陕西省东部。《左传》昭公十三年载：诸侯盟于平丘，邾、莒告鲁朝夕伐之，因无力向晋进贡。晋遂执季孙。后欲释之，季孙不肯归。叔鱼遂威胁说："……鲋也闻诸吏将为子除馆于西河，其若之何？"季孙惧，乃归鲁。二句自比季孙而稍变其意，言己被留难归。

⑩ 申包胥：春秋时楚国大夫。顿地：叩头至地。事见《左传》定公四年载：吴伐楚，申包胥至秦求兵，"立依于庭墙而哭，日夜不绝声，勺饮不入口。七日，秦哀公为之赋《无衣》，九顿首而坐。秦师乃出。"二句谓己曾为救梁竭尽心力。

⑪ "蔡威公"两句：事见刘向《说苑》：蔡威公闭门而泣，三日三夜，泣尽而继之以血，曰："吾国且亡。"此言己对梁亡深感悲痛。

⑫ 钓台：在武昌。此代指南方故土。移柳：据《晋书·陶侃传》，陶侃镇武昌时，曾令诸营种植柳树。玉关：玉门关，在今甘肃敦煌市西。此代指北地。二句谓滞留北地的人是再也见不到南方故土的柳树了。

⑬ 华亭：在今上海市松江区，晋陆机兄弟曾共游于此十余年。唳（lì）：鸣。河桥：在今河南孟州市，陆机在此兵败被诛。《世说新语·尤悔》："陆平原河桥败，为卢志所谗，被诛。临刑叹曰：'欲闻华亭鹤唳，可复得乎！'"二句谓故乡鸟鸣已非身处异地者所能闻。

⑭ 孙策：字伯符，三国时吴郡富春（即今浙江富阳）人。先以数百人依袁术，后平定江东，建立吴国。三分：指魏、蜀、吴三分天下。一旅：五百人。《吴志·陆逊传》："逊上疏曰，昔桓王（孙策谥号长沙桓王）创基，兵不一旅，而开大业。"

⑮ 项籍：字羽，下相（今江苏宿迁西南）人。江东：长江南岸南京一带地区。《史记·项羽本纪》记项羽兵败乌江，笑谓亭长曰："籍与江东子弟八千人渡江而西，今无一人还。"

⑯ "遂乃"二句：本贾谊《过秦论》："宰割天下，分裂山河。"

⑰ 百万义师：指平定侯景之乱的梁朝大军。卷甲：卷敛衣甲而逃。芟（shān）夷：删削除灭。据《南史·侯景传》载，侯景反，梁将王质率兵三千无故自退，谢禧弃白下城走，援兵至北岸，号称百万，后皆败走。又景曾戒诸将曰："破城邑净杀却，使天下知吾威名。"

⑱ 江淮：指长江、淮河。涯岸：水边河岸。

壁无藩篱之固①。头会箕敛者，合从缔交②；锄耰棘矜者，因利乘便③。将非江表王气，终于三百年乎④？是知并吞六合，不免轵道之灾⑤；混一车书，无救平阳之祸⑥。呜呼，山岳崩颓，既履危亡之运⑦；春秋迭代，必有去故之悲⑧；天意人事，可以凄怆伤心者矣⑨！况复舟楫路穷，星汉非乘槎可上⑩；风飙道阻，蓬莱无可到之期⑪。穷者欲达其言，劳者须歌其事⑫。陆士衡闻而抚掌，是所甘心⑬；张平子见而陋之，固其宜矣⑭！

## 学习建议

1. 分析本文在辞藻、对偶以及用典方面的特点。

2. 中国古代是个多民族的国家。人或读《哀江南赋》后，讥庾信改仕北国，是为“无耻”（全祖望《鲒埼亭集外编·题哀江南赋后》）。请从历史的角度，谈谈此篇序文的故国乡关之思及其内心悔恨，是感情真挚，抑或矫揉虚伪。

3. 延伸阅读篇目：《乌夜啼》《拟咏怀》（三、十一、十八）、《哀江南赋》正文。

---

① 亭壁：指军中壁垒。藩篱：竹木所编屏障。

② 头会箕敛：《汉书·陈余传》：“头会箕敛以供军费。”服虔注：“吏到其家，以人头数出谷，以箕敛之。”合从缔交：贾谊《过秦论》：“合从缔交，相与为一。”原为战国时六国联合抗秦的一种谋略，此指起事者们彼此串联，相互勾结。

③ 锄耰（yōu）：简陋的农具。棘矜：低劣的兵器。贾谊《过秦论》：“锄耰棘矜，不敌于钩戟长铩也。”因利乘便：贾谊《过秦论》：“因利乘便，以宰割天下。”此指陈霸先乘梁朝衰乱，取而代之。

④ 江表：江外，长江以南。王气：古以为天子所在地有祥云王气笼罩。三百年：指从孙权称帝江南，历东晋、宋、齐、梁四代，前后约三百年的时间。

⑤ 六合：指天地四方。贾谊《过秦论》：“吞二周而亡诸侯，履至尊而制六合。”轵道之灾：《史记·高祖本纪》记高祖入关，“秦王子婴素车白马，……降轵道旁。”轵道，在今陕西咸阳市西北。

⑥ 混一车书：指统一天下。《礼记·中庸》：“今天下车同轨，书同文，行同伦。”平阳之祸：据《晋书·孝怀帝本纪》，永嘉五年刘聪攻陷洛阳，迁怀帝于平阳。七年，怀帝被害。又《孝愍帝本纪》记建兴四年刘曜陷长安，迁愍帝于平阳。五年，愍帝遇害。平阳，在今山西临汾县。

⑦ “山岳”二句：《国语·周语》：“山崩川竭，亡之征也。”

⑧ 春秋迭代：喻梁、陈更替。去故：离别故国。

⑨ 凄怆伤心：阮籍《咏怀诗》其九：“素质游商声，凄怆伤我心。”

⑩ 楫：船桨。星汉：银河。槎（chá）：竹筏木排。张华《博物志》：“旧说云，天河与海通。近世有人居海渚者，年年八月有浮槎去来不失期。”

⑪ 飙（biāo）：暴风。蓬莱：传说中的三座神山之一。无可到之期：《汉书·郊祀志》：“自威宣、燕昭使人入海求蓬莱、方丈、瀛洲。此三神山者，其传在勃海中，……未至，望之如云；及到，三神山反居水下。临之，患且至，则风辄引船而去，终莫能至云。”

⑫ 穷者：指仕途困踬的人。达：表达。《晋书·王隐传》：“隐曰：盖古人遭时则以功达其道，不遇则以言达其才。”何休《公羊传解诂》：“饥者歌其食，劳者歌其事。”二句说明自己作赋是有感而发。

⑬ 陆士衡：陆机，字士衡。抚掌：拍手。《晋书·左思传》：左思作《三都赋》，“初陆机入洛，欲为此赋。闻思作之，抚掌而笑，与弟云书曰：‘此间有伧父作《三都赋》。须其成，当以覆酒甕耳。’及思赋出，机绝叹伏，以为不能加也，遂辍笔焉。”二句谓己作此赋即受人嘲笑，也心甘情愿。

⑭ 张平子：张衡，字平子。陋：轻视。《艺文类聚》：“昔班固观世祖迁都于洛邑，惧将必逾溢制度，不能遵先圣之正法也。故假西都宾，盛称长安旧制，有陋洛邑之议，而为东都主人折礼衷以答之。张平子薄而陋之，故更造焉。”二句谓己赋为人轻视，也是理所当然的。

# 滕王阁序①

王　勃

王勃（650—676年），字子安，绛州龙门（今山西省河津市）人。幼富才名，六岁能文。十四岁举幽素科，授朝散郎，为沛王（后来的章怀太子）府修撰，以事忤高宗，被逐。后任虢州参军，因擅杀官奴被革职，其父福也被牵累远谪为交趾令。二十七岁渡海探父，溺水惊悸而死。王勃是初唐诗坛著名诗人，与杨炯、卢照邻、骆宾王合称“初唐四杰”。其诗力求摆脱齐梁的绮靡诗风，文亦有名。原有文集，已散逸，现在传世的是明人所辑《王子安集》。

## 【导读】

王勃这篇《滕王阁序》对景抒怀，虽充满命途多舛的抑塞磊落之气，但把渴望用世的激情和自强不息的信念毫无遮拦地表现出来，总体上呈现出刚健壮大的审美风貌。

文章以滕王阁宴集为中心，记叙了南昌（洪都）的地理、人物和滕王阁宴会的盛况；描绘了滕王阁的雄伟壮丽及其四周开阔的气象和丰富多彩的自然景色。一方面感慨自己命途多舛，怀才不遇，并用贾谊、梁鸿等典故来影射对朝廷的不满。另一方面，在抱着安命乐天思想的同时，又不失进取之心，并以保持自己的高洁情操而自励自勉，表现出一定的积极向上精神。出于应酬和希望得到达官们的赏识，还对阎公和在座宾客作了一些恭维。

文章以绚丽的辞采、工整的对仗、和谐的音韵、贴切的典故生动地描写了各种景物，抒发了作者充沛、真实的感情，表现出极为开阔的意境和奔放自然的风格，达到了很高的艺术成就。文中的许多词句，如“落霞与孤鹜齐飞，秋水共长天一色”“渔舟唱晚，响穷彭蠡之滨”“雁阵惊寒，声断衡阳之浦”“人杰地灵”“胜友如云”“高朋满座”“天高地迥”“萍水相逢”“老当益壮”“穷且益坚”……，早已脍炙人口，并在生活中被广泛使用，成为我们语言词汇中的一部分。从这里也能看出《滕王阁序》的艺术成就和深远的影响。

豫章故郡②，洪都新府；星分③翼轸④，地接衡庐⑤。襟三江而带五湖⑥，控蛮荆而引瓯

① 本文原题作《秋日登洪府滕王阁饯别序》，后来题为《滕王阁序》，关于其作年有两种说法，其一认为作于王勃十四岁时，另一说认为作于二十七岁时，后说近是。滕王阁，贞观年间唐高祖之子李元婴任洪州都督时所建，因他后来封为滕王，故称为滕王阁。唐高宗上元三年（676年），洪州都督阎公（名不详）重加整修，并在重阳节大宴宾客于其上，时王勃赴海南省亲，路经其地，参与宴会，即席写成这篇著名的骈文。

② 豫章：汉代时为豫章郡，唐代改名为洪州府，故上句称“故郡”，下句对“新府”。

③ 分：分野。古代根据天上星宿的位置划分地面的区域，相应的区域称为“分野。”

④ 翼、轸（zhěn）：二星宿名，豫章是翼、轸二星宿的分野。

⑤ 衡庐：衡山与庐山，这里代指两山所在之州。

⑥ 三江：泛指长江中下游地区。古代长江过彭蠡之后分三道入海，故称三江。五湖：太湖的别称，其派有五，故称五湖。一说：五湖为鄱阳湖、青草湖、宫亭湖、洞庭湖、太湖。

越①。物华天宝，龙光射牛斗之墟②；人杰地灵，徐孺下陈蕃之榻③。雄州雾列④，俊采星驰⑤。台隍枕夷夏之交⑥，宾主尽东南之美⑦。都督阎公之雅望⑧，棨戟遥临⑨；宇文新州之懿范⑩，襜帷暂驻⑪。十旬休暇⑫，胜友如云；千里逢迎，高朋满座。腾蛟起凤⑬，孟学士之词宗⑭；紫电青霜⑮，王将军之武库⑯。家君作宰⑰，路出名区⑱；童子何知⑲，躬逢胜饯⑳。

时维九月，序属三秋㉑；潦水尽而寒潭清㉒，烟光凝而暮山紫。俨骖騑于上路㉓，访风景於崇阿㉔。临帝子之长洲㉕，得天人之旧馆㉖。层台耸翠，上出重霄；飞阁流丹㉗，下临无地㉘。鹤汀凫渚㉙，穷岛屿之萦回㉚；桂殿兰宫，即冈峦之体势㉛。披绣闼㉜，俯雕甍㉝。

---

① 蛮荆：古代称楚国为蛮荆，这里泛指今湖南、湖北一带地区。瓯（ōu）越：指今浙江，其境内有瓯江，古属越地。

② 龙光：宝剑的光辉。牛斗：二星宿名。墟：所在之处。传说西晋张华见牛斗二星之间常有紫气，向精通天象的雷焕请教，雷焕说是宝剑之精上彻于天，后来雷焕在豫章丰城地下挖掘出一对宝剑，一名龙泉，一名太阿，后来宝剑化为双龙，入水而去。事见《晋书·张华传》。物华天宝：物之光华焕发为天上的宝气。

③ 徐孺：徐稺字孺子，东汉时期南昌的名士。士林领袖陈蕃做豫章太守时，不接待宾客，只为徐稺特设一榻，他走后便悬起不用。事见《后汉书·徐稺传》。

④ 雄州：大州，泛指洪州辖区内的大都会。

⑤ 俊采：有才能的文士。以上二句形容洪州地势雄壮、人文荟萃。

⑥ 台隍：亭台、城堑。夷：指荆楚一带地区。夏：华夏。交：交界之地。

⑦ 尽东南之美：意谓东南俊杰，尽萃于此。

⑧ 阎公：当时的洪州都督，名不详。雅望：崇高的声望。

⑨ 棨（qǐ）戟：一种带赤黑色套的木戟，用做大官出行时的仪仗。

⑩ 宇文新州：复姓宇文的新州刺史，与下文的孟学士、王将军都是当时座中的宾客。懿（yì）范：美好的榜样。

⑪ 襜（chān）帷：车上的帷幕，借指车驾。

⑫ 十旬休暇：唐代官员十日（一旬）休假一次。

⑬ 腾蛟起凤：比喻不凡的文才。相传汉董仲舒梦蛟龙入怀，作《春秋繁露》；又说扬雄作《太玄》，梦口吐凤凰飞集书上。事见《西京杂记》。

⑭ 词宗：众人仰慕的文坛宗师。

⑮ 紫电、青霜：都是古宝剑名。

⑯ 武库：藏兵器的仓库。这里比喻王将军胸怀韬略，才能不凡。

⑰ 家君：在别人面前称自己的父亲。作宰：当时王勃之父在南方作交趾令。

⑱ 路出：经过。名区：名胜之地，指洪州。

⑲ 童子：相当于“后辈”，作者自己。

⑳ 胜饯：盛大的宴会。

㉑ 三秋：秋季三个月，分别称为孟秋、仲秋、季秋，九月为季秋。

㉒ 潦（lǎo）水：雨后地上的积水。潭：深水池。

㉓ 俨：同“严”，整治。骖騑（cān fēi）：指驾车的马。上路：地势高的路。

㉔ 崇阿：高峻的山陵。

㉕ 帝子：指滕王。长州：滕王阁前的沙洲，即阁之所在地。

㉖ 天人：也指滕王。

㉗ 飞阁：高阁，形容滕王阁的雄伟。流丹：彩绘的颜色鲜艳欲滴。

㉘ 无地：看不见地。夸张地形容滕王阁之高。

㉙ 汀：水边的平地。渚：水中的小洲。

㉚ 穷：极尽。萦回：曲折回旋。

㉛ 即冈峦之体势：意谓滕王阁的建筑结构和与冈峦的体势配合得非常自然。

㉜ 披：打开。绣闼：雕刻着彩画的门。

㉝ 甍（méng）：屋脊。

山原旷其盈视①，川泽纡其骇瞩②。闾阎扑地③，钟鸣鼎食之家④；舸舰迷津⑤，青雀黄龙之轴⑥。云销雨霁⑦，彩彻区明⑧。落霞与孤鹜齐飞，秋水共长天一色⑨。渔舟唱晚，响穷彭蠡之滨⑩；雁阵惊寒，声断衡阳之浦⑪。

遥襟甫畅⑫，逸兴遄飞⑬。爽籁发而清风生⑭，纤歌凝而白云遏⑮。睢园绿竹⑯，气凌彭泽之樽⑰；邺水朱华⑱，光照临川之笔⑲。四美具⑳，二难并㉑。穷睇眄于中天㉒，极娱游于暇日。天高地迥㉓，觉宇宙之无穷；兴尽悲来，识盈虚之有数㉔。望长安于日下㉕，指吴会于云间㉖。地势极而南溟深㉗，天柱高而北辰远㉘。关山难越，谁悲失路之人？萍水相逢，尽是他乡之客。怀帝阍而不见㉙，奉宣室以何年㉚？嗟乎！时运不济，命途多舛㉛。冯唐易

---

① 盈视：放眼远望。

② 纡：曲折。骇瞩：注视起来令人惊奇。

③ 闾阎：住户。扑地：遍地都是。

④ 钟鸣鼎食：形容富贵人家的豪华景象。

⑤ 舸舰：大船。弥津：布满渡口。

⑥ 青雀黄龙：指船头的形状像雀或龙。轴：通作“舳”（zhú），船尾把舵处，这里指船。

⑦ 霁：雨过天晴。

⑧ 彩：阳光。区：这里指天空。

⑨ 此二句脱胎于庾信《马射赋》：“落花与芝盖同飞，杨柳共春旗一色。”鹜：野鸭。

⑩ 彭蠡：鄱阳湖的古名。

⑪ 衡阳：今湖南衡阳县。浦：水边。相传北雁南飞，到衡阳而止。这里以“声断衡阳之浦”泛指水边传来一阵阵惊寒的雁叫声。

⑫ 遥襟：远怀。甫：方，始。

⑬ 遄（chuán）：急速地。

⑭ 爽籁：长短不一的管乐器。

⑮ 纤歌：轻柔的歌声。遏：停住。

⑯ 睢园：汉梁孝王在睢阳建造的菟园，用于宴请宾客文人，中多绿竹。这里借指滕王阁。

⑰ 以上二句意谓：滕王阁的宴集，胜过隐士的独乐。彭泽之樽：晋陶渊明隐居后往往独自饮酒。

⑱ 邺：曹魏的都城，在今河北临漳。朱华：曹植《公宴诗》有“朱华冒绿池”的名句，“朱华”即荷花。曹氏父子周围曾聚集着一大批有才华的文人。

⑲ 临川：指谢灵运，他曾为临川太守。谢诗受曹植影响，钟嵘《诗品》论之曰：“其源出于陈思（曹植）。”这里借曹植、谢灵运来比拟在场的文人。

⑳ 四美：指良辰、美景、赏心、乐事，是就宴会的盛况而言。一说：四美指音、味、文、言。

㉑ 二难：指贤主人与嘉宾都很难得。

㉒ 穷睇眄（dì miǎn）：极目远望。

㉓ 迥：遥远。

㉔ 盈虚：指盛衰、成败、得失等。数：定数。

㉕ 望长安于日下：意谓远谪南行，回望长安，遥在天际。据《世说新语·夙惠》记载，晋明帝小时，其父元帝问他长安与日孰近，答曰：“日远。不闻人从日边来，居然可知。”第二天集群臣宴会，更重问之，乃答曰：“日近。”元帝失色，问他为何与昨天的回答不同，答曰：“举目见日，不见长安。”

㉖ 吴会（kuài）：吴郡、会稽的合称，在今江苏、浙江一带。云间：上海松江的古称。据《世说新语·排调》记载，西晋荀隐与陆云较量才智，荀隐自称“日下荀鸣鹤”，陆云则自称“云间陆士龙”。

㉗ 地势极：意谓南海遥远，在大地的尽头。南溟：南海。

㉘ 天柱：传说昆仑山有铜柱高入于天，称“天柱”。北辰：指北极。以上二句以南海、北辰比况自己远离京师，暗示自己的政治处境不佳。

㉙ 帝阍：传说中掌管天门的神将，这里指朝廷。

㉚ 宣室：汉未央宫前殿正市，汉文帝曾在此接见贾谊。这里以“奉宣室”借指自己会到朝中。

㉛ 舛（chuǎn）：艰难不顺利。

老[1]，李广难封[2]。屈贾谊于长沙[3]，非无圣主；窜梁鸿于海曲[4]，岂乏明时？所赖君子安贫，达人知命。老当益壮，宁移白首之心；穷且益坚，不坠青云之志[5]。酌贪泉而觉爽[6]，处涸辙以犹欢[7]。北海虽赊[8]，扶摇可接[9]；东隅已逝[10]，桑榆非晚[11]。孟尝高洁[12]，空余报国之情；阮籍猖狂[13]，岂效穷途之哭！

勃，三尺微命[14]，一介书生。无路请缨，等终军之弱冠[15]；有怀投笔[16]，慕宗悫之长风[17]。舍簪笏于百龄[18]，奉晨昏于万里[19]。非谢家之宝树[20]，接孟氏之芳邻[21]。他日趋庭，叨陪鲤对[22]；今兹捧袂[23]，喜托龙门[24]。杨意不逢，抚凌云而自惜[25]；钟期相遇，奏流水以何惭[26]？呜呼！胜地不常，盛筵难再。兰亭已矣[27]，梓泽丘墟[28]。临别赠言，幸承恩于伟饯[29]；

---

① 冯唐：西汉时期人，文帝、景帝时不得重用，武帝求贤才，得到时人举荐，但已年过九十，已不能为官。

② 李广：西汉名将，身经七十余战，屡立战功而未能封侯。

③ 贾谊：西汉文帝时人，受大臣排挤，被贬到长沙。

④ 梁鸿：东汉章帝时人，名盛一代，曾逃隐于海滨。

⑤ 青云之志：高尚的志向。

⑥ 贪泉：相传在广州城外石门，饮其水者则贪得无厌，而廉吏吴隐之饮后却操守更严。事见《晋书·吴隐之传》。

⑦ 涸辙：干涸的车辙。典出《庄子·外物》。

⑧ 赊：遥远。

⑨ 扶摇：飙风。接：到达。《庄子·逍遥游》："鹏之徙于南冥也，水击三千里，抟扶摇而上者九万里。"

⑩ 东隅：日出的地方，比喻早年的时光。

⑪ 桑榆：日落的地方，比喻以后的日子。

⑫ 孟尝：东汉会稽人，为人廉洁，未得重用。

⑬ 阮籍：魏晋间人，不满于世纵酒任诞，常驾车出行，漫无目的，至道路穷尽处，便痛哭而返。

⑭ 三尺：即上文"童子"之意，比喻自己年轻。微命：指官位低，周朝任官，自"一命"依次至于"九命"，一命最低。

⑮ 以上二句用终军的典故，意谓自己年龄跟终军相似，却没有请缨报国的机会。据《汉书·终军传》记载，终军在汉武帝时请求出使南越，声称："愿受长缨，必羁南越王而致阙下。"当时终军年二十余。

⑯ 有怀投笔：谓有投笔从戎的怀抱。投笔从戎事见《汉书·班超传》。

⑰ 宗悫之长风：南朝宋宗悫年少时自述志向说："愿乘长风破万里浪。"事见《南史·宗悫传》。

⑱ 此句意谓自己愿意舍弃官职。簪笏：冠簪、朝笏，这里借指官职。百龄：一生。

⑲ 奉晨昏：侍奉父母。

⑳ 谢家：谢安的家。宝树：玉树，喻指不辱门庭的好子弟。《世说新愈·言语》："谢太傅（安）问诸子侄：'子弟亦何预人事，而正欲使其佳？'诸人莫有言者。车骑（谢玄）答曰：'譬如芝兰玉树，欲使其生于阶庭耳。'"

㉑ 孟氏：指孟轲的母亲。她为了使儿子有良好的成长环境，曾三次搬迁。

㉒ 以上二句意谓：过些时候将到父亲那里接受教诲。鲤对：孔子立于庭中，其子鲤"趋而过庭"，孔子教诲他应该学习《诗》《礼》。事见《论语·季氏》。叨：文言谦词，相当于"忝""辱"等。

㉓ 捧袂：举起衣袖，向长者表示恭敬。

㉔ 托龙门：东汉李膺在士林中威望很高，被他接待的士人称"登龙门"。这里是恭维阎公。

㉕ 以上二句用司马相如的典故，意谓：因缺乏别人的推荐，自己只好自叹不遇。杨意：杨得意的简称。据《史记·司马相如列传》记载，司马相如经蜀人杨得意的引见，方能入朝谒见汉武帝。凌云：指司马相如所作《大人赋》，汉武帝读该赋后"飘飘有凌云之气"。这里借指自己的文章。

㉖ 以上二句用伯牙、钟子期的典故，意谓既然遇到了知音，就在宴会上作文章，不以为愧。《列子·汤问》："伯牙善鼓琴，钟子期善听。伯牙鼓琴……志在流水，钟子期曰：'善哉，洋洋兮若江河。'"钟期：钟子期的省称。奏流水：喻指自己写作《滕王阁》一文。

㉗ 兰亭：东晋王羲之等人曾在兰亭宴集修禊，故址在今浙江绍兴。

㉘ 梓泽：指西晋石崇的金谷园，故址在今河南洛阳市西北。

㉙ 承恩：受到款待。伟饯：盛宴。

登高作赋，是所望于群公。敢竭鄙怀，恭疏短引①。一言均赋②，四韵俱成③。请洒潘江，各倾陆海云尔④。

## 学习建议

1. 概述本文抒发的思想情感。
2. 赏析“落霞与孤鹜齐飞，秋水共长天一色”这联名句。
3. 分析作者正反、明暗地运用大量典故表达起伏跌宕感情的表现手法。
4. 延伸阅读篇目：《感兴奉送王少府序》《送杜少府之任蜀川》《山中》。

① 疏：条陈。短引：小序。

② 一言均赋：以同一意思写诗并作赋。一说：在场的人各占一字，步韵赋诗。

③ 四韵：八句。此序后有八句诗：“滕王高阁临江渚，佩玉鸣鸾罢歌舞。画栋朝飞南浦云，朱帘暮卷西山雨。闲云潭影日悠悠，物换星移几度秋。阁中帝子今安在？槛外长江空自流！”

④ 以上二句意谓：各自尽力发挥才华，写成诗篇。钟嵘《诗品》说：“陆（机）才如海，潘（岳）才如江。”

# 祭十二郎文

韩　愈

## 【导读】

本文是韩愈哀祭文中最有名的一篇，也被认为是我国古代哀祭文中的“千古绝调”(明·茅坤语)。其所以如此，唯在其情的真切，复借质朴的文字予以自然流露。韩愈与十二郎，在家庭连遭不幸的情况下一起度过了苦难的童年。又因为家族的、亲情的和年龄上的关系，韩愈与十二郎虽名为叔侄，却情同手足。韩愈写这篇文章时三十六岁，十二郎稍小一些，都正当人生的壮盛时期。就韩愈而言，他与十二郎虽暂分离而此后必然有很长时间相聚，可以充分体味叔侄之间的天伦乐事。但是，令韩愈想不到的是十二郎竟先己而死，于是对家族、亲情的悲痛回忆和自己与十二郎聚少离多的遗恨便一下子涌上笔端。这是韩愈写作本文无须为文造情而真情自然一触即发的原因。

祭文先追忆了幼时与十二郎共同度过的艰难岁月，借其嫂的话，突出了家族的苦难和凄凉孤单；又一一追述了自其离家之后叔侄短暂的几次相聚，突出了十二郎的遽死给自己带来的无可弥补的精神创伤。行文至此，作者感情的闸门已难以抑制，先从“少者强者而夭殁，长者衰者而存全”生发出一大段似真似幻、始疑终信的沉痛文字，继又从不知十二郎死确切日期入手，生发出一大段如泣如诉、自责自尤的追悔文字。至此，文章的情感达到高潮，也予读者以强烈的震撼。在感情的一泄如注之中，作者仍然不失时机地对十二郎的丧事、家事一一作了安排。对于作为十二郎仅存的长辈韩愈来说，这些都是祭文不可缺少的内容。

与真情的自然流露相辅相成的是祭文文字的不假雕饰。作者似与十二郎如话家常，时而叙事，时而抒情，时而引用人物话语，时而援引书信中语，于表面上看似烦冗，絮絮叨叨之中，自然营造出一种缠绵悱恻、回环往复的悲剧气氛。

年、月、日①，季父愈闻汝丧之七日②，乃能衔哀致诚③，使建中远具时羞之奠④，告汝十二郎之灵：

呜呼！吾少孤⑤，及长，不省所怙⑥，惟兄嫂是依。中年兄殁南方⑦，吾与汝俱幼，

---

① 年、月、日：此为拟稿时原样。《文苑英华》作“贞元十九年五月廿六日”；但祭文中说十二郎在“六月十七日”曾写信给韩愈，“五”字当误。

② 季父：父辈中排行最小的叔父。

③ 衔哀：心中含着悲哀。致诚：表达赤诚的心意。

④ 建中：人名，当为韩愈家中仆人。时羞：应时的鲜美佳肴。羞，同“馐”。

⑤ 孤：幼年丧父称“孤”。《新唐书·韩愈传》：“愈生三岁而孤，随伯兄会贬官岭表。”

⑥ 怙（hù）：《诗·小雅·蓼莪》：“无父何怙，无母何恃。”后世因用“怙”代父，“恃”代母。失父曰失怙，失母曰失恃。

⑦ 中年兄殁南方：代宗大历十二年（777 年），韩会由起居舍人贬为韶州（今广东韶关）刺史，次年死于任所，年四十二。时韩愈十一岁，随兄在韶州。

从嫂归葬河阳①，既又与汝就食江南②；零丁孤苦，未尝一日相离也。吾上有三兄③，皆不幸早世。承先人后者④，在孙惟汝，在子惟吾，两世一身⑤，形单影只。嫂常抚汝指吾而言曰："韩氏两世，惟此而已！"汝时尤小，当不复记忆；吾时虽能记忆，亦未知其言之悲也。

吾年十九，始来京城。其后四年，而归视汝⑥。又四年，吾往河阳省坟墓⑦，遇汝从嫂丧来葬⑧。又二年，吾佐董丞相幕于汴州⑨，汝来省吾；止一岁⑩，请归取其孥⑪。明年丞相薨⑫，吾去汴州，汝不果来⑬。是年，吾又佐戎徐州⑭，使取汝者始行⑮，吾又罢去⑯，汝又不果来。吾念汝从于东⑰，东亦客也，不可以久；图久远者，莫如西归，将成家而致汝。呜呼！孰谓汝遽去吾而殁乎⑱！吾与汝俱少年，以为虽暂相别，终当久相与处，故舍汝而旅食京师，以求斗斛之禄⑲；诚知其如此，虽万乘之公相⑳，吾不以一日辍汝而就也㉑！

去年孟东野往㉒，吾书与汝曰："吾年未四十，而视茫茫，而发苍苍，而齿牙动摇。

---

① 河阳：今河南孟州市西，是韩氏祖宗坟墓所在地。

② 就食江南：唐德宗建中二年（781年），北方藩镇李希烈反叛，中原局势动荡。韩愈随嫂迁家避居宣州（今安徽宣城）。因韩氏在宣州置有田宅别业。韩愈《复志赋》："值中原之有事兮，将就食于江之南。"《祭郑夫人文》："既克返葬，遭时艰难。百口偕行，避地江渍。"均指此。

③ 吾上有三兄：三兄指韩会、韩介，还有一位死时尚幼，未及命名，一说：吾，我们，即韩愈和十二郎。三兄指自己的两个哥哥和十二郎的哥哥韩百川（韩介的长子）。

④ 先人：指已去世的父亲韩仲卿。

⑤ 两世一身：子辈和孙辈均只剩一个男丁。

⑥ 视：古时探亲，上对下曰视，下对上曰省。贞元二年（786年），韩愈十九岁，由宣州至长安应进士举，至贞元八年春始及第，其间曾回宣州一次。但据韩愈《答崔立之书》与《欧阳生哀辞》均称二十岁至京都举进士，与本篇所记相差一年。

⑦ 省（xǐng）：探望，此引申为凭吊。

⑧ 遇汝从嫂丧来葬：韩愈嫂子郑氏卒于元贞元九年（793年），韩愈有《祭郑夫人文》。贞元十一年，韩愈往河阳祖坟扫墓，与奉其母郑氏灵柩来河阳安葬的十二郎相遇。

⑨ 董丞相：指董晋。贞元十二年（796年），董晋以检校尚书左仆射，同中书门下平章事任宣武军节度使，汴、宋、亳、颍等州观察使。时韩愈在董晋幕中任节度推官。汴州：治所在今河南开封市。

⑩ 止：住。

⑪ 取其孥（nú）：把家眷接来。孥，妻和子的统称。

⑫ 薨（hōng）古时诸侯或二品以上大官死曰薨。贞元十五年（799年）二月，董晋死于汴州任所，韩愈随葬西行。去后第四天，汴州即发生兵变。

⑬ 不果：没能够。指因兵变事。

⑭ 佐戎徐州：当年秋，韩愈入徐、泗、濠节度使张建封幕任节度推官。节度使府在徐州。佐戎，辅助军务。

⑮ 取：迎接。

⑯ 罢去：贞元十六年五月，张建封卒，韩愈离开徐州赴洛阳。

⑰ 东：指故乡河阳之东的汴州和徐州。

⑱ 孰谓：谁料到。遽（jù）：骤然。

⑲ 斗斛（hú）：唐时十斗为一斛。斗斛之禄，指微薄的俸禄。韩愈离开徐州后，于贞元十七年（801年）来长安选官，调四门博士，贞元十九年，迁监察御史。

⑳ 万乘（shèng）：指高官厚禄。古代兵车一乘，有马四匹。封国大小以兵赋计算，凡地方千里的大国，称为万乘之国。

㉑ 辍（chuò）：停止。辍汝：和上句"舍汝"义同。就：就职。

㉒ 去年：指贞元十八年（802年）。孟东野：即韩愈的诗友孟郊。是年出任溧阳（今属江苏）尉，溧阳去宣州不远，故韩愈托他捎信给宣州的十二郎。

念诸父与诸兄，皆康强而早世，如吾之衰者，其能久存乎？吾不可去，汝不肯来；恐旦暮死，而汝抱无涯之戚也①。”孰谓少者殁而长者存，强者夭而病者全乎？呜呼！其信然邪？其梦邪？其传之非其真邪？信也，吾兄之盛德，而夭其嗣乎？汝之纯明，而不克蒙其泽乎②？少者强者而夭殁，长者衰者而存全乎？未可以为信也。梦也，传之非其真也？东野之书，耿兰之报③，何为而在吾侧也？呜呼！其信然矣！吾兄之盛德，而夭其嗣矣！汝之纯明宜业其家者④，不克蒙其泽矣！所谓天者诚难测，而神者诚难明矣！所谓理者不可推，而寿者不可知矣！虽然，吾自今年来，苍苍者或化而为白矣，动摇者或脱而落矣⑤。毛血日益衰⑥，志气日益微⑦，几何不从汝而死也！死而有知，其几何离⑧？其无知，悲不几时，而不悲者无穷期矣。汝之子始一岁⑨，吾之子始五岁⑩，少而强者不可保，如此孩提者⑪又可冀其成立耶？呜呼哀哉！呜呼哀哉！

汝去年书云：“比得软脚病⑫，往往而剧。”吾曰：“是疾也，江南之人，常常有之。”未始以为忧也。呜呼！其竟以此而殒其生乎？抑别有疾而至斯极乎？汝之书，六月十七日也。东野云：汝殁以六月二日。耿兰之报无月日。盖东野之使者，不知问家人以月日；如耿兰之报，不知当言月日。东野与吾书，乃问使者，使者妄称以应之耳。其然乎？其不然乎？

今吾使建中祭汝、吊汝之孤与汝之乳母⑬。彼有食可守以待终丧⑭，则待终丧而取以来⑮；如不能守以终丧，则遂取以来。其余奴婢，并令守汝丧。吾力能改葬⑯，终葬汝于先人之兆⑰，然后惟其所愿⑱。

呜呼！汝病吾不知时，汝殁吾不知日；生不能相养以共居，殁不能抚汝以尽哀⑲。敛不得凭其棺⑳，窆不得临其穴㉑。吾行负神明，而使汝夭，不孝不慈，而不得与汝相养以生，相守以死；一在天之涯，一在地之角，生而影不与吾形相依，死而魂不与吾梦相接，

---

① 无涯之戚：无穷的悲伤。涯，边。戚，忧伤。

② 纯明：纯正贤明。不克：不能。蒙：承受。

③ 耿兰：生平不详，当时宣州韩氏别业的管家人。十二郎死后，孟郊在溧阳写信告诉韩愈，时耿兰也有丧报。

④ 业：用如动词，继承之意。

⑤ 动摇者或脱而落矣：时年韩愈有《落齿》诗云：“去年落一牙，今年落一齿；俄然落六七，落势殊未已。”

⑥ 毛血：指体质。

⑦ 志气：指精神。

⑧ 其几何离：分离会有多久呢？意谓死后仍可相会。

⑨ 汝之子：十二郎有二子，长韩湘，次韩滂。这里是指韩滂。韩滂生于贞元十八年（见《昌黎先生集》卷三十三《韩滂墓志铭》），父死时才一周岁。一岁，原作“十岁”，据别本改。

⑩ 吾之子始五岁：指韩愈长子韩昶，贞元十五年（799 年）韩愈居符离集时所生，小名曰符。

⑪ 孩提：本指二三岁的幼儿。此为年纪尚小之意。

⑫ 比（bì）：近来。软脚病：即脚气病。

⑬ 吊：此指慰问。孤：指十二郎的儿子。

⑭ 终丧：守满三年丧期。《孟子·滕文公上》：“三年之丧，……自天子达于庶人，三代共之。”

⑮ 取以来：指把十二郎的儿子和乳母接来。

⑯ 力能改葬：假设之意。即先暂时就地埋葬。合下句连续可知。

⑰ 兆：葬域，墓地。

⑱ 惟其所愿：才算了却心事。

⑲ 抚汝以尽哀：指抚尸恸哭。

⑳ 敛：同“殓”。为死者更衣称小殓，尸体入棺材称大殓。

㉑ 窆（biǎn）：下棺入土。

吾实为之，其又何尤①！彼苍者天，曷其有极②！自今已往，吾其无意于人世矣！当求数顷之田于伊、颍之上③，以待余年，教吾子与汝子，幸其成④；长吾女与汝女，待其嫁⑤，如此而已！呜呼！言有穷而情不可终，汝其知也邪？其不知也邪？呜呼哀哉！尚飨⑥。

## 学习建议

1. 以本文为例，谈谈你对“情真自然成至文”的理解。
2. 韩愈对十二郎死讯的将信将疑，缘于他对侄儿的一往情深，请具体分析说明。
3. 延伸阅读篇目：《张中丞传后叙》《柳子厚墓志铭》。

---

① 何尤：怨恨谁？

② 彼苍者天，曷其有极：意谓你青苍的上天啊，我的痛苦哪有尽头啊。语本《诗经·唐风·鸨羽》：“悠悠苍天，曷其有极。”

③ 伊、颍（yǐng）：伊水和颍水，均在今河南省境。此指故乡。

④ 幸其成：韩昶后中穆宗长庆四年进士。韩湘后中长庆三年进士。

⑤ 长（zhǎng）：用如动词，养育之意。待其嫁：韩愈三婿：李汉，蒋系，樊宗懿。十二郎之婿，据高澍然说，是李干，见《韩集》。

⑥ 尚飨：古代祭文结语辞，意为希望死者享用祭品。

# 三戒（并序）

柳宗元

## 【导读】

这一组三篇寓言，是作者贬谪永州时所写。题名“三戒”，可能是取《论语》“君子有三戒”之意。文前的小序，已经点明了文章的主旨所在。其中《临江之麋》写一只惯受主人宠爱的小鹿常与家犬嬉戏，以犬为同类，后一出家门，立即被外面的狗吃掉；《黔之驴》的故事已广为人知，被黔山中老虎吃掉的那只蠢笨的驴子已成为某些外强中干者的绝妙象征，而“黔驴之技”“庞然大物”也作为富有形象性的成语流传下来；《永某氏之鼠》写群鼠在旧房主纵容下横行无忌、干尽坏事，最后被新房主彻底消灭。这三则寓言用笔精到而细节刻画非常生动，其意在于讽刺那些“不知推己之本，而乘物以逞，或依势以干非其类，出技以怒强，窃时以肆暴，然卒殆于祸”（《三戒序》）者，但作为一种人生哲理，它的意义还要广泛得多。作者借麋、驴、鼠三种动物的可悲结局，对社会上那些倚仗人势、色厉内荏、擅威作福的人进行辛辣的讽刺，在当时很有现实的针对性和普遍意义。三篇寓言主题统一而又各自独立，形象生动而又寓意深刻，篇幅短小，语言简练而又刻画细致、传神，在艺术上达到了很高的境界。

吾恒恶世之人，不知推己之本①，而乘物以逞②，或依势以干非其类③，出技以怒强④，窃时以肆暴⑤，然卒迨于祸⑥。有客谈麋、驴、鼠三物⑦，似其事，作三戒。

### 临江之麋

临江之人畋⑧，得麋麑⑨，畜之。入门，群犬垂涎，扬尾皆来。其人怒，怛之⑩。自是日抱就犬⑪，习示之，使勿动，稍使与之戏。积久，犬皆如人意。麋麑稍大，忘己之麋也，

① 推己之本：审察自己的实际能力。推，推求。
② 乘物以逞：依靠别的东西来逞强。
③ 干：触犯。
④ 怒：激怒。
⑤ 窃时：趁机。肆暴：放肆地做坏事。
⑥ 迨（dài）于：遭到。迨，及。
⑦ 麋（mí）：形体较大的一种鹿类动物。
⑧ 临江：唐县名，在今江西省清江县。畋（tián）：打猎。
⑨ 麑（ní）：鹿仔。
⑩ 怛（dá）：恐吓。
⑪ 就：接近。

以为犬良我友①，抵触偃仆②，益狎。犬畏主人，与之俯仰甚善③，然时啖其舌④。

三年，麋出门，见外犬在道甚众，走欲与为戏。外犬见而喜且怒，共杀食之，狼藉道上⑤。麋至死不悟。

## 黔之驴

黔无驴⑥，有好事者船载以入，至则无可用，放之山下。虎见之，庞然大物也，以为神。蔽林间窥之，稍出近之，憖憖然莫相知⑦。

他日，驴一鸣，虎大骇远遁，以为且噬己也，甚恐。然往来视之，觉无异能者。益习其声，又近出前后，终不敢搏。稍近益狎，荡倚冲冒⑧，驴不胜怒，蹄之。虎因喜，计之曰："技止此耳！"因跳踉大㘎⑨，断其喉，尽其肉，乃去。

噫！形之庞也类有德⑩，声之宏也类有能，向不出其技，虎虽猛，疑畏，卒不敢取；今若是焉，悲夫！

## 永某氏之鼠

永有某氏者⑪，畏日⑫，拘忌异甚。以为己生岁直子⑬；鼠，子神也，因爱鼠，不畜猫犬，禁僮勿击鼠⑭。仓廪庖厨⑮，悉以恣鼠⑯，不问。

由是鼠相告，皆来某氏，饱食而无祸。某氏室无完器，椸无完衣⑰，饮食大率鼠之余也。昼累累与人兼行⑱，夜则窃啮斗暴⑲，其声万状，不可以寝，终不厌。

数岁，某氏徙居他州；后人来居，鼠为态如故。其人曰："是阴类⑳，恶物也，盗暴尤甚。且何以至是乎哉？"假五六猫，阖门撤瓦灌穴㉑，购僮罗捕之。杀鼠如丘，弃之隐处，臭数月乃已。

---

① 良：真，确。

② 抵触：用头角相抵相触。偃：仰面卧倒。仆：俯面卧倒。

③ 俯仰：低头和抬头。

④ 啖（dàn）：吃，这里是舔的意思。

⑤ 狼藉：散乱。

⑥ 黔（qián）：即唐代黔中道，治所在今四川省彭水县，辖地相当于今四川彭水、酉阳、秀山一带和贵州北部部分地区。现以"黔"为贵州的别称。

⑦ 憖（yìn）憖然：小心谨慎的样子。

⑧ 荡：碰撞。倚：挨近。

⑨ 跳踉：腾跃的样子。㘎（hǎn）：吼叫。

⑩ 类：似乎，好像。德：道行。

⑪ 永：永州，在今湖南省零陵县。

⑫ 畏日：怕犯日忌。旧时迷信，认为年月日辰都有凶吉，凶日要禁忌做某种事情，犯了就不祥。

⑬ 生岁直子：出生的年份正当农历子年。生在子年的人，生肖属鼠。直，通"值"，当着。

⑭ 僮：童仆，这里泛指仆人。

⑮ 仓廪（lǐn）：粮仓。庖厨：厨房。

⑯ 恣：放纵。

⑰ 椸（yí）：衣架。

⑱ 累累：一个接一个。兼行：并走。

⑲ 窃啮（niè）：偷咬东西。

⑳ 阴类：在阴暗地方活动的东西。

㉑ 阖（hé）：关闭。

呜呼！彼以其饱食无祸为可恒也哉！

## 学习建议

1. 分析《三戒》的艺术特色。
2. 谈谈三则寓言其内在寓意。
3. 延伸阅读篇目：《永州八记》《种树郭橐驼传》《天说》《天时》《封建论》。

# 五代史伶官传序[①]

欧阳修

欧阳修（1007—1072 年），字永叔，号醉翁，晚年又号六一居士，庐陵（今江西吉安县）人。是北宋诗文革新运动的领导人，作品以散文的成就最高，为“唐宋八大家”之一。宋仁宗天圣八年进士。庆历初年为谏官，政治上站在范仲淹一边，主张革新。因受政敌排斥，屡遭贬谪，曾做地方官多年。晚年政治上趋向保守。有《欧阳文忠公集》《六一词》。

## 【导读】

本文是一篇著名的史论。它通过概述后唐庄宗李存勖一生成败的史实，论证了国家盛衰主要取决于人事的进步历史观，阐明了“忧劳可以兴国，逸豫可以亡身”的深刻道理，这对当时耽于享乐，社会危机却非常严重的统治者来说，是有着强烈的警诫意义的。

全文观点明确，论述精警。先开门见山，提出论点。接着紧承上文，围绕盛衰二字叙写庄宗不负父命，励精图治。然后撰写庄宗由盛而衰的得失成败之迹。最后就事推演，得出结论，发人深思。作者在表达上不是剑拔弩张，锋芒毕露，而是从容不迫，纡徐有致，以委婉含蓄的方式，和缓商讨的语气，予人启迪，风神独妙。

全文脉络清晰，材料安排井然有序。文章涉及了许多史实，头绪纷繁，如晋王与梁、燕、契丹的交恶，临终遗言，庄宗灭梁亡燕等，但由于用“矢”为线索，把上述各事组织成一个完整的故事，说来娓娓动听，一气呵成。大体线索是“赐矢—藏矢—请矢—负矢—纳矢—还矢”，叙事线索分明，材料安排井然有序。

全文对比鲜明，抑扬有致。文章主要是在盛衰对比中写庄宗一生的得失，先极写他成功时意气之“盛”，再转写他失败时形势之“衰”。一盛一衰，一兴一亡，一正一反，一扬一抑，相互映衬，跌宕多姿，既使中心论点明确，又增强了文章的说服力。

全文充满了浓重的抒情气氛。无论是叙述史实，还是评论得失，作者始终贯注着充沛的感情，其情感随行文流动，时而高昂，时而低沉，一唱三叹，情韵无穷。为了加强文章的抒情性，作者还多用感叹句、反问句和节奏急促的短句、意义相反的警句，使得全文抑扬顿挫、气势淋漓，有很大感染力。

呜呼！盛衰之理，虽曰天命，岂非人事哉！原庄宗之所以得天下[②]，与其所以失之者，可以知之矣。

---

① 本文是欧阳修所著《新五代史》中《伶官传》的序文。伶官：古代宫廷乐官。这里指五代后唐庄宗李存勖时供奉内廷并授有官职的伶人。李存勖爱好戏剧，登位后，宠用伶官，任其横行不法，激成兵变。

② 庄宗：后唐庄宗李存勖。923—926 年在位。

世言晋王之将终也①，以三矢赐庄宗，而告之曰②："梁③，吾仇也；燕王④，吾所立，契丹与吾约为兄弟⑤，而皆背晋以归梁。此三者，吾遗恨也。与尔三矢⑥，尔其无忘乃父之志⑦！"庄宗受而藏之于庙⑧。其后用兵，则遣从事以一少牢告庙⑨，请其矢⑩，盛以锦囊，负而前驱，及凯旋而纳之⑪。

方其系燕父子以组⑫，函梁君臣之首⑬，入于太庙，还矢先王，而告以成功，其意气之盛，可谓壮哉！及仇雠已灭⑭，天下已定，一夫夜呼，乱者四应⑮，仓皇东出，未及见贼，而士卒离散⑯，君臣相顾，不知所归；至于誓天断发，泣下沾襟⑰，何其衰也！岂得之难而失之易欤？抑本其成败之迹⑱，而皆自于人欤？《书》⑲曰："满招损，谦得益⑳。"忧劳可以兴国，逸豫可以亡身㉑，自然之理也。

故方其盛也，举天下之豪杰，莫能与之争；及其衰也，数十伶人困之，而身死国灭㉒，为天下笑。夫祸患常积于忽微，而智勇多困于所溺，岂独伶人也哉！作《伶官传》。

---

① 晋王：庄宗之父李克用，西突厥沙陀族人。李克用在唐朝末年占据了今山西一带，因参与镇压黄巢起义有功，被唐朝赐姓李，封为晋王。将终：临死。

② 矢：箭。

③ 梁：指后梁太祖朱温。朱温原是黄巢起义军将领，叛变降唐，被封为梁王，赐名朱全忠。后篡唐自立，国号梁。他曾企图杀害李克用，因而两家结下世仇，互相攻伐。

④ 燕王：指刘仁恭，刘仁恭本为燕将，李克用支持他夺取幽州，并保举他为卢龙节度使，所以说"吾所立"。后叛李克用归附朱温，朱封他的儿子刘守光为燕王。这里称刘仁恭为燕王，是追叙之辞。

⑤ 契丹：北方少数民族。这里指契丹族首领耶律阿保机。约为兄弟：李克用曾与阿保机结拜兄弟，约定合力。攻梁，不久阿保机背约，与梁通好，共同反晋。

⑥ 尔：你。

⑦ 乃父：你的父亲。李克用自称。

⑧ 庙：太庙，帝王的祖庙。

⑨ 从事：官名，这里泛指一般属吏。少牢：古代用猪、羊各一头祭祀称"少牢"。告：祭告。

⑩ 请：敬语，"取出"之意。

⑪ 纳：放回。

⑫ 方：当。系燕父子以组：用绳索捆绑燕王父子。公元913年，李存勖攻破幽州，俘获刘仁恭父子，押回太原，斩首献于太庙。系：捆缚。燕父子：指刘仁恭与刘守光。组：绳索。

⑬ 函梁君臣之首：把梁王君臣的首级装在匣子里。公元923年，李存勖攻破大梁，梁末帝朱友贞（朱全忠之子）及其部将皇甫麟自杀，李砍其首级，装匣献于太庙。函，木匣，这里作动词用。梁君臣，指朱友贞与皇甫麟。

⑭ 仇雠（chóu）：仇敌。

⑮ "一夫"二句：公元926年，驻扎在贝州的军士皇甫晖发动兵变，周围驻军纷纷响应，李存勖派成德军节度使李嗣源前往平乱，李嗣源也叛变称帝，反攻后唐京城洛阳。一夫：指皇甫晖。

⑯ "仓皇"二句：李存勖闻变，匆促率军东进，至万胜镇，闻李嗣源已占据大梁（今河南开封），就引兵折返洛阳，所率二万余官兵叛逃殆尽。仓皇：匆促。

⑰ "至于"二句：李存勖率部至洛阳附近的石桥，君臣对泣，部将百余人拔刀断发，向天立誓，表示效忠。

⑱ 抑：还是。本：探究。

⑲ 《书》：即《尚书》，儒家经典之一。

⑳ "满招损"二句：《尚书》原文为"满招损，谦受益"。

㉑ 逸豫：安乐。

㉒ "数十"二句：李存勖灭梁后，纵情声色，朝政日非。宠信伶人郭从谦等人，郭乘机作乱，李存勖中流矢而死。李克用养子李嗣源继帝位，后唐国号虽不变，但已名存实亡，所以说"国灭"。

## 学习建议

1. 本文总结了后唐庄宗身死国灭的历史教训，请谈谈它对我们认识历史、社会和人生的启迪。

2. 分析本文紧扣“盛衰”二字对主旨进行论证的写作思路。

3. 体会本文欲抑先扬的写作手法及作用。

4. 延伸阅读篇目:《本论》《原弊》《上高司谏书》《朋党论》《泷冈迁表》《祭石曼卿文》《黄溪夜泊》《春日西湖寄谢法曹歌》《梅圣俞诗集序》《踏莎行》《秋声赋》。

# 祭欧阳文忠公文

王安石

## 【导读】

欧阳修作为北宋文学革新运动的领袖人物，喜奖掖后学。王安石年轻的时候曾得到欧阳修的嘉许，虽然欧阳修晚年曾与司马光一起反对熙宁“新法”，但王安石对欧阳修的知遇之恩未曾或忘。在欧阳修去世之后，王安石写了这篇祭文，对欧阳修的人格修养和文章学术予以高度礼赞。

祭文开篇破空而来，由远及近，由天道渺茫，人事难测的议论，感叹欧阳修突然去世，然后笔锋一转，说欧阳修“生有闻于当时，死有传于后世”，平生无憾，因而不必悲戚。接着文章便由“生有闻”、“死有传”两句生发开去，分别就欧阳修的文章学术、气节品格和卓著功勋进行评价。古人有言，“太上有立德，其次有立功，其次有立言，虽久不废，此之谓不朽。”（《左传》襄公二十四年）欧阳修在“德”“功”“言”三方面皆有显著成就，其文章“豪健俊伟，怪巧瑰琦”，其气节“果敢”“刚正”，其功勋“立定大计，谓千载而一时”，所以欧阳修之“英魄灵气，不随异物腐散”，也就是说欧阳修已达到古人“三不朽”的境界。最后文章直接抒情，一方面表现了对死者的深切凭吊之情，另一方面抒发了“不可复见”的慨叹。“心之所向慕而瞻依”“其谁与归”两句表现作者对欧阳修发自肺腑的敬仰之情。

文章辞采纷呈，用词精审。如形容欧公“器质”“智识”“学术”分别用“深厚”“高远”“精微”等形容词，非常精到，不可移易。善于比喻也使此篇祭文顿然生色。如形容欧阳修文章风格，一连用了四个精彩的比喻，将“豪健俊伟，怪巧瑰琦”的文风一下子展现在人们面前。讲究排偶，一韵到底的语言艺术使得这篇祭文富有气势，充沛淋漓，极尽哀思，充分体现了作者对欧阳修的仰慕之情。

夫事有人力之可致①，犹不可期；况乎天理之溟漠，又安可得而推②？惟公生有闻③于当时，死有传于后世，苟能如此足矣，而亦又何悲！

如公器质之深厚④，智识之高远，而辅学术之精微⑤，故充于文章，见于议论，豪健俊

---

① 致：做到，实现。期：期望，指期望成功。

② 溟漠：渺茫，幽暗难明。推：推知。

③ 闻：声望。

④ 器质：器量、胸襟、品质。

⑤ 辅：辅助，指兼备。

伟，怪巧瑰琦①。其积于中者，浩如江河之停蓄②；其发于外者，烂如日星之光辉；其清音幽韵③，凄如飘风急雨之骤至④；其雄辞闳辨⑤，快如轻车骏马之奔驰。世之学者，无问乎识与不识，而读其文，则其人可知。

呜呼！自公仕宦四十年⑥，上下往复，感世路之崎岖。虽屯邅困踬⑦，窜斥流离⑧，而终不可掩者，以其公议之是非⑨。既压复起⑩，遂显于世。果敢之气，刚正之节，至晚而不衰。方仁宗皇帝临朝之末年，顾念后事⑪，谓如公者，可寄以社稷之安危。及夫发谋决策，从容指顾，立定大计⑫，谓千载而一时⑬。

功名成就，不居而去⑭。其出处进退⑮，又庶乎英魄灵气，不随异物腐散，而长在乎箕山之侧与颍水之湄⑯。

然天下之无贤不肖，且犹为涕泣而歔欷⑰。而况朝士大夫，平昔游从，又予心之所向慕而瞻依⑱。

呜呼！盛衰兴废之理，自古如此；而临风想望，不能忘情者，念公之不可复见，而其谁与归⑲！

## 学习建议

1. 联系欧阳修与王安石交谊，分析本文所表现的作者对欧阳修的情感。

2. 延伸阅读篇目：《上仁皇帝言事书》《答司马谏议书》《孟尝君传》《游褒善山记》《明妃曲》《桃源行》。

---

① 瑰琦：指奇特，美好。

② 停蓄：停留积聚。指道德深厚，学问广博。

③ 清音幽韵：清越的音调，幽雅的韵致。

④ 凄：急速。

⑤ 闳（hóng）辨：博大的议论。

⑥ 仕宦四十年：欧阳修自宋仁宗天圣八年（1030 年）举进士，任西京留守推官，至宋神宗熙宁四年（1071 年），以观文殿学士、太子少师致仕，正好四十年。上下：指官位的升降。往复：指贬官外放或复职上调。

⑦ 屯邅（zhūn zhān）：处境窘困。困踬（zhì 质）：遭受挫折。

⑧ 窜斥：放逐排斥。

⑨ 公议之是非：犹是非自有公论。

⑩ 既压复起：压：压制，指贬官。起：起用，指复官或升迁。

⑪ 后事：指仁宗身后皇位继承之事。

⑫ 指顾：用手指、用眼看，比喻迅速。立定大计：仁宗无子，立太宗曾孙宗实为皇位继承人，后即位为英宗。

⑬ 千载而一时：一时建立了千载难得的功勋。

⑭ 不居而去：欧阳修从英宗治平三年（1066 年）起不断上表请求去职，于熙宁四年（1071 年）致仕。

⑮ 出处：出仕或隐退。

⑯ 箕山之侧与颍水之湄：唐尧时隐士许由躬耕于箕山之下、颍水之滨，后人因称箕山、颍水为隐士所居之地。欧阳修晚年退居颍州，故用此典。箕山、颍水均在河南登封市境内。

⑰ 歔欷（xū xī）：哽咽，抽噎。

⑱ 瞻依：尊仰与亲近。这里含有尊敬父辈之意。语本《诗经·小雅·小弁》：“维桑与梓，必恭敬止。靡瞻匪父，靡依匪母”。表示对尊长的瞻仰依恃、向往效法。

⑲ 其谁与归：归心于谁。归：归依。

# 前赤壁赋①

苏　轼

## 【导读】

此赋写于作者贬谪黄州的第三年，是其抒情写景散文的名篇，也是宋代文赋的杰作。

本文主要叙写的是作者月夜泛舟赤壁的情景和感受，抒写了江山风月的清奇景象和作者对历史英雄人物的感慨，探讨了宇宙与人生的哲理，也表现出作者在政治上遭到挫折的压抑、苦闷以及欲从自然山水和佛老思想中寻求解脱的复杂心态。

此赋在表现手法上，把写景、抒情、议论融会统一。作者借助于江水、明月、清风等优美景色，把起伏跌宕的情感与超然物外的人生哲理予以形象化的表达，情景交融，情理相生，创造出一种既充满着诗情画意而又蕴含着深邃哲理的艺术境界。在结构布局上，采用了主客问答、抑客伸主的赋体传统手法。全篇的感情由超然之乐而折入凄凉之悲，又由悲而转乐，环环相扣，一波三折，结构严谨，层次分明。赋中的主客问答，实际上是苏轼内心世界的自我独白，巧妙地表达出作者思想的矛盾与波折、挣扎和解脱的心路历程。在语言艺术上，表现出高超的表达能力和运用技巧。此赋既摆脱了汉赋句法的板滞，也一洗齐梁赋作的绮靡，语言形象优美，句式骈散相间，声韵铿锵和谐，既辞采绚丽，又自然流畅，堪称是一首美妙的散文诗。

壬戌之秋②，七月既望③，苏子与客泛舟，游于赤壁之下。清风徐来④，水波不兴⑤。举酒属客⑥，诵明月之诗⑦，歌窈窕之章⑧。少焉⑨，月出于东山之上，徘徊于斗牛之间⑩。白露横江⑪，水光接天。纵一苇之所如，凌万顷之茫然⑫。浩浩乎如冯虚御风⑬，而不知其

---

① 这篇散文是宋神宗元丰五年（1082 年）苏轼贬谪黄州（今湖北黄冈）时所作。因后来还写过一篇同题的赋，故称此篇为《前赤壁赋》，十月十五日写的那篇为《后赤壁赋》。赤壁：实为黄州赤鼻矶，并不是三国时期赤壁之战的旧址，当地人因音近亦称之为赤壁，苏轼知道这一点，将错就错，借景以抒发自己的感慨。

② 壬戌：宋神宗元丰五年，岁次壬戌。

③ 既望：农历每月十五日为“望日”，十六日为“既望”。

④ 徐：舒缓地。

⑤ 兴：起，作。

⑥ 属（zhǔ）：倾注，引申为劝酒。

⑦ 明月之诗：指《诗经・陈风・月出》，详见下注。

⑧ 窈窕之章：《月出》诗首章为：“月出皎兮，佼人僚兮，舒窈纠兮，劳心悄兮。”“窈纠”同“窈窕”。

⑨ 少焉：一会儿。

⑩ 斗牛：星座名，即斗宿（南斗）、牛宿。

⑪ 白露：白茫茫的水气。横江：笼罩江面。

⑫ 此两句意谓：任凭小船在宽广的江面上飘荡。纵：任凭。一苇：比喻极小的船。《诗经・卫风・河广》：“谁谓河广？一苇杭（航）之。”如：往。凌：越过。万顷：形容江面极为宽阔。

⑬ 冯虚御风：乘风腾空而遨游。冯：通“凭”。虚：太空。御：驾驭。

所止；飘飘乎如遗世独立①，羽化而登仙②。

于是饮酒乐甚，扣舷而歌之③。歌曰："桂棹兮兰桨④，击空明兮泝流光⑤；渺渺兮予怀⑥，望美人兮天一方⑦。"客有吹洞萧者，倚歌而和之⑧。其声呜呜然，如怨如慕⑨，如泣如诉。余音袅袅⑩，不绝如缕⑪。舞幽壑之潜蛟⑫，泣孤舟之嫠妇⑬。

苏子愀然⑭，正襟危坐⑮，而问客曰："何为其然也⑯？"客曰："'月明星稀，乌鹊南飞'⑰，此非曹孟德之诗乎？西望夏口⑱，东望武昌⑲，山川相缪⑳，郁乎苍苍㉑，此非孟德之困于周郎者乎㉒？方其破荆州，下江陵，顺流而东也㉓，舳舻千里㉔，旌旗蔽空，酾酒临江㉕，横槊赋诗㉖，固一世之雄也，而今安在哉？况吾与子渔樵于江渚之上，侣鱼虾而友麋鹿㉗，驾一叶之扁舟㉘，举匏樽以相属㉙。寄蜉蝣于天地㉚，渺沧海之一粟㉛。哀吾生之须臾㉜，羡长江

① 遗世独立：出离尘世，超然独立。

② 羽化：道教把成仙叫作"羽化"，认为成仙后能够飞升。登仙：登上仙境。

③ 扣舷：敲打着船边，指打节拍。

④ 桂棹（zhào）兰桨：用兰、桂香木制成的船桨。

⑤ 空明：月亮倒映水中的澄明之色。泝：同"溯"，逆流而上。流光：在水波上闪动的月光。

⑥ 渺渺：悠远的样子。

⑦ 美人：比喻内心思慕的贤人。

⑧ 倚歌：按照歌曲的声调节拍。

⑨ 怨：哀怨。慕：眷恋。

⑩ 余音：尾声。袅袅：形容声音婉转悠长。

⑪ 缕：细丝。

⑫ 幽壑：深谷，这里指深渊。此句意谓：潜藏在深渊里的蛟龙为之起舞。

⑬ 嫠（lí）妇：孤居的妇女。白居易《琵琶行》写孤居的商人妻云："去来江口守空船，绕船月明江水寒。夜深忽梦少年事，梦啼妆泪红阑干。"这里化用其事。

⑭ 愀（qiǎo）然：忧愁变色。

⑮ 正襟危坐：整理衣襟，严肃地端坐着。

⑯ 何为其然也：箫声为什么会这么悲凉呢？

⑰ 所引是曹操《短歌行》中的诗句。

⑱ 夏口：故城在今湖北武汉。

⑲ 武昌：今湖北鄂州市。

⑳ 缪：通"缭"（liáo），环绕。

㉑ 郁：茂盛的样子。

㉒ 孟德之困于周郎：指汉献帝建安十三年（208年），吴将周瑜在赤壁之战中击溃曹操号称八十万大军。周郎：周瑜二十四岁为中郎将，吴中皆呼为周郎。

㉓ 以上三句指建安十三年刘琮率众向曹操投降，曹军不战而占领荆州、江陵。方：当。荆州：辖南阳、江夏、长沙等八郡，今湖南、湖北一带。江陵：当时的荆州首府，今湖北县名。

㉔ 舳舻（zhú lú）：战船前后相接。

㉕ 酾（shī）酒：斟酒。

㉖ 横槊（shuò）：横执长矛。

㉗ 侣：伴侣，这里用作动词。麋（mí）：鹿的一种。

㉘ 扁（piān）舟：小舟。

㉙ 匏（páo）樽：酒葫芦。

㉚ 寄：寓托。蜉蝣：一种朝生暮死的昆虫。此句比喻人生之短暂。

㉛ 渺：小。沧海：大海。此句比喻人类在天地之间极为渺小。

㉜ 须臾：片刻，时间极短。

之无穷。挟飞仙以遨游，抱明月而长终①。知不可乎骤得②，托遗响于悲风③。”

苏子曰：“客亦知夫水与月乎？逝者如斯④，而未尝往也；盈虚者如彼⑤，而卒莫消长也⑥。盖将自其变者而观之，则天地曾不能以一瞬⑦；自其不变者而观之，则物与我皆无尽也。而又何羡乎？且夫天地之间，物各有主，苟非吾之所有，虽一毫而莫取。惟江上之清风，与山间之明月，耳得之而为声，目遇之而成色；取之无禁，用之不竭。是造物者之无尽藏也⑧，而吾与子之所共适⑨。”

客喜而笑，洗盏更酌⑩。肴核既尽⑪，杯盘狼藉⑫。相与枕藉乎舟中⑬，不知东方之既白。

## 学习建议

1. 认识苏轼本文对“变”与“不变”关系的阐述。

2. 分析本文通过景、情、理有机结合体现出理趣之美的表现手法。

3. 谈谈你对作者在文中所表现的人生观的看法。思考人在遭遇种种挫折时，应采取的最好态度。

4. 延伸阅读篇目：《后赤壁赋》《记承天寺夜游》。

---

① 长终：至于永远。

② 骤：突然。

③ 遗响：余音，指箫声。悲风：秋风。

④ 逝者如斯：流逝的事物就像江水这样（不断流逝）。语出《论语·子罕》：“子在川上曰：‘逝者如斯夫，不舍昼夜。’”逝：往。斯：此，指水。

⑤ 盈虚者如彼：指月亮的圆缺。

⑥ 卒：最终。消长：增减。

⑦ 曾：语气副词。一瞬：一眨眼的工夫。

⑧ 是：这。造物者：天地自然。无尽藏（zàng）：无穷无尽的宝藏。

⑨ 适：享用。

⑩ 更酌：再次饮酒。

⑪ 肴核：荤菜和果品。既：已经。

⑫ 狼藉：凌乱。

⑬ 枕藉：相互枕着睡觉。

# 廉　耻[1]

顾炎武

顾炎武（1613—1682年），初名绛，字忠清，后改名炎武，字宁人，别号亭林，江苏昆山人，明末清初著名思想家。早年入复社，参加抗清。明亡后，游历北方诸边塞，考察山川形势，为恢复故国做准备。晚年隐居著书。主张“文须有益于天下”，提倡“经世致用”的实际学问，强调文学的社会教育作用。因此，其文或褒扬抗清志士，或针砭风衰俗弊，或纵论历史得失，均有的放矢，不务空谈，风格淳朴。有《天下郡国利病书》《日知录》《亭林诗文集》《音学五书》等。

## 【导读】

礼义廉耻，是中华民族可贵的道德传统。这篇短文分为两部分。第一部分开篇即以《五代史·冯道传》所引管仲名言为全文张本，开宗明义，直接揭示中心论点。作者认为，礼义乃治人之大法，廉耻乃立人之大节，若不廉无耻，则祸败乱亡会无所不至。而国家大臣若不讲廉耻，则将导致亡国。继而指出：礼义廉耻四者之中，“耻尤为要”，并用孔子“行己有耻”及孟子“人不可以无耻”的名言为例证，推断出“士大夫之无耻，是谓国耻”的结论。顾炎武目睹明亡后，士大夫们纷纷屈节仕清，所谓“蓟门朝士多狐鼠，旧日须眉化儿女。生女须教出塞装，生男要学鲜卑语。”（顾炎武《蓟门送子德归关中》）对这种不讲廉耻、士风败坏之丑行深恶痛绝，称之为“国耻”。第二部分，顾炎武以《颜氏家训》为例，赞扬了颜之推遭时之乱而保持气节的义行，鞭挞了北齐士大夫丧失气节、奴颜婢膝、卖身求荣的无耻行径，并由此对明清易代之际那些“阉然媚于世”的大臣们，表示了愤怒的谴责，强调要做“独醒之人”。

顾炎武忠于明朝，反清复明之志至死不渝，故对士大夫们的仕清之举谴责鞭挞。这在今天看来，无疑有其时代与民族的局限，但他提倡“行己有耻”却绝对是正确的。越王勾践卧薪尝胆，终于灭吴雪耻；苏武冰天雪地持节牧羊，不辱使命，名扬青史。“知耻”已成为中华民族的一种优良道德传统，成为爱国主义的重要思想基础。

《五代史·冯道传》论曰[2]：“礼义廉耻，国之四维；四维不张，国乃灭亡[3]。善乎管生之能言也[4]。礼义治人之大法，廉耻立人之大节。盖不廉则无所不取，不耻则无所不为，人

① 本文节选自《日知录》卷十三《廉耻》。

② 《五代史》：此指《新五代史》，宋欧阳修撰，共七十四卷。《冯道传》列入该书第五十四卷杂传第四十二中。冯道（882—954年），五代景城人（今河北交河人），字可道。历事唐、晋、汉、周四朝，官皆将相，自号长乐老。

③ 礼义廉耻四句：语见《管子·牧民》。维，网罟之纲，用以系网者。网之四角系之，则纲举目张。管仲以礼义廉耻四者比喻维系国家之纲。

④ 管生：管仲，春秋时齐国杰出的政治家，曾辅佐齐桓公实施政治改革，使齐首先称霸于诸侯。

而如此，则祸败乱亡亦无所不至。况为大臣，而无所不取，无所不为，则天下其有不乱，国家其有不亡者乎①！”然而四者之中，耻尤为要。故夫子之论士曰：“行己有耻②。”孟子曰：“人不可以无耻，无耻之耻，无耻矣③！”又曰：“耻之于人大矣！为机变之巧者，无所用耻焉④！”所以然者，人之不廉，而至于悖礼犯义，其原皆生于无耻也。故士大夫之无耻，是谓国耻⑤。

吾观三代以下⑥，世衰道微，弃礼义，捐廉耻，非一朝一夕之故。然而松柏后彫于岁寒⑦，鸡鸣不已于风雨⑧，彼昏之日，固未尝无独醒之人也⑨。顷读《颜氏家训》⑩，有云：“齐朝一士夫⑪，尝谓吾曰：‘我有一儿，年已十七，颇晓书疏⑫，教其鲜卑语⑬，及弹琵琶，稍欲通解，以此伏事公卿，无不宠爱。’吾时俯而不答。异哉此人之教子也！若由此业，自致卿相，亦不愿汝曹为之⑭！”嗟乎！之推不得已而仕于乱世，犹为此言，尚有《小宛》诗人之意⑮，彼阉然媚于世者⑯，能无媿哉⑰！

## 学习建议

1. 思考作者认为形成廉耻观的途径。
2. 谈谈“知耻”的现实意义。
3. 延伸阅读篇目：《广宋遗民录序》。

---

① 其：同“岂”。

② 夫子：即孔子，论士，见《论语·子路》：“子贡问曰：‘何如斯可谓之士矣？’子曰：‘行己有耻。使于四方，不辱君命，可谓士矣！’”行己有耻，指为士者处世行事能知耻而有所不为。

③ 三句语见《孟子·尽心上》。言人能以无耻为可耻，自然不会有耻辱之事到他身上来。

④ 三句语见《孟子·尽心上》。机变，巧伪变诈。无所用耻，即不把廉耻放在心上。

⑤ 国耻：国家所蒙受的耻辱。

⑥ 三代：指夏、商、周。

⑦ “然而”句：《论语·子罕》曰：“岁寒，然后知松柏之后彫也。”彫：同“凋”。

⑧ “鸡鸣”句：《诗经·郑风·风雨》曰：“风雨如晦，鸡鸣不已。”已：止。

⑨ 独醒：比喻不同于流俗。屈原《渔父》曰：“举世皆浊我独清，众人皆醉我独醒。”

⑩ 《颜氏家训》：北朝颜之推，共七卷，分二十篇。主要叙述立身治家之法，文笔平易朴实。颜之推（531—595年），字介，琅琊临沂（今山东临沂人）人，北朝时文学家。历仕梁、北齐、北周、隋诸朝。

⑪ 齐朝：此指北齐（550—577年）。

⑫ 疏：为注文作注释称疏。

⑬ 鲜卑：我国古代的少数民族，居住在今东北、内蒙古一带。

⑭ 以上见《颜氏家训·教子》。

⑮ 《小宛》：《诗经·小雅》篇名。《诗集传》认为是大夫遭时之乱，兄弟相诫以免祸的诗。

⑯ 阉（yān）然：昏暗闭塞貌。

⑰ 媿：同“愧”。

# 少年中国说[1]

梁启超

梁启超（1873—1929年），字卓如，号任公，别号饮冰室主人，广东新会人，我国近代著名的政治家、学者和文学家。十七岁中举，后随其师康有为参与维新变法，事败后东渡日本，经历了长达十四年之久的流亡生活，在当地创办《新小说》杂志，并与孙中山等革命人士来往密切。回国后，又曾组织进步党争取宪政。1920年后，脱离政界，先后在清华、南开任教授，并专心著述。在文学方面，他积极倡导“诗界革命”“文界革命”和“小说界革命”。其诗以旧风格反映新现实，多抒写反帝爱国的激情，表达改造社会的雄心。其散文打破桐城古文的清规戒律，纵笔挥洒，平易畅达，笔锋常带感情，风靡一时，号“新文体”。梁启超一生著述颇丰，著作多收入《饮冰室合集》。

## 【导读】

《少年中国说》这篇政论，是梁启超新文体的典范，写于戊戌维新夭折后流亡日本之时。当时清王朝的反动统治摇摇欲坠，中国正面临被帝国主义列强瓜分吞并的境地，国家命运岌岌可危。本文所说的“国”，是理想的资产阶级共和国。作者希望寄托在中国少年身上，并且坚信中国少年必有志士，能使国家富强，雄立于地球。

本文具有强烈的批判性。文章的主要篇幅用于对中国这个“老大帝国”逐层进行解剖，其中心扣住一个“老”字。作者对那些手握国权而又老朽不堪的人的心理状态作了无情的解剖。他以“老”为中心，对清帝国所作的系统批判，确实抓住了封建政体的痼疾。他对于少年中国的未来，于字里行间，虽然充满了炽热的情感，但他到底也没能指出一条奔赴未来的可行之路。

本文形象也具其丰富性。作者运用拟人手法，在抽象的逻辑推理中塑造鲜明生动的形象，以饱带情感之笔，或说理，或喻事，或状物，不厌其烦地反复强调，务求恣睢淋漓，充分表达出炽热挚烈的爱国激情，在奔放激荡中给人以慑心动魄般的巨大震撼，极富鼓动性。

日本人之称我中国也，一则曰老大帝国，再则曰老大帝国。是语也，盖袭译欧西人之言也[2]。呜呼！我中国其果老大矣乎？梁启超曰：恶[3]！是何言！是何言！吾心目中有一少年中国在。

欲言国之老少，请先言人之老少。老年人常思既往，少年人常思将来。惟思既往也，故生留恋心；惟思将来也，故生希望心。惟留恋也故保守；惟希望也故进取。惟保守也故永

① 本文作于光绪二十六年（1900年）。

② 袭译：袭用翻译。欧西：指欧美西方世界。

③ 恶（wū）：叹词，犹“唉”，表示惊讶与否定。

旧；惟进取也故日新。惟思既往也，事事皆其所已经者，故惟知照例；惟思将来也，事事皆其所未经者，故常敢破格。老年人常多忧虑，少年人常好行乐。惟多忧也，故灰心；惟行乐也，故盛气。惟灰心也，故怯懦；惟盛气也，故豪壮。惟怯懦也，故苟且；惟豪壮也，故冒险。惟苟且也，故能灭世界；惟冒险也，故能造世界。老年人常厌事，少年人常喜事。惟厌事也，故常觉一切事无可为者；惟好事也，故常觉一切事无不可为者。老年人如夕照，少年人如朝阳。老年人如瘠牛，少年人如乳虎。老年人如僧，少年人如侠。老年人如字典，少年人如戏文。老年人如鸦片烟，少年人如泼兰地酒。老年人如别行星之陨石，少年人如大洋海之珊瑚岛。老年人如埃及沙漠之金字塔①，少年人如西伯利亚之铁路。老年人如秋后之柳，少年人如春前之草。老年人如死海之潴为泽②，少年人如长江之初发源。此老年与少年性格不同之大略也。梁启超曰：人固有之，国亦宜然。

梁启超曰：伤哉，老大也！浔阳江头琵琶妇，当明月绕船，枫叶瑟瑟，衾寒于铁，似梦非梦之时，追想洛阳尘中春花秋月之佳趣③。西宫南内，白发宫娥，一灯如穗，三五对坐，谈开元天宝间遗事，谱霓裳羽衣曲④。青门种瓜人，左对孺人，顾弄孺子，忆侯门似海，珠履杂遝之盛事⑤。拿破仑之流于厄蔑⑥，阿剌飞之幽于锡兰⑦，与三两监守吏，或过访之好事者，道当年短刀匹马驰骋中原，席卷欧洲，血战海楼，一声叱咤，万国震恐之丰功伟烈⑧，初而拍案，继而抚髀⑨，终而揽镜，呜呼，面皴齿尽，白发盈把，颓然老矣！若是者，舍幽郁之外无心事⑩，舍悲惨之外无天地，舍颓唐之外无日月，舍叹息之外无音声，舍待死之外无事业，美人豪杰且然，而况于寻常碌碌者耶？生平亲友，皆在墟墓；起居饮食，待命于人。今日且过，遑知他日；今年且过，遑恤明年？普天下灰心短气之事，未有甚于老

---

① 金字塔：古代埃及王墓，以石筑成，底面为四方形，侧面做三角形之方尖塔，望之状如“金”字，故译名“金字塔”。金字塔与下句“西伯利亚铁路”对举，取其古雅而无实用意。

② 死海：湖名，一名咸海。因水中含盐量高，鱼类不生，故名。在约旦、以色列和巴基斯坦间。潴（zhū）：聚积的水流。

③ “浔阳”六句：此用白居易《琵琶行》诗所写的故事。琵琶妇原是长安歌女（此处误为洛阳歌女），老大嫁作商人妇。商人离她经商而去。在浔阳江头的夜晚，枫叶瑟瑟，她回想往事，有不胜零落之感。浔阳江，在今九江市北，长江流经九江市的一段。

④ “西宫”六句：就白居易《长恨歌》所咏唐玄宗与杨贵妃事，用元稹《行宫》“白头宫女在，闲坐说玄宗”诗意，谓安史之乱后，白头宫人忆及当年事，倍感凄凉。西宫，唐太极宫；南内，唐兴庆宫。李隆基自四川返京后，先居兴庆宫，后迁西宫。霓裳羽衣曲，本名《婆罗门》，源出印度，开元中传入中国。传说李隆基梦游月宫，听诸仙奏曲，默记其调，醒后令乐工谱成。

⑤ “青门”四句：用汉初邵平故事。邵平在秦末为东陵侯。秦亡后，在长安东门外种瓜为生（见《三辅黄图》）。此句谓邵平回想当年的繁华，颇为感伤。青门，汉长安东门。孺人，古代大夫之妻称孺人，明、清两代七品官的妻子封孺人。珠履，用珠子装饰的鞋。杂遝（tà），杂乱。

⑥ 拿破仑：即拿破仑一世。法国资产阶级政治家、军事家。他于1804年为法国皇帝，曾称霸欧洲。1814年各国联军攻破巴黎，拿破仑被流放于厄尔巴岛。厄蔑：即厄尔巴岛，在意大利半岛和法国科西嘉岛之间。

⑦ 阿剌飞：指埃及民族解放运动领袖阿拉比，曾率众推翻英、法殖民统治。1882年，英国侵略军进攻埃及，阿拉比领导军队抗击，战败被流放于锡兰岛。

⑧ 丰功伟烈：丰功伟绩。烈，功绩。贾谊《过秦论》：“及至始皇，奋六世之余烈，振长策而御宇内。”

⑨ 抚髀（bì）：《三国志·蜀志·先主传》注引《九州春秋》：“备住荆州数年，尝于（刘）表坐起至厕，见髀里肉生，慨然流涕。还坐，表怪问备，备曰：‘吾常身不离鞍，髀肉皆消；今不复骑，髀里肉生。日月若驰，老将至矣，而功业不建，是以悲耳！’”髀，大腿。

⑩ 幽郁：深沉的忧郁。

大者。于此人也，而欲望以拏云之手段①，回天之事功②，挟山超海之意气③，能乎不能？

呜呼，我中国其果老大矣乎？立乎今日以指畴昔，唐虞三代④，若何之郅治⑤；秦皇汉武，若何之雄杰；汉唐来之文学，若何之隆盛；康乾间之武功，若何之烜赫。历史家所铺叙，词章家所讴歌，何一非我国民少年时代良辰美景赏心乐事之陈迹哉！而今颓然老矣！昨日割五城，明日割十城，处处雀鼠尽，夜夜鸡犬惊。十八省之土地财产⑥，已为人怀中之肉，四百兆之父兄子弟⑦，已为人注籍之奴⑧，岂所谓"老大嫁作商人妇"者耶⑨？呜呼，"凭君莫话当年事，憔悴韶光不忍看！"楚囚相对⑩，岌岌顾影，人命危浅，朝不虑夕。国为待死之国，一国之民为待死之民，万事付之奈何，一切凭人作弄，亦何足怪。

梁启超曰：我中国其果老大矣乎？是今日全地球之一大问题也。如其老大也，则是中国为过去之国，即地球上昔本有此国，而今渐澌灭⑪，他日之命运殆将尽也。如其非老大也，则是中国为未来之国，即地球上昔未现此国，而今渐发达，他日之前程且方长也。欲断今日之中国为老大耶，为少年耶？则不可不先明国字之意义。夫国也者，何物也？有土地，有人民，以居于其土地之人民，而治其所居之土地之事，自制法律而自守之；有主权，有服从，人人皆主权者，人人皆服从者。夫如是，斯谓之完全成立之国。地球上之有完全成立之国也，自百年以来也。完全成立者，壮年之事也。未能完全成立而渐进于完全成立者，少年之事也。故吾得一言以断之曰：欧洲列邦在今日为壮年国，而我中国在今日为少年国……。

龚自珍氏之集有诗一章，题曰：《能令公少年行》⑫。吾尝爱读之，而有味乎其用意之所存。我国民而自谓其国之老大也，斯果老大矣；我国民而自知其国之少年也，斯乃少年矣。西谚有之曰："有三岁之翁，有百岁之童。"然则国之老少，又无定形，而实随国民之心力以为消长者也。吾见乎玛志尼之能令国少年也，吾又见乎我国之官吏士民能令国老大也。吾为此惧！夫以如此壮丽浓郁翩翩绝世之少年中国，而使欧西日本人谓我为老大者，何也？则以握国权者，皆老朽之人也。非哦几十年八股，非写几十年白折⑬，非当几十年差，非捱几

---

① 拏云：上干云霄之意，比喻心气极高。拏，今作"拿"，捉持。李贺《致酒行》诗："少年心事当拏云。"

② 回天：使天地倒转，喻改变局势。

③ 挟山超海：喻英雄壮举。《孟子·梁惠王上》："挟泰山以超北海。"

④ 唐虞三代：指唐尧、虞舜和夏、商、周三代。

⑤ 郅（zhì）治：至治，把国家治理得太平强盛。郅，极，至。

⑥ 十八省：清初全国共分十八个省。光绪末年增至二十三省，但人们习惯上仍称十八省。

⑦ 四百兆：即四亿，当时中国有四亿人口。

⑧ 注籍之奴：注入户籍的奴隶。这里指失去自由的人。

⑨ 老大嫁作商人妇：白居易《琵琶行》中的诗句。

⑩ 楚囚相对：喻遇到强敌，窘迫无计。《晋书·王导传》载，晋元帝时，国家动乱，中州人士纷纷避乱江左。"过江人士，每至暇日，相要出新亭饮宴。周顗中坐而叹曰：'风景不殊，举目有江河之异。'皆相视流涕。惟（王）导愀然变色曰：'当共勠力王室，克复神州，何至作楚囚相对泣邪？'"

⑪ 澌灭：消亡，消灭。

⑫ 《能令公少年行》：龚自珍抒怀之诗，收入《定庵全集》，原意是说一个人不追求名利，放宽胸怀，就能长葆青春。这里取其长葆青春意。

⑬ 白折：清代科举应试的试卷之一。殿试取中进士后，还要进行朝考，以分别授予官职。朝考用白折，即用工整的楷书写在白纸制的折子上。

十年俸，非递几十年手本①，非唱几十年诺②，非磕几十年头，非请几十年安，则必不能得一官，进一职。其内任卿贰以上③，外任监司以上者④，百人之中，其五官不备者⑤，殆九十六七人也。非眼盲，则耳聋，非手颤，则足跛，否则半身不遂也。彼其一身，饮食步履视听言语，尚且不能自了，须三四人在左右扶之捉之，乃能度日，于此而乃欲责之以国事，是何异立无数木偶而使之治天下也！且彼辈者，自其少壮之时，既已不知亚细欧罗为何处地方，汉祖唐宗是那朝皇帝，犹嫌其顽钝腐败之未臻其极，又必搓磨之⑥，陶冶之，待其脑髓已涸，血管已塞，气息奄奄，与鬼为邻之时，然后将我二万里山河，四万万人命，一举而界于其手。呜呼！老大帝国，诚哉其老大也！而彼辈者，积其数十年之八股、白折、当差、捱俸、手本、唱诺、磕头、请安，千辛万苦，千苦万辛，乃始得此红顶花翎之服色⑦，中堂大人之名号⑧，乃出其全副精神，竭其毕生力量，以保持之。如彼乞儿拾金一锭，虽轰雷盘旋其顶上，而两手犹紧抱其荷包，他事非所顾也，非所知也，非所闻也。于此而告之以亡国也，瓜分也，彼乌从而听之⑨，乌从而信之。即使果亡矣，果分矣，而吾今年既七十矣，八十矣，但求其一两年内，洋人不来，强盗不起，我已快活了一世矣。若不得已，则割三头两省之土地⑩，奉申贺敬，以换我几个衙门，卖三几百万之人民作仆为奴，以赎我一条老命，有何不可，有何难办？呜呼！今以所谓老后、老臣、老将、老吏，其修身齐家治国平天下之手段，皆具于是矣。“西风一夜催人老，凋尽朱颜白尽头。”使走无常当医生⑪，携催命符以祝寿。嗟乎痛哉！以此为国，是安得不老且死，且吾恐其未及岁而殇也。

梁启超曰：造成今日之老大中国者，则中国老朽之冤业也，制出将来之少年中国者，则中国少年之责任也。彼老朽者何足道，彼与此世界作别之日不远矣，而我少年乃新来而与世界为缘。如僦屋者然⑫，彼明日将迁居他方，而我今日始入此室处。将迁居者，不爱护其窗栊，不洁治其庭庑⑬，俗人恒情，亦何足怪。若我少年者，前程浩浩，后顾茫茫。中国而为牛为马为奴为隶，则烹脔鞭箠之惨酷⑭，惟我少年当之；中国如称霸宇内，主盟地球，则指挥顾盼之尊荣，惟我少年享之；于彼气息奄奄，与鬼为邻者何与焉。彼而漠然置之，犹可言也；我而漠然置之，不可言也。使举国之少年而果为少年也，则吾中国为未来之国，其进步未可量也。使举国之少年而亦为老大也，则吾中国为过去之国，其澌亡可翘足而待也。故今

---

① 手本：明清官场中下级晋见上级时用的名帖。

② 唱诺（rě）：古代的一种礼节。对人打躬作揖，口中出声，叫唱喏。诺，当作“喏”。下文“请安”，系清代问候的礼节，男子打千，即右膝微跪，隆重时，双膝跪地，呼“请某某安”。

③ 卿贰：卿是朝廷各部的长官，贰指副职。

④ 监司：清代通称各省布政使、按察使及各道道员为监司。

⑤ 五官不备：指五官功能不全。

⑥ 搓磨：磋磨，切磋琢磨。原是精益求精意，这里指磨去棱角、锋芒。

⑦ 红顶花翎：大官的帽饰。清代官员帽顶上顶珠的颜色、质料，标志着官阶的品级，一品官用红宝石顶珠。花翎，用孔雀翎做的帽饰，以翎眼多者为贵，五品以上用花翎，六品以下用蓝翎。

⑧ 中堂：明清时对大学士的称呼。明代大学士实际掌握宰相的权力，在内阁办公，中书居东、西两房，大学士居中，故称“中堂”。清代包括协办大学士均用此称。

⑨ 乌：何，哪里。

⑩ 三头两省：闽粤方言，三两个省。

⑪ 走无常：迷信说法，阴司用活人为鬼役，摄取后死者的魂。充当这种鬼差者，称走无常。

⑫ 僦（jiù）屋：租赁房屋。

⑬ 庭庑（wǔ）：庭院走廊。

⑭ 脔（luán）：切成小块的肉，这里用作动词，宰割之意。箠：棍杖。这里用作动词，捶打之意。

日之责任，不在他人，而全在我少年。少年智则国智，少年富则国富，少年强则国强，少年独立则国独立，少年自由则国自由，少年进步则国进步，少年胜于欧洲，则国胜于欧洲，少年雄于地球，则国雄于地球。红日初升，其道大光①。河出伏流②，一泻汪洋。潜龙腾渊，鳞爪飞扬。乳虎啸谷，百兽震惶。鹰隼试翼③，风尘吸张。奇花初胎，矞矞皇皇④。干将发硎⑤，有作其芒⑥。天戴其苍，地履其黄⑦。纵有千古，横有八荒⑧。前途似海，来日方长。美哉我少年中国，与天不老！壮哉我中国少年，与国无疆！

“三十功名尘与土，八千里路云和月。莫等闲，白了少年头，空悲切。”此岳武穆《满江红》词句也⑨。作者自六岁时即口受记忆，至今喜诵之不衰。自今以往，弃“哀时客”⑩之名，更自名曰：“少年中国之少年。”作者附识。

## 学习建议

1. 阅读文章第三段和第五段，分析作者把抽象的议论写得具体化、形象化的修辞手法。
2. 分析本文中所说老年、少年以及老年中国、少年中国的象征意义。
3. 延伸阅读篇目：《太平洋遇雨》《志未酬》。

---

① 其道大光：语出《周易·益》：“自上下下，其道大光。”光，广大，发扬。

② 伏流：水流地下。《水经注·河水》：“河出昆仑，伏流地中万三千里。”

③ 鹰隼（sǔn）：指鹰类猛禽。

④ 矞（yù）矞皇皇：形容艳丽。《太玄经·交》：“物登明堂，矞矞皇皇。”司马光集注引陆绩曰：“矞皇，休美貌。”

⑤ 干将：古剑名，后泛指宝剑。发硎（xíng）：刀刃新磨。硎，磨刀石。

⑥ 有作其芒：发出光芒。

⑦ “天戴”二句：是说少年中国如苍天之大，如地之广阔。

⑧ 八荒：八方荒远之地。《说苑·辨物》：“八荒之内有四海，四海之内有九州。”

⑨ 岳武穆：岳飞，死后谥武穆。

⑩ 哀时客：梁启超曾用之笔名。

# 影的告别

鲁　迅

鲁迅（1881—1936年），原名周樟寿，字豫才，后改名为周树人，至三十八岁，始用“鲁迅”为笔名，浙江绍兴人。少年时代在家塾学习诗书经传，喜欢野史杂录和民间绘画艺术。1898年就读于洋务派创办的南京江南水师学堂，数月后重考入江南陆师学堂附设的路矿学堂，开始接触新学。1902年到日本留学，这一时期开始参加各种民族民主革命活动，广泛涉猎西方近代科学文艺书刊。1906年弃医学文，希望以文艺改造国民精神，筹办文艺杂志《新生》，未果，转而在《河南》杂志发表《人之历史》《摩罗诗力说》《文化偏重论》等重要论文。与周作人合译《域外小说集》第一集，1909年出版。

1909年夏回国，先后在杭州浙江两级师范和绍兴府中学堂任教。1912年2月应蔡元培之邀，赴南京教育部任职，后随教育部迁往北京。1918年5月开始以“鲁迅”为笔名在《新青年》发表第一篇现代白话小说《狂人日记》。此后3年间陆续在《新青年》发表小说、新诗、杂文、译文50余篇，并参与《新青年》编务。1923年，第一本短篇小说集《呐喊》出版。1926年出版《彷徨》。除了小说，鲁迅还写了很多具有独特风格的杂文，以《随感录》为代表，1918年起在《新青年》上发表。1925年出版杂文集《热风》。

1927年初到广州中山大学任文学系主任兼教务主任。1927年8月到厦门大学任教授。同年10月抵上海，从此定居上海，专事写作。1930年，中国左翼作家联盟成立，他是发起人之一，也是主要领导人，曾先后主编《萌芽》《前哨》《十字街头》《译文》等重要文学期刊。1936年因积劳和肺病在上海逝世，终年55岁。

## 【导读】

这是一首构思非常奇特而巧妙的散文诗。流连于影的世界里，我担心被“黑暗”所吞并，或者被“光明”所消灭。

因为影“不愿彷徨于明暗之间”，所以它“不想跟随你了”。然而现实又是那样的无奈，处于一种生存困境中，它“终于彷徨于明暗之间”这样，不管是人，或者是影，出路只有一个，那就是反抗。于是，它反抗黑暗，因为反抗黑暗，故为黑暗所不容“黑暗又会吞并我”，可它的生命价值正在于反抗黑暗中。当黑暗被消灭时，光明真正来临之日，却又是影消亡之时，“然而光明又会使我消失。”

鲁迅先生写道“我愿意只是黑暗，或者会消失于你的白天；我愿意只是虚空，决不占你的心地。”鲁迅先生当时处于历史的生存困境中，而笔下的影之价值在于反抗黑暗，当自己辛苦奋斗得到的光明来临之时，却又甘愿于消亡。这是何等的生命境界，怎能不让我感动呢？最后，我想说，即便“我将向黑暗里彷徨于无地”，我还是愿意如鲁迅先生那样“只有我被黑暗沉没，那世界全属于我自己”。这就是《影的告别》带给我们的最大的生命启示。

人睡到不知道时候的时候，就会有影来告别，说出那些话——

有我所不乐意的在天堂里，我不愿去；有我所不乐意的在地狱里，我不愿去；有我所不乐意的在你们将来的黄金世界里，我不愿去。

然而你就是我所不乐意的。

朋友，我不想跟随你了，我不愿住。

我不愿意！

呜乎呜乎，我不愿意，我不如彷徨于无地。

我不过一个影，要别你而沉没在黑暗里了。然而黑暗又会吞并我，然而光明又会使我消失。

然而我不愿彷徨于明暗之间，我不如在黑暗里沉没。

然而我终于彷徨于明暗之间，我不知道是黄昏还是黎明。我姑且举灰黑的手装作喝干一杯酒，我将在不知道时候的时候独自远行。

呜乎呜乎，倘若黄昏，黑夜自然会来沉没我，否则我要被白天消失，如果现是黎明。

朋友，时候近了。

我将向黑暗里彷徨于无地。

你还想我的赠品。我能献你甚么呢？无已，则仍是黑暗和虚空而已。但是，我愿意只是黑暗，或者会消失于你的白天；我愿意只是虚空，决不占你的心地。

我愿意这样，朋友——

我独自远行，不但没有你，并且再没有别的影在黑暗里。只有我被黑暗沉没，那世界全属于我自己。

## 学习建议

1. 分析作品中“影”的意象。
2. 体会作者的情感状态。
3. 感受作者的语言特点。
4. 延伸阅读篇目：《风筝》《死火》《希望》《秋夜》。

# 我所知道的康桥

徐志摩

## 【导读】

作者是历览千山万水的才华横溢的作家，但面对至爱的康桥，我们一向自信的诗人忧心忡忡。最神圣钟爱的事物，总是最不敢轻易提及，唯恐亵渎了它。康桥，那是志摩心中千遍万遍唱不尽的爱宠，是断断不肯对它做骚人墨客式的清论高谈、评头论足的。

文章开篇好像只用了一支碳素笔，就以线条勾勒出志摩与康桥之间几乎具有某种宿命意味的互属关系。语言平浅、意象单纯，而志摩心中的意念却温和地随着文字的节拍，不疾不缓地淡淡点出。钟情千年，相遇有缘，自有默契，不必多言。该来的，不论是前生还是来世，始终都等在那里。就只这一个康桥，单等这一个志摩去“发见”，去结一段缘。不需要任何理由与契机。

作者是实实在在爱疯了康桥。正由于作者对康桥疯狂的爱，所以才有如下三幅传神写意的中国水墨：淡泊悠远、田园情调的康河坝筑图；堂皇典丽、气象高华的学院建筑群；超凡脱俗，惟妙惟肖的克莱亚三环洞桥。

智慧的灵光闪亮出人生的顿悟。文中三个“你要发现”的排比句，就完成了这出自性灵的会心之见，悟透的人自有心领神会的一笑。再如后文中“不满意的生活大都是自取的”、“有幸福是永远不离母亲扶养的孩子，有健康是永远接近自然的人”，这种从眼前景物荡开去，通过冥想的途径，反映个人情思的格言警句式的哲理短句，文中俯拾皆是，可圈可点。恰如散置在夜空里的星星，让人眼前一亮又一亮。从中可窥志摩炼字炼句，想象比喻的功夫，已达圆熟境界。

### （一）

我这一生的周折，大都寻得出感情的线索。不论别的，单说求学。我到英国是为要从罗素。罗素来中国时，我已经在美国。他那不确的死耗传到的时候，我真的出眼泪不够，还做悼诗来了。他没有死，我自然高兴。我摆脱了哥伦比亚大博士衔的引诱，买船票过大西洋，想跟这位二十世纪的福禄泰尔认真念一点书去。谁知一到英国才知道事情变样了：一为他在战时主张和平，二为他离婚，罗素叫康桥给除名了，他原来是 Trinity College 的 fellow，这来他的 fellowship 也给取销了。他回英国后就在伦敦住下，夫妻两人卖文章过日子。因此我也不曾遂我从学的始愿。我在伦敦政治经济学院里混了半年，正感着闷想换路走的时候，我认识了狄更生先生。狄更生——Galsworthy Lowes Dickinson——是一个有名的作者，他的《一个中国人的通信》（Letters From John Chinaman）与《一个现代聚餐谈话》（A Modern Symposium）两本小册子早得了我的景仰。我第一次会着他是在伦敦国际联盟协会席上，那天林宗孟先生演说，他做主席；第二次是宗孟寓里吃茶，有他。以后我常到他家里去。他看出我的烦闷，劝我到康桥去，他自己是王家学院（King's College）的 Fellow。我就写信去问两个学院，回信都说学额早满了，随后还是狄更生先生替我去在他的学院里说好了，给我一个特别生的资格，随意选科听讲。从此黑方巾黑披袍的风光也被我占着了。初起我在离康桥六英里的乡下叫沙士顿地方租了几间小屋住下，同居的有我从前的夫人张幼仪女士与郭虞裳君。每天一早我坐街车（有时自行车）上学，到晚回家。这样的生活过了一个春，但我在康桥还只是个陌生人，谁都不认识，康桥的生活，可以说完全不曾尝着，我知道的只是一个图书馆，几个课室，和三两个吃便宜饭的茶食铺子。狄更生常在伦敦或是大陆上，所以也不常见他。那年的秋季我一个人回到康桥，整整有一学年，那时我才有机会接近真正的康桥生活，同时我也慢慢的“发见”了康桥。我不曾知道过更大的愉快。

## （二）

“单独”是一个耐寻味的现象。我有时想它是任何发见的第一个条件。你要发见你的朋友的“真”，你得有与他单独的机会。你要发见你自己的真，你得给你自己一个单独的机会。你要发见一个地方（地方一样有灵性），你也得有单独玩的机会。我们这一辈子，认真说，能认识几个人？能认识几个地方？我们都是太匆忙，太没有单独的机会。说实话，我连我的本乡都没有什么了解。康桥我要算有相当交情的，再次许只有新认识的翡冷翠了。啊，那些清晨，那些黄昏，我一个人发痴似的在康桥！绝对的单独。

但一个人要写他最心爱的对象，不论是人是地，是多么使他为难的一个工作？你怕，你怕描坏了它，你怕说过分了恼了它，你怕说太谨慎了辜负了它。我现在想写康桥，也正是这样的心理，我不曾写，我就知道这回是写不好的——况且又是临时逼出来的事情。但我却不能不写，上期预告已经出去了。我想勉强分两节写：一是我所知道的康桥的天然景色；一是我所知道的康桥的学生生活。我今晚只能极简的写些，等以后有兴会时再补。

## （三）

康桥的灵性全在一条河上：康河，我敢说，是全世界最秀丽的一条水。河的名是葛兰大（Granta），也有叫康河（River Cam）的，许有上下流的区别，我不甚清楚。河身多的是曲折，上游是有名的拜伦潭——“Byron's Pool”——当年拜伦常在那里玩的；有一个老村子叫格兰骞斯德，有一个果子园，你可以躺在累累的桃李树荫下吃茶，花果会掉入你的茶杯，小雀子会到你桌上来啄食，那真是别有一番天地。这是上游；下游是从骞斯德顿下去，河面展开，那是春夏间竞舟的场所。上下河分界处有一个坝筑，水流急得很，在星光下听水声，听近村晚钟声，听河畔卷牛刍草声，是我康桥经验中最神秘的一种：大自然的优美、宁静，调谐在这星光与波光的默契中不期然的淹入了你的性灵。

但康河的精华是在它的中权，著名的“Backs”这两岸是几个最蜚声的学院的建筑。从上面下来是Pembroke，St. Katharine's，King's，Clare，Trinity，St. John's。最令人留连的一节是克莱亚与王家学院的毗连处，克莱亚的秀丽紧邻着王家教堂（King's Chapel）的闳伟。别的地方尽有更美更庄严的建筑，例如巴黎赛因河的罗浮宫一带，威尼斯的利阿尔多大桥的两岸，翡冷翠维基乌大桥的周遭；但康桥的“Backs”自有它的特长，这不容易用一二个状词来概括，它那脱离尽尘埃气的一种清澈秀逸的意境可说是超出了画图而化生了音乐的神味。再没有比这一群建筑更调谐更匀称的了！论画，可比的许只有柯罗（Corot）的田野；论音乐，可比的许只有萧班（Chopin）的夜曲。就这也不能给你依稀的印象，它给你的美感简直是神灵性的一种。

假如你站在王家学院桥边的那棵大椈树荫下眺望，右侧面，隔着一大方浅草坪，是我们的校友居（Fellows building），那年代并不早，但它的妩媚也是不可掩的，它那苍白的石壁上春夏间满缀着艳色的蔷薇在和风中摇头，更移左是那教堂，森林似的尖阁不可浼的永远直指着天空；更左是克莱亚，啊！那不可信的玲珑的方庭，谁说这不是圣克莱亚（St. Clare）的化身，哪一块石上不闪耀着她当年圣洁的精神？在克莱亚后背隐约可辨的是康桥最潢贵最骄纵的三清学院（Trinity），它那临河的图书楼上坐镇着拜伦神采惊人的雕像。

但这时你的注意早已叫克莱亚的三环洞桥魔术似的摄住。你见过西湖白堤上的西泠断桥不是（可怜它们早已叫代表近代丑恶精神的汽车公司给铲平了，现在他们跟着苍凉的雷峰永远辞别了人间。）？你忘不了那桥上斑驳的苍苔，木栅的古色，与那桥拱下泄露的湖光与山色不是？克莱亚并没有那样体面的衬托，它也不比庐山栖贤寺旁的观音桥，上瞰五老的奇峰，下临深潭与飞瀑；它只是怯怜怜的一座三环洞的小桥，它那桥洞间也只掩映着细纹的波粼与婆娑的树影，它那桥上栉比的小穿阑与阑节顶上双双的白石球，也只是村姑子头上不夸张的香草与野花一类的装饰；但你凝神的看着，更凝神的看着，你再反省你的心境，看还有一丝屑的俗念沾滞不？只要你审美的本能不曾汩灭时，这是你的机会实现纯粹美感的神奇！

但你还得选你赏鉴的时辰。英国的天时与气候是走极端的。冬天是荒谬的坏，逢着连绵的雾盲天你一定不迟疑的甘愿进地狱本身去试试；春天（英国是几乎没有夏天的）是更荒谬的可爱，尤其是它那四五月间最渐缓最艳丽的黄昏，那才真是寸寸黄金。在康河边上过一个黄昏是一服灵魂的补剂。阿！我那时蜜甜的单独，那时甜蜜的闲暇。一晚又一晚的，只见我出神似的倚在桥阑上向西天凝望——

看一回凝静的桥影，
数一数螺钿的波纹：
我倚暖了石阑的青苔，
青苔凉透了我的心坎；……
还有几句更笨重的怎能仿佛那游丝似轻妙的情景：
难忘七月的黄昏，远树凝寂，
像墨泼的山形，衬出轻柔暝色
密稠稠，七分鹅黄，三分桔绿，
那妙意只可去秋梦边缘捕捉；……

## （四）

这河身的两岸都是四季常青最葱翠的草坪。从校友居的楼上望去，对岸草场上，不论早晚，永远有十数匹黄牛与白马，胫蹄没在恣蔓的草丛中，从容的在咬嚼，星星的黄花在风中动荡，应和着它们尾鬃的扫拂。桥的两端有斜倚的垂柳与荫护住。水是澈底的清澄，深不足四尺，匀匀的长着长条的水草。这岸边的草坪又是我的爱宠，在清朝，在傍晚，我常去这天然的织锦上坐地，有时读书，有时看水；有时仰卧着看天空的行云，有时反扑着搂抱大地的温软。

但河上的风流还不止两岸的秀丽。你得买船去玩。船不止一种：有普通的双桨划船，有轻快的薄皮舟（Canoe），有最别致的长形撑篙船（Punt）。最末的一种是别处不常有的：约莫有二丈长，三尺宽，你站直在船梢上用长竿撑着走的。这撑是一种技术。我手脚太蠢，始终不曾学会。你初起手尝试时，容易把船身横住在河中，东颠西撞的狼狈。英国人是不轻易开口笑人的，但是小心他们不出声的皱眉！也不知有多少次河中本来优闲的秩序叫我这莽撞的外行给捣乱了。我真的始终不曾学会；每回我不服输跑去租船再试的时候，有一个白胡子的船家往往带讥讽的对我说："先生，这撑船费劲，天热累人，还是拿个薄皮舟溜溜吧!"我那里肯听话，长篙子一点就把船撑了开去，结果还是把河身一段段的腰斩了去。

你站在桥上去看人家撑，那多不费劲，多美！尤其在礼拜天有几个专家的女郎，穿一身缟素衣服，裙裾在风前悠悠的飘着，戴一顶宽边的薄纱帽，帽影在水草间颤动，你看她们出桥洞时的恣态，捻起一根竟像没有分量的长竿，只轻轻的，不经心的往波心里一点，身子微微的一蹲，这船身便波的转出了桥影，翠条鱼似的向前滑了去。她们那敏捷，那闲暇，那轻盈，真是值得歌咏的。

在初夏阳光渐暖时你去买一支小船，划去桥边荫下躺着念你的书或是做你的梦，槐花香在水面上飘浮，鱼群的唼喋声在你的耳边挑逗。或是在初秋的黄昏，近着新月的寒光，望上流僻静处远去。爱热闹的少年们携着他们的女友，在船沿上支着双双的东洋彩纸灯，带着话匣子，船心里用软垫铺着，也开向无人迹处去享他们的野福——谁不爱听那水底翻的音乐在静定的河上描写梦意与春光！

住惯城市的人不易知道季候的变迁。看见叶子掉知道是秋，看见叶子绿知道是春；天冷了装炉子，天热了拆炉子；脱下棉袍，换上夹袍，脱下夹袍，穿上单袍；不过如此罢了。天上星斗的消息，地下泥土里的消息，空中风吹的消息，都不关我们的事。忙着哪，这样那样事情多着，谁耐烦管星星的移转，花草的消长，风云的变幻？同时我们抱怨我们的生活，苦痛，烦闷，拘束，枯燥，谁肯承认做人是快乐？谁不多少间咒诅人生？

但不满意的生活大都是由于自取的。我是一个生命的信仰者，我信生活决不是我们大多数人仅仅从自身经验推得的那样暗惨。我们的病根是在"忘本"。人是自然的产儿，就比枝头的花与鸟是自然的产儿；但我们不幸是文明人，人世深似一天，离自然远似一天。离开了泥土的花草，离开了水的鱼，能快活吗？能生存吗？从大自然，我们取得我们的生命；从大自然，我们分取得我们继续的资养。哪一株婆娑的大木没有盘错的根柢深入在无尽藏的地里？我们是永远不能独立的。有幸福是永远不离母亲抚育的孩子，有健康是永远接近自然的人们。不必一定与鹿豕游，不必一定回"洞府"去：为医治我们当前生活的枯窘，只要"不完全遗忘自然"一张轻淡的药方，我们的病象就有缓和的希望。在青草里打几个滚，到海水里洗几次浴，到高处去看几次朝霞与晚照——你肩背上的负担就会轻松了去的。

这是极肤浅的道理，当然。但我要没有过康桥的日子，我就不会有这样的自信。我这一辈子就只那一春，说也可怜，算是不曾虚度。就只那一春，我的生活是自然的，是真愉快的！（虽则碰巧那也是我最感受人生痛苦的时期。）我那时有的是闲暇，有的是自由，有的是绝对单独的机会。说也奇怪，竟像是第一次，我辨认了星月的光明，草的青，花的香，流水的殷勤。我能忘记那初春的睥睨吗？曾经有多少个清晨我独自冒着冷去薄霜铺地的林子里闲步——为听鸟语，为盼朝阳，为寻泥土里渐次苏醒的花草，为体会最微细最神妙的春信。阿，那是新来的画眉在那边凋不尽的青枝上试它的新声！阿，这是第一朵小雪球花挣出了半冻的地面！阿，这不是新来的潮润沾上了寂寞的柳条？

静极了，这朝来水溶溶的大道，只远处牛奶车的铃声，点缀这周遭的沉默。顺着这大道走去，走到尽头，再转入林子里的小径，往烟雾浓密处走去，头顶是交枝的榆荫，透露着漠楞楞的曙色；再往前走去，走尽这林子，当前是平坦的原野，望见了村舍，初青的麦田，更远三两个馒形的小山掩住了一条通道。天边是雾茫茫的，尖尖的黑影是近村的教寺。听，那晓钟和缓的清音。这一带是此邦中部的平原，地形像是海里的轻波，默沉沉的起伏；山岭是望不见的，有的是常青的草原与沃腴的田壤。登那土阜上望去，康桥只是一带茂林，拥戴着几处娉婷的尖阁。妩媚的康河也望不见踪迹，你只能循着那锦带似的林木想象那一流清浅。村舍与树林是这地盘上的棋子，有村舍处有佳荫，有佳荫处有村舍。这早起是看炊烟的时辰：朝雾渐渐的升起，揭开了这灰苍苍的天幕（最好是微霰后的光景），远近的炊烟，成丝的、成缕的、成卷的，轻快的，迟重的，浓灰的，淡青的，惨白的，在静定的朝气里渐渐的上腾，渐渐的不见，仿佛是朝来人们的祈祷，参差的翳入了天听。朝阳是难得见的，这初春的天气。但它来时是起早人莫大的愉快。顷刻间这田野添深了颜色，一层轻纱似的金粉糁上了这草，这树，这通道，这庄舍。顷刻间这周遭弥漫了清晨富丽的温柔。顷刻间你的心怀也分润了白天诞生的光荣。“春”！这胜利的晴空仿佛在你的耳边私语。“春！”你那快活的灵魂也仿佛在那里回响。

……

伺候着河上的风光，这春来一天有一天的消息。关心石上的苔痕，关心败草里的花鲜。关心这水流的缓急，关心水草的滋长，关心天上的云霞，关心新来的鸟语。怯伶伶的小雪球是探春信的小使。铃兰与香草是欢喜的初声。窈窕的莲馨，玲珑的石水仙，爱热闹的克罗克斯，耐辛苦的蒲公英与雏菊——这时候春光已是缦烂在人间，更不须殷勤问讯。

瑰丽的春放。这是你野游的时期。可爱的路政，这里不比中国，哪一处不是坦荡荡的大道？徒步是一个愉快，但骑自转车是一个更大的愉快，在康桥骑车是普遍的技术；妇人、稚子、老翁，一致享受这双轮舞的快乐。（在康桥听说自转车是不怕人偷的，就为人人都自己有车，没人要偷。）任你选一个方向，任你上一条通道，顺着这带草味的和风，放轮远去，保管你这半天的逍遥是你性灵的补剂。——这道上有的是清荫与美草，随地都可以供你休憩。你如爱花，这里多的是锦绣似的草原。你如爱鸟，这里多的是巧啭的鸣禽。你如爱儿童，这乡间到处是可亲的稚子。你如爱人情，这里多的是不嫌远客的乡人，你到处可以“挂单”借宿，有酪浆与嫩薯供你饱餐，有夺目的果鲜恣你尝新。你如爱酒，这乡间每“望”都为你储有上好的新酿，黑啤如太浓，苹果酒姜酒都是供你解渴润肺的。……。带一卷书，走十里路，选一块清静地，看天，听鸟，读书，倦了时，和身在草绵绵处寻梦去——你能想象更适性的消遣吗？

陆放翁有一联诗句：“传呼快马迎新月，却上轻舆趁晚凉”；这是做地方官的风流。我在康桥时虽没马骑，没轿子坐，却也有我的风流：我常常在夕阳西晒时骑了车迎着天边扁大的日头直追。日头是追不到的，我没有夸父的荒诞，但晚景的温存却被我这样偷尝了不少。有三两幅画图似的经验至今还栩栩的留着。只说看夕阳，我们平常只知道登山或是临海，但实际只须辽阔的天际，平地上的晚霞有时也是一样的神奇。有一次我赶到一个地方，手把着一家村庄的篱笆隔着一大田的麦浪，看西天的变幻。有一次是正冲着一条宽广的大道，过来一大群羊，放草归来的，偌大的太阳在它们后背放射着万缕的金辉，天上却是乌青青的，只剩这不可逼视的威光中的一条大路，一群生物！我心头顿时感着神异性的压迫，我真的跪下了，对着这冉冉渐翳的金光。再有一次是更不可忘的奇景，那是临着一大片望不到头的草原，满开着艳红的罂粟，在青草里亭亭的像是万盏的金灯，阳光从褐色云里斜着过来，幻成一种异样紫色，透明似的不可逼视，霎那间在我迷眩了视觉中，这草田变成了……不说也罢，说来你们也是不信的！

一别二年多了，康桥，谁知我这思乡的隐忧？也不想别的，我只要那晚钟撼动的黄昏，没遮拦的田野，独自斜倚在软草里，看第一个大星在天边出现！

## 学习建议

1. 感受康桥风景之美、作者人情之美与文章之美、人间之美的关系。

2. 作者用诗意的笔墨泼洒中华文化之高雅精髓于康桥的灵秀之上，具体表现在三幅富有中华文化特色的水墨画上，仔细体会其构成和神韵。

3. 延伸阅读篇目：《自剖》《想飞》《翡冷翠山居闲话》。

# 桨声灯影里的秦淮河

朱自清

朱自清（1898—1948 年），现代著名作家、学者、民主战士。原籍浙江绍兴，生于江苏海州（今连云港市），后随祖父、父亲定居扬州。

朱自清以诗出名走上文学道路，中晚期致力于散文创作。他的散文有写景文、旅行记、抒情文和杂文随笔等。先以缜密流丽的《桨声灯影里的秦淮河》《荷塘月色》等写景美文，显示了白话文学的实绩；继以《背影》《儿女》《给亡妇》等至情之作，树立了文质并茂、自然亲切的“谈话风”散文的一种典范；最后以谈言微中、理趣盎然的杂感文，实现了诗人、学者、斗士的统一。朱自清一生勤奋，共有诗歌、散文、评论、学术研究著作 26 种，约二百多万言。遗著编入《朱自清集》《朱自清诗文选集》等。

## 【导读】

《桨声灯影里的秦淮河》是朱自清的成名作，记叙了作者和朋友夏夜泛舟秦淮河的见闻和感受，作者在声光色彩的协奏中，敏锐地捕捉到了秦淮河不同时地、不同情境中的绰约风姿，引发思古幽情以及古今的融会。

历史是秦淮河的养料，因为历史而富于文化。因此，可以说历史成就了秦淮河，没有历史的秦淮河失去了色彩和档次。作者从现实走进历史，从形态与神态两方面唤醒了秦淮河。

本文的最大特色是富有诗情画意，在作者笔下秦淮河如诗、如画、如梦一般。奇异的“七板子”船，足以让人发幽思之情；温柔飘香的绿水，仿佛六朝金粉所凝；缥缈的歌声，似是微风和河水的密语……平淡中见神奇，意味隽永，有诗的意境，画的境界，正是文中有画，画中有文。作者的笔触是细致的，描绘秦淮河风光时，不求气势豪放，而以精巧展现美，具体细腻地描绘秦淮河的秀丽安逸，充分体现了作者细致的描写手法。船只、绿水、灯光、月光、大中桥、歌声……种种景物，作者抓住其光、形、色、味，细细描绘，却是明丽中不见雕琢，淡雅而不俗气，使秦淮河的水、灯、月交相辉映。

作者本着力于秦淮河的自然景观，却以歌妓的出现淡化了自然和他的审美情趣。作者把自己当时那种想听歌，却又碍于道德律的束缚，一心想超越现实，但又不能忘却现实的矛盾心情剖析得淋漓尽致，真实具体，那种情真意切，给予读者极大的感染。

一九二三年八月的一晚，我和平伯同游秦淮河；平伯是初泛，我是重来了。我们雇了一只“七板子”，在夕阳已去，皎月方来的时候，便下了船。于是桨声汩——汩，我们开始领略那晃荡着蔷薇色的历史的秦淮河的滋味了。

秦淮河里的船，比北京万甡园、颐和园的船好，比西湖的船好，比扬州瘦西湖的船也好。这几处的船不是觉着笨，就是觉着简陋、局促；都不能引起乘客们的情韵，如秦淮河的船一样。秦淮河的船约略可分为两种：一是大船；一是小船，就是所谓“七板子”。大船舱口阔大，可容二三十人。里面陈设着字画和光洁的红木家具，桌上一律嵌着冰凉的大理石面。窗格雕镂颇细，使人起柔腻之感。窗格里映着红色蓝色的玻璃；玻璃上有精致的花纹，也颇悦人目。“七板子”规模虽不及大船，但那淡蓝色的栏杆，空敞的舱，也足系人情思。而最出色处却在它的舱前。舱前是甲板上的一部。上面有弧形的顶，两边用疏疏的栏杆支着。里面通常放着两张藤的躺椅。躺下，可以谈天，可以望远，可以顾盼两岸的河房。大船上也有这个，便在小船上更觉清隽罢了。舱前的顶下，一律悬着灯彩；灯的多少，明暗，彩苏的精粗，艳晦，是不一的。但好歹总还你一个灯彩。这灯彩实在是最能钩人的东西。夜幕垂垂地下来时，大小船上都点起灯火。从两重玻璃里映出那辐射着的黄黄的散光，反晕出一片朦胧的烟霭；透过这烟霭，在黯黯的水波里，又逗起缕缕的明漪。在这薄霭和微漪里，听着那悠然的间歇的桨声，谁能不被引入他的美梦去呢？只愁梦太多了，这些大小船儿如何载得起呀？我们这时模模糊糊的谈着明末的秦淮河的艳迹，如《桃花扇》及《板桥杂记》里所载的。我们真神往了。我们仿佛亲见那时华灯映水，画舫凌波的光景了。于是我们的船便成了历史的重载了。我们终于恍然秦淮河的船所以雅丽过于他处，而又有奇异的吸引力的，实在是许多历史的影象使然了。

秦淮河的水是碧阴阴的；看起来厚而不腻，或者是六朝金粉所凝么？我们初上船的时候，天色还未断黑，那漾漾的柔波是这样的恬静，委婉，使我们一面有水阔天空之想，一面又憧憬着纸醉金迷之境了。等到灯火明时，阴阴的变为沉沉了：黯淡的水光，像梦一般；那偶然闪烁着的光芒，就是梦的眼睛了。我们坐在舱前，因了那隆起的顶棚，仿佛总是昂着首向前走着似的；于是飘飘然如御风而行的我们，看着那些自在的湾泊着的船，船里走马灯般的人物，便像是下界一般，迢迢的远了，又像在雾里看花，尽朦朦胧胧的。这时我们已过了利涉桥，望见东关头了。沿路听见断续的歌声：有从沿河的妓楼飘来的，有从河上船里度来的。我们明知那些歌声，只是些因袭的言词，从生涩的歌喉里机械的发出来的；但它们经了夏夜的微风的吹漾和水波的摇拂，袅娜着到我们耳边的时候，已经不单是她们的歌声，而混着微风和河水的密语了。于是我们不得不被牵惹着，震撼着，相与浮沉于这歌声里了。从东关头转湾，不久就到大中桥。大中桥共有三个桥拱，都很阔大，俨然是三座门儿；使我们觉得我们的船和船里的我们，在桥下过去时，真是太无颜色了。桥砖是深褐色，表明它的历史的长久；但都完好无缺，令人太息于古昔工程的坚美。桥上两旁都是木壁的房子，中间应该有街路？这些房子都破旧了，多年烟熏的迹，遮没了当年的美丽。我想象秦淮河的极盛时，在这样宏阔的桥上，特地盖了房子，必然是髹①漆得富富丽丽的；晚间必然是灯火通明的。现在却只剩下一片黑沈沈！但是桥上造着房子，毕竟使我们多少可以想见往日的繁华；这也慰情聊胜无了。过了大中桥，便到了灯月交辉，笙歌彻夜的秦淮河；这才是秦淮河的真面目哩。

大中桥外，顿然空阔，和桥内两岸排着密密的人家的大异了。一眼望去，疏疏的林，淡淡的月，衬着蓝蔚的天，颇像荒江野渡光景；那边呢，郁丛丛的，阴森森的，又似乎藏着无边的黑暗：令人几乎不信那是繁华的秦淮河了。但是河中眩晕着的灯光，纵横着的画舫，悠扬着的笛韵，夹着那吱吱的胡琴声，终于使我们认识绿如茵陈酒的秦淮水了。此地天裸露着的多些，故觉夜来的独迟些；从清清的水影里，我们感到的只是薄薄的夜——这正是秦淮河的夜。大中桥外，本来还有一座复成桥，是船夫口中的我们的游迹尽处，或也是秦淮河繁华

---

① 髹 xiū：① 用漆涂在器物上；② 古代称红黑色的漆。

的尽处了。我的脚曾踏过复成桥的脊，在十三四岁的时候。但是两次游秦淮河，却都不曾见着复成桥的面；明知总在前途的，却常觉得有些虚无缥缈似的。我想，不见倒也好。这时正是盛夏。我们下船后，藉着新生的晚凉和河上的微风，暑气已渐渐消散；到了此地，豁然开朗，身子顿然轻了——习习的清风荏苒在面上，手上，衣上，这便又感到了一缕新凉了。南京的日光，大概没有杭州猛烈；西湖的夏夜老是热蓬蓬的，水像沸着一般，秦淮河的水却尽是这样冷冷地绿着。任你人影的憧憧，歌声的扰扰，总像隔着一层薄薄的绿纱面幂似的；它尽是这样静静的，冷冷的绿着。我们出了大中桥，走不上半里路，船夫便将船划到一旁，停了桨由它宕着。他以为那里正是繁华的极点，再过去就是荒凉了；所以让我们多多赏鉴一会儿。他自己却静静的蹲着。他是看惯这光景的了，大约只是一个无可无不可。这无可无不可，无论是升的沈的，总之，都比我们高了。

那时河里热闹极了；船大半泊着，小半在水上穿梭似的来往。停泊着的都在近市的那一边，我们的船自然也夹在其中。因为这边略略的挤，便觉得那边十分的疏了。在每一只船从那边过去时，我们能画出它的轻轻的影和曲曲的波，在我们的心上；这显着是空，且显着是静了。那时处处都是歌声和凄厉的胡琴声，圆润的喉咙，确乎是很少的。但那生涩的，尖脆的调子能使人有少年的，粗率不拘的感觉，也正可快我们的意。况且多少隔开些儿听着，因为想象与渴慕的做美，总觉更有滋味；而竞发的喧嚣，抑扬的不齐，远近的杂沓，和乐器的嘈嘈切切，合成另一意味的谐音，也使我们无所适从，如随着大风而走。这实在因为我们的心枯涩久了，变为脆弱；故偶然润泽一下，便疯狂似的不能自主了。但秦淮河确也腻人。即如船里的人面，无论是和我们一堆儿泊着的，无论是从我们眼前过去的，总是模模糊糊的，甚至渺渺茫茫的；任你张圆了眼睛，揩净了眦垢，也是枉然。这真够人想呢。在我们停泊的地方，灯光原是纷然的；不过这些灯光都是黄而有晕的。黄已经不能明了，再加上了晕，便更不成了。灯愈多，晕就愈甚；在繁星般的黄的交错里，秦淮河仿佛笼上了一团光雾。光芒与雾气腾腾的晕着，什么都只剩了轮廓了；所以人面的详细的曲线，便消失于我们的眼底了。但灯光究竟夺不了那边的月色；灯光是浑的，月色是清的，在浑沌的灯光里，渗入了一派清辉，却真是奇迹！那晚月儿已瘦削了两三分。她晚妆才罢，盈盈的上了柳梢头。天是蓝得可爱，仿佛一汪水似的；月儿便更出落得精神了。岸上原有三株两株的垂杨树，淡淡的影子，在水里摇曳着。它们那柔细的枝条浴着月光，就像一支支美人的臂膊，交互的缠着，挽着；又像是月儿披着的发。而月儿偶然也从它们的交叉处偷偷窥看我们，大有小姑娘怕羞的样子。岸上另有几株不知名的老树，光光的立着；在月光里照起来。却又俨然是精神矍铄的老人。远处——快到天际线了，才有一两片白云，亮得现出异彩，像美丽的贝壳一般。白云下便是黑黑的一带轮廓；是一条随意画的不规则的曲线。这一段光景，和河中的风味大异。但灯与月竟能并存着，交融着，使月成了缠绵的月，灯射着渺渺的灵辉；这正是天之所以厚秦淮河，也正是天之所以厚我们了。

这时却遇着了难解的纠纷。秦淮河上原有一种歌妓，是以歌为业的。从前都在茶舫上，唱些大曲之类。每日午后一时起；什么时候止，却忘记了。晚上照样也有一回。也在黄晕的灯光里。我从前过南京时，曾随着朋友去听过两次。因为茶舫里的人脸太多了，觉得不大适意，终于听不出所以然。前年听说歌妓被取缔了，不知怎的，颇涉想了几次——却想不出什么。这次到南京，先到茶舫上去看看，觉得颇是寂寥，令我无端的怅怅了。不料她们却仍在秦淮河里挣扎着，不料她们竟会纠缠到我们，我于是很张皇了。她们也乘着“七板子”，她们总是坐在舱前的。舱前点着石油汽灯，光亮眩人眼目：坐在下面的，自然是纤毫毕见了——引诱客人们的力量，也便在此了。舱里躲着乐工等人，映着汽灯的余辉蠕动着；他们是永远不被注意的。每船的歌妓大约都是二人；天色一黑。她们的船就在大中桥外往来不息的兜生意。无论行着的船，泊着的船，都要来兜揽的。这都是我后来推想出来的。那晚不知怎样，忽然轮着我们的船了。我们的船好好的停着，一只歌舫划向我们来的；渐渐和我们的船并着了。铄铄的灯光逼得我们皱起了眉头；我们的风尘色全给它托出来了，这使我踧踖①不安了。那时一个伙计跨过船来，拿着摊开的歌折，就近塞向我的手里，说，“点几出吧!”他跨过来的时候，我们船上似乎有许多眼光跟着。同时相近的别的船上也似乎有许多眼睛炯炯的向我们船上看着。我真窘了！我也装出大方的样子，向歌妓们瞥了一眼，但究竟是不成的！我勉强将那歌折翻了一翻，却不曾看清了几个字；便赶紧递还那伙计，一面不好意思地说，“不要，我们……不要。”他便塞给平伯。平伯掉转头去，摇手说，“不要!”那人还腻着不走。平伯又回过脸来，摇着头道，“不要!”于是那人重到我处。我窘着再拒绝了他。他这才有所不屑似的走了。我的心立刻放下，如释了重负一般。我们就开始自白了。

我说我受了道德律的压迫，拒绝了她们；心里似乎很抱歉的。这所谓抱歉，一面对于她们，一面对于我自己。她们于我们虽然没有很奢的希望；但总有些希望的。我们拒绝了她们，无论理由如何充足，却使她们的希望受了伤；这总有几分不做美了。这是我觉得很怅怅的。至于我自己，更有一种不足之感。我这时被四面的歌声诱惑了，降服了；但是远远的，远远的歌声总仿佛隔着重衣搔痒似的，越搔越搔不着痒处。我于是憧憬着贴耳的妙音了。在歌舫划来时，我的憧憬，变为盼望；我固执的盼望着，有如饥渴。虽然从浅薄的经验里，也能够推知，那贴耳的歌声，将剥去了一切的美妙；但一个平常的人像我的，谁愿凭了理性之力去丑化未来呢？我宁愿自己骗着了。不过我的社会感性是很敏锐的；我的思力能拆穿道德律的西洋镜，而我的感情却终于被它压服着，我于是有所顾忌了，尤其是在众目昭彰的时候。道德律的力，本来是民众赋予的；在民众的面前，自然更显出它的威严了。我这时一面盼望，一面却感到了两重的禁制：一，在通俗的意义上，接近妓者总算一种不正当的行为；二，妓是一种不健全的职业，我们对于她们，应有哀矜勿喜之心，不应赏玩的去听她们的歌。在众目睽睽之下，这两种思想在我心里最为旺盛。她们暂时压倒了我的听歌的盼望，这便成就了我的灰色的拒绝。那时的心实在异常状态中，觉得颇是昏乱。歌舫去了，暂时宁靖之后，我的思绪又如潮涌了。两个相反的意思在我心头往复：卖歌和卖淫不同，听歌和狎妓不同，又干道德甚事？——但是，但是，她们既被逼的以歌为业，她们的歌必无艺术味的；况她们的身世，我们究竟该同情的。所以拒绝倒也是正办。但这些意思终于不曾撇开我的听歌的盼望。它力量异常坚强；它总想将别的思绪踏在脚下。从这重重的争斗里，我感到了浓厚的不足之感。这不足之感使我的心盘旋不安，起坐都不安宁了。唉！我承认我是一个自私的人！平伯呢，却与我不同。他引周启明先生的诗，“因为我有妻子，所以我爱一切的女人，因为我有子女，所以我爱一切的孩子。”他的意思可以见了。他因为推及的同情，爱着那些歌妓，并且尊重着她们，所以拒绝了她们。在这种情形下，他自然以为听歌是对于她们的一种侮辱。但他也是想听歌的，虽然不和我一样，所以在他的心中，当然也有一番小小的争斗；争斗的结果，是同情胜了。至于道德律，在他是没有什么的；因为他很有蔑视一切的

---

① 踧踖（cù jí）：恭敬而小心的样子。

倾向，民众的力量在他是不大觉着的。这时他的心意的活动比较简单，又比较松弱，故事后还怡然自若；我却不能了。这里平伯又比我高了。

在我们谈话中间，又来了两只歌舫。伙计照前一样的请我们点戏，我们照前一样的拒绝了。我受了三次窘，心里的不安更甚了。清艳的夜景也为之减色。船夫大约因为要赶第二趟生意，催着我们回去；我们无可无不可的答应了。我们渐渐和那些晕黄的灯光远了，只有些月色冷清清的随着我们的归舟。我们的船竟没个伴儿，秦淮河的夜正长哩！到大中桥近处，才遇着一只来船。这是一只载妓的板船，黑漆漆的没有一点光。船头上坐着一个妓女；暗里看出，白地小花的衫子，黑的下衣。她手里拉着胡琴，口里唱着青衫的调子。她唱得响亮而圆转；当她的船箭一般驶过去时，余音还袅袅的在我们耳际，使我们倾听而向往。想不到在弩末的游踪里，还能领略到这样的清歌！这时船过大中桥了，森森的水影，如黑暗张着巨口，要将我们的船吞了下去，我们回顾那渺渺的黄光，不胜依恋之情；我们感到了寂寞了！这一段地方夜色甚浓，又有两头的灯火招邀着；桥外的灯火不用说了，过了桥另有东关头疏疏的灯火。我们忽然仰头看见依人的素月，不觉深悔归来之早了！走过东关头，有一两只大船湾泊着，又有几只船向我们来着。嚣嚣的一阵歌声人语，仿佛笑我们无伴的孤舟哩。东关头转湾，河上的夜色更浓了；临水的妓楼上，时时从帘缝里射出一线一线的灯光；仿佛黑暗从酣睡里眨了一眨眼。我们默然的对着，静听那汩——汩的桨声，几乎要入睡了；朦胧里却温寻着适才的繁华的余味。我那不安的心在静里愈显活跃了！这时我们都有了不足之感，而我的更其浓厚。我们却只不愿回去，于是只能由懊悔而怅惘了。船里便满载着怅惘了。直到利涉桥下，微微嘈杂的人声，才使我豁然一惊；那光景却又不同。右岸的河房里，都大开了窗户，里面亮着晃晃的电灯，电灯的光射到水上，蜿蜒曲折，闪闪不息，正如跳舞着的仙女的臂膊。我们的船已在她的臂膊里了；如睡在摇篮里一样，倦了的我们便又入梦了。那电灯下的人物，只觉像蚂蚁一般，更不去萦念。这是最后的梦；可惜是最短的梦！黑暗重复落在我们面前，我们看见傍岸的空船上一星两星的，枯燥无力又摇摇不定的灯光。我们的梦醒了，我们知道就要上岸了；我们心里充满了幻灭的情思。

## 学习建议

1. 品味“秦淮河里的船”比“北京万甡园、颐和园的船”“西湖的船”“扬州瘦西湖的船”好在哪里。

2. 从文章中可以明显看出，作者和他的朋友其实都想听歌但是又觉得与妓女交往是违背道德的而不敢，于是在内心深处留下些许遗憾。在我们的生活当中也难免出现类似的事情，思考本文对我们今天的生活的鉴戒价值和指导意义。

3. 感受本文的语言特色。

4. 延伸阅读篇目：《荷塘月色》《背影》《儿女》《给亡妇》。

# 小说

## 中国小说发展概述

中国古代小说，晚熟于诗歌、散文，略早于戏曲。

概而言之，我国古代的小说萌芽于先秦两汉，发展于魏晋南北朝，当时被称为笔记小说，主要有志人小说和志怪小说两种。唐代是小说的成熟期，当时的小说被称做传奇，宋金时期流行话本小说。元末与明清时期小说发展至高峰，出现了长篇白话小说。

具体来说，中国古代小说起于何时，源于何书，我们似不可拘泥于一时一书，因为小说在叙写技法上，虽不似戏剧那样要求各种文学艺术的高度融合，但较之诗歌、散文要求却更多更高，非一时所能形成，更非一书所能标志，只宜概而言之。我们把先秦两汉看做是中国小说的萌芽时期，实际上是基于我们并不认为这一漫长的历史时期已经产生符合小说文体基本条件的小说作品。就实际情形而论，这一时期的神话、寓言、史传、“野史”、传说等，都孕育着小说艺术的因素，为小说文体的形成准备了条件；同时也呈露出了中国小说童年时期便已形成志人、志怪两大类别的端倪。不过中国古代早期的小说与历史传记难以截然分开来，这是一个颠扑不破的事实。

从后汉末至唐代以前，是中国小说的童年时期，或者说是中国小说初步形成的时期。

经过很长时间的孕育，魏晋南北朝时期，中国小说初具规模。这一时期的小说就其内容，大体可分为“志怪小说”和“轶事小说”两类。

魏晋南北朝时期，社会上宗教迷信思想盛行，神鬼小故事不断产生，谈鬼神怪异的“志怪小说”也就大量出现，保存到现在的有三十余种，其中干宝的《搜神记》成就最高，是这类小说的代表。处于小说发展初期的“志怪小说”一般还只是粗陈梗概，目的在于证明上天和幽冥境界的存在和感灵，但也有初具短篇小说规模的作品，如《搜神记》中的《干将莫邪》就以短小的篇幅记录了一个惊险曲折的故事。

魏晋南北朝时，品评人物之风盛行，因此记录人物轶闻琐事的“轶事小说”便兴盛起来，比较完整地保存到现在的是《世说新语》。它是初创时期的“轶事小说”的集大成之作，编撰人是刘义庆。《世说新语》大部分篇幅描写士族阶层的“名士风度”，还有一些记载了晋司马氏的暴政、豪门士族的享乐生活，此外还有称颂好人好事的内容。善于通过富有特征性的细节勾勒人物性格，记言叙事巧妙结合，语言精练含蓄、隽永传神是《世说新语》艺术上的成功之处。《世说新语》是中国笔记小说的雏形，对后世文学有着深远的影响。它的许多故事被后代作家常作为创作素材加以利用。

到了唐代，中国小说发生了明显的变化，虽然题材上仍离不开搜神索逸，但较之魏晋南北朝小说，情节更曲折完整，人物性格更鲜明，文辞更华艳，结构更阔大。

唐代称小说为传奇。唐人传奇的出现标志着中国短篇小说的成熟。因为它已超出了记录传闻逸事的范畴，而成为文人有意识的创作。唐人传奇大体可分为三类内容：

（一）神怪故事。这是直接继承笔记小说的神仙怪异小说，著名作品有沈既济的《枕中记》、李公佐的《南柯太守传》。这两部作品讽刺了热衷功名富贵的封建士子。

（二）恋爱故事。这一部分是唐代传奇小说中最有价值的作品。如《李娃传》《莺莺传》《霍小玉传》《任氏传》《柳毅传》等都是有名的作品。它们大都歌颂坚贞不渝的爱情，谴责封建礼教对妇女的迫害，并且塑造了一系列争取婚姻幸福的妇女形象。《柳毅传》讲的是落第书生柳毅替遭受婚姻折磨的洞庭龙女传书，使她获得解放，后历经坎坷，俩人终成眷属的浪漫故事。人物描写是这部小说最成功的地方。柳毅的正义、龙女的深情、钱塘君烈火般的个性，都刻画得十分鲜明。它用幻想反映现实的手法，对后代文学影响很大。《李娃传》通过妓女李娃与荥阳公之子这对地位悬殊的恋人历经风雨，终于获得幸福的故事描写，批判了封建门阀观念，歌颂了郎才女貌的爱情标准。小说人物形象丰满，情节曲折，笔法清丽。

（三）侠义故事。这类作品描写侠客义士惩强扶弱的英雄行为，代表作品有《红线传》《谢小娥传》等。

唐人传奇不但在题材、思想上超越了前人小说，而且艺术上也取得了很大成就。在唐人传奇中，很多篇章描述了一个人物某段时期或一生的经历，以表现人物的个性特点及思想发展。唐人传奇是中国风格小说形式的开始，它的体制短小，但初具长篇小说的轮廓。

从中国小说发展史的角度来审视，唐人小说是一次质的飞跃。

小说发展到宋代，发生了根本的变化，这就是话本的产生。从此，以文言短篇小说为主流的宋以前小说史，从宋代开始，逐渐转为以白话小说为主流的小说史；同时文言短篇小说继续它的轨迹发展。这样中国小说史自此由文言、白话两条线索交互发展，它们既有各自的特点，又相互吸收、相互渗透，千姿百态，美不胜收，高潮迭起，在中国文学史上小说所占的分量越来越重，地位也越来越高。

就文言短篇小说发展的这一条线，至宋，文言短篇小说大体分为三种类型：一是传奇体，这是唐人小说的余绪；二是笔记体短篇小说，它是童年期志人小说的演化；三是志怪体，这是童年期志怪小说的延续。宋人传奇小说的成就远不如唐人。宋代传奇多历史题材，总体成就不高，但也不乏散金碎玉之作，如秦醇的《谭意歌传》、无名氏的《李师师外传》等。宋人笔记特多，为以前所不曾有过之现象。其中不少为小说或近似小说。如孙光宪的《北梦琐言》，司马光的《涑水纪闻》，周辉的《清波杂志》等。宋代的志怪小说，“平实而乏文采”，其成就还不如记历史琐闻的笔记，但也有几部颇有影响的作品，如洪迈的《夷坚志》、吴淑的《江淮异闻录》等。宋人的文言短篇小说的成就虽不甚高，然数量与种类繁多，在小说史上应占有一席之地。而宋人对文言小说的最大贡献，在于编辑了一部卷帙浩繁的《太平广记》，北宋初年以前的许多文言短篇小说，多赖以保存下来。

金元时期的文言短篇小说，无论数量或质量都未超过宋代水平。但发展线索未断，且有一些较有影响的集子，如元好问的《续夷坚志》、刘祁的《归潜志》、陶宗仪的《南村辍耕录》等。

明代的文言短篇小说虽不能与同时代的白话长、短篇比肩，但在文言小说发展史上占有重要的地位。著名的传奇、志怪、清言小说集有：瞿佑的《剪灯新话》、李祯的《剪灯余话》、邵景詹的《觅灯因话》、张潮编辑的《虞初新志》、何良俊的《何代语林》等。这些集子中有许多文情并茂的作品。另外，有些散文大家如宋濂、刘基、马中锡的文集中，亦间有若干小说名篇。

以宋初至明末的六百多年间，文言短篇小说无一能逾越于唐。至清代而大变，文言短篇小说高度繁荣，产生了具有世界意义和影响的《聊斋志异》，把文言短篇小说的发展推向了最高峰。“用传奇法而以志怪”（鲁迅语），概括了《聊斋志异》写作与内容两方面的基本特征。《聊斋》的“志怪”与六朝的“志怪”的根本区别在于：蒲松龄的“志怪”而不信“怪”，六朝人则“志怪”而信“怪”；六朝人“志怪”是有竟无意地宣扬“怪”，而蒲松龄的“志怪”乃是有意寓托于“怪”。在它的影响下的续作较有影响的，如王士祯《池北偶谈》、袁枚《子不语》（即《新齐谐》）、沈起凤《谐铎》、满人和邦额《夜谭随录》、曾衍东《小豆棚》等。之后，继有王韬的《遁窟谰言》《松隐漫录》《淞滨琐话》和宣鼎的《夜雨秋录》等。另有程趾祥《此中人语》和贾名的《女聊斋》等。可见《聊斋》的影响及继作之盛况。《聊斋》风行百余年后，纪昀的《阅微草堂笔记》相继问世。但《阅微》侧重记事以明理，故事情节不够丰富，人物形象不够丰富，且议论过多，因而缺乏《聊斋》那样浓厚的小说意味，其学术价值高于文学价值。《阅微》之后，清人笔记盛况空前，在文言短篇小说中，笔记小说所占比重最大。

我们再从宋代谈谈白话小说的形成、发展和演变。宋人“话本”的产生带有革命的性质。

“话本”原是说话人的底本。“说话”就是讲故事。作为一种技艺，起源于唐而盛于宋，究其渊源则很久远。唐以前的“说话”活动仅限于士人之间，多半供统治阶段娱乐消遣。到了唐代“说话”作为一种技艺，有向“市民文学”发展的趋势。唐人的文言小说、变文等，无论内容和形式，对话本都有影响。

宋代“说话”遍及瓦子、勾栏、茶楼、酒肆、街头巷尾、宫廷寺庙、府第乡村。这样，便出现了一批专业化的“说话人”，还有编写话本的团体，有“说话人”的行会。“说话人”有专业上的分工叫做“家数”；在“家数”中，影响最大者是“小说”与“讲史”二家，尤其是“小说”这一家。从“说话”到话本小说，有一个演变的过程。初期，作为“说话人”底本的话本，不是供人阅读，而是为了师徒传授和讲给人听的；编写话本，不是基于文学的目的，而是由于职业的需要。随着市民对文化要求的提高和印刷事业的发达，供“说话人”使用的底本——话本逐渐被加工润色，印刷流传供人阅读玩味了。话本一经公开流传，白话小说也便随之诞生了。从此，也使这种技艺和话本在一定意义上分了家。

宋元时代，话本多是单篇流传、多出于民间艺人之手，流传于市井之间几乎无一署名，致使不少作品至今弄不清写作的具体年代，尤其是宋元两代更难分辨，只好统称为“宋元话本”。

宋代“说话”技艺的勃兴，与当时都市经济的畸形繁荣有着密切的关系。

明代是白话小说蓬勃发展的时代。就白话短篇小说而言，明人从三个方面做出了贡献：一是加工润色宋、元、明三代艺术上有缺陷话本；二是搜集整理话本小说集；三是创作了大量的拟话本。明代白话小说（短篇）最繁荣的时期是在万历以后，尤其是南方，都市经济发达，市民阶层形成，士大夫生活日趋放诞，因而以反映市民生活为主要内容的白话短篇小说日益蓬勃地发展起来。最有代表性的集子是洪楩的《清平山堂话本》和冯梦龙的“三言”（《喻世明言》《警世通言》《醒世恒言》）及凌蒙初的“二拍”（《初刻拍案惊奇》《二刻拍案惊奇》）。

冯梦龙是一位“全能”通俗文学家，对通俗小说理论也有卓越的见解。他编的“三言”题材广泛、佳作颇多、涉及当时社会生活的各个方面，在艺术上多所创造。从中可以看出宋元明话本的突出成就。“二拍”是与“三言”同时的最早的拟话本集，共收作品80篇。凌蒙初的思想远不及冯梦龙进步，书中糟粕较“三言”严重得多。清初“抱瓮老人”从“三言”“二拍”精选出四十篇作品，定名为《今古奇观》，在“三言”“二拍”一度失传的情况下，赖此书我们得以了解明代白话小说的基本情况，这个选集在广大群众中产生了广泛而深刻的影响。

明末清初，在“三言”“二拍”的影响下，出现了拟话本创作热潮，集子有四十余部。它们的思想与艺术性虽不及“三言”、“二拍”，但去粗存精，也还有些作品值得一读。

清乾嘉以后，考据之风盛行，士大夫不热衷于小说，直到清末，这种现象才发生变化，小说又得到了蓬勃的发展。

明初，《三国演义》和《水浒传》相继问世，标志着中国小说史又进入了一个崭新的历史发展阶段。从此，中国小说史以短篇小说为主转而进入了以长篇小说为主的新时期。虽然短篇文言、白话小说一直在按照自身的规律发展前进，并且时有佳作，时有高潮，但总体说来，其成就与规模则无法与长篇小说相比拟。“四大奇书”在所属各类题材中独占鳌头：《三国演义》既是历史上第一部长篇小说，也是一部历史小说的典范；《水浒传》既是第一部全面描写农民起义的巨著，也是一部英雄传奇的典范；《西游记》既是第一部长篇神魔小说，也是一部神魔小说的典范；《金瓶梅》既是第一部写世情的长篇小说，又是第一部由文人独立创作的成功的长篇小说。它们各自开创了一个长篇小说的创作领域。“四大奇书”的巨大成就深刻地影响着长篇小说的创作，以至形成了长篇小说创作的几个系列：《三国》系列、《水浒》系列、《西游》系列、《金瓶梅》系列，也影响着整个社会，影响着文化思想，影响着人们的精神生活。这种巨大的潜移默化的力量是难以估量的。

清代乾隆年间，《儒林外史》和《红楼梦》两部长篇巨著问世，之前，中国小说史上虽不乏讽刺之作，但却没有一部称得上讽刺小说的样板，所以鲁迅对《儒林外史》的好评特多。《儒林外史》在“四大奇书”之外，另辟了一条蹊径。它不仅直接影响了晚清谴责小说的创作，也影响后来鲁迅的杂文。至于《红楼梦》的成就和影响就毋庸多言了。无论其思想性和艺术性，都是中国小说史和文学史上的巅峰，也是世界文学中的名著。它的巨大成就，可视为中国古代长篇小说现实主义创作艺术的光辉总结。如果说《三国》《水浒》《西游》在民间影响极大，而《儒林》《红楼》的影响则在士大夫之间。尤其是《红楼》的读与讲，则早在士大夫中成了一种习尚和时髦。这说明在清代知识分子阶层中不仅有一股“《红楼梦》热”，而且还把是否通《红楼梦》当成了衡量一个人学识高低的标准。《红楼梦》尚未面世时就已经有人评点，两百多年来，评论者比肩接踵，续作汗牛充栋，其研究者之多，研究成果之富，在中国小说史上是绝无仅有的。对《红楼梦》的研究，早已形成一种学派——“红学”，而今已成为一门世界性的学问。这是中国人的骄傲。

《红楼梦》之后，由于时代的原因，小说创作走向了低谷，至晚清，小说才又繁荣起来。由于清廷的极端腐败，社会处于大变革的时期；小说理论高度发达，众多杂志创刊问世，印刷事业也发达兴旺，为小说提供了创作面世的便利条件。据近人粗略统计，晚清长篇小说当在千种以上。其中，“四大小说家”（李伯元、吴趼人、刘鹗、曾朴）创作的“四大谴责小说”为李伯元的《官场现形记》、吴趼人的《二十年目睹之怪现状》、刘鹗的《老残游记》、曾朴的《孽海花》。

20世纪初，梁启超为了推进他的思想启蒙运动，提出了"小说界革命"。在梁启超小说界革命的推动下，清末民初出现了一个小说创作的高潮：一系列的政治小说，谴责小说，翻译小说，言情小说为其重要成果。

在此文学革新运动基础上，凭借着新文化运动的推动，五四文学革命取得了更为划时代的成绩，揭开了中国现代文学的三十年。

（一）第一个十年中，鲁迅的《呐喊》是中国现代小说的开端；《彷徨》代表中国现代小说的成熟；《阿Q正传》是中国现代小说的经典作品。探究人生和社会的问题小说，表现自我的主观抒情的自叙传抒情小说，描写故乡农村（或小城镇）的生活，带有浓厚乡土气息与地方色彩的乡土小说都是这一阶段的重要内容。

（二）第二个十年中的革命现实主义小说，如茅盾的《子夜》，老舍的《骆驼祥子》《四世同堂》，巴金的激流三部曲（《家》《春》《秋》），爱情三部曲（《雾》《雨》《电》）无疑最为成就突出。左联作家，如丁玲的《沙菲女士的日记》、《太阳照在桑干河上》，张天翼的《华威先生》；左联外民主主义作家，如叶圣陶的《倪焕之》《多收了三五斗》，李颉人的《死水微澜》；京派小说，如沈从文的《边城》；新感觉派小说等等使中国现代小说创作异彩纷呈。

（三）遭遇了十年抗战和三年内战的第三个十年中，小说不可避免走向式微。

新中国的成立，带来了文学创作的生机，中国文学步入当代文学阶段。

（一）新中国成立后，中国当代文学进入第一阶段。这一时期的小说，表现土地改革的有周立波的长篇小说《山乡巨变》，赵树理的《李有才板话》；表现战争题材的有袁静、孔厥的《新儿女英雄传》、孙犁的《风云初记》等一系列著作，知侠的《铁道游击队》、刘流的《烈火金刚》、冯志的《敌后武工队》、杜鹏程的《保卫延安》、峻青的《黎明的河边》、吴强的《红日》、曲波的《林海雪原》、玛拉沁夫的《茫茫的草原》等；表现现代历史题材创作的有梁斌的《红旗谱》、杨沫的《青春之歌》、冯德英的《苦菜花》和《迎春花》、高云览的《小城春秋》、李英儒的《野火春风斗古城》、欧阳山的《三家巷》和《苦斗》、艾明之的《火种》、罗广斌、杨益言合著的《红岩》等；表现新的矛盾和困惑的有王蒙的《组织部新来的青年人》等。

（二）"文化大革命"后当代小说进入第二阶段。"伤痕文学"，"反思文学"，人性与人道主义文学，改革文学中的小说创作无一例外地都或多或少带着对"文化大革命"的控诉。此外，乡土小说，如刘绍棠的《蒲柳人家》《瓜棚柳巷》《花街》；市井小说，如邓友梅的《烟壶》《那五》，冯骥才的《神鞭》《三寸金莲》，陆文夫的《小巷人物志》系列中短篇小说，以家乡纪事来揭示民间世界的汪曾祺的短篇小说，以家乡风情描写社会改革的林斤澜的《矮凳桥风情》系列，拟寓言体的高晓声的《钱包》《飞磨》；"市井小说"的寻根文学，如阿城的《棋王》，张承志的《北方的河》；先锋小说作家，如马原、洪峰、苏童、余华、格非、叶兆言、孙甘露、潘军、北村、吕新等；新写实小说，如池莉的《烦恼人生》，方方的《风景》，刘震云的《单位》《一地鸡毛》，叶兆言的《艳歌》；新历史小说，如莫言的《红高粱》，陈忠实的《白鹿原》，刘震云的《故乡天下黄花》，苏童的《妻妾成群》等等重现了如现代文学第二个十年中的小说创作的异彩纷呈。

（三）20世纪90年代的改革开放让中国小说进入了第三阶段。"中国当代商业写作第一人”的王朔用他的《空中小姐》《一半是海水，一半是火焰》《玩的就是心跳》《顽主》《千万别把我当人》《一点正经没有》等把中国小说带入了明显的商业创作倾向。值得注意的是，一批女性作家，如陈染、林白、海男和徐小斌等，此时都写出了自己的代表作，如陈染的中篇小说《无处告别》《与往事干杯》和长篇小说《私人生活》，林白的长篇小说《一个人的战争》《说吧，房间》和中篇小说《回廊之椅》。海外新移民题材的小说，如小楂（查建英）的《丛林下的冰河》和严歌苓的《少女小渔》《女房东》都深深刻上了开放的烙印；军旅题材，如朱苏进的长篇小说《醉太平》和中篇小说《绝望中诞生》《金色叶片》《接近于无限透明》；坚持民间理想的文学创作，如余华的《活着》和《许三观卖血记》，王安忆《长恨歌》，张炜《九月寓言》，韩少功《马桥词典》等都是这一时期的重要作品。

# 女娲补天①

《淮南子》

《淮南子》，西汉淮南王刘安及其门客李尚、苏飞、伍被等共同编著的一部著作，共二十一卷。《汉书·艺文志》列《淮南子》为杂家，实际上，该书是以道家思想为指导，吸收诸子百家学说，融会贯通而成，是战国至汉初黄老之学理论体系的代表作。《淮南子》在阐明哲理时，旁涉奇物异类、鬼神灵怪，所以保存了一部分神话材料，曲折地反映了远古人民的生活和理想。

## 【导读】

本篇选自《淮南子·览冥训》。《女娲补天》是我国上古时期口头流传下来的关于开天辟地的神话之一。本篇写女娲改造自然，拯救人类的故事。

全文分为三个部分。开头集中描写了天地之间一场特大的灾难，天塌地陷，洪水泛滥，烈火漫延，猛兽凶禽，危害人民。接着写，在整个人类遭遇到无法抗拒的浩劫的时候，女娲以无比的力量和智慧，炼石补天，重立四极，平治洪水，斩杀禽兽，拯救人民。第三部分写女娲的功绩和后世对她的赞颂。女娲重新创造了天地世界，使人民获得了安生，她的功劳际天接地，被盖着后世，被盖着天下的万事万物。女娲这位人类的母亲，以她同情人类的慈悲、她的勇敢和智慧、她的无与伦比的力量，成为上古人类理想化、神奇化的英雄，受到后世千秋万代的赞美。

《女娲补天》这篇文章，因其涉及的是重整天地的大题材，而且文中排比句、对偶句及短句子的运用，使文章显得气势极大，读起来朗朗上口，让人感到新奇、生动，充满着艺术的魅力。神话虽是后人的记录，但形象的神异性、具体性，仍体现了原始神话基本的艺术特征，即形象化、幻想化。正如马克思所论："任何神话都是用想象和借助于想象以征服自然力，把自然力加以形象化。"（《〈政治经济学批判〉导言》）

往古之时，四极废②，九州裂，天不兼覆，地不周载③。火爁炎④而不灭，水浩洋而不息。猛兽食颛民⑤，鸷鸟攫老弱⑥。于是女娲炼五色石以补苍天，断鳌足⑦以立四极，杀黑

---

① 女娲（wā）：女神名，传说她是人头蛇身，在开天辟地的时候，捏黄土做人，创造了人类。
② 四极：天的四边。上古的人认为在天的四边都有支撑着天的柱子。废：坏。指柱子折断，天塌下来。
③ “天不”两句：天不能全面地覆盖大地，地也不能周全地容载万物。
④ 爁（làn）炎（yàn）：大火延烧貌。
⑤ 颛（zhuān）：善。颛民，善良的人民。
⑥ 鸷鸟：猛鸟。攫（jué）：用爪抓取。
⑦ 鳌（áo）足：大鳖的足。

龙以济冀州①，积芦灰以止淫水。苍天补，四极正，淫水涸②，冀州平，狡虫死③，颛民生。背方州，抱圆天④……当此之时，禽兽蝮蛇，无不匿其爪牙，藏其螫毒⑤，无有攫噬之心。

## 学习建议

1. 女娲是传说中创造人类、解救人类的神女，应理解“女娲补天”这个故事所表现出的女娲的品德，以及人民群众在其中注入的理想和愿望。

2. 结合《女娲补天》和《淮南子》中的其他神话，谈谈上古时代人与自然的关系。

3. 延伸阅读篇目：《淮南子·本经训·后羿射日》《淮南子·天文训·共工怒触不周山》《淮南子·览冥训·嫦娥奔月》。

① 冀州：古九州之一，此指黄河流域古代中原地带。

② 淫水：泛滥的洪水。涸（hé）：干枯。

③ 狡虫：凶猛的害虫。

④ 圆天：古人认为天圆地方，所以称“方州”“圆天”。

⑤ 螫（shì）：毒虫刺人，毒蛇咬人。

# 夸父逐日

《山海经》

《山海经》是我国现存最古的地理书，主要记载古代传说中的地理。原题为夏禹、伯益所作，实际当出于春秋、战国间人之手，秦汉间又有附益。全书共十八卷，分为《山经》和《海经》两个部分。《山经》即《五藏山经》五卷；《海经》包括《海外经》四卷，《海内经》四卷，《大荒经》四卷和又一卷《海内经》。它以描述各地山川为纲，记述海内外山川、道里、部族、物产等以及异物和神奇灵怪，保存了不少我国古代的神话资料。

## 【导读】

夸父追日的神话，也是上古著名神话之一，选自《山海经·海外北经》。夸父追赶太阳，可知也是为了观察、了解并进而控制太阳的目的。夸父以无比的英雄气概去追逐太阳，狂跑飞奔，忍受江河湖泽不足以消解的口渴，终于在“禺谷”（即虞渊，日落处）的地方赶上了太阳。尽管他后来渴死了，但他那崇高、雄伟的气魄和顽强的毅力，那强烈的自信心，却一直令人神往。尤其是他那巨大的拄杖化作蓊郁茂盛的嘉树桃林，给后继者乘凉解渴之便，死后不忘为人民造福的崇高精神，则更让人赞美。夸父的形象体现了原始人了解太阳奥秘的强烈愿望，体现了他们征服自然的宏伟理想，整个神话充满积极乐观的浪漫主义精神。而他渴死道中的结局，又为整个故事涂上了一层浓厚的悲剧色彩。

夸父与日逐走①，入日②。渴，欲得饮③，饮于河、渭④；河、渭不足，北饮大泽⑤。未至，道渴而死⑥。弃其杖，化为邓林⑦。

## 学习建议

1. 分析夸父这一形象的悲剧意义。

2. 延伸阅读篇目：《山海经·北山经·精卫填海》《山海经·海外东经·后羿射九日》《山海经·海内经·鲧禹治水》《山海经·大荒北经·黄帝擒蚩尤》《山海经·海外经·刑天舞干戚》。

---

① 夸父（fǔ）：神话中的英雄。也是一个种族的名称。父：古代用在男子名字后的美称，又写作“甫”。逐走：竞走、赛跑。

② 入日：太阳入于地平线下。夸父追赶太阳，太阳接近地平线后，从视觉角度来看：夸父的身影与太阳的光影重合，好像进入太阳里一样。

③ 饮：名词，喝的水。

④ 河、渭：黄河，渭水。后者在今陕西省境内。

⑤ 北：向北。名词作状语，表示方位。饮：动词，喝。

⑥ 道：半路上。名词作状语，表示处所。

⑦ 邓林：邓、桃音近，“邓林”即“桃林”。在今大别山附近。

# 世说新语（三则）

刘义庆

刘义庆（403—444年），南北朝刘宋王朝宗室，彭城（今江苏徐州市）人，袭封临川王，曾任南兖州刺史，加开府仪同三司。他禀性简素，爱好文史，喜欢招聚文学之士，除《世说新语》外，还编有《幽明录》等，但已散逸。

《世说新语》，笔记小说集。本名《世说新书》，简称《世说》。全书按内容分类记事，共分德行、言语、政事、文学、方正、雅量等三十六门，主要记载汉末至东晋士族阶层人物的遗闻逸事，比较全面地反映了这个时期士族的放诞生活和清谈风气。在中国小说中自成一体，后代仿作很多。书中存在不少消极因素，但也有不少批判黑暗、讽刺奢淫、表彰善良的记述。全书语言精练，善于通过一言一行刻画人物肖像、精神面貌，意味隽永。

## 【导读】

《世说新语》记述士人的生活，所长在于简洁与传神。

第一则重在记言语。写新亭对泣，寥寥数百字，场景、气氛与人物的表情、风貌俱跃然纸上。而通过周颇的感慨与王导的呵斥之间的对比，则更鲜明、生动地传达出各自的精神境界。一种是颓废感伤，一种是奋发图强。作者显然是肯定后者的。此后，“新亭对泣”“楚囚相对”已传为成语。

第二则是记行为。王子猷雪夜访戴，竟“造门不前”，“乘兴而行，兴尽而返”，这种不讲实务效果，但凭兴之所至的惊俗行为，十分鲜明地体现出当时士人所崇尚的“魏晋风度”的任诞放浪、不拘形迹，有窥一斑而见全豹之效。眠觉、开室、命酒、赏雪、咏诗、乘船、造门、突返、答问，一连串动态细节均历历在目，虽言简文约，却形神毕现，气韵生动。

第三则重在记事件。写石崇与王恺斗富，揭露豪门贵族的奢侈、骄纵。石崇以铁如意击碎珊瑚树这一典型细节，像石雕从石面上凸起一样，使人物精神全出。而以皇亲国戚为铺垫和贯穿始终的二人对比，则将奢侈和跋扈的程度衬托到了极致。对王恺心理变化的点染，也恰到好处。

这三则笔记小说，文字省净生动，意味丰富深长，彰显出当时一些士人官僚的精神风貌。《世说新语》作为一部具有广泛文化史意义与艺术性的作品，对后世影响很大。

## 过江诸人[①]

过江诸人，每至美日，辄相邀新亭[②]，藉卉饮宴[③]。周侯中坐而叹曰[④]：“风景不殊[⑤]，正自有山河之异！”皆相视流泪。唯王丞相愀然变色曰[⑥]：“当共勠力王室[⑦]，克复神州[⑧]，何至作楚囚相对[⑨]！”

## 雪夜访戴[⑩]

王子猷居山阴[⑪]，夜大雪，眠觉[⑫]，开室，命酌酒，四望皎然[⑬]。因起彷徨，咏左思《招隐诗》[⑭]，忽忆戴安道[⑮]。时戴在剡[⑯]，即便夜乘小船就之。经宿方至[⑰]，造门不前而返[⑱]。人问其故。王曰：“吾本乘兴而行，兴尽而返，何必见戴？”

## 石崇与王恺争豪[⑲]

石崇与王恺争豪[⑳]，并穷绮丽[㉑]以饰舆服[㉒]。武帝[㉓]，恺之甥也，每助恺[㉔]。尝以一珊瑚

---

① 本文选自《世说新语·言语门》。公元316年，西晋灭亡。次年，司马睿在建业（今南京）即位，为元帝，史称东晋。因黄河流域为外族侵占，中州士族多渡江南下。本篇写西晋灭亡后，南渡士族国破家亡的思想情感。

② 新亭：三国时吴国所建，名临沧观。晋安帝隆安年间重修，改名新亭。故址在今江苏南京市南。

③ 藉（jiè）卉：坐于草地上。藉，坐卧其上。卉，草的总称。

④ 周侯：名周颛（yǐ），字伯仁，汝南安城（今河南原武县东南）人，官至尚书仆射。后为王敦所害。侯是对州牧刺史的尊称，周颛曾任荆州刺史等，故称。中坐：坐中。

⑤ 不殊：没有区别。

⑥ 王丞相：王导，字茂弘，临沂（今属山东）人。东晋元帝即位后任丞相，辅佐晋室。愀（qiǎo）然：面色突变貌。

⑦ 勠（lù）力：尽力。

⑧ 神州：古代称中国为赤县神州，此指西晋失陷的江北地区。

⑨ 楚囚：《左传》成公九年载，楚人钟仪被晋俘虏，晋人称他为楚囚。后借指处境窘困之人。

⑩ 本文选自《世说新语·任诞门》。

⑪ 王子猷（yóu）：即王徽之，王羲之之子。性孤高。山阴：今浙江绍兴市。

⑫ 眠觉：睡醒了。

⑬ 皎然：洁白光明的样子。

⑭ 左思：字太冲，西晋文学家。所作《招隐诗》旨在歌咏隐士清高的生活。

⑮ 戴安道：即戴逵，安道是他的字，谯国（今安徽省北部）人。学问广博，隐居不仕。

⑯ 剡（shàn）：指剡县，古县名，治所在今浙江嵊（shèng）县。

⑰ 经宿方至：经过一宿的工夫才到达。

⑱ 造门不前而返：到了门前不进去就返回了。造，到、至。

⑲ 本文选自《世说新语·汰侈门》。汰侈：指过分奢侈、骄纵。

⑳ 石崇：渤海南皮（今河北省沧县西南）人，字季伦，西晋文学家，今存诗八首。历任刺史、卫尉等重要官职，在荆州劫掠客商，遂成巨富，以生活豪奢著名，后因反对赵王司马伦的专权，被赵王伦亲信孙秀诬杀。王恺：字君夫，东海郡（今山东省东南部及江苏省部分地区）人，官至后军将军。争豪：比赛富有。

㉑ 穷：竭尽，极。

㉒ 舆服：车辆和衣服的总称。

㉓ 武帝：晋武帝司马炎。

㉔ 每：常常。

树高二尺许赐恺，枝柯扶疏①，世罕其比。恺以示崇，崇视讫②，以铁如意③击之，应手④而碎。恺既惋惜，又以为疾⑤己之宝，声色甚厉。崇曰："不足恨⑥，今还卿。"乃命左右悉取珊瑚树，有三尺、四尺，条干绝世⑦、光彩溢目者六七枚，如恺许比甚众⑧。恺惘然自失⑨。

## 学习建议

1. 体味"新亭对泣"成语的内在意义。

2. 分析《石崇与王恺争豪》一文中的铺排、对比手法。

3. 延伸阅读篇目：《世说新语・自新・周处》《世说新语・任诞・刘伶病酒》《世说新语・汰侈・石崇要客燕集》《世说新语・忿狷・王蓝田性急》。

---

① 枝柯：枝条。扶疏：繁茂的样子。

② 讫：完毕。视讫：看过之后。

③ 如意：器物名，头呈灵芝形或云形，柄微曲，供赏玩用。

④ 应手：随手。

⑤ 疾：通"嫉"，妒忌。

⑥ 恨：遗憾。

⑦ 条干绝世：枝条美丽，世间没有第二棵。

⑧ 如恺许比甚众：这句话的意思是说，像王恺那样的珊瑚树多得很。

⑨ 惘然自失：心情惘然若有所失。

# 柳毅传

李朝威

李朝威（约766—820年），陇西人（今甘肃一带人），唐代著名传奇作家。生活于中唐贞元、元和时期，事迹不详。他的作品仅存《柳毅传》和《柳参军传》两篇。其《柳毅传》被鲁迅先生与元稹的《莺莺传》相提并论。

## 【导读】

《柳毅传》，唐人著名传奇小说之一。原载《太平广记》，只题作《柳毅》，无“传”字，鲁迅的《唐宋传奇集》始为校增。汪国垣的《唐人小说》仍作《柳毅》。

本篇虽以神话作题材，但从整篇看，既富于浪漫色彩，同时表现出的现实意义又极为深刻。它所概括出的问题，如家庭矛盾、妇女和封建社会的矛盾，以及现实生活中所存在的其他具体矛盾，处处都和现实生活的发展、变化分不开，是具有一定进步意义的一篇作品。

篇中人物形象鲜明、生动。柳毅形象既体现了一种见义勇为、忧人之忧、施恩不望报的侠义思想，同时又体现了威武不屈的坚强性格。钱塘君则是刚肠激发、叱咤风云的人物，象征着钱塘江怒潮的汹涌澎湃。龙女的形象则是一个中国封建社会里善良多情的少女化身，她不受封建婚姻制度的束缚，坚决追求自由幸福。从她的身上反映出当时现实生活中妇女为争取自身美好前途的热望和精神。作者对不合理的残酷的封建婚姻制度作了严正的批判，对婚姻自主则大加宣扬。

本篇在艺术上不仅想象优美，结构谨严，而且语言精练朴素。如人物的对话都表现出不同的个性：龙女回宫一节，钱塘君和洞庭君的问答，一个是焦愁得了不得，一个是快人快口。又如对堂皇富丽的宫殿、各种不同的生活场面的描写，恰恰构成各具色彩的鲜明的生活图景。在描写钱塘君作为赤龙出现时的形象，更用了夸张手法。又如把柳毅的形象和钱塘君的形象对比，以洞庭君和泾川君作对比，以钱塘破阵乐和贵主还宫乐两个场面作对比之类，更能增加文章的感染力量。此外在细节方面，写笑语，写香气，写衣饰，更是绘声绘色，仿佛如见。

仪凤中①，有儒生柳毅者，应举下第，将还湘滨。念乡人有客于泾阳者②，遂往告别。至六七里，鸟起马惊，疾逸道左。又六七里，乃止。

见有妇人，牧羊于道畔。毅怪视之，乃殊色也。然而蛾脸不舒③，巾袖无光，凝听翔立④，若有所伺。毅诘之曰：“子何苦而自辱如是？”妇始楚而谢⑤，终泣而对曰：“贱妾不

① 仪凤：唐高宗李治年号（676—678年）。

② 泾阳：今陕西省三原县，在泾河北岸。

③ 蛾脸：美丽面容。蛾：即蛾眉。不舒：含愁不展。

④ 翔：止。

⑤ 谢：拜谢。

幸，今日见辱问于长者①。然而恨贯肌骨，亦何能愧避，幸一闻焉。妾，洞庭龙君小女也。父母配嫁泾川次子，而夫婿乐逸②，为婢仆所惑，日以厌薄。既而将诉于舅姑，舅姑爱其子，不能御。迨诉频切，又得罪舅姑。舅姑毁黜以至此③。”言讫，歔欷流涕，悲不自胜。又曰：“洞庭于兹，相远不知其几多也。长天茫茫，信耗莫通。心目断尽，无所知哀。闻君将还吴④，密通洞庭。或以尺书寄托侍者⑤，未卜将以为可乎？”毅曰：“吾义夫也⑥。闻子之说，气血俱动，恨无毛羽，不能奋飞。是何可否之谓乎⑦！然而洞庭，深水也。吾行尘间，宁可致意耶？唯恐道途显晦⑧，不相通达，致负诚托，又乖恳愿⑨。子有何术，可导我耶⑩？”女悲泣且谢，曰：“负载珍重⑪，不复言矣。脱获回耗⑫，虽死必谢。君不许，何敢言？既许而问，则洞庭之与京邑，不足为异也。”

毅请闻之。女曰：“洞庭之阴⑬，有大橘树焉，乡人谓之社橘。君当解去兹带，束以他物。然后叩树三发，当有应者。因而随之，无有碍矣。幸君子书叙之外，悉以心诚之话倚托，千万无渝！”毅曰：“敬闻命矣。”女遂于襦间解书，再拜以进，东望愁泣，若不自胜。毅深为之戚。乃置书囊中，因复问曰：“吾不知子之牧羊，何所用哉？神祇岂宰杀乎？”女曰：“非羊也，雨工也。”“何为雨工？”曰：“雷霆之类也。”毅顾视之，则皆矫顾怒步，饮龁甚异。而大小毛角，则无别羊焉。毅又曰：“吾为使者，他日归洞庭，幸勿相避。”女曰：“宁止不避，当如亲戚耳。”语竟，引别东去。不数十步，回望女与羊，俱亡所见矣。

其夕，至邑而别其友。月余到乡，还家，乃访于洞庭。洞庭之阴，果有社橘。遂易带向树，三击而止。俄有武夫出于波间，再拜请曰：“贵客将自何所至也？”毅不告其实，曰：“走谒大王耳。”武夫揭水指路，引毅以进。谓毅曰：“当闭目，数息可达矣⑭。”毅如其言，遂至其宫。始见台阁相向，门户千万，奇草珍木，无所不有。夫乃止毅，停于大室之隅，曰：“客当居此以伺焉。”毅曰：“此何所也？”夫曰：“此灵虚殿也。”谛视之，则人间珍宝，毕尽于此。柱以白璧，砌以青玉，床以珊瑚，帘以水精，雕琉璃于翠楣⑮，饰琥珀于虹栋⑯。奇秀深杳，不可殚言。

然而王久不至。毅谓夫曰：“洞庭君安在哉？”曰：“吾君方幸玄珠阁，与太阳道士讲

---

① 见辱：敬词，承蒙。
② 泾川：指泾河龙君。乐逸：专好游逸、放荡的生活。
③ 毁黜：糟蹋，虐待。
④ 还吴：回南方。古代吴楚相邻，都在南方。所以南还，可称为还吴。
⑤ 尺书：即书信。古时书信写在帛上，上下长一尺，故称。寄托侍者：转托您的仆役带去，是古时的客套话。
⑥ 义夫：重义气的男人。
⑦ 何可否之谓：哪里有什么可否的问题，即表示愿意效劳。
⑧ 显晦：明暗，指人间与神鬼世界不同。
⑨ 乖：违背、背离。恳愿：恳切的愿望。
⑩ 导：指导。
⑪ 负载：负担（起自己所托付的事情）。珍重：路上多多保重。
⑫ 脱：倘或。回耗：回信。耗：音讯。
⑬ 阴：水的南岸称曰阴。
⑭ 数息：呼吸几次，形容时间短暂。
⑮ 楣：门上横木。
⑯ 虹栋：彩色的屋梁。

《火经》，少选当毕①。”毅曰：“何谓《火经》?”夫曰：“吾君，龙也。龙以水为神，举一滴可包陵谷。道士，乃人也。人以火为神圣，发一灯可燎阿房②。然而灵用不同，玄化各异③。太阳道士精于人理，吾君邀以听焉。”语毕而宫门辟。景从云合④，而见一人，披紫衣，执青玉。夫跃曰：“此吾君也!”乃至前以告之。君望毅而问曰：“岂非人间之人乎?”毅对曰：“然。”毅遂设拜，君亦拜，命坐于灵虚之下。谓毅曰：“水府幽深，寡人暗昧，夫子不远千里，将有为乎?”毅曰：“毅，大王之乡人也。长于楚，游学于秦⑤。昨下第，闲驱泾水之涘⑥，见大王爱女牧羊于野。风鬟雨鬓，所不忍视。毅因诘之。谓毅曰：‘为夫婿所薄，舅姑不念，以至于此。’悲泗淋漓，诚怛人心。遂托书于毅。毅许之，今以至此。”因取书进之。洞庭君览毕，以袖掩面而泣曰：“老父之罪，不谂坚听⑦，坐贻聋瞽⑧，使闺窗孺弱，远罹构害。公，乃陌上人也⑨，而能急之。幸被齿发⑩，何敢负德!”词毕，又哀咤良久。左右皆流涕。时有宦人密视君者，君以书授之，令达宫中。须臾，宫中皆恸哭。君惊谓左右曰：“疾告宫中，无使有声。恐钱塘所知。”毅曰：“钱塘，何人也?”曰：“寡人之爱弟。昔为钱塘长，今则致政矣⑪。”毅曰：“何故不使知?”曰：“以其勇过人耳。昔尧遭洪水九年者，乃此子一怒也。近与天将失意⑫，塞其五山⑬。上帝以寡人有薄德于古今，遂宽其同气之罪⑭。然犹縻系于此⑮，故钱塘之人，日日候焉。”

语未毕，而大声忽发，天拆地裂，宫殿摆簸，云烟沸涌。俄有赤龙长千余尺，电目血舌，朱鳞火鬣，项掣金锁，锁牵玉柱，千雷万霆，激绕其身，霰雪雨雹，一时皆下。乃擘青天而飞去⑯。毅恐蹶仆地。君亲起持之曰：“无惧，固无害。”毅良久稍安，乃获自定。因告辞曰：“愿得生归，以避复来。”君曰：“必不如此。其去则然，其来则不然。幸为少尽缱绻⑰。”因命酌互举，以款人事⑱。

俄而祥风庆云，融融怡怡，幢节玲珑⑲，箫韶以随⑳。红妆千万，笑语熙熙。后有一人，自然蛾眉，明珰满身，绡縠参差㉑。迫而视之，乃前寄辞者。然若喜若悲，零泪如丝。

---

① 少选：片刻，须臾。
② 阿房：秦阿房宫，被项羽焚毁。
③ 玄化：玄妙的变化。
④ 景从云合：形容侍从众多。景同“影”。景从：如影之从形。云合：像密云四合。
⑤ 游学于秦：指到长安考试。长安，古时曾属秦地。
⑥ 涘（sì）：水边。
⑦ 不谂坚听：不加考察，听信人言。谂：察。坚听：听信不疑。
⑧ 坐贻聋瞽：因而就成为聋子、瞎子一样的无知人。
⑨ 陌上人：（不相识的）行路人。
⑩ 幸被齿发：有生之年。被齿发，指还活着。
⑪ 致政：退职，不再做官。
⑫ 失意：失和。
⑬ 塞其五山：发大水淹掉五座山。
⑭ 同气：同胞兄弟。
⑮ 縻系：囚禁。
⑯ 擘（bò）：分开。
⑰ 缱绻（qiǎn quǎn）：深厚缠绵的情意。
⑱ 以款人事：以尽款待客人的礼数。
⑲ 幢（chuáng）节：作为仪仗用的旗帜之类。
⑳ 箫韶：相传为虞舜时的乐曲，后世指代乐队。
㉑ 绡縠（xiāo hú）：绸缎。

须臾，红烟蔽其左，紫气舒其右，香气环旋，入于宫中。君笑谓毅曰："泾水之囚人至矣[①]。"君乃辞归宫中。须臾，又闻怨苦，久而不已。

有顷，君复出，与毅饮食。又有一人，披紫裳，执青玉，貌耸神溢[②]，立于君左。君谓毅曰："此钱塘也。"毅起，趋拜之。钱塘亦尽礼相接，谓毅曰："女侄不幸，为顽童所辱。赖明君子信义昭彰，致达远冤。不然者，是为泾陵之土矣[③]。享德怀恩，词不悉心。"毅撝退辞谢[④]，俯仰唯唯[⑤]。然后回告兄曰："向者辰发灵虚，巳至泾阳，午战于彼，未还于此。中间驰至九天，以告上帝。帝知其冤，而宥其失。前所谴责，因而获免。然而刚肠激发，不遑辞候。惊扰宫中，复忤宾客。愧惕惭惧，不知所失[⑥]。"因退而再拜。君曰："所杀几何？"曰："六十万。""伤稼乎？"曰："八百里。""无情郎安在？"曰："食之矣。"君怃然曰："顽童之为是心也，诚不可忍。然汝亦太草草。赖上帝显圣，谅其至冤。不然者，吾何辞焉[⑦]。从此已去，勿复如是。"钱塘复再拜。是夕，遂宿毅于凝光殿。

明日，又宴毅于凝碧宫。会友戚，张广乐[⑧]，具以醪醴，罗以甘洁[⑨]。初，笳角鼙鼓，旌旗剑戟，舞万夫于其右。中有一夫前曰："此《钱塘破阵乐》。"旌铫杰气[⑩]，顾骤悍栗[⑪]。坐客视之，毛发皆竖。复有金石丝竹，罗绮珠翠，舞千女于其左。中有一女前进曰："此《贵主还宫乐》。"清音宛转，如诉如慕，坐客听下，不觉泪下。二舞既毕，龙君大悦，锡以纨绮，颁于舞人。然后密席贯坐[⑫]，纵酒极娱。酒酣，洞庭君乃击席而歌曰："大天苍苍兮，大地茫茫。人各有志兮，何可思量。狐神鼠圣兮，薄社依墙[⑬]。雷霆一发兮，其孰敢当。荷贞人兮信义长[⑭]，令骨肉兮还故乡。齐言惭愧兮何时忘[⑮]！"洞庭君歌罢，钱塘君再拜而歌曰："上天配合兮，生死有途。此不当妇兮，彼不当夫。腹心辛苦兮，泾水之隅。风霜满鬓兮，雨雪罗襦。赖明公兮引素书[⑯]，令骨肉兮家如初。永言珍重兮无时无。"钱塘君歌阕[⑰]，洞庭君俱起，奉觞于毅。毅踧踖而受爵[⑱]，饮讫，复以二觞奉二君。乃歌曰："碧云悠悠兮，泾水东流。伤美人兮，雨泣花

---

① 囚人：受罪的人。指龙女。
② 貌耸神溢：相貌出众，精神焕发。
③ 为泾陵之土：死在泾阳，成为山里的泥土。
④ 撝（huī）退：谦逊。
⑤ 俯仰唯唯：低头谦逊地应答。俯仰：是偏义复词，低头。
⑥ 不知所失：不知道犯了多大的罪过。
⑦ 何辞：用什么言辞解释。
⑧ 张广乐：设置大乐队。
⑨ 甘洁：甘旨，美味。
⑩ 旌铫（tiáo）杰气：（挥动）旌旗、武器，显出英雄的气概。铫：长矛。
⑪ 顾骤悍傈：眼神和动作威势逼人。骤：指动作，步伐。
⑫ 密席贯坐：接席连坐。席：坐席。
⑬ 狐神鼠圣兮二句：妖狐与鼠精依靠庙社冒充神灵。比喻小人依附权势，作威作福。薄：附。社：土地庙。
⑭ 荷：感激。贞人：正人君子。
⑮ 言：助词。下文"永言珍重"同。
⑯ 明公：敬称，指柳毅。
⑰ 阕：曲终。
⑱ 踧踖（cù jí）：恭敬而不安的样子。爵：酒杯。

愁。尺书远达兮，以解君忧。哀冤果雪兮，还处其休①。荷和雅兮感甘羞②。山家寂寞兮难久留③。欲将辞去兮悲绸缪④。”歌罢，皆呼万岁。洞庭君因出碧玉箱，贮以开水犀⑤；钱塘君复出红珀盘，贮以照夜玑，皆起进毅。毅辞谢而受。然后宫中之人，咸以绡彩珠璧，投于毅侧。重叠焕赫⑥，须臾埋没前后。毅笑语四顾，愧揖不暇。洎酒阑欢极，毅辞起，复宿于凝光殿。

翌日，又宴毅于清光阁。钱塘因酒，作色，踞谓毅曰：“不闻猛石可裂不可卷⑦，义士可杀不可羞耶？愚有衷曲，欲一陈于公。如可，则俱在云霄；如不可，则皆夷粪壤⑧。足下以为何如哉？”毅曰：“请闻之。”钱塘曰：“泾阳之妻，则洞庭君之爱女也。淑性茂质⑨，为九姻所重⑩。不幸见辱于匪人，今则绝矣。将欲求托高义⑪，世为亲戚。使受恩者知其所归，怀爱者知其所付，岂不为君子始终之道者⑫？”毅肃然而作，欻然而笑曰⑬：“诚不知钱塘君孱困如是⑭！毅始闻跨九州⑮，怀五岳⑯，泄其愤怒；复见断金锁，掣玉柱，赴其急难。毅以为刚决明直，无如君者。盖犯之者不避其死，感之者不爱其生⑰，此真丈夫之志。奈何萧管方洽，亲宾正和，不顾其道，以威加人？岂仆之素望哉！若遇公于洪波之中，玄山之间⑱，鼓以鳞须⑲，被以云雨，将迫毅以死，毅则以禽兽视之，亦何恨哉！今体被衣冠，坐谈礼义，尽五常之志性⑳，负百行之微旨㉑，虽人世贤杰，有不如者，况江河灵类乎？而欲以蠢然之躯，悍然之性，乘酒假气，将迫于人，岂近直哉㉒！且毅之质，不足以藏王一甲之间㉓。然而敢以不伏之心，胜王不道之气。惟王筹之！”钱塘及逡巡㉔致谢曰：“寡人生长宫房，不闻正论。向者词述疏狂，妄突高明。退自循顾㉕，戾不容责。幸君子不为此乖间可

① 还处其休：回家享福。休：美好，幸福。
② 和雅：温情雅意。甘羞：美味。
③ 山家：对自己家宅的谦称。
④ 绸缪（móu）：缠绵。
⑤ 开水犀：传说犀牛能以角分水，此指犀牛角。
⑥ 焕赫：光彩耀目。
⑦ 猛石：坚石。
⑧ 夷粪壤：即夷为粪土，比喻恶劣境地。夷：平。
⑨ 茂质：品质优良。茂：美。
⑩ 九姻：所有的亲戚。九：泛指多数。
⑪ 高义：指柳毅。
⑫ 君子始终之道：君子之道有始有终。
⑬ 欻（xū）然：忽然。
⑭ 孱（chán）困：羸弱，无用。
⑮ 九州：古代中国分为九州。
⑯ 怀：包。
⑰ 感之者：有恩于我的人。这句讲不惜以生命报恩。
⑱ 玄山：黑色山峰（似的波浪）。山，形容巨浪。
⑲ 鼓：鼓动，伸张。
⑳ 五常：指仁、义、礼、智、信。这里泛指道德。
㉑ 负百行之微旨：掌握做人的精义。百行：士人的多种品格。
㉒ 近直：接近正理。
㉓ 毅之质：自己的身体。
㉔ 逡（qūn）巡：后退，局促不安的表示。
㉕ 循顾：仔细反省。

也①。”其夕，复饮宴，其乐如旧。毅与钱塘，遂为知心友。

明日，毅辞归。洞庭君夫人别宴毅于潜景殿。男女仆妾等，悉出预会。夫人泣谓毅曰：“骨肉受君子深恩，恨不得展愧戴②，遂至睽别。”使前泾阳女当席拜毅以致谢。夫人又曰：“此别岂有复相遇之日乎？”毅其始虽不诺钱塘之请，然当此席，殊有叹恨之色。宴罢辞别，满宫凄然。赠遗珍宝，怪不可述。毅于是复循途出江岸，见从者十余人，担囊以随，至其家而辞去。

毅因适广陵宝肆③，鬻其所得。百未发一，财已盈兆④。故淮右富族⑤，咸以为莫如。遂娶于张氏，亡。又娶韩氏，数月，韩氏又亡。徙家金陵。常以鳏旷多感⑥，或谋新匹。有媒氏告之曰：“有卢氏女，范阳人也⑦。父名曰浩，尝为清流宰⑧。晚岁好道，独游云泉，今则不知所在矣。母曰郑氏。前年适清河张氏，不幸而张夫早亡。母怜其少，惜其慧美，欲择德以配焉。不识何如？”毅乃卜日就礼。既而男女二姓，俱为豪族，法用礼物⑨，尽其丰盛。金陵之士，莫不健仰⑩。

居月余，毅因晚入户，视其妻，深觉类于龙女，而逸艳丰厚，则又过之。因与话昔事。妻谓毅曰：“人世岂有如是之理乎？然君与余有一子。”毅益重之。既产，逾月，乃秾饰换服，召亲戚。相会之间，笑谓毅曰：“君不忆余之于昔也？”毅曰：“夙为洞庭君女传书，至今为忆。”妻曰：“余即洞庭君之女也。泾川之冤，君使得白。衔君之恩，誓心求报。洎钱塘季父论亲不从，遂至睽违，天各一方，不能相问。父母欲配嫁于濯锦小儿某⑪。惟以心誓难移，亲命难背，既为君子弃绝，分无见期。而当初之冤，虽得以告诸父母，而誓报不得其志⑫，复欲驰白于君子。值君子累娶，当娶于张，已而又娶于韩。迨张韩继卒，君卜居于兹，故余之父母乃喜余得遂报君之意。今日获奉君子，咸善终世⑬，死无恨矣。”因呜咽，泣涕交下。对毅曰：“始不言者，知君无重色之心；今乃言者，知君有感余之意。妇人匪薄⑭，不足以确厚永心⑮，故因君爱子，以托相生⑯。未知君意如何？愁惧兼心，不能自解。君附书之日，笑谓妾曰：‘他日归洞庭，慎无相避。’诚不知当此之际，君岂有意于今日之事乎？其后季父请于君，君固不许。君乃诚将不可邪，抑忿然邪？君其话之。”毅曰：“似有命者。仆始见君于长泾之隅，枉抑憔悴，诚有不平之志。然自约其心者⑰，达君之冤，余

---

① 乖间：隔阂，疏远。
② 展愧戴：报恩德。愧戴：惭愧、爱戴的心情。
③ 广陵：今江苏省扬州市。宝肆：珠宝店。
④ 盈兆：超过万亿。
⑤ 淮右：指扬州一带。
⑥ 鳏（guān）旷：单身汉。妻死无偶曰鳏，成年未娶曰旷（鳏亦含有旷义）。感：同“憾”。
⑦ 范阳：即幽州，今北京市一带。
⑧ 清流宰：清流县（今属安徽）长官。
⑨ 法用礼物：婚仪所用的礼物。
⑩ 健仰：深切仰慕。
⑪ 濯锦小儿：指濯锦江龙君之子。濯锦江即锦江，为四川岷江支流。
⑫ 誓报不得其志：立誓报恩的志愿没有实现。
⑬ 咸善终世：一同欢好终生。
⑭ 匪薄：即“菲薄”，轻微的意思。
⑮ 永心：永远不变的心意。
⑯ 相生：生活在一起。
⑰ 约：克制。

无及也。以言慎勿相避者，偶然耳，岂有意哉！洎钱塘逼迫之际，唯理有不可直，乃激人之怒耳。夫始以义行为之志，宁有杀其婿而纳其妻者邪？一不可也。某素以操真为志尚，宁有屈于己而伏于心者乎①？二不可也。且以率肆胸臆，酬酢纷纶②，唯直是图，不遑避害。然而将别之日，见君有依然之容，心甚恨之③。终以人事扼束④，无由报谢。吁，今日，君，卢氏也，又家于人间。则吾始心未为惑矣⑤。从此以往，永奉欢好，心无纤虑也。”妻因深感娇泣，良久不已。有顷，谓毅曰：“勿以他类，遂为无心，固当知报耳。夫龙寿万岁，今与君同之。水陆无往不适。君不以为妄也。”毅嘉之曰：“吾不知国客乃复为神仙之饵⑥。”乃相与觐洞庭⑦。既至，而宾主盛礼，不可具纪。

后居南海⑧，仅四十年⑨，其邸第舆马珍鲜服玩，虽侯伯之室，无以加也。毅之族咸遂濡泽⑩。以其春秋积序⑪，容状不衰，南海之人，靡不惊异。洎开元中⑫，上方属意于神仙之事，精索道术⑬。毅不得安，遂相与归洞庭。凡十余岁，莫知其迹。

至开元末，毅之表弟薛嘏为京畿令⑭，谪官东南。经洞庭，晴昼长望⑮，俄见碧山出于远波。舟人皆侧立⑯，曰：“此本无山，恐水怪耳。”指顾之际，山与舟相逼，乃有彩船自山驰来，迎问于嘏。其中有一人呼之曰：“柳公来候耳。”嘏省然记之⑰，乃促至山下，摄衣疾上。山有宫阙如人世，见毅立于宫室之中，前列丝竹，后罗珠翠，物玩之盛，殊倍人间。毅词理益玄，容颜益少。初迎嘏于砌，持嘏手曰：“别来瞬息，而发毛已黄。”嘏笑曰：“兄为神仙，弟为枯骨，命也！”毅因出药五十丸遗嘏，曰：“此药一丸，可增一岁耳。岁满复来，无久居人世，以自苦也。”欢宴毕，嘏乃辞行。自是已后，遂绝影响⑱。嘏常以是事告于人世。殆四纪⑲，嘏亦不知所在。

陇西李朝威叙而叹曰：五虫之长⑳，必以灵者，别斯见矣㉑。人，裸也㉒，移信鳞虫㉓。

---

① 伏：通“服”。
② 酬酢（zuò）纷纶：应答时很杂乱。
③ 恨：遗憾，悔恨。
④ 扼束：束缚。
⑤ 惑：迷惑不安。
⑥ 吾不知国客乃复为神仙之饵：我没有想到做龙宫娇客，却得到了成仙的机会。饵：由头，此指机会。
⑦ 觐（jìn）：朝见。
⑧ 南海：今广州。
⑨ 仅：已有。此当反训，言其多。
⑩ 咸遂濡泽：都受到恩惠。
⑪ 春秋积序：一年复一年，指年纪增长。序：时序。
⑫ 开元：唐玄宗李隆基年号（713—741 年）。
⑬ 道术：指有仙术的人。
⑭ 京畿令：指京兆府所属县的县令。
⑮ 长望：远望。
⑯ 侧立：侧足而立，恐惧的样子。
⑰ 省（xǐng）然：省悟的样子。
⑱ 绝影响：再也没有柳毅的消息。影响：音容。
⑲ 纪：古代以十二年为一纪。
⑳ 五虫之长：古代把生物分为五类，其中“有鳞之虫”以龙为长；“倮（裸）之虫”以人为长。
㉑ 别斯见矣：其（与一般的生物）区别于此可见。
㉒ 人，裸也：人为裸虫（之长）。
㉓ 移信鳞虫：也同鳞虫讲信义。

洞庭含纳大直①，钱塘迅疾磊落，宜有承焉②。嘏咏而不载，独可邻其境③。愚义之，为斯文。

## 学习建议

1. 分析柳毅的性格特点。

2. 举例分析本文写情的手法。

3. 举例说明本文在描写场面、氛围方面的成功之处。

4. 延伸阅读篇目：《虬髯客传》《枕中记》《南柯太守传》《李娃传》《莺莺传》《霍小玉传》。

① 含纳：有度量。大直：非常正直。

② 宜有承焉：应该使其流传于世。

③ 嘏（gǔ）咏而不载二句：薛嘏（曾亲历仙境），咏叹、传说其事，却没有记载成文。

# 金玉奴棒打薄情郎

《喻世明言》

冯梦龙（1574—1646 年），明末著名的通俗文学家。字犹龙。号墨憨斋主人、顾曲散人、姑苏词奴等，长州（今江苏省苏州市）人。少有才气，但怀才不遇，五十七岁才补了一名贡生。曾任江苏丹徒县训导、福建寿宁知县等小职。清兵南下时，曾参与抗清活动。顺治三年（1646 年）死于故乡。一生致力于通俗文学的搜集、整理和写作。编纂的《喻世明言》《警世通言》和《醒世恒言》（简称《三言》）三部短篇小说集，共有作品 120 篇，在艺术上代表了我国古代白话短篇小说的最高成就。

## 【导读】

《金玉奴棒打薄情郎》选自《喻世明言》，无论是从描写内容还是思想立意来看都非常“市民”化。穷书生莫稽因家贫娶了“团头”金老大的女儿金玉奴，科举及第后却嫌妻家的地位低贱欲杀妻另娶，最后在善人许德厚夫妇的穿针引线下又重归于好。题材旨涉平常百姓的婚姻家庭，立意是朴素的“善恶终有报”以及“嫁鸡随鸡，嫁狗随狗”的观念，非常符合明代市民小说的特点。

该作品形式上的特点，一是情节以“巧”传“奇”。如果不是莫稽夫妇恰行江上莫稽未必会起杀妻之心，如果不是金玉奴坠水未死就不会遇上许德厚夫妇，如果不是许德厚恰巧是莫稽的上司金玉奴的冤屈未必能洗。二是心理描写细腻。中国古代的小说，因受史传文学、话本小说等影响，往往只重外部言行的描写，不大习惯于直接描摹人物的心理活动。而本篇中对人物的心理描写相对来说比较细腻。比如莫稽因岳父“团头”的身份心中不悦，随着自己身份的逐步提高“不悦”的程度逐渐加深，以致最后船头杀妻。这种心理描写既细腻又符合人物性格逻辑。

“枝在墙东花在西，自从落地任风吹。枝无花时还再发，花若离枝难上枝。”这四句乃昔人所作《弃妇词》。言妇人之随夫，如花之附于枝。枝若无花，逢春再发；花若离枝，不可复合。劝世上妇人，事夫尽道，同甘同苦，从一而终，休得慕富嫌贫，两意三心，自贻后悔。

且说汉朝一个名臣，当初未遇时节，其妻有眼不识泰山，弃之而去，到后来悔之无及。你说那名臣何方人氏？姓甚名谁？那名臣姓朱，名买臣，表字翁子，会稽郡人氏。家贫未遇，夫妻二口，住于陋巷蓬门。每日买臣向山中砍柴，挑至市中，卖钱度日。性好读书，手不释卷。肩上虽挑却①柴担，手里兀自擒着书本，朗诵咀嚼，且歌且行。市人听惯了，但闻读书之声，便知买臣挑柴担来了；可怜他是个儒生，都与他买。更兼买臣不争价钱，凭人估值，所以他的柴比别人容易出脱。一般也有轻薄少年及儿童之辈，见他又挑柴，又读书，三

① 挑却：这里的却，常用于动词之后，含有着、得、掉等意思。挑却，就是挑着、挑得。

五成群，把他嘲笑戏侮，买臣全不为意。一日，其妻出门汲水，见群儿随着买臣柴担，拍手共笑，深以为耻。买臣卖柴回来，其妻劝道："你要读书，便休卖柴；要卖柴，便休读书。许大年纪，不痴不颠，却做出恁般行径，被儿童笑话，岂不羞死！"买臣笑道："我卖柴以救贫贱，读书以取富贵，各不相妨，由他笑话便了。"其妻笑道："你若取得富贵时，不去卖柴了。自古及今，那见卖柴的人做了官？却说这没把鼻的话！"买臣道："富贵贫贱，各有其时。有人算我八字，到五十岁上，必然发迹。常言海水不可斗量，你休料我。"其妻道："那算命先生，见你痴颠模样，故意要笑你，你休听信。到五十岁时，连柴担也挑不动，饿死是有分的，还想做官！除是阎罗王殿上，少个判官，等你去做！"买臣道："姜太公八十岁尚在渭水钓鱼，遇了周文王，以后车载之，拜为尚父。本朝公孙弘丞相，五十九岁上还在东海牧豕，整整六十岁，方才际遇今上，拜将封侯。我五十岁上发迹，比甘罗虽迟①，比那两个还早。你须耐心等去。"其妻道："你休得攀今吊古。那钓鱼、牧豕的，胸中都有才学；你如今读这几句死书，便读到一百岁，只是这个嘴脸，有甚出息，晦气做了你老婆！你被儿童耻笑，连累我也没脸皮！你不听我言，抛却书本，我决不跟你终身，各人自去走路，休得两相耽误了。"买臣道："我今年四十三岁了，再七年，便是五十。前长后短，你就等耐，也不多时。直恁薄情，舍我而去，后来须要懊悔。"其妻道："世上少甚挑柴担的汉子，懊悔甚么来？我若再守你七年，连我这骨头不知饿死于何地了！你倒放我出门，做个方便，活了我这条性命！"买臣见其妻决意要去，留他不住，叹口气道："罢！罢！只愿你嫁得丈夫，强似朱买臣的便好！"其妻道："好歹强似一分儿！"说罢，拜了两拜，欣然出门而去，头也不回。买臣感慨不已，题诗四句于壁上云：嫁犬逐犬，嫁鸡逐鸡。妻自弃我，我不弃妻。

买臣到五十岁时，值汉武帝下诏求贤。买臣到西京上书，待诏公车②。同邑人严助荐买臣之才。天子知买臣是会稽人，必知本土民情利弊，即拜为会稽太守，驰驿赴任。会稽长吏闻新太守将到，大发人夫，修治道路。买臣妻的后夫亦在役中，其妻蓬头跣足，随伴送饭。见太守前呼后拥而来，从旁窥之，乃故夫朱买臣也。买臣在车中，一眼瞧见，还认得是故妻，遂使人招之，载于后车。到府第中，故妻羞惭无地，叩头谢罪，买臣教请他后夫相见。不多时，后夫唤到，拜伏于地，不敢仰视。买臣大笑，对其妻道："似此人，未见得强似我朱买臣也。"其妻再三叩谢，自悔有眼无珠，愿降为婢妾，伏事终身。买臣命取水一桶，泼于阶下，向其妻说道："若泼水可复收，则汝亦可复合。念你少年结发之情，判后园隙地，与汝夫妇耕种自食。"其妻随后夫走出府第，路人都指着说道："此即新太守夫人也。"于是羞极无颜，到于后园，遂投河而死。有诗为证：漂母尚知怜饿士，妾妻忍得弃贫儒。早知覆水难收取，悔不当初任读书。又有一诗，说欺贫重富，世情皆然，不止一买臣之妻也。诗曰：尽看成败说高低，谁识蛟龙在污泥？莫怪妇人无法眼，普天几个负羁妻？

这个故事是妻弃夫的。如今再说一个夫弃妻的。一般是欺贫重富，背义忘恩，后来徒落得个薄幸之名，被人讲论。

话说故宋绍兴年间，临安虽然是个建都之地，富庶之乡，其中乞丐的，依然不少。那丐

① 甘罗：战国时秦国人，年十二岁，封为上卿。

② 待诏公车：公车，汉代官署名，掌管官车。凡应征的人，都由官府用车接引，居此署中，等待诏命。

户中有个为头的，名曰“团头”①，管着众丐。众丐叫化得东西来时，团头要收他日头钱。若是雨雪时，没处叫化，团头却熬些稀粥，养活这伙丐户；破衣破袄，也是团头照管。所以这些丐户，小心低气，服着团头，如奴一般，不敢触犯。那团头现成收些常例钱，一般在众丐户中放债盘利。若不嫖不赌，依然做起大家事来。他靠此为生，一时也不想改业。只是一件，“团头”的名儿不好，随你挣得有田有地，几代发迹，终是个叫化头儿，比不得平等百姓人家。出外没人恭敬，只好闭着门，自屋里做大。虽然如此，若数着“良贱”二字，只说娼、优、隶、卒四般为贱流，倒数不着那乞丐。看来乞丐只是没钱，身上却无疤瘢。假如春秋时伍子胥逃难，也曾吹箫于吴市中乞食；唐时郑元和②做歌郎③，唱莲花落，后来富贵发达，一床锦被遮盖。这都是叫化中出色的。可见此辈虽然被人轻贱，倒不比娼、优、隶、卒。

闲话休题。如今且说杭州城中一个团头，姓金，名老大。祖上到他，做了七代团头了。挣得个完完全全的家事，住的有好房子，种的有好田园，穿的有好衣，吃的有好食，真个廒多积粟，囊有馀钱，放债使婢。虽不是顶富，也是数得着的富家了。那金老大有志气，把这团头让与族人金癞子做了，自己见成受用，不与这伙丐户歪缠。然虽如此，里中口顺，还只叫他是团头家，其名不改。金老大年五十馀，丧妻无子，止存一女，名唤玉奴。那玉奴生得十分美貌。怎见得？有诗为证：“无瑕堪比玉，有态欲羞花。只少宫妆扮，分明张丽华④。”金老大爱此女如同珍宝，从小教他读书识字。到十五六岁时，诗赋俱通，一写一作，信手而成。更兼女工精巧，亦能调筝弄管，事事伶俐。金老大倚着女儿才貌，立心要将他嫁个士人。论来就名门旧族中，急切要这一个女子也是少的；可恨生于团头之家，没人相求。若是平常经纪人家，没前程的，金老大又不肯扳他了。因此高低不就，把女儿直捱到一十八岁，尚未许人。

偶然有个邻翁来说：“太平桥下有个书生，姓莫名稽，年二十岁，一表人才，读书饱学，只为父母双亡，家穷未娶。近日考中，补上太学生，情愿入赘人家。此人正与令爱相宜，何不招之为婿？”金老大道：“就烦老翁作伐，何如？”老翁领命，径到太平桥下，寻那莫秀才，对他说了，“实不相瞒，祖宗曾做个团头的，如今久不做了。只贪他好个女儿，又且家道富足。秀才若不弃嫌，老汉即当玉成其事。”莫稽口虽不语，心下想道：“我今衣食不周，无力婚娶，人可不俯就他家，一举两得？也顾不得耻笑。”乃对邻翁说道：“大伯所言虽妙，但我家贫乏聘，如何是好？”领翁道：“秀才但是允从，纸也不费一张，都在老汉身上。”邻翁回复了金老大。择个吉日，金家倒送一套新衣穿着，莫秀才过门成亲。莫稽见玉奴才貌，喜出望外，不费一钱，白白的得了个美妻，又且丰衣足食，事事称怀。就是朋友辈中，晓得莫生贫苦，无不相谅，倒也没人去笑他。

到了满月，金老大备下盛席，教女婿请他同学会友饮酒，荣耀自家门户。一连吃了六七日酒，何期恼了族人多癞子。那癞子也是一班正理。他道：“你也是团头，我也是团头，只

---

① 团头：宋时各行业都有市肆，叫做团行。称为行者，如鱼行、姜行、菱行、猪行、菜行、布行、鹅鸭行等；称为团的，如花团、青果团、柑子团、鲞团等。行有行老，团有团头，都是该行业的首领。有时虽无团行的职业，他们的头子，也往往称为行老或团头，例如仵作头就也称为团头；此处叫乞丐头做团头，也是同样的情况。

② 郑元和：即唐白行简《李娃传》中的郑生，未登第时，曾沦为挽歌郎和乞丐。

③ 歌郎：即挽歌郎，替出丧的人家唱挽歌的人。

④ 张丽华：陈后主的妃子，容貌很美丽。

你多做了几代，挣得钱钞在手。论起祖宗一脉，彼此无二。侄女玉奴招婿，也该请我吃杯喜酒。如今请人做满月，开宴六七日，并无三寸长、一寸阔的请帖儿到我。你女婿做秀才，难道就做尚书、宰相？我就不是亲叔公？坐不起凳头？直恁不觑人在眼里！我且去蒿恼他一场，教他大家没趣！”叫起五六十人丐户，一齐奔到金老大家里来。但见：开花帽子，打结衫儿。旧席片对着破毡条，短竹根配着缺糙碗。叫爹叫娘叫财主，门前只见喧哗；弄蛇弄狗弄猢狲，口内各呈伎俩。鼓板唱杨花，恶声聒耳；打砖搽粉脸，丑态逼人。一班泼鬼聚成群，便是钟馗收不得。金老大听得闹吵，开门看时，那癞子领着众丐户，一拥而入，嚷做一堂。癞子径奔席上，拣好酒好食只顾吃，口里叫道：“快教侄婿夫妻拜见叔公！”吓得众秀才站脚不住，都逃席去了，连莫稽也随着众朋友躲避。金老大无可奈何，只得再三央告道：“今日是我女婿请客，不干我事。改日专治一杯，与你陪话。”又将许多钱钞分赏众丐户，又抬出两瓮好酒和些活鸡、活鹅之类，教众丐户送去癞子家，当个折席。直乱到黑夜，方才散去。玉奴在房中气得两泪交流。这一夜。莫稽在朋友家借宿，次早方回。金老大见了女婿，自觉出丑，满面含羞。莫稽心中未免也有三分不乐。只是大家不说出来。正是：哑子尝黄柏，苦味自家知。

却说金玉奴只恨自己门风不好，要挣个出头，乃劝丈夫刻苦读书。凡古今书籍，不惜价钱，买来与丈夫看；又不吝供给之费，请人会文会讲；又出资财，教丈夫结交延誉。莫稽由此才学日进，名誉日起，二十三岁发解，连科及第。这日琼林宴罢，乌帽宫袍，马上迎归。将到丈人家里，只见街坊上一群小儿争先来看，指道：“金团头家女婿做了官也。”莫稽在马上听得此言，又不好揽事，只得忍耐。见了丈人，虽然外面尽礼，却包着一肚子忿气。想道：“早知有今日富贵，怕没王侯贵戚招赘成婚？却拜个团头做岳丈，可不是终身之玷！养出儿女来，还是团头的外孙，被人传作话柄！如今事已如此，妻又贤慧，不犯七出之条，不好决绝得。正是事不三思，终有后悔。”为此心中怏怏，只是不乐。玉奴儿遍问而不答，正不知甚么意故。好笑那莫稽，只想着今日富贵，却忘了贫贱的时节，把老婆资助成名一段功劳，化为春水。这是他心术不端处。

不一日，莫稽谒选①，得授无为军司户②。丈人治酒送行。此时众丐户，料也不敢登门吵闹了。喜得临安到无为军，是一水之地。莫稽领了妻子，登舟起任。行了数日，到了采石江边，维舟北岸。其夜月明如昼，莫稽睡不能寐，穿衣而起，坐于船头玩月。四顾无人，又想起团头之事，闷闷不悦。忽然动一个恶念：“除非此妇身死，另娶一人，方免得终身之耻。”心生一计，走进船舱，哄玉奴起来看月华。玉奴已睡了，莫稽再三逼他起身。玉奴难逆丈夫之意，只得披衣，走至马门③口，舒头望月。被莫稽出其不意，牵出船头，推堕江中。悄悄唤起舟人，分付：“快开船前去，重重有赏，不可迟慢！”舟子不知明白，慌忙撑篙荡桨，移舟于十里之外。住泊停当，方才说：“适间奶奶因玩月堕水，捞救不及了。”即将三两银子赏与舟人为酒钱，舟人会意，谁敢开口。船中虽跟得有几个蠢婢子，只道主母真个坠水，悲泣了一场，丢开了手。不在话下。有诗为证：“只为团头号不香，忍因得意弃糟糠，天缘结发终难解，赢得人呼薄幸郎。”

---

① 谒选：官吏到吏部去应选，称为谒选。

② 无为军：地名，宋太宗太平兴国三年，以庐州巢县无为镇（今安徽无为县）建为军，号无为军。

③ 马门：船舱门。

你说事有凑巧，莫稽移船去后，刚刚有个淮西转运使许德厚，也是新上任的，泊舟于采石北岸，正是莫稽先前推妻坠水处。许德厚和夫人推窗看月，开怀饮酒，尚未曾睡。忽闻岸上啼哭，乃是妇人声音，其声哀怨，好生不忍。忙呼水手打看，果然是个单身妇人，坐于江岸，便教唤上船来，审其来历。原来此妇正是无为军司户之妻金玉奴。初坠水时，魂飞魄荡，已拼着必死。忽觉水中有物，托起两足，随波而行，近于江岸。玉奴挣扎上岸，举目看时，江水茫茫，已不见了司户之船，才悟道丈夫贵而忘贱，故意欲溺死故妻，别图良配。如今虽得了性命，无处依栖，转思苦楚，以此痛哭。见许公盘问，不免从头至尾，细说一遍。说罢，哭之不已。连许公夫妇都感伤堕泪，劝道："汝休得悲啼，肯为我义女，再作道理。"玉奴拜谢。许公吩咐夫人取干衣替他通身换了，安排他后舱独宿。教手下男女都称他小姐。又分付舟人，不许泄漏其事。

不一日，到淮西上任。那无为军正是他所属的地方，许公是莫司户的上司，未免随班参谒。许公见了莫司户，心中想道："可惜一表人才，干恁般薄幸之事！"约过数月，许公对僚属说道："下官有一女，颇有才貌，年已及笄，欲择一佳婿赘之。诸君意中，有其人否？"众僚属都闻得莫司户青年丧偶，齐声荐他才品非凡，堪作东床之选。许公道："此子吾亦属意久矣，但少年登第，心高望厚，未必肯赘吾家。"众僚属道："彼出身寒门，得公收拔，如蒹葭倚玉树，何幸如之。岂似入赘为嫌乎？"许公道："诸君既酌量可行，可与莫司户言之。但云出自诸公之意，以探其情，莫说下官，恐有妨碍。"

众人领命，遂与莫稽说知此事，要替他做媒。莫稽正要攀高，况且联姻上司，求之不得，便欣然应道："此事全仗玉成，当效衔结之报。"众人道："当得，当得。"随即将言回复许公。许公道："虽承司户不弃，但下官夫妇钟爱此女，娇养成性，所以不舍得出嫁。只怕司户少年气概，不相饶让，或致小有嫌隙，有伤下官夫妇之心。须是预先讲过，凡事容耐些，方敢赘人。"众人领命，又到司户处传话。司户无不依允。此时司户比做秀才时节，一般用金花彩币为纳聘之仪，选了吉期，皮松骨痒，整备做转运使的女婿。

却说许公先教夫人与玉奴说："老相公怜你寡居，欲重赘一少年进士，你不可推阻。"玉奴答道："奴家虽出寒门，颇知礼数。既与莫郎结发，从一而终。虽然莫郎嫌贫弃贱，忍心害理，奴家各尽其道，岂肯改嫁，以伤妇节？"言毕，泪如雨下。夫人察他志诚，乃实说道："老相公所说少年进士，就是莫郎。老相公恨其薄幸，务要你夫妻再合，只说有个亲生女儿，要招赘一婿，却教众僚属与莫郎议亲。莫郎欣然听命。只今晚入赘吾家。等他进房之时，须是如此如此，与你出这口呕气。"玉奴方才收泪，重匀粉面，再整新妆，打点结亲之事。到晚，莫司户冠带齐整，帽插金花，身披红锦，跨着雕鞍骏马，两班鼓乐前导，众僚属都来送亲。一路行来，谁不喝彩！正是：鼓乐喧阗白马来，风流佳婿实奇哉。团头喜换高门眷，采石江边未足哀。

是夜，转运司铺毡结彩，大吹大擂，等候新女婿上门。莫司户到门下马，许公冠带出迎，众官僚都别去。莫司户直入私宅，新人用红帕覆首，两个养娘扶将出来。掌礼人在槛外喝礼，双双拜了天地，又拜了丈人、丈母，然后交拜。礼毕，送归洞房做花烛筵席。莫司户此时心中，如登九霄云里，欢喜不可形容。仰着脸，昂然而入。才跨进房门，忽然两边门侧里走出七八个老妪、丫鬟，一个个手执篱竹细棒，劈头劈脑打将下来。把纱帽都打脱了，肩背上棒如雨下，打得叫喊不迭，正没想一头处。莫司户被打，慌做一堆蹭倒，只得叫声："丈人，丈母，救命！"只听得房中娇声宛转，分付道："休打杀薄情郎。且唤来相见。"众人方才住手。七八个老妪、丫鬟，扯耳朵，拽胳膊，好似六贼戏弥陀①一般，脚不点地，拥到新人面前。司户口中还说道："下官何罪？"开眼看时，花烛辉煌，照见上边端端正正坐着个新人，不是别人，正是故妻金玉奴。莫稽此时魂不附体，乱嚷道："有鬼！有鬼！"众人都笑起来。只见许公自外而入，叫道："贤婿休疑。此乃吾采石江头所认之义女，非鬼也。"莫稽心头方才住了跳，慌忙跪下，拱手道："我莫稽知罪了，望大人包容之。"许公道："此事与下官无干。只吾女没说话就罢了。"玉奴唾其面，骂道："薄幸贼！你不记宋弘有言：贫贱之交不可忘，糟糠之妻不下堂。当初你空手赘入吾门，亏得我家资财，读书延誉，以致成名，侥幸今日。奴家亦望夫荣妻贵。何期你忘恩负本，就不念结发之情，恩将仇报，将奴推堕江心。幸然天天可怜，得遇恩爹提救，收为义女。倘然葬江鱼之腹，你别娶新人，于心何忍？今日有何颜面，再与你完聚！"说罢，放声而哭，千薄幸，万薄幸，骂不住口。莫稽满面羞惭，闭口无言，只顾磕头求恕。

许公见骂得勾了，方才把莫稽扶起，劝玉奴道："我儿息怒。如今贤婿悔罪，料然不敢轻慢你了。你两个虽然旧日夫妻，在我家只算新婚花烛。凡是看我之面，闲言闲语，一笔都勾罢。"又对莫稽道："贤婿，你自家不是，休怪别人。今宵只索忍耐，我教你丈母来解劝。"说罢，出房去。不刻，夫人来到，又调停了许多说话。两个方才和睦。

次日，许公设宴，管待新女婿，将前日所下金花彩币，依旧送还道："一女不受二聘。贤婿前番在金家已费过了，今番下官不敢重叠收受。"莫稽低头无语。许公又道："贤婿常恨令岳翁卑贱，以致夫妇失爱，几乎不终。今下官备员如何？只怕爵位不高，尚未满贤婿之意。"莫稽涨得面皮红紫，只是离席谢罪。有诗为证：痴心指望缔高姻，谁料新人是旧人？打骂一场羞满面，问他何取岳翁新？

自此莫稽与玉奴夫妇和好，比前加倍。许公共夫人待玉奴如真女，待莫稽如真婿；玉奴待许公夫妇，亦与真爹娘无异。连莫稽都感动了，迎接团头金老大在任所，奉养送终。后来许公夫妇之死，金玉奴皆制重服，以报其恩。莫氏与许氏，世世为通家兄弟，往来不绝。诗云：宋弘守义称高节②，黄允休妻骂薄情③。试看莫生婚再合，姻缘前定枉劳争。

## 学习建议

1. 分析本作品中对人物心理描写的手法。
2. 评价作者对故事结尾的处理。
3. 延伸阅读篇目：《杜十娘怒沉百宝箱》《乔太守乱点鸳鸯谱》《蒋兴哥重会珍珠衫》。

---

① 六贼戏弥陀：一种百戏的名称。佛经称色、声、香、味、触、法为六贼。

② 宋弘守义：宋弘，东汉时人。光武帝想把自己的姐姐嫁给他，宋弘说："贫贱之交不可忘，糟糠之妻不下堂。"拒绝了这头亲事。

③ 黄允休妻：东汉袁隗替他的侄女择婿，看见黄允，说："如果能找到这样的女婿就满意了。"黄允知道了，便马上把自己的妻子休掉。

# 小 翠

蒲松龄

蒲松龄（1640—1715 年），字留仙，一字剑臣，别号柳泉居士，世称聊斋先生，山东淄川（今属淄博市）蒲家庄人，清代著名的短篇小说家。十九岁进学，后屡应乡试不中，晚年援例补得岁贡生。家贫不足自给，除四十岁时到江苏宝应县做幕僚一年，大半生在本县缙绅人家做塾师。他生当明清易代的乱世，贫困和黑暗的社会现实造就了他“孤愤”、“狂痴”的人生态度。一生著述甚富，有诗、词、文、俚曲、杂著等集，近人辑为《蒲松龄集》。使他名著文学史册的是《聊斋志异》。

《聊斋志异》十六卷，凡四百余篇。综合六朝志怪与唐传奇之长，借谈鬼说狐，曲折地批判社会，表达理想，是中国古代短篇文言小说的顶峰之作。

## 【导读】

作者写作此故事的目的，在文末“异史氏”的评论中说得很清楚，即拿狐仙与人相比，狐仙能报人的无心之德，而人虽受再造之福，却以狭隘自私之心不思图报，反而恶语相加。人与狐比，人不如狐，由此批评淡薄的人情世态。但是，读者阅读之后的美感，并非来自于这一主题，而是小翠的生动形象。

小翠最大的特点便是“善谑”。她那天真活泼、无忧无虑的开朗性格，在王太常仔细端详下露出的嫣然微笑中，在同母亲分别对“殊不悲恋”的表现中，就已有所露。在她身上，永远也找不到一丝愁苦的痕迹，永远也看不见半点忧伤的影子。同痴儿元丰一起生活，小翠是“殊欢笑，不为嫌”。她把自己的别院变成了一个游戏场，终日和元丰以及丫头们一起嬉戏。“刺步作圆，蹋蹴为笑”，“涂公子作花面如鬼”，以及扮古人，玩的名目既多，花样也新奇别致，整天奔逐笑闹，弹琴跳舞，不但闹得全家皆知，最后连邻里也知道。这个“善谑”的特点表现在小翠的一言一行，一举一动之中。

小翠的形象是丰满的、完整的。她虽然善谑、顽皮，但也并非对元丰没有感情。当元夫人杖元丰，元丰大号时，她不但“色变”，而且还“屈膝乞宥”，最后“笑拉公子入室，代扑衣上尘，拭眼泪，摩挲杖痕，饵以枣栗。公子乃收涕以忻。”后来小翠虽然离开王家，但仍然时刻暗中注视元丰。实则小翠对元丰是十分抚爱备至的。

另外，小翠性格也有倔强的一面。她因失手打碎一只玉瓶，受到公婆斥责后愤然出走，后来在园亭虽与元丰“邂逅”，但仍不愿同元丰回家。这个情节把小翠倔强性格写得非常逼真。在一步一步地刻画、加强、放大小翠“善谑”这一主要性格特征时，作者又随笔点染，通过她的玩笑所达到的政治效果表现她的智勇，通过她对丈夫的态度写她的柔情，通过她在受公婆斥责时的表现展示她胸襟，通过她的愤然出走来显示她倔强。这样，主要性格特征与次要性格特征融会贯通，血肉一体，于是一个活生生的、性格鲜明的小翠展现在读者面前。

王太常①，越人，总角时②，昼卧榻上。忽阴晦，巨霆暴作，一物大于猫，来伏身下，展转不离。移时晴霁，物即径出。视之，非猫，始怖，隔房呼兄。兄闻，喜曰："弟必大贵，此狐来避雷霆劫也。"后果少年登进士，以县令入为侍御③。生一子，名元丰，绝痴，十六岁不能知牝牡，因而乡党无与为婚。王忧之。适有妇人率少女登门，自请为妇。视其女，嫣然展笑，真仙品也。喜问姓名。自言："虞氏，女小翠，年二八矣。"与议聘金。曰："是从我糠覈④不得饱，一旦置身广厦，役婢仆，厌膏粱⑤，彼意适，我愿慰矣，岂卖菜也而索值乎！"夫人大悦，优厚之。妇即命女拜王及夫人，嘱曰："此尔翁姑，奉侍宜谨。我大忙，且去，三数日当复来。"王命仆马送之。妇言："里巷不远，无烦多事。"遂出门去。小翠殊不悲恋，便即奁中翻取花样。夫人亦爱乐之。数日，妇不至。以居里问女，女亦憨然不能言其道路。遂治别院，使夫妇成礼。诸戚闻拾得贫家儿作新妇，共笑姗⑥之；见女皆惊，群议始息。

女又甚慧，能窥翁姑喜怒。王公夫妇，宠惜过于常情，然惕惕焉惟恐其憎子痴；而女殊欢笑，不为嫌。第善谑，刺布作圆⑦，蹋蹴为笑。着小皮靴，蹴去数十步，给公子奔拾之，公子及婢恒流汗相属。一日，王偶过，圆訇然来，直中面目。女与婢俱敛迹⑧去，公子犹踊跃奔逐之。王怒，投之以石，始伏而啼。王以告夫人；夫人往责女，女俯首微笑，以手刓床⑨。既退，憨跳如故，以脂粉涂公子作花面如鬼。夫人见之，怒甚，呼女诟骂。女倚几弄带，不惧，亦不言。夫人无奈之，因杖其子。元丰大号，女始色变，屈膝乞宥。夫人怒顿解，释杖去。女笑拉公子入室，代扑衣上尘，拭眼泪，摩挲杖痕，饵以枣栗。公子乃收涕以欣。女阖庭户，复装公子作霸王，作沙漠人⑩；己乃艳服，束细腰，扮虞美人，婆娑作帐下舞；或髻插雉尾，拨琵琶，丁丁缕缕然⑪，喧笑一室，日以为常。王公以子痴，不忍过责妇；即微闻焉，亦若置之。

同巷有王给谏⑫者，相隔十余户，然素不相能⑬；时值三年大计吏，忌公握河南道篆⑭，思中伤之。公知其谋，忧虑无所为计。一夕，早寝，女冠带，饰冢宰⑮状，剪素丝作浓髭，又以青衣饰两婢为虞候⑯，窃跨厩马而出，戏云："将谒王先生。"驰至给谏之门，即又鞭挞从人，大言曰："我谒侍御王，宁谒给谏王耶！"回而归。比至家门，门者误以为真，奔白

---

① 太常：官名，即太常寺卿，主管朝廷宗庙祭祀之事。

② 总角时：幼年时。古时男女未成年时将头发束起，扎成两个角，叫作"总角"。后即代指幼年。

③ 侍御：即明、清时都察院中的御史。掌管对中央官员及地方行政官员的监察、检举。

④ 糠覈（hé）：粗粮。覈，没有磨碎的麦子。

⑤ 膏粱：肥肉细粮。

⑥ 笑姗：耻笑。

⑦ 刺布作圆：缝布作成球。

⑧ 敛迹：藏起来。

⑨ 刓（wán）：刻；这里是用手指划床的意思。

⑩ 沙漠人：指匈奴人。

⑪ 丁丁缕缕然：形容琵琶弹奏的声音。

⑫ 给谏：即明、清时都察院中的给事中，主要职责是监察中央政府的各级官员。

⑬ 不相能：不相容，不相得。

⑭ 握河南道篆：掌握河南道的大权。河南道：指负责河南道事务的御史。篆，官印。因官印多用篆字刻写，故称。

⑮ 冢宰：宰相的尊称。

⑯ 虞候：指贵官的侍卫。

王公。公急起承迎，方知为子妇之戏。怒甚，谓夫人曰："人方蹈我之瑕[1]，反以闺阁之丑登门而告之，余祸不远矣！"夫人怒，奔女室，诟让之。女惟憨笑，并不一置词。挞之，不忍，出之，则无家：夫妻懊怨，终夜不寝。时冢宰某公赫甚[2]，其仪采服从[3]，与女伪装无少殊别，王给谏亦误为真。屡侦公门，中夜而客未出，疑冢宰与公有阴谋[4]。次日早朝，见而问曰："昨夜相公至君家耶？"公疑其相讥，惭言唯唯，不甚响答。给谏愈疑，谋遂寝[5]，由此益交欢公。公深知其情，窃喜，而阴嘱夫人，劝女改行；女笑应之。

逾岁，首相免，适有以私函致公者，误投给谏。给谏大喜，先托善公者[6]往假万金，公拒之。给谏自诣公所。公觅巾袍，并不可得；给谏伺久，怒公慢[7]，愤将行。忽见公子衮衣旒冕，有女子自门内推之以出，大骇；已而笑抚之，脱其服冕而去。公急出，则客去已远。闻其故，惊颜如土，大哭曰："此祸水[8]也！指日赤[9]吾族矣！"与夫人操杖往。女已知之，阖扉任其诟厉。公怒，斧[10]其门。女在内含笑而告之曰："翁无烦怒。有新妇在，刀锯斧钺，妇自受之，必不令贻害双亲。翁若此，是欲杀妇以灭口耶？"公乃止。给谏归，果抗疏[11]揭王不轨，衮冕作据。上惊验之，其旒冕乃粱稭心[12]所制，袍则败布黄袱也。上怒其诬。又召元丰至，见其憨状可掬，笑曰："此可以作天子耶？"乃下之法司。给谏又讼公家有妖人，法司严诘臧获[13]，并言无他，惟颠妇痴儿，日事戏笑；邻里亦无异词。案乃定，以给谏充云南军。王由是奇女。又以母久不至，意其非人。使夫人探诘之，女但笑不言。再复穷问，则掩口曰："儿玉皇女，母不知耶？"

无何，公擢京卿。五十余，每患无孙。女居三年，夜夜与公子异寝，似未尝有所私。夫人舁榻去，嘱公子与妇同寝。过数日，公子告母曰："借榻去，悍不还！小翠夜夜以足股加腹上，喘气不得；又惯掐人股里。"婢妪无不粲然。夫人呵拍令去。一日，女浴于室，公子见之，欲与偕；女笑止之，谕使姑待。既出，乃更泻热汤于瓮，解其袍裤，与婢扶之入。公子觉蒸闷，大呼欲出。女不听，以衾蒙之。少时，无声，启视，已绝。女坦笑不惊，曳置床上，拭体干洁，加复被焉。夫人闻之，哭而入，骂曰："狂婢何杀吾儿！"女辗然曰："如此痴儿，不如勿有。"夫人益恚，以首触女；婢辈争曳劝之。方纷噪间，一婢告曰："公子呻矣！"辍涕抚之，则气息休休，而大汗浸淫[14]，沾浃[15]裀褥。食顷，汗已，忽开目四顾，遍

---

① 人方蹈我之瑕：人家正在找我的碴儿。瑕，玉上的斑点，引申为错误、毛病。
② 赫：声势显赫。
③ 服从：侍从。
④ 阴谋：私下的策划。和今天的"阴谋"的概念不同。
⑤ 寝：这里指打消的意思。
⑥ 善公者：和王太常相熟的人。
⑦ 慢：怠慢。
⑧ 祸水：本指汉成帝皇后赵飞燕的妹妹赵合德。《飞燕外传》中说她是使汉灭亡的根源。在重男轻女的社会制度下，凡是事情弄糟了，而又多少和妇女有关的，都把责任归于妇女，称妇女为"祸水"。
⑨ 赤：这里作动词用，屠杀。
⑩ 斧：这里作动词用，砍。
⑪ 抗疏：直言上奏给皇帝。
⑫ 粱稭心：高粱秆的心子。
⑬ 臧获：奴婢。
⑭ 浸淫：渗渍。
⑮ 沾浃：湿遍。

视家人，似不相识，曰："我今回忆往昔，都如梦寐，何也？"夫人以其言语不痴，大异之。携参其父，屡试之，果不痴。大喜，如获异宝。至晚，还榻故处，更设衾枕以觇之。公子入室，尽遣婢去。早窥之，则榻虚设。自此痴颠皆不复作，而琴瑟静好，如形影焉。

年余，公为给谏之党奏劾免官，小有挂误。旧有广西中丞①所赠玉瓶，价累千金，将出以贿当路。女爱而把玩之，失手堕碎，惭而自投②。公夫妇方以免官不快，闻之，怒，交口呵骂。女忿而出，谓公子曰："我在汝家，所保全者不止一瓶，何遂不少存面目？实与君言：我非人也。以母遭雷霆之劫，深受而翁庇翼；又以我两人有五年夙分，故以我来报恩、了夙愿耳。身受唾骂、擢发不足以数③，所以不即行者，五年之爱未盈。今何可以暂止乎！"盛气而出，追之已杳。公爽然④自失，而悔无及矣。

公子入室，睹其剩粉遗钩，恸哭欲死；寝食不甘，日就羸瘁。公大忧，急为胶续⑤以解之，而公子不乐。惟求良工画小翠像，日夜浇祷⑥其下，几二年。偶以故自他里归，明月已皎，村外有公家亭园，骑马墙外过，闻笑语声，停辔，使厩卒⑦捉鞚；登鞍一望，则二女郎游戏其中。云月昏蒙，不甚可辨，但闻一翠衣者曰："婢子当逐出门！"一红衣者曰："汝在吾家园亭，反逐阿谁？"翠衣人曰："婢子不羞！不能作妇，被人驱遣，犹冒认物产也？"红衣者曰："索胜老大婢无主顾者！"听其音，酷类小翠，疾呼之。翠衣人去曰："姑不与若争，汝汉子来矣。"既而红衣人来，果小翠。喜极。女令登垣，承接而下之，曰："二年不见，骨瘦一把矣！"公子握手泣下，具道相思。女言："妾亦知之，但无颜复见家人。今与大姊游戏，又相邂逅，足知前因不可逃也。"请与同归，不可；请止园中，许之。公子遣仆奔白夫人。夫人惊起，驾肩舆而往，启钥入亭。女即趋下迎拜；夫人捉臂流涕，力白前过，几不自容，曰："若不少记榛梗⑧，请偕归，慰我迟暮⑨。"女峻辞不可。夫人虑野亭荒寂，谋以多人服役。女曰："我诸人悉不愿见，惟前两婢朝夕相从，不能无眷注耳；外惟一老仆应门，余都无所复须。"夫人悉如其言。托公子养疴园中，日供食用而已。

女每劝公子别婚，公子不从。后年余，女眉目音声，渐与曩异，出像质之，迥若两人。大怪之。女曰："视妾今日，何如畴昔美？"公子曰："今日美则美，然较畴昔⑩则似不如。"女曰："意妾老矣！"公子曰："二十余岁，何得速老。"女笑而焚图，救之已烬。

一日，谓公子曰："昔在家时，阿翁谓妾抵死不作茧⑪。今亲老君孤，妾实不能产，恐误君宗嗣。请娶妇于家，旦晚侍奉公姑，君往来于两间，亦无所不便。"公子然之，纳币⑫于钟太史之家。吉期将近，女为新人制衣履，赍送母所。及新人入门，则言貌举止，与小翠

---

① 中丞：对巡抚的称呼。
② 自投：自己去承认错误或者过失，自首。
③ 擢发不足以数：拔下头发来都数不完。
④ 爽然：默然。
⑤ 胶续：续弦，再娶。
⑥ 浇祷：以酒浇地，祭奠祷告。
⑦ 厩卒：马夫。
⑧ 榛梗：本指荆棘梗塞道路，这里指心中的怨恨，如同"芥蒂"之意。
⑨ 迟暮：年老。
⑩ 畴昔：从前，往日。
⑪ 抵死不作茧：这里以蚕作茧比喻女人生孩子。"抵死不作茧"即到老不生孩子。
⑫ 纳币：古时婚礼仪式之一，即下聘礼。也称"纳征"。

无毫发之异。大奇之。往至园亭，则女亦不知所在。问婢，婢出红巾曰："娘子暂归宁，留此贻公子。"展巾，则结玉玦一枚，心知其不返，遂携婢俱归。虽顷刻不忘小翠，幸而对新人如觌旧好焉。始悟钟氏之姻，女预知之，故先化其貌，以慰他日之思云。

异史氏曰："一狐也，以无心之德，而犹思所报；而身受再造之福者，顾失声于破甑①，何其鄙哉！月缺重圆，从容而去，始知仙人之情，亦更深于流俗也！"

## 学习建议

1. 分析本文中"异史氏曰"的深刻含义。
2. 分析小翠形象的社会意义。
3. 延伸阅读篇目：《促织》《婴宁》《青凤》《阿绣》《画皮》。

① 失声于破甑（zèng）：《后汉书·郭泰传》记载孟敏挑甑过市，甑摔碎了，孟敏头也不回地走了。郭很欣赏孟的气量和决断。这里借用破甑的故事讽刺王太常的自私和小气。意思是王太常因玉瓶堕落而痛骂小翠。甑，古时盛饭的陶器。

# 刘姥姥进大观园

曹雪芹

曹雪芹（1715—1764年），名霑，字梦阮，号雪芹、芹圃、芹溪，清代伟大的现实主义作家。祖籍东北辽阳，先世原是汉人，明末入满洲籍，属满洲正白旗。后来他的祖先随清兵入关，得到宠幸，成为显赫一时的世家。曹家祖孙三代四人担任过江宁织造这一要职。康熙六次南巡，四次驻跸于曹家。雍正继位后，曹家开始失势，并被抄家，曹家由南京迁往北京。曹雪芹的一生，是“生于繁华，终于沦落”的一生。少年时代曾经历过一段富贵繁华的贵族生活，迁往北京后，生活艰难。晚年在北京西郊更过着“举家食粥酒长赊”的穷困生活。但他以坚韧的毅力，创作《石头记》（即《红楼梦》），“披阅十载，增删十次”，但终因贫病早卒，只留下前八十回的定稿，未能完成全书。

《红楼梦》共一百二十回，曹雪芹写完前八十回，一般认为后四十回由高鹗所续。小说以贾、史、王、薛四大封建家族为背景，以贾宝玉和林黛玉的爱情悲剧为主要线索，通过贾府这个典型的贵族世家盛极而衰的变化过程，揭露和批判了封建统治阶级奢侈淫靡的生活和封建礼教。小说规模宏大，结构严谨，善于刻画人物，塑造了众多具有典型性格的艺术形象，语言优美生动。无论是从思想内容还是艺术成就上看，《红楼梦》都达到了中国古代长篇小说的高峰。

## 【导读】

本篇节选自《红楼梦》第四十回“史太君两宴大观园，金鸳鸯三宣牙牌令”。刘姥姥、一个乡下人进了美轮美奂的大观园，处处感到新鲜，处处感到好奇，也因此闹了很多笑话。一个七十五岁的老人，为了生活，她扯下了自己的尊严，戴上一副丑角的面谱，变成一个引人发笑的对象。刘姥姥是丑角，但她决不是傻子，她早已知道是为了哄老太太开心……刘姥姥实则是一位“大智若愚”的人物。为了环境的需要，她不得不装作愚者，以所获得别人的同情，希望得到些恩惠。刘姥姥面对贾家生活的豪奢，却不是表现出羡慕的情状，反而只是一心一意计算着平实的居家生计的方便和舒适，金银的筷子反而不及平常的伏手合用。作者利用几个细节塑造出刘姥姥的朴素实在的老农妇形象。

作者用白描手法描绘了一幅“群笑图”，八位主子的不同笑态，每人仅用一句话，没有烘托描写，但各具情态。另有一直没有笑的宝钗和迎春在这个场面中。笑与不笑都恰到好处，展现了不同人物的身份、性格。湘云是“撑不住一口茶都喷了出来”，这是纵情的笑，爽朗的笑。她才貌双全，爱穿男孩子衣服，常打扮成男孩子模样，平常高声说笑，吃起酒来，捋袖揮拳毫无顾忌，是一位胸无城府，粗直豪爽的姑娘。黛玉是“笑岔了气，伏在桌子上叫‘嗳哟’”。黛玉多愁善感，在贾府这个势利的贵族家里，寄人篱下的生活，养成其敏感的气质。再加上无法向人诉说的感情折磨，酿成体弱多病。大笑自然免不了“岔了气”，叫“嗳哟”。宝玉笑得“早滚到贾母怀里”、“贾母笑的搂着宝玉叫‘心肝’”。这一老一少的笑，集中体现了祖孙之间的关系。王夫人是贾政之妻，荣国府当家人，王熙凤的姑母、婶婶，凤姐是她的接班人。显然，她已看穿这出戏是凤丫头导演的，而凤姐在贾府，贾母宠她，能指责、也应该指责或阻止她的只有王夫人，在当时“笑的说不出话来”的情况下，只好“用手指着”代替责备、阻止，这很合王夫人的身份、地位，也正表现了王夫人的贤淑端庄。其他几人的笑也非常合乎他们各自的年龄、身份、地位。

这场“笑”剧，是由凤姐、鸳鸯等人导演的。她们觉得刘姥姥的言行举止与大观园有些格格不入，甚至很滑稽可笑，于是就拿刘姥姥来开涮，取笑。这场“笑”剧的背后包含着作者的悲悯与尊敬，作者正是以悲悯尊敬的眼光来描写刘姥姥这位胼手胝足，换取温饱的市井小民；同时，作者也透过了刘姥姥的眼睛映射出贾府“朱门酒肉臭”的景象，对贾府的腐败进行了深重的谴责。

话说宝玉听了，忙进来看时，只见琥珀站在屏风跟前说：“快去吧，立等你说话呢。”宝玉来至上房，只见贾母正和王夫人众姊妹商议给史湘云还席。宝玉因说道：“我有个主意。既没有外客，吃的东西也别定了样数，谁素日爱吃的拣样儿做几样。也不要按桌席，每人跟前摆一张高几，各人爱吃的东西一两样，再一个什锦攒心盒子，自斟壶，岂不别致。”贾母听了，说：“很是，”忙命传与厨房，“明日就拣我们爱吃的东西作了，按着人数，再装了盒子来。早饭也摆在园里吃。”商议之间早又掌灯，一夕无话。

次日清早起来，可喜这日天气清朗，李纨侵晨①先起，看着老婆子丫头们扫那些落叶，并擦抹桌椅，预备茶酒器皿。只见丰儿带了刘姥姥板儿进来，说：“大奶奶倒忙的紧。”李纨笑道：“我说你昨儿去不成，只忙着要去。”刘姥姥笑道：“老太太留下我，叫我也热闹一天去。”丰儿拿了几把大小钥匙，说道：“我们奶奶说了，外头的高几恐不够使，不如开了楼把那收着的拿下来使一天罢。奶奶原该亲自来的，因和太太说话呢，请大奶奶开了，带着人搬罢。”李氏便令素云接了钥匙，又令婆子出去把二门上的小厮叫几个来。李氏站在大观楼下往上看，令人上去开了缀锦阁，一张一张往下抬。小厮老婆子丫头一齐动手，抬了二十多张下来。李纨道：“好生着，别慌慌张张鬼赶来似的，仔细碰了牙子。”又回头向刘姥姥笑道：“姥姥，你也上去瞧瞧。”刘姥姥听说，巴不得一声儿，便拉了板儿登梯上去。进里面，只见乌压压的堆着些围屏、桌椅、大小花灯之类，虽不大认得，只见五彩炫耀，各有奇妙。念了几声佛，便下来了。然后锁上门，一齐才下来。李纨道：“恐怕老太太高兴，越性把船上划子、篙桨、遮阳幔子都搬了下来预备着。”众人答应，复又开了，色色的搬了下来。令小厮传驾娘们到船坞里撑出两只船来。

正乱着安排，只见贾母已带了一群人进来了。李纨忙迎上去，笑道：“老太太高兴，倒进来了。我只当还没梳头呢，才撷了菊花要送去。”一面说，一面碧月早捧过一个大荷叶式的翡翠盘子来，里面盛着各色的折枝菊花。贾母便拣了一朵大红的簪于鬓上。因回头看见了刘姥姥，忙笑道：“过来带花儿。”一语未完，凤姐便拉过刘姥姥，笑道：“让我打扮你。”说着，将一盘子花横三竖四的插了一头。贾母和众人笑的了不得。刘姥姥笑道：“我这头也不知修了什么福，今儿这样体面起来。”众人笑道：“你还不拔下来摔到他脸上呢，把你打扮的成了个老妖精了。”刘姥姥笑道：“我虽老了，年轻时也风流，爱个花儿粉儿的，今儿老风流才好。”

① 侵晨：天快亮的时候。

说笑之间，已来至沁芳亭子上。丫鬟们抱了一个大锦褥子来，铺在栏杆榻板上。贾母倚柱坐下，命刘姥姥也坐在旁边，因问他："这园子好不好？"刘姥姥念佛说道："我们乡下人到了年下，都上城来买画儿贴。时常闲了，大家都说，怎么得也到画儿上去逛逛。想着那个画儿也不过是假的，那里有这个真地方呢。谁知我今儿进这园一瞧，竟比那画儿还强十倍。怎么得有人也照着这个园子画一张，我带了家去，给他们见见，死了也得好处。"贾母听说，便指着惜春笑道："你瞧我这个小孙女儿，他就会画。等明儿叫他画一张如何？"刘姥姥听了，喜的忙跑过来，拉着惜春说道："我的姑娘。你这么大年纪儿，又这么个好模样，还有这个能干，别是神仙托生的罢。"

贾母少歇一回，自然领着刘姥姥都见识见识。先到了潇湘馆。一进门，只见两边翠竹夹路，土地下苍苔布满，中间羊肠一条石子漫的路。刘姥姥让出路来与贾母众人走，自己赾走①土地。琥珀拉着他说道："姥姥，你上来走，仔细苍苔滑了。"刘姥姥道："不相干的，我们走熟了的，姑娘们只管走罢。可惜你们的那绣鞋，别沾脏了。"他只顾上头和人说话，不防底下果踩滑了，咕咚一跤跌倒。众人拍手都哈哈的笑起来。贾母笑骂道："小蹄子们，还不搀起来，只站着笑。"说话时，刘姥姥已爬了起来，自己也笑了，说道："才说嘴就打了嘴。"贾母问他："可扭了腰了不曾？叫丫头们捶一捶。"刘姥姥道："那里说的我这么娇嫩了。那一天不跌两下子，都要捶起来，还了得呢。"紫鹃早打起湘帘，贾母等进来坐下。林黛玉亲自用小茶盘捧了一盖碗茶来奉与贾母。王夫人道："我们不吃茶，姑娘不用倒了。"林黛玉听说，便命丫头把自己窗下常坐的一张椅子挪到下首，请王夫人坐了。刘姥姥因见窗下案上设着笔砚，又见书架上磊着满满的书，刘姥姥道："这必定是那位哥儿的书房了。"贾母笑指黛玉道："这是我这外孙女儿的屋子。"刘姥姥留神打量了黛玉一番，方笑道："这那像个小姐的绣房，竟比那上等的书房还好。"贾母因问："宝玉怎么不见？"众丫头们答说："在池子里船上呢。"贾母道："谁又预备下船了？"李纨忙回说："才开楼拿几，我恐怕老太太高兴，就预备下了。"贾母听了方欲说话时，有人回说："姨太太来了。"贾母等刚站起来，只见薛姨妈早进来了，一面归坐，笑道："今儿老太太高兴，这早晚就来了。"贾母笑道："我才说来迟了的要罚他，不想姨太太就来迟了。"

说笑一会，贾母因见窗上纱的颜色旧了，便和王夫人说道："这个纱新糊上好看，过了后来就不翠了。这个院子里头又没有个桃杏树，这竹子已是绿的，再拿这绿纱糊上反不配。我记得咱们先有四五样颜色糊窗的纱呢，明儿给他把这窗上的换了。"凤姐儿忙道："昨儿我开库房，看见大板箱里还有好些匹银红蝉翼纱，也有各样折枝花样的，也有流云卍福花样的，也有百蝶穿花花样的，颜色又鲜，纱又轻软，我竟没见过这样的。拿了两匹出来，作两床绵纱被，想来一定是好的。"贾母听了笑道："呸，人人都说你没有不经过不见过，连这个纱还不认得呢，明儿还说嘴。"薛姨妈等都笑说："凭他怎么经过见过，如何敢比老太太呢。老太太何不教导了他，我们也听听。"凤姐儿也笑说："好祖宗，教给我罢。"贾母笑向薛姨妈众人道："那个纱，比你们的年纪还大呢。怪不得他认作蝉翼纱，原也有些像，不知道的，都认作蝉翼纱。正经名字叫作'软烟罗'。"凤姐儿道："这个名儿也好听。只是我这么大了，纱罗也见过几百样，从没听见过这个名色。"贾母笑道："你能够活了多大，见过几样没处放的东西，就说嘴来了。那个软烟罗只有四样颜色：一样雨过天晴，一样秋香色，

① 赾（qǐn）走：小心地行走。

一样松绿的，一样就是银红的，若是做了帐子，糊了窗屉，远远的看着，就似烟雾一样，所以叫作‘软烟罗’。那银红的又叫作‘霞影纱’。如今上用的府纱也没有这样软厚轻密的了。”薛姨妈笑道：“别说凤丫头没见，连我也没听见过。”凤姐儿一面说，早命人取了一匹来了。贾母说：“可不是这个！先时原不过是糊窗屉，后来我们拿这个作被作帐子，试试也竟好。明儿就找出几匹来，拿银红的替他糊窗子。”凤姐答应着。众人都看了，称赞不已。刘姥姥也觑着眼看个不了，念佛说道：“我们想他作衣裳也不能，拿着糊窗子，岂不可惜?”贾母道：“倒是做衣裳不好看。”凤姐忙把自己身上穿的一件大红绵纱袄子襟儿拉了出来，向贾母薛姨妈道：“看我的这袄儿。”贾母薛姨妈都说：“这也是上好的了，这是如今的上用内造的，竟比不上这个。”凤姐儿道：“这个薄片子，还说是上用内造呢，竟连官用的也比不上了。”贾母道：“再找一找，只怕还有青的。若有时都拿出来，送这刘亲家两匹，做一个帐子我挂，下剩的添上里子，做些夹背心子给丫头们穿，白收着霉坏了。”凤姐忙答应了，仍令人送去。贾母起身笑道：“这屋里窄，再往别处逛去。”刘姥姥念佛道：“人人都说大家子住大房。昨儿见了老太太正房，配上大箱大柜大桌子大床，果然威武。那柜子比我们那一间房子还大还高。怪道后院子里有个梯子。我想并不上房晒东西，预备个梯子作什么?后来我想起来，定是为开顶柜收放东西，非离了那梯子，怎么得上去呢。如今又见了这小屋子，更比大的越发齐整了。满屋里的东西都只好看，都不知叫什么，我越看越舍不得离了这里。”凤姐道：“还有好的呢，我都带你去瞧瞧。”说着一径离了潇湘馆。

远远望见池中一群人在那里撑船。贾母道：“他们既预备下船，咱们就坐。”一面说着，便向紫菱洲蓼溆一带走来。未至池前，只见几个婆子手里都捧着一色捏丝戗金①五彩大盒子走来。凤姐忙问王夫人早饭在那里摆。王夫人道：“问老太太在那里，就在那里罢了。”贾母听说，便回头说：“你三妹妹那里就好。你就带了人摆去，我们从这里坐了船去。”凤姐听说，便回身同了探春、李纨、鸳鸯、琥珀带着端饭的人等，抄着近路到了秋爽斋，就在晓翠堂上调开桌案。鸳鸯笑道：“天天咱们说外头老爷们吃酒吃饭都有一个篾片②相公，拿他取笑儿。咱们今儿也得了一个女篾片了。”李纨是个厚道人，听了不解。凤姐儿却知是说的是刘姥姥了，也笑说道：“咱们今儿就拿他取个笑儿。”二人便如此这般的商议。李纨笑劝道：“你们一点好事也不做，又不是个小孩儿，还这么淘气，仔细老太太说。”鸳鸯笑道：“很不与你相干，有我呢。”

正说着，只见贾母等来了，各自随便坐下。先着丫鬟端过两盘茶来，大家吃毕。凤姐手里拿着西洋布手巾，裹着一把乌木三镶银箸，掂掇人位，按席摆下。贾母因说：“把那一张小楠木桌子抬过来，让刘亲家近我这边坐着。”众人听说，忙抬了过来。凤姐一面递眼色与鸳鸯，鸳鸯便拉了刘姥姥出去，悄悄的嘱咐了刘姥姥一席话，又说：“这是我们家的规矩，若错了我们就笑话呢。”调停已毕，然后归坐。薛姨妈是吃过饭来的，不吃，只坐在一边吃茶。贾母带着宝玉、湘云、黛玉、宝钗一桌。王夫人带着迎春姊妹三个人一桌，刘姥姥傍着贾母一桌。贾母素日吃饭，皆有小丫鬟在旁边，拿着漱盂麈尾巾帕之物。如今鸳鸯是不当这差的了，今日鸳鸯偏接过麈尾来拂着。丫鬟们知道他要撮弄刘姥姥，便躲开让他。鸳鸯一面侍立，一面悄向刘姥姥说道：“别忘了。”刘姥姥道：“姑娘放心。”那刘姥姥入了坐，拿起

① 捏丝戗金：把捏成各种图案花纹的金丝嵌在器物上。
② 篾片：旧时依附于富贵人家，为主子帮闲凑趣的人叫“篾片”，也叫“清客”。

箸来，沉甸甸的不伏手。原是凤姐和鸳鸯商议定了，单拿一双老年四楞象牙镶金的筷子与刘姥姥。刘姥姥见了，说道："这叉爬子比俺那里铁锨还沉，那里犟的过他。"说的众人都笑起来。

只见一个媳妇端了一个盒子站在当地，一个丫鬟上来揭去盒盖，里面盛着两碗菜。李纨端了一碗放在贾母桌上。凤姐儿偏拣了一碗鸽子蛋放在刘姥姥桌上。贾母这边说声"请"，刘姥姥便站起身来，高声说道："老刘，老刘，食量大似牛，吃一个老母猪不抬头。"自己却鼓着腮不语。众人先是发怔，后来一听，上上下下都哈哈的大笑起来。史湘云撑不住，一口饭都喷了出来；林黛玉笑岔了气，伏着桌子嗳哟；宝玉早滚到贾母怀里，贾母笑的搂着宝玉叫"心肝"；王夫人笑的用手指着凤姐儿，只说不出话来；薛姨妈也撑不住，口里茶喷了探春一裙子，探春手里的饭碗都合在迎春身上；惜春离了坐位，拉着他奶母叫揉一揉肠子。地下的无一个不弯腰屈背，也有躲出去蹲着笑去的，也有忍着笑上来替他姊妹换衣裳的，独有凤姐鸳鸯二人撑着，还只管让刘姥姥。刘姥姥拿起箸来，只觉不听使，又说道："这里的鸡儿也俊，下的这蛋也小巧，怪俊的。我且肏攮①一个。"众人方住了笑，听见这话又笑起来。贾母笑的眼泪出来，琥珀在后捶着。贾母笑道："这定是凤丫头促狭鬼儿闹的，快别信他的话了。"那刘姥姥正夸鸡蛋小巧，要肏攮一个，凤姐儿笑道："一两银子一个呢，你快尝尝罢，那冷了就不好吃了。"刘姥姥便伸箸子要夹，那里夹的起来，满碗里闹了一阵好的，好容易撮起一个来，才伸着脖子要吃，偏又滑下来滚在地下，忙放下箸子要亲自去捡，早有地下的人捡了出去了。刘姥姥叹道："一两银子，也没听见响声儿就没了。"众人已没心吃饭，都看着他笑。贾母又说："这会子又把那个筷子拿了出来，又不请客摆大筵席。都是凤丫头支使的，还不换了呢。"地下的人原不曾预备这牙箸，本是凤姐和鸳鸯拿了来的，听如此说，忙收了过去，也照样换上一双乌木镶银的。刘姥姥道："去了金的，又是银的，到底不及俺们那个伏手②。"凤姐儿道："菜里若有毒，这银子下去了就试的出来。"刘姥姥道："这个菜里若有毒，俺们那菜都成了砒霜了。那怕毒死了也要吃尽了。"贾母见他如此有趣，吃的又香甜，把自己的也端过来与他吃。又命一个老嬷嬷来，将各样的菜给板儿夹在碗上。

一时吃毕，贾母等都往探春卧室中去说闲话。这里收拾过残桌，又放了一桌。刘姥姥看着李纨与凤姐儿对坐着吃饭，叹道："别的罢了，我只爱你们家这行事。怪道说'礼出大家'"。凤姐儿忙笑道："你别多心，才刚不过大家取笑儿。"一言未了，鸳鸯也进来笑道："姥姥别恼，我给你老人家赔个不是。"刘姥姥笑道："姑娘说那里话，咱们哄着老太太开个心儿，可有什么恼的！你先嘱咐我，我就明白了，不过大家取个笑儿。我要心里恼，也就不说了。"鸳鸯便骂人"为什么不倒茶给姥姥吃。"刘姥姥忙道："刚才那个嫂子倒了茶来，我吃过了。姑娘也该用饭了。"凤姐儿便拉鸳鸯："你坐下和我们吃了罢，省的回来又闹。"鸳鸯便坐下了。婆子们添上碗箸来，三人吃毕。刘姥姥笑道："我看你们这些人都只吃这一点儿就完了，亏你们也不饿。怪只道风儿都吹的倒。"鸳鸯便问："今儿剩的菜不少，都那去了？"婆子们道："都还没散呢，在这里等着一齐散与他们吃。"鸳鸯道："他们吃不了这些，挑两碗给二奶奶屋里平丫头送去。"凤姐儿道："他早吃了饭了，不用给他。"鸳鸯道："他

---

① 肏攮：村野俗话，指吃。

② 伏手：使用顺手。

不吃了，喂你们的猫。”婆子听了，忙拣了两样拿盒子送去。鸳鸯道：“素云那去了？”李纨道：“他们都在这里一处吃，又找他作什么。”鸳鸯道：“这就罢了。”凤姐儿道：“袭人不在这里，你倒是叫人送两样给他去。”鸳鸯听说，便命人也送两样去后，鸳鸯又问婆子们：“回来吃酒的攒盒可装上了？”婆子道：“想必还得一会子。”鸳鸯道：“催着些儿。”婆子应喏了。

凤姐儿等来至探春房中，只见他娘儿们正说笑。探春素喜阔朗①，这三间屋子并不曾隔断。当地放着一张花梨大理石大案，案上磊着各种名人法帖，并数十方宝砚，各色笔筒，笔筒内插的笔如树林一般。那一边设着斗大的一个汝窑花囊②，插着满满的一囊水晶球儿的白菊。西墙上当中挂着一大幅米襄阳《烟雨图》，左右挂着一副对联，乃是颜鲁公墨迹，其词云：

烟霞闲骨格　泉石野生涯

案上设着大鼎。左边紫檀架上放着一个大观窑的大盘，盘内盛着数十个娇黄玲珑大佛手。右边洋漆架上悬着一个白玉比目磬，旁边挂着小锤。那板儿略熟了些，便要摘那锤子要击，丫鬟们忙拦住他。他又要佛手吃，探春拣了一个与他说：“顽罢，吃不得的。”东边便设着卧榻，拔步床上悬着葱绿双绣花卉草虫的纱帐。板儿又跑过来看，说：“这是蝈蝈，这是蚂蚱。”刘姥姥忙打了他一巴掌，骂道：“下作黄子③，没干没净的乱闹。倒叫你进来瞧瞧，就上脸了。”打的板儿哭起来，众人忙劝解方罢。贾母因隔着纱窗往后院内看了一回，说道：“后廊檐下的梧桐也好了，就只细些。”正说话，忽一阵风过，隐隐听得鼓乐之声。贾母问“是谁家娶亲呢？这里临街倒近。”王夫人等笑回道：“街上的那里听的见，这是咱们的那十几个女孩子们演习吹打呢。”贾母便笑道：“既是他们演，何不叫他们进来演习。他们也逛一逛，咱们可又乐了。”凤姐听说，忙命人出去叫来，又一面吩咐摆下条桌，铺上红毡子。贾母道：“就铺排在藕香榭的水亭子上，借着水音更好听。回来咱们就在缀锦阁底下吃酒，又宽阔，又听的近。”众人都说那里好。贾母向薛姨妈笑道：“咱们走罢。他们姊妹们都不大喜欢人来坐着，怕脏了屋子。咱们别没眼色，正经坐一回子船喝酒去。”说着大家起身便走。探春笑道：“这是那里的话，求着老太太姨太太来坐坐还不能呢。”贾母笑道：“我的这三丫头却好，只有两个玉儿可恶。回来吃醉了，咱们偏往他们屋里闹去。”

说着，众人都笑了，一齐出来。走不多远，已到了荇叶渚。那姑苏选来的几个驾娘早把两只棠木舫撑来，众人扶了贾母、王夫人、薛姨妈、刘姥姥、鸳鸯、玉钏儿上了这一只，落后李纨也跟上去。凤姐儿也上去，立在船头上，也要撑船。贾母在舱内道：“这不是玩的，虽不是河里，也有好深的。你快不给我进来。”凤姐儿笑道：“怕什么！老祖宗只管放心。”说着便一篙点开。到了池当中，船小人多，凤姐只觉乱晃，忙把篙子递与驾娘，方蹲下了。然后迎春姊妹等并宝玉上了那只，随后跟来。其余老嬷嬷散众丫鬟俱沿河随行。宝玉道：“这些破荷叶可恨，怎么还不叫人来拔去。”宝钗笑道：“今年这几日，何曾饶了这园子闲了，天天逛，那里还有叫人来收拾的工夫。”林黛玉道：“我最不喜欢李义山的诗，只喜他这一句：‘留得残荷听雨声。’偏你们又不留着残荷了。”宝玉道：“果然好句，以后咱们就

① 阔朗：宽阔明朗。
② 花囊：插花的用具。
③ 下作黄子：骂孩子的话，下流种子。

别叫人拔去了。”说着已到了花溆的萝港之下，觉得阴森透骨，两滩上衰草残菱，更助秋情。

贾母因见岸上的清厦旷朗，便问“这是你薛姑娘的屋子不是？”众人道：“是。”贾母忙命拢岸，顺着云步石梯上去。

## 学习建议

1. 把握刘姥姥这一人物形象的特点。
2. 体会文中“笑剧”的用意。
3. 延伸阅读篇目：《红楼梦》全书。

# 狂人日记[1]

鲁　迅

## 【导读】

《狂人日记》包括小序和正文两个部分。小序主要介绍写作的背景和缘起。作品塑造了一个封建礼教和家族制度的反抗者狂人的形象。狂人，表面上是个疯子，一个“迫害狂”患者。但从象征和暗示中，从作品字里行间所传达的信息中，可以发现，狂人实际上是一个站在时代前列的反封建礼教、反封建家族制度的启蒙者。作品通过狂人的形象，尖锐地揭示了家族制度和礼教的“吃人”本质，表现了作者对以家族制度和封建礼教为主体内涵的中国封建文化的反抗。作者的彻底“革命民主主义”的立场和深广的忧愤都在其中得以呈现。

《狂人日记》的“格式”特别，这表现在以下几个方面：一是借实行虚，以虚证实。小说选取狂人作为主角是个十分精心的安排。在黑暗势力陈陈相因地压在人们头上的社会里，一切都已经习惯了，一切都视为当然。鲁迅有意通过“迫害狂”患者的感受，通过他在精神错乱时写下的谵语，从某些“人吃人”的具体事实中，进一步揭示了精神领域内更加普遍存在的“人吃人”的本质，从而对封建社会的历史现象作出了惊心动魄的概括。二是独特的心理描写。小说以变态的心理，混乱的逻辑和虚妄的幻觉等狂人心理的刻画见长。狂人由女人骂小孩推导出女人要吃人，由女人的要吃人推导出大哥、母亲和自己都吃了妹子的肉，这是典型的逻辑上的混乱。三是作品还采用了一些诸如象征、暗示、变态心理描绘等现代主义手法。《狂人日记》为中国现代文学史真正意义上的第一篇白话小说，它以成熟的形式和深刻的思想开创了中国现代小说的先河。

某君昆仲，今隐其名，皆余昔日在中学时良友；分隔多年，消息渐阙。日前偶闻其一大病；适归故乡，迂道往访，则仅晤一人，言病者其弟也。劳君远道来视，然已早愈，赴某地候补[2]矣。因大笑，出示日记二册，谓可见当日病状，不妨献诸旧友。持归阅一过，知所患盖“迫害狂”之类。语颇错杂无伦次，又多荒唐之言；亦不著月日，惟墨色字体不一，知非一时所书。间亦有略具联络者，今撮录一篇，以供医家研究。记中语误，一字不易；惟人名虽皆村人，不为世间所知，无关大体，然亦悉易去。至于书名，则本人愈后所题，不复改也。七年四月二日识。

---

① 本篇最初发表于一九一八年五月《新青年》第四卷第五号。作者首次采用了“鲁迅”这一笔名。它是我国现代文学史上第一篇猛烈抨击“吃人”的旧社会制度的小说。作者除在本书（《呐喊》）《自序》中提及它产生的缘由外，又在《〈中国新文学大系〉小说二集序》中指出它“意在暴露家族制度和旧礼教的弊害”，可以参看。

② 候补：清代官制，通过科举或捐纳等途径取得官衔，但还没有实际职务的中下级官员，由吏部抽签分发到某部或某省，听候委用，称为候补。

## 一

今天晚上，很好的月光。

我不见他，已是三十多年；今天见了，精神分外爽快。才知道以前的三十多年，全是发昏；然而须十分小心。不然，那赵家的狗，何以看我两眼呢？

我怕得有理。

## 二

今天全没月光，我知道不妙。早上小心出门，赵贵翁的眼色便怪：似乎怕我，似乎想害我。还有七八个人，交头接耳的议论我，又怕我看见。一路上的人，都是如此。其中最凶的一个人，张着嘴，对我笑了一笑；我便从头直冷到脚跟，晓得他们布置，都已妥当了。

我可不怕，仍旧走我的路。前面一伙小孩子，也在那里议论我；眼色也同赵贵翁一样，脸色也都铁青。我想我同小孩子有什么仇，他也这样。忍不住大声说，“你告诉我！”他们可就跑了。

我想：我同赵贵翁有什么仇，同路上的人又有什么仇；只有廿年以前，把古久先生的陈年流水簿子①，踹了一脚，古久先生很不高兴。赵贵翁虽然不认识他，一定也听到风声，代抱不平；约定路上的人，同我作冤对。但是小孩子呢？那时候，他们还没有出世，何以今天也睁着怪眼睛，似乎怕我，似乎想害我。这真教我怕，教我纳罕而且伤心。

我明白了。这是他们娘老子教的！

## 三

晚上总是睡不着。凡事须得研究，才会明白。

他们——也有给知县打枷过的，也有给绅士掌过嘴的，也有衙役占了他妻子的，也有老子娘被债主逼死的；他们那时候的脸色，全没有昨天这么怕，也没有这么凶。

最奇怪的是昨天街上的那个女人，打他儿子，嘴里说道，“老子呀！我要咬你几口才出气！”他眼睛却看着我。我出了一惊，遮掩不住；那青面獠牙的一伙人，便都哄笑起来。陈老五赶上前，硬把我拖回家中了。

拖我回家，家里的人都装作不认识我；他们的眼色，也全同别人一样。进了书房，便反扣上门，宛然是关了一只鸡鸭。这一件事，越教我猜不出底细。

前几天，狼子村的佃户来告荒，对我大哥说，他们村里的一个大恶人，给大家打死了；几个人便挖出他的心肝来，用油煎炒了吃，可以壮壮胆子。我插了一句嘴，佃户和大哥便都看我几眼。今天才晓得他们的眼光，全同外面的那伙人一模一样。

想起来，我从顶上直冷到脚跟。

他们会吃人，就未必不会吃我。

你看那女人“咬你几口”的话，和一伙青面獠牙人的笑，和前天佃户的话，明明是暗号。我看出他话中全是毒，笑中全是刀。他们的牙齿，全是白厉厉的排着，这就是吃人的

① 古久先生的陈年流水簿子：这里比喻我国封建主义统治的长久历史。

家伙。

照我自己想，虽然不是恶人，自从踹了古家的簿子，可就难说了。他们似乎别有心思，我全猜不出。况且他们一翻脸，便说人是恶人。我还记得大哥教我做论，无论怎样好人，翻他几句，他便打上几个圈；原谅坏人几句，他便说“翻天妙手，与众不同”。我那里猜得到他们的心思，究竟怎样；况且是要吃的时候。

凡事总须研究，才会明白。古来时常吃人，我也还记得，可是不甚清楚。我翻开历史一查，这历史没有年代，歪歪斜斜的每页上都写着“仁义道德”几个字。我横竖睡不着，仔细看了半夜，才从字缝里看出字来，满本都写着两个字是“吃人”！

书上写着这许多字，佃户说了这许多话，却都笑吟吟的睁着怪眼睛看我。

我也是人，他们想要吃我了！

## 四

早上，我静坐了一会儿。陈老五送进饭来，一碗菜，一碗蒸鱼；这鱼的眼睛，白而且硬，张着嘴，同那一伙想吃人的人一样。吃了几筷，滑溜溜的不知是鱼是人，便把他兜肚连肠的吐出。

我说：“老五，对大哥说，我闷得慌，想到园里走走。”老五不答应，走了；停一会，可就来开了门。

我也不动，研究他们如何摆布我；知道他们一定不肯放松。果然！我大哥引了一个老头子，慢慢走来；他满眼凶光，怕我看出，只是低头向着地，从眼镜横边暗暗看我。大哥说，“今天你仿佛很好。”我说“是的。”大哥说，“今天请何先生来，给你诊一诊。”我说，“可以！”其实我岂不知道这老头子是刽子手扮的！无非借了看脉这名目，揣一揣肥瘠：因这功劳，也分一片肉吃。我也不怕；虽然不吃人，胆子却比他们还壮。伸出两个拳头，看他如何下手。老头子坐着，闭了眼睛，摸了好一会，呆了好一会；便张开他鬼眼睛说，“不要乱想。静静的养几天，就好了。”

不要乱想，静静的养！养肥了，他们是自然可以多吃；我有什么好处，怎么会“好了”？他们这群人，又想吃人，又是鬼鬼祟祟，想法子遮掩，不敢直截下手，真要令我笑死。我忍不住，便放声大笑起来，十分快活。自己晓得这笑声里面，有的是义勇和正气。老头子和大哥，都失了色，被我这勇气正气镇压住了。

但是我有勇气，他们便越想吃我，沾光一点这勇气。老头子跨出门，走不多远，便低声对大哥说道，“赶紧吃罢！”大哥点点头。原来也有你！这一件大发见，虽似意外，也在意中：合伙吃我的人，便是我的哥哥！

吃人的是我哥哥！

我是吃人的人的兄弟！

我自己被人吃了，可仍然是吃人的人的兄弟！

## 五

这几天是退一步想：假使那老头子不是刽子手扮的，真是医生，也仍然是吃人的人。他们的祖师李时珍做的“本草什么”① 上，明明写着人肉可以煎吃；他还能说自己不吃人么？

至于我家大哥，也毫不冤枉他。他对我讲书的时候，亲口说过可以“易子而食”②；又一回偶然议论起一个不好的人，他便说不但该杀，还当“食肉寝皮”③。我那时年纪还小，心跳了好半天。前天狼子村佃户来说吃心肝的事，他也毫不奇怪，不住的点头。可见心思是同从前一样狠。既然可以“易子而食”，便什么都易得，什么人都吃得。我从前单听他讲道理，也糊涂过去；现在晓得他讲道理的时候，不但唇边还抹着人油，而且心里满装着吃人的意思。

## 六

黑漆漆的，不知是日是夜。赵家的狗又叫起来了。

狮子似的凶心，兔子的怯弱，狐狸的狡猾，……

## 七

我晓得他们的方法，直捷杀了，是不肯的，而且也不敢，怕有祸祟。所以他们大家联络，布满了罗网，逼我自戕。试看前几天街上男女的样子，和这几天我大哥的作为，便足可悟出八九分了。最好是解下腰带，挂在梁上，自己紧紧勒死；他们没有杀人的罪名，又偿了心愿，自然都欢天喜地的发出一种呜呜咽咽的笑声。否则惊吓忧愁死了，虽则略瘦，也还可以首肯几下。

他们是只会吃死肉的！——记得什么书上说，有一种东西，叫“海乙那”④ 的，眼光和样子都很难看；时常吃死肉，连极大的骨头，都细细嚼烂，咽下肚子去，想起来也教人害怕。“海乙那”是狼的亲眷，狼是狗的本家。前天赵家的狗，看我几眼，可见他也同谋，早已接洽。老头子眼看着地，岂能瞒得我过。

最可怜的是我的大哥，他也是人，何以毫不害怕；而且合伙吃我呢？还是历来惯了，不以为非呢？还是丧了良心，明知故犯呢？

我诅咒吃人的人，先从他起头；要劝转吃人的人，也先从他下手。

## 八

其实这种道理，到了现在，他们也该早已懂得，……

忽然来了一个人；年纪不过二十左右，相貌是不很看得清楚，满面笑容，对了我点头，他的笑也不像真笑。我便问他，“吃人的事，对么？”他仍然笑着说，“不是荒年，怎么会吃人。”我立刻就晓得，他也是一伙，喜欢吃人的；便自勇气百倍，偏要问他。

---

① “本草什么”：指《本草纲目》，明代医学家李时珍（1518—1593年）的药物学著作，共五十二卷。该书曾经提到唐代陈藏器《本草拾遗》中以人肉医治痨的记载，并表示了异议。这里说李时珍的书“明明写着人肉可以煎吃”，当是“狂人”的“记中语误”。

② “易子而食”：语见《左传》宣公十五年，是宋将华元对楚将子反叙说宋国都城被楚军围困时的惨状：“敝邑易子而食，析骸而爨。”

③ “食肉寝皮”：语出《左传》襄公二十一年，晋国州绰对齐庄公说：“然二子者，譬于禽兽，臣食其肉而寝处其皮矣。”（按：“二子”指齐国的殖绰和郭最，他们曾被州绰俘虏过。）

④ “海乙那”：英语 hyena 的音译，即鬣狗（又名土狼），一种食肉兽，常跟在狮虎等猛兽之后，以它们吃剩的兽类的残尸为食。

“对么?”

“这等事问他什么。你真会……说笑话。……今天天气很好。”

天气是好,月色也很亮了。可是我要问你,“对么?”

他不以为然了。含含胡胡的答道,“不……”

“不对?他们何以竟吃?!”

“没有的事……”

“没有的事?狼子村现吃;还有书上都写着,通红崭新!”

他便变了脸,铁一般青。睁着眼说,“有许有的,这是从来如此……”

“从来如此,便对么?”

“我不同你讲这些道理;总之你不该说,你说便是你错!”

我直跳起来,张开眼,这人便不见了。全身出了一大片汗。他的年纪,比我大哥小得远,居然也是一伙;这一定是他娘老子先教的。还怕已经教给他儿子了;所以连小孩子,也都恶狠狠的看我。

## 九

自己想吃人,又怕被别人吃了,都用着疑心极深的眼光,面面相觑。……

去了这心思,放心做事走路吃饭睡觉,何等舒服。这只是一条门槛,一个关头。他们可是父子兄弟夫妇朋友师生仇敌和各不相识的人,都结成一伙,互相劝勉,互相牵掣,死也不肯跨过这一步。

## 十

大清早,去寻我大哥;他立在堂门外看天,我便走到他背后,拦住门,格外沉静,格外和气的对他说,

“大哥,我有话告诉你。”

“你说就是,”他赶紧回过脸来,点点头。

“我只有几句话,可是说不出来。大哥,大约当初野蛮的人,都吃过一点人。后来因为心思不同,有的不吃人了,一味要好,便变了人,变了真的人。有的却还吃,——也同虫子一样,有的变了鱼鸟猴子,一直变到人。有的不要好,至今还是虫子。这吃人的人比不吃人的人,何等惭愧。怕比虫子的惭愧猴子,还差得很远很远。

“易牙①蒸了他儿子,给桀纣吃,还是一直从前的事。谁晓得从盘古开辟天地以后,一直吃到易牙的儿子;从易牙的儿子,一直吃到徐锡林②;从徐锡林,又一直吃到狼子村捉住的人。去年城里杀了犯人,还有一个生痨病的人,用馒头蘸血舐。

“他们要吃我,你一个人,原也无法可想;然而又何必去入伙。吃人的人,什么事做不

---

① 易牙:春秋时齐国人,善于调味。据《管子·小称》:“夫易牙以调和事公(按:指齐桓公),公曰‘惟蒸婴儿之未尝’,于是蒸其首子而献之公。”桀、纣各为我国夏朝和商朝的最后一代君主,易牙和他们不是同时代人。这里说的“易牙蒸了他儿子,给桀纣吃”,也是“狂人”“语颇错杂无伦次”的表现。

② 徐锡林:隐指徐锡麟(1873—1907年),字伯荪,浙江绍兴人,清末革命团体光复会的重要成员。1907年与秋瑾准备在浙、皖两省同时起义。七月六日,他以安徽巡警处会办兼巡警学堂监督身份为掩护,乘学堂举行毕业典礼之机刺死安徽巡抚恩铭,率领学生攻占军械局,弹尽被捕,当日惨遭杀害,心肝被恩铭的卫队挖出炒食。

出；他们会吃我，也会吃你，一伙里面，也会自吃。但只要转一步，只要立刻改了，也就是人人太平。虽然从来如此，我们今天也可以格外要好，说是不能！大哥，我相信你能说，前天佃户要减租，你说过不能。”

当初，他还只是冷笑，随后眼光便凶狠起来，一到说破他们的隐情，那就满脸都变成青色了。大门外立着一伙人，赵贵翁和他的狗，也在里面，都探头探脑的挨进来。有的是看不出面貌，似乎用布蒙着；有的是仍旧青面獠牙，抿着嘴笑。我认识他们是一伙，都是吃人的人。可是也晓得他们心思很不一样，一种是以为从来如此，应该吃的；一种是知道不该吃，可是仍然要吃，又怕别人说破他，所以听了我的话，越发气愤不过，可是抿着嘴冷笑。

这时候，大哥也忽然显出凶相，高声喝道，“都出去！疯子有什么好看！”

这时候，我又懂得一件他们的巧妙了。他们岂但不肯改，而且早已布置；预备下一个疯子的名目罩上我。将来吃了，不但太平无事，怕还会有人见情。佃户说的大家吃了一个恶人，正是这方法。这是他们的老谱！

陈老五也气愤愤的直走进来。如何按得住我的口，我偏要对这伙人说，“你们可以改了，从真心改起！要晓得将来容不得吃人的人，活在世上。

“你们要不改，自己也会吃尽。即使生得多，也会给真的人除灭了，同猎人打完狼子一样！——同虫子一样！”

那一伙人，都被陈老五赶走了。大哥也不知那里去了。陈老五劝我回屋子里去。屋里面全是黑沉沉的。横梁和椽子都在头上发抖；抖了一会，就大起来，堆在我身上。

万分沉重，动弹不得；他的意思是要我死。我晓得他的沉重是假的，便挣扎出来，出了一身汗。可是偏要说，“你们立刻改了，从真心改起！你们要晓得将来是容不得吃人的人，……”

## 十一

太阳也不出，门也不开，日日是两顿饭。

我捏起筷子，便想起我大哥；晓得妹子死掉的缘故，也全在他。那时我妹子才五岁，可爱可怜的样子，还在眼前。母亲哭个不住，他却劝母亲不要哭；大约因为自己吃了，哭起来不免有点过意不去。如果还能过意不去，……

妹子是被大哥吃了，母亲知道没有，我可不得而知。

母亲想也知道；不过哭的时候，却并没有说明，大约也以为应当的了。记得我四五岁时，坐在堂前乘凉，大哥说爷娘生病，做儿子的须割下一片肉来，煮熟了请他吃，[①] 才算好人；母亲也没有说不行。一片吃得，整个的自然也吃得。但是那天的哭法，现在想起来，实在还教人伤心，这真是奇极的事！

## 十二

不能想了。

四千年来时时吃人的地方，今天才明白，我也在其中混了多年；大哥正管着家务，妹子

① 指“割股疗亲”，即割取自己的股肉煎药，以医治父母的重病。这是封建社会的一种愚孝行为。《宋史·选举志一》：“上以孝取人，则勇者割股，怯者庐墓。”

恰恰死了，他未必不和在饭菜里，暗暗给我们吃。

我未必无意之中，不吃了我妹子的几片肉，现在也轮到我自己，……

有了四千年吃人履历的我，当初虽然不知道，现在明白，难见真的人！

## 十三

没有吃过人的孩子，或者还有？

救救孩子……

## 学习建议

1. 分析作品中的“狂人”形象。
2. 体会作品中文言小序的作用。
3. 分析作品中的象征主义手法。
4. 延伸阅读篇目：《阿Q正传》《在酒楼上》《孤独者》《祝福》《伤逝》。

# 迟桂花

郁达夫

郁达夫（1895—1945年），浙江富阳人，现代作家。郁达夫一生著述甚丰。1928年起，郁达夫陆续自编《达夫全集》并出版，其后还有《达夫自选集》《屐痕处处》《达夫日记》《达夫游记》《闲书》《郁达夫诗词抄》《郁达夫文集》，以及《达夫所译短篇集》等。郁达夫的创作风格独特，成就卓著，以小说和散文最为著称，影响广泛。其中以短篇小说《沉沦》《采石矶》《春风沉醉的晚上》《薄奠》《迟桂花》，中篇小说《迷羊》，《她是一个弱女子》和《出奔》等最为著名。

## 【导读】

这篇小说因塑造了迟桂花这个清香诱人、散发着自然人性光辉的特别形象而显示了郁达夫这一时期另一种新的艺术追求。小说中的郁先生所到的翁家山到处弥漫着清醇醉人的迟桂花香，特别是那位如迟桂花般的纯净无邪的莲妹，她竟能在伴游中让人的邪恶俗念得到净化。这里也折射出了作家在人生跌宕中的身心疲倦和对自然净化境界的神往。但是，小说意境的诗意化营造，迟桂花形象的诗情内涵和哲理意蕴又不完全是传统文人的隐逸情致。因为迟桂花本身并不是在现代都市人生中经受强力的摧残之后心力交瘁的知识分子的形象，而是在自然纯朴的生活环境中昂扬勃发着生机，显现出自然人性的可爱形象。

郁达夫以别出心裁的形式结构着他的小说，小说从总体上可大致为三部分：以一封信作为开端，引出事情的原委，即老友翁则生邀“我”参加他的婚礼；第二部分描写老郁赴约并陪伴翁莲游五云山；结尾简单交代婚礼的圆满结束。作者以翁则生的婚礼作为贯穿小说始终的事件线索；以“我”对翁莲的感情变化作为小说重心，也即第二部分的情感线索，巧妙结合于两者之间的则是一个以迟桂花作为媒介来象征高洁、成熟的人生品格的首尾呼应的章法结构。

《迟桂花》是郁达夫后期小说艺术上的代表作，无论是结构上的技巧，描写上的情景交融，气氛上的渲染，以及象征含义的设计，都达到了郁达夫小说创作的娴熟水准。正像郁达夫自己的评论：“我自以为做的很好……也是杰作”。

××兄：

突然间接着我这一封信，你或者会惊异起来，或者你简直会想不出这发信的翁某是什么人。但仔细一想，你也不在做官，而你的境遇，也未见得比我的好几多倍，所以将我忘了的这一回事，或者是还不至于的。因为这除非是要贵人或境遇很好的人才做得出来的事情。前两礼拜为了采办结婚的衣服家具之类，才下山去。有好久不上城里去了，偶尔去城里一看，真是像丁令威的化鹤归来，触眼新奇，宛如隔世重生的人。在一家书铺门口走过，一抬头就看见了几册关于你的传记评论之类的书。再踏进去一问，才知道你的著作竟积成了八九册之多了。将所有的你的和关于你的书全买将回来一读，仿佛是又接见了十余年不见的你那副音容笑语的样子。我忍不住了，一遍两遍的尽在翻读，愈读愈想和你通一次信，见一次面。但因这许多年数的不看报，不识世务，不亲笔砚的缘故，终于下了好几次决心，而仍不敢把这心愿来实现。现在好了，关于我的一切结婚的事情的准备，也已经料理到了十之七八，而我那年老的娘，又在打算着于明天一清早就进城去，早就上床去躺下了。我那可怜的寡妹，也因为白天操劳过了度，这时候似乎也已经坠入了梦乡，所以我可以静静儿的来练这久未写作的笔，实现我这已经怀念了有半个多月的心愿了。

提笔写将下来，到了这里，我真不知将如何的从头写起。和你相别以后，不通闻问的年数，隔得这么的多，读了你的著作以后，心里头触起的感觉情绪，又这么的复杂；现在当这一刻的中间，汹涌盘旋在我脑里想和你谈谈的话，的确，不止像一部二十四史那么的繁而且乱，简直是同将要爆发的火山内层那么的热而且烈，急遽寻不出一个头来。

我们自从房州海岸别来，到现在总也约莫有十多年光景了罢！我还记得那一天晴冬的早晨，你一个人立在寒风里送我上车回东京去的情形。你那篇《南迁》的主人公，写的是不是我？我自从那一年后，竟为这胸腔的恶病所压倒，与你再见一次面和通一封信的机会也没有，就此回国了。学校当然是中途退了学，连生存的希望都没有了的时候，哪里还顾得到将来的立身处世？哪里还顾得到身外的学艺修能？到这时候为止的我的少年豪气，我的绝大雄心，是你所晓得的。同级同乡的同学，只有你和我往来得最亲密。在同一公寓里同住得最长久的，也只有你一个人；时常劝我少用些功，多保养身体，预备将来为国家为人类致大用的，也就是你。每于风和日朗的晴天，拉我上多摩川上井之头公园及武藏野等近郊去散走闲游的，除你以外，更没有别的人了。那几年高等学校时代的愉快的生活，我现在只教一闭上眼，还历历透视得出来。看了你的许多初期的作品，这记忆更加新鲜了。我的所以愈读你的作品，愈想和你通一次信者，原因也就在这些过去的往事的追怀。这些都是你和我两人所共有的过去，我写也没有写得你那么好，就是不写你总也还记得的，所以我不想再说。我打算详详细细向你来作一个报告的，就是从那年冬天回故乡以后的十几年光景的山居养病的生活情形。

那一年冬天咯了血，和你一道上房州去避寒，在不意之中，又遇见了那个肺病少女——是真砂子罢？连她的名字我都忘了——无端惹起了那一场害人害己的恋爱事件。你送我回东京之后，住了一个多礼拜，我就回国来了。我们的老家在离城市有二十来里地的翁家山上，你是晓得的。回家住下，我自己对我的病，倒也没什么惊奇骇异的地方，可是我痰里的血丝，脸上的苍白，和身体的瘦削，却把我那已经守了好几年寡的老母急坏了，因为我那短命的父亲，也是患这同样的病而死去的。于是她就四处的去求神拜佛，采药求医，急得连粗茶淡饭都无心食用，头上的白发，也似乎一天一天的加多起来了。我哩！恋爱已经失败了，学业也已辍了，对于此生，原已没有多大的野心，所以就落得去由她摆布，积极地虽尽不得孝，便消极地尽了我的顺。初回家的一年中间，我简直门外也不出一步，各色各样的奇形的草药，和各色各样的异味的单方，差不多都尝了一个遍。但是怪得很，连我自己都满以为没有希望的这致命的病症，一到了回国后所经过的第二个春天，竟似乎有神助似地忽然减轻了，夜热也不再发，盗汗也居然止住，痰里的血丝早就没有了。我的娘的喜欢，当然是不必说，就是在家里替我煮药缝衣，代我操作一切的我那位妹妹，也同春天的天气一样，时时展开了她的愁眉，露出了她那副特有的真真是讨人欢喜的笑容。到了初夏，我药也已经不服，有兴致的时候，居然也能够和她们一道上山前山后去采采茶，摘摘菜，帮她们去服一点小小的劳役了。是在这一年的——回家后第三年的——秋天，在我们家里，同时候发生了两件似喜而又可悲，说悲却也可喜的悲喜剧。第一，就是我那妹妹的出嫁，第二，就是我定在城里的那家婚约的解除。妹妹那年十九岁了，男家是只隔一支山岭的一家乡下的富家。他们来说亲的时候，原是因为我们祖上是世代读书的，总算是来和诗礼人家攀婚的意思。定亲已经定过了四五年了，起初我娘却嫌妹妹年纪太小，不肯马上准他们来迎娶，后来就因为我的病，一搁就又搁起了两三年。到了这一回，我的病总算已经恢复，而妹妹却早到了该结婚的年龄了。男家来一说，我娘也就应允了他们，也算完了她自己的一件心事。至于我的这家亲事呢，却是我父亲在死的前一年为我定下的，女家是城里的一家相当有名的旧家。那时候我的年纪虽还很小，而我们家里的不动产却着实还有一点可观。并且我又是一个长子，将来家里要培植我读书处世是无疑的，所以那一家旧家居然也应允了我的婚事。以现在的眼光看来，这门亲事，当然是我们去竭力高攀的，因为杭州人家的习俗，是吃粥的人家的女儿，非要去嫁吃饭的人家不可的。还有乡下姑娘，嫁往城里，倒是常事，城里的千金小姐，却不大会下嫁到乡下来的，所以当时的这个婚约，起初在根本上就有点儿不对。后来经我父亲的一死，我们家里，丧葬费用，就用去了不少。嗣后年复一年，母子三人，只吃着家里的死饭。亲族戚属，少不得又要对我们孤儿寡妇，时时加以一点剥削。母亲又忠厚无用，在出卖田地山场的时候，也不晓得市价的高低，大抵是任凭族人在从中勾搭。就因这种种关系的结果，到我考取了官费，上日本去留学的那一年，我们这一家世代读书的翁家山上的旧家，已经只剩得一点仅能维持衣食的住屋山场和几块荒田了。当我初次出国的时候，承蒙他们不弃，我那未来的亲家，还送了我些赆仪路费。后来于寒假暑假回国的期间，也曾央原媒来催过完姻。可是接着就是我那致命的病症的发生，与我的学业的中辍，于是两三年中，他们和我们的中间，便自然而然的断绝了交往。到了这一年的晚秋，当我那妹妹嫁后不久的时候，女家忽而又央了原媒来对母亲说："你们的大少爷，有病在身，婚娶的事情，当然是不大相宜的，而他家的小姐，也已经下了绝大的决心，立志终身不嫁了，所以这一个婚约，还是解除了的好。"说着就打开包裹，将我们传红时候交去的金玉如意，红绿帖子等，拿了出来，退还了母亲。我那忠厚老实的娘，人虽则无用，但面子却是死要的，一听了媒人的这一番说话，目瞪口僵，立时就滚下了几颗眼泪来。幸亏我在旁边，做好做歹的对娘劝慰了好久，她才含着眼泪，将女家的回礼及八字全帖等检出，交还了原媒。媒人去后，她又上山后我父亲的坟边去大哭了一场。

直到傍晚，我和同族邻人等一道去拉她回来，她在路上，还流着满脸的眼泪鼻涕，在很伤心地呜咽。这一出赖婚的怪剧，在我只有高兴，本来是并没有什么大不了的，可是由头脑很旧的她看来，却似乎是翁家世代的颜面家声都被他们剥尽了。自此以后，一直下来，将近十年，我和她母子二人，就日日的寡言少笑，相对茕茕，直到前年的冬天，我那妹夫死去，寡妹回来为止，两人所过的，都是些在炼狱里似的沉闷的日子。

说起我那寡妹，她真也是前世不修。人虽则很长大，身体虽则很强壮，但她的天性，却永远是一个天真活泼的小孩子。嫁过去那一年，来回郎的时候，她还是笑嘻嘻地如同上城里去了一趟回来了的样子，但双满月之后，到年下边回来的时候，从来不晓得悲泣的她，竟对我母亲掉起眼泪来了。她们夫家的公公虽则还好，但婆婆的繁言吝啬，小姑的刻薄尖酸和男人的放荡凶暴，使她一天到晚过不到一刻安闲自在的生活。工作操劳本系是她在家里的时候所惯习的，倒并不以为苦，所最难受的，却是多用一枝火柴，也要受婆婆责备的那一种俭约到不可思议的生活状态。还有两位小姑，左一句尖话，右一句毒语，仿佛从前我娘的不准他们早来迎娶，致使她们的哥哥染上了游荡的恶习，在外面养起了女人这一件事情，完全是我妹妹的罪恶。结婚之后，新郎的恶习，仍旧改不过来，反而是在城里他那旧情人家里过的日子多，在新房里过的日子少。这一笔账，当然又要写在我妹妹的身上。婆婆说她不会侍奉男人，小姑们说她不会劝，不会骗。有时候公公看得难受，替她申辩一声，婆婆就尖着喉咙，要骂上公公的脸去："你这老东西！脸要不要，脸要不要，你这扒灰老！"因我那妹夫，过的是这一种不自然的生活，所以前年夏天，就染了急病死掉了，于是我那妹妹又多了一个克夫的罪名。妹妹年轻守寡，公公少不得总要对她客气一点，婆婆在这里就算抓住了扒灰的证据，三日一场吵，五日一场闹，还是小事，有几次在半夜里，两老夫妇还会大哭大骂的喧闹起来。我妹妹于有一回被骂被逼得特别厉害的争吵之后，就很坚决地搬回到了家里来住了。自从她回来之后，我娘非但得到了一个很大的帮手，就是我们家里的沉闷的空气，也缓和了许多。

这就是和你别后，十几年来，我在家里所过的生活的大概。平时非但不上城里去走走，当风雪盈途的冬季，我和我娘简直有好几个月不出门外的时候。我妹妹回来之后，生活又约略变过了。多年不做的焙茶事业，去年也竟出产了一二百斤。我的身体，经了十几年的静养，似乎也有一点把握了。从今年起，我并且在山上的晏公祠里参加入了一个训蒙的小学，居然也做了一位小学教师。但人生是动不得的，稍稍一动，就如滚石下山，变化便要接连不断的簇生出来。我因为在校教书，而家里头又勉强地干起了一点事业，今年夏季居然又有人来同我议婚了。新娘是近邻乡村里的一位老处女，今年二十七岁，家里虽称不得富有，可也是小康之家。这位新娘，因为从小就读了些书，曾在城里进过学堂，相貌也还过得去——好几年前，我曾经在一处市场上看见过她一眼的——故而高不凑，低不就，等闲便度过了她的锦样的青春。我在教书的学校里的那位名誉校长——也是我们的同族——本来和她是旧亲，所以这位校长就在中间做了个传红线的冰人。我独居已经惯了，并且身体也不见得分外强健，若一结婚，难保得旧病的不会复发，故而对这门亲事，当初是断然拒绝了的。可是我那年老的母亲，却仍是雄心未死，还在想我结一头亲，生下几个玉树芝兰来，好重振重振我们的这已经坠落了很久的家声，于是这亲事就又同当年生病的时候服草药一样，勉强地被压上我的身上来了。我哩，本来也已经入了中年了，百事原都看得很穿，又加以这十几年的疏散和无为，觉得在这世上任你什么也没甚大不了的事情，落得随随便便的过去，横竖是来日也无多了。只教我母亲喜欢的话，那就是我稍稍牺牲一点意见也使得。于是这婚议，就在很短的时间里，成熟得妥妥帖帖，现在连迎娶的日期也已经拣好了，是旧历九月十二。

是因为这一次的结婚，我才进城里去买东西，才发见了多年不见的你这老友的存在，所以结婚之日，我想请你来我这里吃喜酒，大家来谈谈过去的事情。你的生活，从你的日记和著作中看来，本来也是同云游的僧道一样的。让出一点工夫来，上这一区僻静的乡间来往几日，或者也是你所喜欢的事情。你来，你一定来，我们又可以回顾回顾一去而不复返的少年时代。

我娘的房间里，有起响动来了，大约天总就快亮了罢。这一封信，整整地费了我一夜的时间和心血，通宵不睡，是我回国以后十几年来不曾有过的经验，你单只看取了我的这一点热忱，我想你也不好意思不来。

啊，鸡在叫了，我不想再写下去了，还是让我们见面之后再来谈罢！

一九三二年九月翁则生上

刚在北平住了个把月，重回到上海的翌日，和我进出的一家书铺里，就送了这一封挂号加邮托转交的厚信来。我接到了这信，捏在手里，起初还以为是一位我认识的作家，寄了稿子来托我代售的。但翻转信背一看，却是杭州翁家山的翁某某所发，我立时就想起了那位好学不倦，面容妩媚，多年不相闻问的旧同学老翁。他的名字叫翁矩，则生是他的小名。人生得矮小娟秀，皮色也很白净，因而看起来总觉得比他的实际年龄要小五六岁。在我们的一班里，算他的年纪最小，操体操的时候，总是他立在最后的，但实际上他也只不过比我小了两岁。那一年寒假之后，和他同去房州避寒，他的左肺尖，已经被结核菌损蚀得很厉害了。住不上几天，一位也住在那近边养肺病的日本少女，很热烈地和他要好了起来，结果是那位肺病少女的因兴奋而病剧，他也就同失了舵的野船似地迁回到了中国。以后一直十多年，我虽则在大学里毕了业，但关于他的消息，却一向还不曾听见有人说起过。拆开了这封长信，上书室去坐下，从头至尾细细读完之后，我呆视着远处，茫茫然如失了神的样子，脑子里也触起了许多感慨与回思。我远远的看出了他的那种柔和的笑容，听见了他的沉静而又清澈的声气。直到天将暗下去的时候，我一动也不动，还坐在那里呆想，而楼下的家人却来催吃晚饭了。在吃晚饭的中间，我就和家里的人谈起了这位老同学，将那封长信的内容约略说了一遍。家里的人，就劝我落得上杭州去旅行一趟，像这样的秋高气爽的时节，白白地消磨在煤烟灰土很深的上海，实在有点可惜，有此机会，落得去吃吃他的喜酒。

第二天仍旧是一天晴和爽朗的好天气，午后二点钟的时候，我已经到了杭州城站，在雇车上翁家山去了。但这一天，似乎是上海各洋行与机关的放假的日子，从上海来杭州旅行的人，特别的多。城站前面停在那里候客的黄包车，都被火车上下来的旅客雇走了，不得已，我就只好上一家附近的酒店去吃午饭。在吃酒的当中，问了问堂倌以去翁家山的路径，他便很详细地指示我说：

“你只教坐黄包车到旗下的陈列所，搭公共汽车到四眼井下来走上去好了。你又没有行李，天气又这么的好，坐黄包车直去是不上算的。”

得到了这一个指教，我就从容起来了，慢慢的喝完了半斤酒，吃了两大碗饭，从酒店出来，便坐车到了旗下。恰好是三点前后的光景，湖六段的汽车刚载满了客人，要开出去。我到了四眼井下车，从山下稻田中间的一条石板路走进满觉陇去的时候，太阳已经平西到了三五十度斜角度的样子，是牛羊下山，行人归舍的时刻了。在满觉陇的狭路中间，果然遇见了许多中学校的远足归来的男女学生的队伍。上水乐洞口去坐了喝了一碗清茶，又拉住了一位农夫，问了声翁则生的名字，他就晓得得很详细似地告诉我说：

“是山上第二排的朝南的一家，他们那间楼房顶高，你一上去就可以看得见的。则生要讨新娘子了，这几天他们正在忙着收拾。这时候则生怕还在晏公祠的学堂里哩。”

谢过了他的好意，付过了茶钱，我就顺着上烟霞洞去的石级，一步一步的走上了山去。渐走渐高，人声人影是没有了，在将暮的晴天之下，我只看见了许多树影。在半山亭里立住歇了一歇，回头向东南一望，看得见的，只是些青葱的山和如云的树，在这些绿树丛中又是些这儿几点，那儿一簇的屋瓦与白墙。

“啊啊，怪不得他的病会得好起来了，原来翁家山是在这样的一个好地方。”

烟霞洞我儿时也曾来过的，但当这样晴爽的秋天，于这一个西下夕阳东上月的时刻，独立在山中的空亭里，来仔细赏玩景色的机会，却还不曾有过。我看见了东天的已经满过半弓的月亮，心里正在羡慕翁则生他们老家的处地的幽深，而从背后又吹来了一阵微风，里面竟含满着一种说不出的撩人的桂花香气。

“啊……”

我又惊异了起来：

“原来这儿到这时候还有桂花？我在以桂花著名的满觉陇里，倒不曾看到，反而在这一块冷僻的山里面来闻吸浓香，这可真也是奇事了。”

这样的一个人独自在心中惊异着，闻吸着，赏玩着，我不知在那空亭里立了多少时候。突然从脚下树丛深处，却幽幽的有晚钟声传过来了，东嗡，东嗡地这钟声实在真来得缓慢而凄清。我听得耐不住了，拔起脚跟，一口气就走上了山顶，走到了那个山下农夫曾经教过我的烟霞洞西面翁则生家的近旁。约莫离他家还有半箭路远时候，我一面喘着气，一面就放大了喉咙向门里面叫了起来：

“喂，老翁！老翁！则生！翁则生！”

听见了我的呼声，从两扇关在那里的腰门里开出来答应的却不是被我所唤的翁则生自己，而是我从来也没有见过面的，比翁则生略高三五分的样子，身体强健，两颊微红，看起来约莫有二十四五的一位女性。

她开出了门，一眼看见了我，就立住脚惊疑似地略呆了一呆。同时我看见她脸上却涨起了一层红晕，一双大眼睛眨了几眨，深深地吞了一口气。她似乎已经镇静下去了，便很腼腆地对我一笑。在这一脸柔和的笑容里，我立时就看到了翁则生的面相与神气，当然她是则生的妹妹无疑了，走上了一步，我就也笑着问她说：

“则生不在家么？你是他的妹妹不是？”

听了我这一句问话，她脸上又红了一红，柔和地笑着，半俯了头，她方才轻轻地回答我说：

“是的，大哥还没有回来，你大约是上海来的客人罢？吃中饭的时候，大哥还在说哩！”

这沉静清澈的声气，也和翁则生的一色而没有两样。

“是的，我是从上海来的。”

我接着说：

“我因为想使则生惊骇一下，所以电报也不打一个来通知，接到他的信后，马上就动身来了。不过你们大哥的好日也太逼近了，实在可也没有写一封信来通知的时间余裕。”

“你请进来罢，坐坐吃碗茶，我马上去叫了他来。怕他听到了你来，真要惊喜得像疯了一样哩。”

走上台阶，我还没有进门，从客堂后面的侧门里，却走出了一位头发雪白，面貌清癯，大约有六十内外的老太太来。她的柔和的笑容，也是和她的女儿儿子的笑容一色一样的。似乎已经听见了我们在门口所交换过的谈话了，她一开口就对我说：

“是郁先生么？为什么不写一封快信来通知？则生中午还在说，说你若要来，他打算进城上车站去接你去的。请坐，请坐，晏公祠只有十几步路，让我去叫他来罢，怕他真要高兴得像什么似的哩。”说完了，她就朝向了女儿，吩咐她上厨下去烧碗茶来。她自己却踏着很平稳的脚步，走出大门，下台阶去通知则生去了。

“你们老太太倒还轻健得很。”

“是的，她老人家倒还好。你请坐罢，我马上起了茶来。”

她上厨下去起茶的中间，我一个人，在客堂里倒得了一个细细观察周围的机会。则生他们的住屋，是一间三开间而有后轩后厢房的楼房。前面阶沿外走落台阶，是一块可以造厅造厢楼的大空地。走过这块数丈见方的空地，再下两级台阶，便是村道了。越村道而下，再低数尺，又是一排人家的房子。但这一排房子，因为都是平屋，所以挡不杀翁则生他们家里的眺望。立在翁则生家的空地里，前山后山的山景，是依旧历历可见的。屋前屋后，一段一段的山坡上，都长着些不大知名的杂树，三株两株夹在这些杂树中间，树叶短狭，叶与细枝之间，满撒着锯末似的黄点的，却是木犀花树。前一刻在半山空亭里闻到的香气，源头原来就系出在这一块地方的。太阳似乎已下了山，澄明的光里，已经看不见日轮的金箭，而山脚下的树梢头，也早有一带晚烟笼上了。山上的空气，真静得可怜，老远老远的山脚下的村里，小儿在呼唤的声音，也清晰地听得出来。我在空地里立了一会，背着手又踱回到了翁家的客厅，向四壁挂在那里的书画一看，却使我想起了翁则生信里所说的事实。琳琅满目，挂在那里的东西，果然是件件精致，不像是乡下人家的俗恶的客厅。尤其使我看得有趣的，是陈豪写的一堂《归去来辞》的屏条，墨色的鲜艳，字迹的秀腴，有点像董香光而更觉得柔媚。翁家的世代书香，只须上这客厅里来一看就可以知道了。我立在那里看字画还没有看得周全，忽而背后门外老远的就飞来了几声叫声：

“老郁！老郁！你来得真快！”

翁则生从小学校里跑回来了，平时总很沉静的他，这时候似乎也感到了一点兴奋。一走进客堂，他握住了我的两手，尽在喘气，有好几秒钟说不出话来。等落在后面的他娘走到的时候，三人才各放声大笑了起来。这时候他妹妹也已经将茶烧好，在一个朱漆盘里放着三碗搬出来摆上桌子来了。

“你看，则生这小孩，他一听见我说你到了，就同猴子似的跳回来了。”他娘笑着对我说。

“老翁！说你生病生病，我看你倒仍旧不见得衰老得怎么样，两人比较起来，怕还是我老得多哩？”

我笑说着，将脸朝向了他的妹妹，去征她的同意。她笑着不说话，只在守视着我们的欢喜笑乐的样子。则生把头一扭，向他娘指了一指，就接着对我说：

“因为我们的娘在这里，所以我不敢老下去吓。并且媳妇儿也还不曾娶到，一老就得做老光棍了，那还了得！”

经他这么一说，四个人重又大笑起来了，他娘的老眼里几乎笑出了眼泪。则生笑了一会，就重新想起了似的替他妹妹介绍：

“这是我的妹妹，她的事情，你大约是晓得的罢？我在那信里是写得很详细的。”

“我们可不必你来介绍了，我上这儿来，头一个见到的就是她。”

“噢，你们倒是有缘啊！莲，你猜这位郁先生的年纪，比我大呢，还是比我小？”

他妹妹听了这一句话，面色又涨红了，正在嗫嚅困惑的中间，她娘却止住了笑，问我说：

“郁先生，大约是和则生上下年纪罢？”

“哪里的话，我要比他大得多哩。”

“娘，你看还是我老呢，还是他老？”

则生又把这问题转向了他的母亲。他娘仔细看了我一眼，就对他笑骂般的说：

“自然是郁先生来得老成稳重，谁更像你那样的不脱小孩子脾气呢！”

说着，她就走近了桌边，举起茶碗来请我喝茶。我接过来喝了一口，在茶里又闻到了一种实在是令人欲醉的桂花香气。掀开了茶碗盖，我俯首向碗里一看，果然在绿莹莹的茶水里散点着有一粒一粒的金黄的花瓣。则生以为我在看茶叶，自己拿起了一碗喝了一口，他就对我说：

“这茶叶是我们自己制的，你说怎么样?”

“我并不在看茶叶，我只觉这触鼻的桂花香气，实在可爱得很。”

“桂花吗？这茶叶里的还是第一次开的早桂，现在在开的迟桂花，才有味哩！因为开得迟，所以日子也经得久。”

“是的是的，我一路上走来，在以桂花著名的满觉陇里，倒闻不着桂花的香气。看看两旁的树上，都只剩了一簇一簇的淡绿的桂花托子了，可是到了这里，却同做梦似地，所闻吸的尽是这种浓艳的气味。老翁，你大约是已经闻惯了，不觉得什么罢？我……我……”

说到了这里，我自家也忍不住笑了起来。则生尽管在追问我，“你怎么样？你怎么样?”到了最后，我也只好说了：

“我，我闻了，似乎要起性欲冲动的样子。”

则生听了，马上就大笑了起来，他的娘和妹妹虽则并没有明确地了解我们的说话的内容，但也晓得我们是在说笑话，母女俩便含着微笑，上厨下去预备晚饭去了。

我们两人在客厅上谈谈笑笑，竟忘记了点灯，一道银样的月光，从门里洒进来了。则生看见了月亮，就站起来想去拿煤油灯，我却止住了他，说：

“在月光底下清谈，岂不是很好么？你还记不记得起，那一年在井之头公园里的一夜游行?”

所谓那一年者，就是翁则生患肺病的那一年秋天。他因为用功过度，变成了神经衰弱症。有一天，他课也不去上，竟独自一个在公寓里发了一天的疯。到了傍晚，他饭也不吃，从公寓里跑出去了。我接到了公寓主人的注意，下学回来，就远远的在守视着他，看他走出了公寓，就也追踪着他，远远地跟他一道到了井之头公园。从东京到井之头公园去的高架电车，本来是有前后的两乘，所以在电车上，我和他并不遇着。直到下车出车站之后，我假装无意中和他冲见了似的同他招呼了。他红着双颊，问我这时候上这野外来干什么，我说是来看月亮的，记得那一晚正是和这天一样地有月亮的晚上。两人笑了一笑，就一道的在井之头公园的树林里走到了夜半方才回来。后来听他的自白，他是在那一天晚上想到井之头公园去自杀的，但因为遇见了我，谈了半夜，胸中的烦闷，有一半消散了，所以就同我一道又转了回来。“无限胸中烦闷事，一宵清话又成空！”他自白的时候，还念出了这两句诗来，借作解嘲。以后他就因伤风而发生了肺炎，肺炎愈后，就一直的为结核菌所压倒了。

谈了许多怀旧话后，话头一转，我就提到了他的这一回的喜事。

“这一回的喜事么？我在那信里也曾和你说过。”

谈话的内容，一从空想追怀转向了现实，他的声气就低了下去，又回复了他旧日的沉静的态度。

“在我是无可无不可的，对这事情最起劲的，倒是我的那位年老的娘。这一回的一切准备麻烦，都是她老人家在替我忙的。这半个月中间，她差不多日日跑城里。现在是已经弄得完完全全，什么都预备好了，明朝一日，就要来搭灯彩，下午是女家送嫁妆来，后天就是正日。可是老郁，有一件事情，我觉得很难受，就是莲儿——这是我妹妹的小名——近来，似乎是很不高兴的样子，她话虽则不说，但因为她是很天真的缘故，所以在态度上表情上处处我都看得出来。你是初同她见面，所以并不觉得什么，平时她着实要活泼哩，简直活泼得同现代的那些时髦女郎一样，不过她的活泼是天性的纯真，而那些现代女郎，却是学来的时髦。……按说哩，这心绪的恶劣，也是应该的，她虽则是一个纯真的小孩子，但人非木石，究竟总有一点感情，看到了我们这里的婚事热闹，无论如何，总免不得要想起她自己的身世凄凉的。并且还有一个最重要的动机，仿佛是她在觉得自己今后的寄身无处。这儿虽是娘家，但她却是已经出过嫁的女儿了，哥哥讨了嫂嫂，她还有什么权利再寄食在娘家呢？所以我当这婚事在谈起的当初，就一次两次的对她说过了，不管它怎样，她总是我的妹妹，除非她要再嫁，则没有话说，要是不然的话，那她是一辈子有和我同居，和我对分财产的权利的，请她千万不要自己感到难过。这一层意思，她原也明白，我的性情，她是晓得的，可是不晓得怎么，她近来似乎总有点不大安闲的样子。你来得正好，顺便也可以劝劝她。并且明天发嫁妆结灯彩之类的事情，怕她看了又要想到自己的身世，我想明朝一早就叫她陪你出去玩去，省得她在家里一个人在暗中受苦。”

“那好极了，我明天就陪她出去玩一天回来。”

“那可不对，假使是你陪她出去玩的话，那是形迹更露，愈加要使她难堪。非要装作是你要她去作陪不行。仿佛是你想出去玩，但我却没有工夫陪你，所以只好勉强请她和你一道出去。要这样，她才安逸。”

“好，好，就这么办，明天我要她陪我去逛五云山去。”

正谈到了这里，他的那位老母从客室后面的那扇侧门里走出来了，看到了我们坐在微明灰暗的客室里谈天，她又笑了起来说：

“十几年不见的一段总账，你们难道想在这几刻工夫里算它清来么？有什么话谈得那么起劲，连灯都忘了点一点？则生，你这孩子真像是疯了，快立起来，把那盏保险灯点上。”

说着她又跑回到了厨下，去拿了一盒火柴出来。则生爬上桌子，在点那盏悬在客室正中的保险灯的时候，她就问我吃晚饭之先，要不要喝酒。则生一边在点灯，一边就从肩背上叫他娘说：

“娘，你以为他也是肺痨病鬼么？郁先生是以喝酒出名的。”

“那么你快下来去开坛去罢，今天挑来的那两坛酒，不晓得好不好，请郁先生尝尝看。”

他娘听了他的话后，就也昂起了头，一面在看他点灯，一面在催他下来去开酒去。

“幸而是酒，请郁先生先尝一尝新，倒还不要紧，要是新娘子，那可使不得。”

他笑说着从桌子上跳了下来，他娘眼睛望着了我，嘴唇却朝着了他啐了一声说：

“你看这孩子，说话老是这样不正经的！”

“因为他要做新郎官了，所以在高兴。”

我也笑着对他娘说了一声，旋转身就一个人踱出了门外，想看一看这翁家山的秋夜的月明，屋内且让他们母子俩去开酒去。

月光下的翁家山，又不相同了。从树枝里筛下来的千条万条的银线，像是电影里的白天的外景。不知躲在什么地方的许多秋虫的鸣唱，骤听之下，满以为在下急雨。白天的热度，日落之后，忽然收敛了，于是草木很多的这深山顶上，就也起了一层白茫茫的透明雾障。山上电灯线似乎还没有接上，远近一家一家看得见的几点煤油灯光，仿佛是大海湾里的渔灯野火。一种空山秋夜的沉默的感觉，处处在高压着人，使人肃然会起一种畏敬之思。我独立在庭前的月光亮里看不上几分钟，心里就有点寒竦竦的怕了起来，回身再走回客室，酒菜杯筷，都已热气蒸腾的摆好在那里候客了。

四个人当吃晚饭的中间，则生又说了许多笑话。因为在前回听取了一番他所告诉我的衷情之后，我于举酒杯的瞬间，偷眼向他妹妹望望，觉得在她的柔和的笑脸上，的确似乎是有一种说不出的悲寂的表情流露在那里的样子。这一餐晚饭，吃尽了许多时间，我因为白天走路走得不少，而谈话之后又感到了一点兴奋，肚子有点饿了，所以酒和菜，竟吃得比平时要多一倍。到了最后将快吃完的当儿，我就向则生提出说：

“老翁，五云山我倒还没有去玩过，明天你可不可以陪我一道去玩一趟?”

则生仍复以他的那种滑稽的口吻回答我说：

“到了结婚的前一日，新郎官哪里走得开呢，还是改天再去罢。等新娘子来了之后，让新郎新娘抬了你去烧香，也还不迟。”

我却仍复主张着说，明天非去不行。则生就说：

“那么替你去叫一顶轿子来，你坐了轿子去，横竖是明天轿夫会来的。”

“不行不行，游山玩水，我是喜欢走的。”

“你认得路么?”

“你们这一种乡下的僻路，我哪里会认得呢?”

“那就怎么办呢？……”

则生抓着头皮，脸上露出了一脸为难的神气。停了一二分钟，他就举目向他的妹妹说：

“莲！你怎么样！你是一位女豪杰，走路又能走，地理又熟悉，你替我陪了郁先生去怎么样?”

他妹妹也笑了起来，举起眼睛来向她娘看了一眼。接着她娘就说：

“好的，莲，还是你陪了郁先生去罢，明天你大哥是走不开的。”

我一看她脸上的表情，似乎已经有了答应的意思了，所以又追问了她一声说：

“五云山可着实不近哩，你走得动的么？回头走到半路，要我来背，那可办不到。”

她听了这话，就真同从心坎里笑出来的一样笑着说：

“别说是五云山，就是老东岳，我们也一天要往返两次哩。”

从她的红红的双颊，挺突的胸脯，和肥圆的肩臂看来，这句话也决不是她夸的大口。吃完晚饭，又谈了一阵闲天，我们因为明天各有忙碌的操作在前，所以一早就分头到房里去睡了。

山中的清晓，又是一种特别的情景。我因为昨天夜里多喝了一点酒，上床去一睡，就同大石头掉下海里似的，一直就酣睡到了天明。窗外面吱吱唧唧的鸟声喧噪得厉害，我满以为还是夜半，月明将野鸟惊醒了，但睁开眼掀开帐子来一望，窗内窗外已饱浸着晴天爽朗的清晨光线，窗子上面的一角，却已经有一缕朝阳的红箭射到了。急忙滚出了被窝，穿起衣服，跑下楼去一看，他们母子三人，也已梳洗得妥妥服服，说是已经在做了个把钟头的事情之后。平常他们总是于五点钟前后起床的。这一种日出而作，日入而息的山中住民的生活秩序，又使我对他们感到了无穷的敬意。四人一道吃过了早餐，我和则生的妹妹，就整了一整行装，预备出发。临行之际，他娘又叫我等一下子，她很迅速地跑上楼上去取了一枝黑漆手杖下来，说，这是则生生病的时候用过的，走山路的时候，用它来撑扶撑扶，气力要省得多。我谢过了她的好意，就让则生的妹妹上前带路，走出了他们的大门。

早晨的空气，实在澄鲜得可爱。太阳已经升高了，但它的领域，还只限于屋檐，树梢，山顶等突出的地方。山路两旁的细草上，露水还没有干，而一味清凉触鼻的绿色草气，和入在桂花香味之中，闻了好像是宿梦也能摇醒的样子。起初还在翁家山村内走着，则生的妹妹，对村中的同性，三步一招呼，五步一立谈的应接得忙不暇给。走尽了这村子的最后一家，沿了入谷的一条石板路走上下山面的时候，遇见的人也没有了，前面的眺望，也转换了一个样子。朝我们去的方向看去，原又是冈峦的起伏和别墅的纵横，但稍一住脚，掉头向东面一望，一片同呵了一口气的镜子似的湖光，却躺在眼下了。远远从两山之间的谷顶望去，并且还看得出一角城里的人家，隐约藏躲在尚未消尽的湖雾当中。

我们的路先朝西北，后又向西南，先下了山坡，后又上了山背，因为今天有一天的时间，可以供我们消磨，所以一离了村境，我就走得特别的慢。每这里看看，那里看看的看个不住。若看见了一件稍可注意的东西，那不管它是风景里的一点一堆，一山一水，或植物界的一草一木与动物界的一鸟一虫，我总要拉住了她，寻根究底的问得它仔仔细细。说也奇怪，小时候只在村里的小学校里念过四年书的她——这是她自己对我说的——对于我所问的东西，却没有一样不晓得的。关于湖上的山水古迹，庙宇楼台哩，那还不要去管它，大约是生长在西湖附近的人，个个都能够说出一个大概来的，所以她的知道得那么详细，倒还在情理之中，但我觉得最奇怪的，却是她的关于这西湖附近的区域之内的种种动植物的知识。无论是如何小的一只鸟，一个虫，一株草，一棵树，她非但各能把它们的名字叫出来，并且连几时孵化，几时他迁，几时鸣叫，几时脱壳，或几时开花，几时结实，花的颜色如何，果的味道如何等，都说得非常有趣而详尽，使我觉得仿佛是在读一部活的桦候脱的《赛儿鹏自然史》（G. White's《Natural History and Antiquities of Selborne》）。而桦候脱的书，却决没有叙述得她那么朴质自然而富于刺激，因为听听她那种舒徐清澈的语气，看看她那一双天生成像饱使过耐吻胭脂棒般的红唇，更加上以她所特有的那一脸微笑，在知识分子之外还不得不添一种情的成分上去，于书的趣味之上更要兼一层人的风韵在里头。我们慢慢的谈着天，走着路，不上一个钟头的光景，我竟恍恍惚惚，像又回复了青春时代似的完全为她迷倒了。

她的身体，也真发育得太完全，穿的虽是一件乡下裁缝做的不大合式的大绸夹袍，但在我的前面一步一步的走去，非但她的肥突的后部，紧密的腰部，和斜圆的胫部的曲线，看得要簇生异想，就是她的两只圆而且软的肩膊，多看一歇，也要使我贪鄙起来。立在她的前面和她讲话哩，则那一双水汪汪的大眼，那一个隆正的尖鼻，那一张红白相间的椭圆嫩脸，和因走路走得气急，一呼一吸涨落得特别快的那个高突的胸脯，又要使我恼杀。还有她那一头不曾剪去的黑发哩，梳的虽然是一个自在的懒髻，但一映到了她那个圆而且白的额上，和短而且腴的颈际，看起来，又格外的动人。总之，我在昨天晚上，不曾在她身上发见的康健和自然的美点，今天因这一回的游山，完全被我观察到了。此外我又在她的谈话之中，证实了翁则生也和我曾经讲到过的她的生性的活泼与天真。譬如我问她今年几岁了？她说，二十八岁。我说这真看不出，我起初还以为你只有二十三四岁，她说，女人不生产是不大会老的。我又问她，对于则生这一回的结婚，你有点什么感触？她说，另外也没有什么，不过以后长住在娘家，似乎有点对不起大哥和大嫂。像这一类的纯粹真率的谈话，我另外还听取了许多许多，她的朴素的天性，真真如翁则生之所说，是一个永久的小孩子的天性。

爬上了龙井狮子峰下的一处平坦的山顶，我于听了一段她所讲的如何栽培茶叶，如何摘取焙烘，与那时候的山家生活的如何紧张而有趣的故事之后，便在路旁的一块大岩石上坐下了。遥对着在晴天下太阳光里躺着的杭州城市，和近水遥山，我的双眼只凝视着苍空的一角，有半晌不曾说话。一边在我的脑里，却只在回想着德国的一位名延生（Jenson）的作家所著的一部小说《野紫薇爱立喀》（《Die Braune Erika》）。这小说后来又有一位英国的作家哈特生（Hodson）摹仿了，写了一部《绿阴》（《Green Mansions》）。两部小说里所描写的，都是一个极可爱的生长在原野里的天真的女性，而女主人公的结果，后来都是不大好的。我沉默着痴想了好久，她却从我背后用了她那只肥软的右手很自然地搭上了我的肩膀。

"你一声也不响的在那里想什么？"

我就伸上手去把她的那只肥手捏住了，一边就扭转了头微笑着看入了她的那双大眼，因为她是坐在我的背后的。我捏住了她的手又默默对她注视了一分钟，但她的眼里脸上却丝毫也没有羞惧兴奋的痕迹出现，她的微笑，还依旧同平时一点儿也没有什么的笑容一样。看了我这一种奇怪的形状，她过了一歇，反又很自然的问我说：

"你究竟在那里想什么？"

倒是我被她问得难为情起来了，立时觉得两颊就潮热了起来。先放开了那只被我捏住在那儿的她的手，然后干咳了两声，最后我就鼓动了勇气，发了一声同被绞出来似的答语：

"我……我在这儿想你！"

"是在想我的将来如何的和他们同住么？"

她的这句反问，又是非常的率真而自然，满以为我是在为她设想的样子。我只好沉默着把头点了几点，而眼睛里却酸溜溜的觉得有点热起来了。

"啊，我自己倒并没有想得什么伤心，为什么，你，你却反而为我流起眼泪来了呢？"

她像吃了一惊似的立了起来问我，同时我也立起来了，且在将身体起立的行动当中，乘机拭去了我的眼泪。我的心地开朗了，欲情也净化了，重复向南慢慢走上岭去的时候，我就把刚才我所想的心事，尽情告诉了她。我将那两部小说的内容讲给了她听，我将我自己的邪心说了出来，我对于我刚才所触动的那一种自己的心情，更下了一个严正的批判，末后，便这样的对她说：

"对于一个洁白得同白纸似的天真小孩，而加以玷污，是不可赦免的罪恶。我刚才的一念邪心，几乎要使我犯下这个大罪了。幸亏是你的那颗纯洁的心，那颗同高山上的深雪似的心，却救我出了这一个险。不过我虽则犯罪的形迹没有，但我的心，却是已经犯过罪的。所以你要罚我的话，就是处我以死刑，我也毫无悔恨。你若以为我是那样卑鄙，而将来永没有改善的希望的话，那今天晚上回去之后，向你大哥母亲，将我的这一种行为宣布了也可以。不过你若以为这是我的一时糊涂，将来是永也不会再犯的话，那请你相信我的誓言，以后请你当我作你大哥一样那么的看待，你若有急有难，有不了的事情，我总情愿以死来代替着你。"

当我在对她作这些忏悔的时候，两人起初是慢慢在走的，后来又在路旁坐下了。说到了最后的一节，倒是她反同小孩子似的发着抖，捏住了我的两手，倒入了我的怀里，呜呜咽咽的哭了起来。我等她哭了一阵之后，就拿出了一块手帕来替她揩干了眼泪，将我的嘴唇轻轻地搁到了她的头上。两人偎抱着沉默了好久，我又把头俯了下去，问她，我所说的这段话的意思，究竟明白了没有。她眼看着了地上，把头点了几点。我又追问了她一声：

"那么你承认我以后做你的哥哥了不是？"

她又俯视着把头点了几点，我撒开了双手，又伸出去把她的头捧了起来，使她的脸正对着了我。对我凝视了一会，她的那双泪珠还没有收尽的水汪汪的眼睛，却笑起来了。我乘势把她一拉，就同她搀着手并立了起来。

“好，我们是已经决定了，我们将永久地结作最亲爱最纯洁的兄妹。时候已经不早了，让我们快一点走，赶上五云山去吃午饭去。”

我这样说着，搀着她向前一走，她也恢复了早晨刚出发的时候的元气，和我并排着走向了前面。

两人沉默着向前走了几十步之后，我侧眼向她一看，同奇迹似地忽而在她的脸上看出了一层一点儿忧虑也没有的满含着未来的希望和信任的圣洁的光耀来。这一种光耀，却是我在这一刻以前的她的脸上从没有看见过的。我愈看愈觉得对她生起敬爱的心思来了，所以不知不觉，在走路的当中竟接连着看了她好几眼。本来只是笑嘻嘻地在注视着前面太阳光里的五云山的白墙头的她，因为我的脚步的迟乱，似乎也感觉到了我的注意力的分散了，将头一侧，她的双眼，却和我的视线接成了两条轨道。她又笑起来了，同时也放慢了脚步。再向我看了一眼，她才腼腆地开始问我说：

“那我以后叫你什么呢?”

“你叫则生叫什么，就叫我也叫什么好了。”

“那么——大哥!”

大哥的两字，是很急速的紧连着叫出来的，听到了我的一声高声的“啊!”的应声之后，她就涨红了脸，撒开了手，大笑着跑上前面去了。一面跑，一面她又回转头来，“大哥!”“大哥!”的接连叫了我好几声。等我一面叫她别跑，一面我自己也跑着追上了她背后的时候，我们的去路已经变成了一条很窄的石岭，而五云山的山顶，看过去也似乎是很近了。仍复了平时的脚步，两人分着前后，在那条窄岭上缓步的当中，我才觉得真真是成了她的哥哥的样子，满含着了慈爱，很正经地吩咐她说：

“走得小心，这一条岭多么险啊!”

走到了五云山的财神殿里，太阳刚当正午，庙里的人已经在那里吃中饭了。我们因为在太阳底下的半天行路，口已经干渴得像旱天的树木一样，所以一进客堂去坐下，就教他们先起茶来，然后再开饭给我们吃。洗了一个手脸，喝了两三碗清茶，静坐了十几分钟，两人的疲劳兴奋，都已平复了过去，这时候饥饿却抬起头来了，于是就又催他们快点开饭。这一餐只我和她两人对食的五云山上的中餐，对于我正敌得过英国诗人所幻想着的亚力山大王的高宴。若讲到心境的满足，和谐，与食欲的高潮亢进，那恐怕亚力山大王还远不及当时的我。

吃过午饭，管庙的和尚又领我们上前后左右去走了一圈。这五云山，实在是高，立在庙中阁上，开窗向东北一望，湖上的群山，都像是青色的土堆了。本来西湖的山水的妙处，就在于它的比舞台上的布景又真实伟大一点，而比各处的名山大川又同盆景似地整齐渺小一点这地方。而五云山的气概，却又完全不同了。以其山之高与境的僻，一般脚力不健的游人是不会到的，就在这一点上，五云山已略备着名山的资格了，更何况前面远处，蜿蜒盘曲在青山绿野之间的，是一条历史上也着实有名的钱塘江水呢?所以若把西湖的山水，比作一只锁在铁笼子里的白熊来看，那这五云山峰与钱塘江水，便是一只深山的野鹿。笼里的白熊，是只能满足满足胆怯无力者的冒险雄心的；至于深山的野鹿，虽没有高原的狮虎那么雄壮，但一股自由奔放之情，却可以从它那里摄取得来。

我们在五云山的南面又看了一会钱塘江上的帆影与青山，就想动身上我们的归路了，可是举起头来一望，太阳还在中天，只西偏了没有几分。从此地回去，路上若没有耽搁，是不消两个钟头就能到翁家山上的；本来是打算出来把一天光阴消磨过去的我们，回去得这样的早，岂不是辜负了这大好的时间了么？所以走到了五云山西南角的一条狭路边上的时候，我就又立了下来，拉着了她的手亲亲热热地问了她一声：

"莲，你还走得动走不动？"

"起码三十里路总还可以走的。"

她说这句话的神气，是富有着自信和决断，一点也不带些夸张卖弄的风情，真真是自然到了极点，所以使我看了不得不伸上手去，向她的下巴底下拨了一拨。她怕痒；缩着头颈笑起来了，我也笑开了大口，对她说：

"让我们索性上云栖去罢！这一条是去云栖的便道，大约走下去，总也没有多少路的，你若是走不动的话，我可以背你。"

两人笑着说着，似乎只转瞬之间，已经把那条狭窄的下山便道走尽了大半了。山下面尽是些绿玻璃似的翠竹，西斜的太阳晒到了这条坞里，一种又清新又寂静的淡绿色的光同清水一样，满浸在这附近的空气里在流动。我们到了云栖寺里坐下，刚喝完了一碗茶，忽而前面的大殿上，有嘈杂的人声起来了，接着就走进了两位穿着分外宽大的黑布和尚衣的老僧来。知客僧便指着他们夸耀似地对我们说：

"这两位高僧，是我们方丈的师兄，年纪都快八十岁了，是从城里某公馆里回来的。"

城里的某巨公，的确是一位佞佛的先锋，他的名字，我本系也听见过的，但我以为同和尚来谈这些俗天，也不大相称，所以就把话头扯了开去，问和尚大殿上的嘈杂的人声，是为什么而起的。知客僧轻鄙似地笑了一笑说：

"还不是城里的轿夫在敲酒钱，轿钱是公馆里付了来的，这些穷人心实在太凶。"

这一个伶俐世俗的知客僧的说话，我实在听得有点厌起来了，所以就要求他说：

"你领我们上寺前寺后去走走罢？"

我们看过了"御碑"及许多石刻之后，穿出大殿，那几个轿夫还在咕噜着没有起身。我一半也觉得走路走得太多了，一半也想给那个知客僧以一点颜色看看，所以就走了上去对轿夫说：

"我给你们两块钱一个人，你们抬我们两人回翁家山去好不好？"

轿夫们喜欢极了，同打过吗啡针后的鸦片嗜好者一样，立时将态度一变，变得有说有笑了。

知客僧又陪我们到了寺外的修竹丛中，我看了竹上的或刻或写在那里的名字诗句之类，心里倒有点奇怪起来，就问他这是什么意思。于是他也同轿夫他们一样，笑迷迷地对我说了一大串话。我听了他的解释，倒也觉得非常有趣，所以也就拿出了五元纸币，递给了他，说：

"我们也来买两枝竹放放生罢！"

说着我就向立在我旁边的她看了一眼，她却正同小孩子得到了新玩意儿还不敢去抚摸的一样，微笑着靠近了我的身边轻轻地问我：

"两枝竹上，写什么名字好？"

"当然是一枝上写你的，一枝上写我的。"

她笑着摇摇头说：

“不好，不好，写名字也不好，两个人分开了写也不好。”

“那么写什么呢?”

“只教把今天的事情写上去就对。”

我静立着想了一会，恰好那知客僧向寺里去拿的油墨和笔也已经拿到了。我拣取了两株并排着的大竹，提起笔来，就各写上了“郁翁兄妹放生之竹”的八个字。将年月日写完之后，我搁下了笔，回头来问她这八个字怎么样，她真像是心花怒放似的笑着，不说话而尽在点头。在绿竹之下的这一种她的无邪的憨态，又使我深深地，深深地受到了一个感动。

坐上轿子，向西向南的在竹荫之下走了六七里坂道，出梵村，到闸口西首，从九溪口折入九溪十八涧的山坳，登杨梅岭，到南高峰下的翁家山的时候，太阳已经悬在北高峰与天竺山的两峰之间了。他们的屋里，早已挂上了满堂的灯彩，上面的一对红灯，也已经点尽了一半的样子。嫁妆似乎已经在新房里摆好，客厅上看热闹的人，也早已散了。我们轿子一到，则生和他的娘，就笑着迎了出来，我付过轿钱，一踱进门槛，他娘就问我说：

“早晨拿出去的那枝手杖呢?”

我被她一问，方才想起，便只笑着摇摇头对她慢声的说：

“那一枝手杖么——做了我的祭礼了。”

“做了你的祭礼？什么祭礼?”则生惊疑似地问我。

“我们在狮子峰下，拜过天地，我已经和你妹妹结成了兄妹了。那一枝手杖，大约是忘记在那块大岩石的旁边的。”

正在这个时候，先下轿而上楼去换了衣服下来的他的妹妹，也嬉笑着，走到了我们的旁边。则生听了我的话后，就也笑着对他的妹妹说：

“莲，你们真好！我们倒还没有拜堂，而你和老郁，却已经在狮子峰拜过天地了，并且还把我的一枝手杖忘掉，作了你们的祭礼。娘！你说这事情应怎么罚罚他们?”

经他这一说，说得大家都笑了起来，我也情愿自己认罚，就认定后日餪房，算作是我一个人的东道。

这一晚翁家请了媒人，及四五个近族的人来吃酒，我和新郎官，在下面奉陪。做媒人的那位中老乡绅，身体虽则并不十分肥胖，但相貌态度，却也是很富裕的样子。我和他两人干杯，竟干满了十八九杯。因酒有点微醉，而日里的路，也走得很多，所以这一晚睡得比前一晚还要沉熟。

九月十二的那一天结婚正日，大家整整忙了一天。婚礼虽系新旧合参的仪式，但因两家都不喜欢铺张，所以百事也还比较简单。午后五时，新娘轿到，行过礼后，那位好好先生的媒人硬要拖我出来，代表来宾，说几句话。我推辞不得，就先把我和则生在日本念书时候的交情说了一说，末了我就想起了则生同我说的迟桂花的好处，因而就抄了他的一段话来恭祝他们：

“则生前天对我说，桂花开得愈迟愈好，因为开得迟，所以经得日子久。现在两位的结婚，比较起平常的结婚年龄来，似乎是觉得大一点了，但结婚结得迟，日子也一定经得久。明年迟桂花开的时候，我一定还要上翁家山来。我预先在这儿计算，大约明年来的时候，在这两株迟桂花的中间，总已经有一株早桂花发出来了。我们大家且等着，等到明年这个时候，再一同来吃他们的早桂的喜酒。”

说完之后，大家就坐拢来吃喜酒。猜猜拳，闹闹房，一直闹到了半夜，各人方才散去。

当这一日的中间，我时时刻刻在注意着偷看则生的妹妹的脸色，可是则生所说而我也曾看到过的那一种悲寂的表情，在这一日当中却终日没有在她的脸上流露过一丝痕迹。这一日，她笑的时候，真是乐得难耐似的完全是很自然的样子。因了她的这一种心情的反射的结果，我当然可以不必说，就是则生和他的母亲，在这一日里，也似乎是愉快到了极点。

因为两家都喜欢简单成事的缘故，所以三朝回郎等繁缛的礼节，都在十三那一天白天行完了，晚上餪房，总算是我的东道。则生虽则很希望我在他家里多住几日，可以和他及他的妹妹谈谈笑笑，但我一则因为还有一篇稿子没有做成，想另外上一个更僻静点的地方去做文章，二则我觉得我这一次吃喜酒的目的也已经达到了，所以在餪房的翌日，就离开翁家山去乘早上的特别快车赶回上海。

送我到车站的，是翁则生和他的妹妹两个人。等开车的信号钟将打，而火车的机关头上在吐白烟的时候，我又从车窗里伸出了两手，一只捏着了则生，一只捏着了他的妹妹，很重很重的捏了一回。汽笛鸣后，火车微动了，他们兄妹俩又随车前走了许多步，我也俯出了头，叫他们说：

“则生！莲！再见，再见！但愿得我们都是迟桂花！”

火车开出了老远老远，月台上送客的人都回去了，我还看见他们兄妹俩直立在东面月台篷外的太阳光里，在向我挥手。

## 学习建议

1. 中国古代有“美人迟暮”的说法，郁达夫却取了“迟桂花”这一诗意形象，完成了小说的构思，请对本篇的主题略作说明。

2. 一见面，老郁被翁莲那强健的身体、微红的双颊和柔和的笑容以及纯真的孩子天性所打动，动了“邪念”——“我，我闻了，似乎要起性欲冲动的样子。”但是到后来竟然和她成了兄妹，变成了她的保护神。思考这个灵魂升华的过程。

3. 延伸阅读篇目：《出奔》《她是一个弱女子》《沉沦》《春风沉醉的晚上》《薄奠》《银灰色的死》。

# 小城三月

萧　红

萧红（1911—1942 年），原名张乃莹，现代著名女作家，被誉为“30 年代的文学洛神”。幼年丧母，1928 年在哈尔滨读中学，接触五四以来的进步思想和中外文学。由于对封建家庭和包办婚姻不满，1930 年离家出走。1932 年与萧军同居，两人结识不少进步文人，参加过宣传反满抗日活动。1933 年与萧军自费出版第一本作品合集《跋涉》。在鲁迅的帮助和支持下，1935 年发表了成名作中篇小说《生死场》（开始用笔名萧红），蜚声文坛。1936 年，为摆脱精神上的苦恼东渡日本，在东京写下了散文《孤独的生活》、长篇组诗《砂粒》等。1940 年与端木蕻良同抵香港，不久发表了中篇小说《马伯乐》和著名长篇小说《呼兰河传》。1942 年，历尽坎坷之后在香港病故，时年 31 岁。主要著作除了上面提到的外，另有短篇小说集《牛车上》等。

## 【导读】

《小城三月》叙述的是一个悲剧恋爱故事。五四以后，由于个性解放思潮的激荡，恋爱婚姻成了现代文学史上一个颇为看好的题材领域。一般作家的创作虽然在一定程度上也显示出了反封建礼教的社会意义，但由于思想穿透力不强，因而更多地局限于题材本身；他们津津乐道于恋爱过程的外在波折，而无心（也无力）对其作品的文化和历史背景的思考和穿透。《小城三月》的特异之处首先就在于它写出了恋爱中的文化和由这一悲剧所反映出的历史。

萧红对于文化和历史的深刻思索，对于人生的深切体验都集聚在主人公翠姨这一人物身上。我们看到的不只是春满人间的三月的原野，更是含苞欲放而又突遭摧毁的花朵，听到的不只是春天带着蛊惑的呼唤，更有哀婉凄切的三月的悲歌。在恋爱题材上，翠姨这个形象是独特的，她的悲剧不是源自外在的迫压，而是源自其内心的冲突与失衡、源自其悲剧性的内在性格。

创作手法的创新上主要表现在如下三方面。（一）独特的叙述视角。本文作者使用了第一人称限制叙事的叙述视角，整个故事就是由“我”这个女孩叙述的。（二）缓慢的叙述速度。《小城三月》速度的缓慢就表现在叙述时间之短和被叙述时间之长上。作品中被叙述时间是从上年的春天到下年的春天，其间发生了翠姨由初恋、苦恋到殉恋的故事。不论是从绝对的时间长度来看，还是从相对的事件完整复杂的程度来看，被叙述时间都是很长的。与此相反，叙述时间却是很短的。在作品第一人称的视点叙述中，只勾勒了整个事件的轮廓，而事件本身的详细过程却被大大地简洁化了。（三）空间转换的叙述结构。它所采用的不再是以情节为中心的时间性因果结构，而是一种不以时间联络为特征而以空间组接为关键的结构形式，这就是与传统时间结构相对的空间结构。

## 一

三月的原野已经绿了，像地衣那样绿，透出在这里，那里。郊原上的草，是必须转折了好几个弯儿才能钻出地面的，草儿头上还顶着那胀破了种粒的壳，发出一寸多高的芽子，欣幸的钻出了土皮。放牛的孩子，在掀起了墙脚片下面的瓦片时，找到了一片草芽了，孩子们到家里告诉妈妈，说："今天草芽出土了!"妈妈惊喜的说："那一定是向阳的地方!"抢根菜的白色的圆石似的籽儿在地上滚着，野孩子一升一斗的在拾。蒲公英发芽了，羊咩咩的叫，乌鸦绕着杨树林子飞，天气一天暖似一天，日子一寸一寸的都有意思。杨花满天照地的飞，像棉花似的。人们出门都是用手捉着，杨花挂着他了。草和牛粪都横在道上，放散着强烈的气味，远远的有用石子打船的声音，空空……的大响传来。

河冰发了，冰块顶着冰块，苦闷的又奔放的向下流。乌鸦站在冰块上寻觅小鱼吃，或者是还在冬眠的青蛙。

天气突然的热起来，说是"二八月，小阳春"，自然冷天气还是要来的，但是这几天可热了。春天带着强烈的呼唤从这头走到那头……

小城里被杨花给装满了，在榆树还没变黄之前，大街小巷到处飞着，像纷纷落下的雪块……

春来了，人人像久久等待着一个大暴动，今天夜里就要举行，人人带着犯罪的心情，想参加到解放的尝试……春吹到每个人的心坎，带着呼唤，带着蛊惑……

我有一个姨，和我的堂哥哥大概是恋爱了。

姨母本来是很近的亲属，就是母亲的姊妹。但是我这个姨，她不是我的亲姨，她是我的继母的继母的女儿。那么她可算与我的继母有点血统的关系了，其实也是没有的。因为我这个外祖母已经做了寡妇之后才来到的外祖父家，翠姨就是这个外祖母的原来在另外的一家所生的女儿。

翠姨还有一个妹妹，她的妹妹小她两岁，大概是十七、八岁，那么翠姨也就是十八、九岁了。

翠姨生得并不是十分漂亮，但是她长得窈窕，走起路来沉静而且漂亮，讲起话来清楚的带着一种平静的感情。她伸手拿樱桃吃的时候，好像她的手指尖对那樱桃十分可怜的样子，她怕把它触坏了似的轻轻的捏着。

假若有人在她的背后招呼她一声，她若是正在走路，她就会停下，若是正在吃饭，就要把饭碗放下，而后把头向着自己的肩膀转过去，而全身并不大转，于是她自觉的闭合着嘴唇，像是有什么要说而一时说不出来似的……

而翠姨的妹妹，忘记了她叫什么名字，反正是一个大说大笑的，不十分修边幅，和她的姐姐完全不同。花的绿的，红的紫的，只要是市上流行的，她就不大加以选择，做起一件衣服来赶快就穿在身上。穿上了而后，到亲戚家去串门，人家恭维她的衣料怎样漂亮的时候，她总是说，和这完全一样的，还有一件，她给了她的姐姐了。

我到外祖父家去，外祖父家里没有像我一般大的女孩子陪着我玩，所以每当我去，外祖母总是把翠姨喊来陪我。

翠姨就住在外祖父的后院，隔着一道板墙，一招呼，听见就来了。

外祖父住的院子和翠姨住的院子，虽然只隔一道板墙，但是却没有门可通，所以还得绕到大街上去从正门进来。

因此有时翠姨先来到板墙这里，从板墙缝中和我打了招呼，而后回到屋去装饰了一番，才从大街上绕了个圈来到她母亲的家里。

翠姨很喜欢我，因为我在学堂里念书，而她没有，她想什么事我都比她明白。所以她总是有许多事务同我商量，看看我的意见如何。

到夜里，我住在外祖父家里了，她就陪着我也住下的。

每每从睡下了就谈，谈过了半夜，不知为什么总是谈不完……

开初谈的是衣服怎样穿，穿什么样的颜色的，穿什么样的料子。比如走路应该快或是应该慢，有时白天里她买了一个别针，到夜里她拿出来看看，问我这别针到底是好看或是不好看，那时候，大概是十五年前的时候，我们不知别处如何装扮一个女子，而在这个城里几乎个个都有一条宽大的绒绳结的披肩，蓝的，紫的，各色的也有，但最多多不过枣红色了。几乎在街上所见的都是枣红色的大披肩了。

哪怕红的绿的那么多，但总没有枣红色的最流行。

翠姨的妹妹有一张，翠姨有一张，我的所有的同学，几乎每人有一张。就连素不考究的外祖母的肩上也披着一张，只不过披的是蓝色的，没有敢用那最流行的枣红色的就是了。因为她总算年纪大了一点，对年轻人让了一步。

还有那时候都流行穿绒绳鞋，翠姨的妹妹就赶快的买了穿上。因为她那个人很粗心大意，好坏她不管，只是人家有她也有，别人是人穿衣裳，而翠姨的妹妹就好像被衣服所穿了似的，芜芜杂杂。但永远合乎着应有尽有的原则。

翠姨的妹妹的那绒绳鞋，买来了，穿上了。在地板上跑着，不大一会工夫，那每只鞋脸上系着的一只毛球，竟有一个毛球已经离开了鞋子，向上跳着，只还有一根绳连着，不然就要掉下来了。很好玩的，好像一颗大红枣被系到脚上去了。因为她的鞋子也是枣红色的。大家都在嘲笑她的鞋子一买回来就坏了。

翠姨，她没有买，她犹疑了好久，不管什么新样的东西到了，她总不是很快的就去买了来，也许她心里边早已经喜欢了，但是看上去她都像反对似的，好像她都不接受。

她必得等到许多人都开始采办了，这时候看样子，她才稍稍有些动心。

好比买绒绳鞋，夜里她和我谈话，问过我的意见，我也说是好看的，我有很多的同学，她们也都买了绒绳鞋。

第二天翠姨就要求我陪着她上街，先不告诉我去买什么，进了铺子选了半天别的，才问到我绒绳鞋。

走了几家铺子，都没有，都说是已经卖完了。我晓得店铺的人是这样瞎说的。表示他家这店铺平常总是最丰富的，只恰巧你要的这件东西，他就没有了。我劝翠姨说咱们慢慢的走，别家一定会有的。

我们是坐马车从街梢上的外祖父家来到街中心的。

见了第一家铺子，我们就下了马车。不用说，马车我们已经是付过了车钱的。等我们买好了东西回来的时候，会另外叫一辆的。因为我们不知道要有多久。大概看见什么好，虽然不需要也要买点，或是东西已经买全了不必要再多留连，也要留连一会，或是买东西的目的，本来只在一双鞋，而结果鞋子没有买到，反而罗里罗索的买回来许多用不着的东西。

这一天，我们辞退了马车，进了第一家店铺。

在别的大城市里没有这种情形，而在我家乡里往往是这样，坐了马车，虽然是付过了钱，让他自由去兜揽生意，但是他常常还仍旧等候在铺子的门外，等一出来，他仍旧请你坐他的车。

我们走进第一个铺子，一问没有。于是就看了些别的东西，从绸缎看到呢绒，从呢绒再看到绸缎，布匹是根本不看的，并不像母亲们进了店铺那样子，这个买去做被单，那个买去做棉袄的，因为我们管不了被单棉袄的事。母亲们一月不进店铺，一进店铺又是这个便宜应该买，那个不贵，也应该买。比方一块在夏天才用的花洋布，母亲们冬天里就买起来了，说是趁着便宜多买点，总是用得着的。而我们就不然了，我们是天天进店铺的，天天搜寻些个好看的，是贵的值钱的，平常时候，绝对的用不到想不到的。

那一天我们就买了许多花边回来，钉着光片的，带着琉璃的。说不上要做什么样的衣服才配得着这种花边。也许根本没有想到做衣服，就贸然的把花边买下了。一边买着，一边说好，翠姨说好，我也说好。到了后来，回到家里，当众打开了让大家评判，这个一言，那个一语，让大家说得也有一点没有主意了，心里已经五、六分空虚了。于是赶快的收拾了起来，或者从别人的手中夺过来，把它包起来，说她们不识货，不让她们看了。

勉强说着：

"我们要做一件红金丝绒的袍子，把这个黑琉璃边镶上。"

或是：

"这红的我们送人去……"

说虽仍旧如此说，心里已经八、九分空虚了，大概是这些所心爱的，从此就不会再出头露面的了。

在这小城里，商店究竟没有多少，到后来又加上看不到绒绳鞋，心里着急，也许跑得更快些，不一会工夫，只剩了三两家了。而那三两家，又偏偏是不常去的，铺子小，货物少。想来它那里也是一定不会有的了。

我们走进一个小铺子里去，果然有三、四双非小即大，而且颜色都不好看。

翠姨有意要买，我就觉得奇怪，原来就不十分喜欢，既然没有好的，又为什么要买呢？让我说着，没有买成回家去了。

过了两天，我把买鞋子这件事情早就忘了。

翠姨忽然又提议要去买。

从此我知道了她的秘密，她早就爱上了那绒绳鞋了，不过她没有说出来就是，她的恋爱的秘密就是这样子的，她似乎要把它带到坟墓里去，一直不要说出口，好像天底下没有一个人值得听她的告诉……

在外边飞着满天的大雪，我和翠姨坐着马车去买绒绳鞋。我们身上围着皮褥子，赶车的车夫高高的坐在车夫台上，摇晃着身子唱着沙哑的山歌："喝咧咧……"耳边的风呜呜的啸着，从天上倾下来的大雪迷乱了我们的眼睛，远远的天隐在云雾里，我默默的祝福翠姨快快买到可爱的绒绳鞋，我从心里愿意她得救……

市中心远远的朦朦胧胧的站着，行人很少，全街静悄无声。我们一家挨一家的问着，我比她更急切，我想赶快买到吧，我小心的盘问着那些店员们，我从来不放弃一个细微的机会，我鼓励翠姨，没有忘记一家。使她都有点儿诧异，我为什么忽然这样热心起来，但是我完全不管她的猜疑，我不顾一切的想在这小城里，找出一双绒绳鞋来。

只有我们的马车，因为载着翠姨的愿望，在街上奔驰得特别的清醒，又特别的快。雪下的更大了，街上什么人都没有了，只有我们两个人，催着车夫，跑来跑去。一直到天都很晚了，鞋子没有买到。翠姨深深的看到我的眼里说："我的命，不会好的。"我很想装出大人的样子，来安慰她，但是没有等到找出什么适当的话来，泪便流出来了。

## 二

翠姨以后也常来我家住着，是我的继母把她接来的。

因为她的妹妹订婚了，怕是她一旦的结了婚，忽然会剩下她一个人来，使她难过。因为她的家里并没有多少人，只有她的一个六十多岁的老祖父，再就是一个也是寡妇的伯母，带一个女儿。

堂姊妹本该在一起玩耍解闷的，但是因为性格的相差太远，一向是水火不同炉的过着日子。

她的堂妹妹，我见过，永久是穿着深色的衣裳，黑黑的脸，一天到晚陪着母亲坐在屋子里，母亲洗衣裳，她也洗衣裳，母亲哭，她也哭。也许她帮着母亲哭她死去的父亲，也许哭的是她们的家穷。那别人就不晓得了。

本来是一家的女儿，翠姨她们两姊妹却像有钱的人家的小姐，而那个堂妹妹，看上去却像乡下丫头。这一点使她得到常常到我们家里来住的权利。

她的亲妹妹订婚了，再过一年就出嫁了。在这一年中，妹妹大大的阔气了起来，因为婆家那方面一订了婚就来了聘礼。这个城里，从前不用大洋票，而用的是广信公司出的帖子，一百吊一千吊的论。她妹妹的聘礼大概是几万吊。所以她忽然不得了起来，今天买这样，明天买那样，花别针一个又一个的，丝头绳一团一团的，带穗的耳坠子，洋手表，样样都有了。每逢出街的时候，她和她的姐姐一道，现在总是她付车钱了，她的姐姐要付，她却百般的不肯，有时当着人面，姐姐一定要付，妹妹一定不肯，结果闹得很窘，姐姐无形中觉得一种权利被人剥夺了。

但是关于妹妹的订婚，翠姨一点也没有羡慕的心理。妹妹未来的丈夫，她是看过的，没有什么好看，很高，穿着蓝袍子黑马褂，好像商人，又像一个小土绅士。又加上翠姨太年轻了，想不到什么丈夫，什么结婚。

因此，虽然妹妹在她的旁边一天比一天的丰富起来，妹妹是有钱了，但是妹妹为什么有钱的，她没有考查过。

所以当妹妹尚未离开她之前，她绝对的没有重视"订婚"的事。

就是妹妹已经出嫁了，她也还是没有重视这"订婚"的事。

不过她常常的感到寂寞。她和妹妹出来进去的，因为家庭环境孤寂，竟好像一对双生子似的，而今去了一个。不但翠姨自己觉得单调，就是她的祖父也觉得她可怜。

所以自从她的妹妹嫁了，她就不大回家，总是住在她的母亲的家里，有时我的继母也把她接到我们家里。

翠姨非常聪明，她会弹大正琴，就是前些年所流行在中国的一种日本琴，她还会吹箫或是会吹笛子。不过弹那琴的时候却很多。住在我家里的时候，我家的伯父，每在晚饭之后必同我们玩这些乐器的。笛子，箫，日本琴，风琴，月琴，还有什么打琴。真正的西洋的乐器，可一样也没有。

在这种正玩得热闹的时候，翠姨也来参加了，翠姨弹了一个曲子，和我们大家立刻就配合上了。于是大家都觉得在我们那已经天天闹熟了的老调子之中，又多了一个新的花样。于是立刻我们就加倍的努力，正在吹笛子的把笛子吹得特别响，把笛膜振抖得似乎就要爆裂了似的滋滋的叫着。十岁的弟弟在吹口琴，他摇着头，好像要把那口琴吞下去似的，至于他吹的是什么调子，已经是没有人留意了。在大家忽然来了勇气的时候，似乎只需要这种胡闹。

而那按风琴的人，因为越按越快，到后来也许是已经找不到琴键了，只是那踏脚板越踏越快，踏的呜呜的响，好像有意要毁坏了那风琴，而想把风琴撕裂了一般的。

大概所奏的曲子是《梅花三弄》，也不知道接连的弹过了多少圈，看大家的意思都不想要停下来。不过到了后来，实在是气力没有了，找不着拍子的找不着拍子，跟不上调的跟不上调，于是在大笑之中，大家停下来了。

不知为什么，在这么快乐的调子里边，大家都有点伤心，也许是乐极生悲了，把我们都笑得一边流着眼泪，一边还笑。

正在这时候，我们往门窗处一看，我的最小的小弟弟，刚会走路，他也背着一个很大的破手风琴来参加了。

谁都知道，那手风琴从来也不会响的。把大家笑死了。在这回得到了快乐。

我的哥哥（伯父的儿子，钢琴弹得很好），吹箫吹得最好，这时候他放下了箫，对翠姨说："你来吹吧！"翠姨却没有言语，站起身来，跑到自己的屋子去了，我的哥哥，好久好久的看住那帘子。

## 三

翠姨在我家，和我住一个屋子。月明之夜，屋子照得通亮，翠姨和我谈话，往往谈到鸡叫，觉得也不过刚刚半夜。

鸡叫了，才说："快睡吧，天亮了。"

有的时候，一转身，她又问我：

"是不是一个人结婚太早不好，或许是女子结婚太早是不好的。"

我们以前谈了很多话，但没有谈到这些。

是谈什么，衣服怎样穿，鞋子怎样买，颜色怎样配，买了毛线来，这毛线应该打个什么的花纹，买了帽子来，应该评判这帽子还微微有点缺点，这缺点究竟在什么地方！虽然说是不要紧，或者是一点关系也没有，但批评总是要批评的。

有时再谈得远一点，就是表姊表妹之类订了婆家，或是什么亲戚的女儿出嫁了。或是什么耳闻的，听说的，新娘子和新姑爷闹别扭之类。

那个时候，我们的县里，早就有了洋学堂了，小学好几个，大学没有。只有一个男子中学，往往成为谈论的目标，谈论这个，不单是翠姨，外祖母，姑姑，姐姐之类，都愿意讲究这当地中学的学生。因为他们一切洋化，穿着裤子，把裤腿卷起来一寸，一张口格得毛宁①外国话，他们彼此一说话就答答答②，听说这是什么毛子话。而更奇怪的就是他们见了女人不怕羞。这一点，大家都批评说是不如从前了，从前的书生，一见了女人脸就红。

① 格得毛宁，英语 Goodmorning 的音译，意为早安。
② 答答答，俄语 Da，Da，Da 的音译，意为是的，对的。

我家算是最开通的了，叔叔和哥哥他们都到北京和哈尔滨那些大地方去读书了，他们开了不少的眼界，回到家里来，大讲他们那里都是男孩子和女孩子同学。

这一题目，非常的新奇，开初都认为这是造了反。后来因为叔叔也常和女同学通信，因为叔叔在家庭里是有点地位的人。并且父亲从前也加入过国民党，革过命，所以这个家庭都“咸与维新”起来。

因此在我家里一切都是很随便的，逛公园，正月十五看花灯，都是不分男女，一齐去。

而且我家里设了网球场，一天到晚的打网球，亲戚家的男孩子来了，我们也一齐的打。

这都不谈，仍旧来谈翠姨。

翠姨听了很多的故事，关于男学生结婚事情，就是我们本县里，已经有几件事情不幸的了。有的结婚了，从此就不回家了，有的娶来了太太，把太太放在另一间屋子里住着，而且自己却永久住在书房里。

每逢讲到这些故事时，多半别人都是站在女的一面，说那男子都是念书念坏了，一看了那不识字的又不是女学生之类就生气。觉得处处都不如他。天天总说是婚姻不自由，可是自古至今，都是爹许娘配的，偏偏到了今天，都要自由，看吧，这还没有自由呢，就先来了花头故事了，娶了太太的不回家，或是把太太放在另一个屋子里。这些都是念书念坏了的。

翠姨听了许多别人家的评论。大概她心里边也有些不平，她就问我不读书是不是很坏的，我自然说是很坏的。而且她看了我们家里男孩子，女孩子通通到学堂去念书的。而且我们亲戚家的孩子也都是读书的。

因此她对我很佩服，因为我是读书的。

但是不久，翠姨就订婚了。就是她妹妹出嫁不久的事情。

她的未来的丈夫，我见过。在外祖父的家里。人长得又低又小，穿一身蓝布棉袍子，黑马褂，头上戴一顶赶大车的人所戴的五耳帽子。

当时翠姨也在的，但她不知道那是她的什么人，她只当是哪里来了这样一位乡下的客人。外祖母偷着把我叫过去，特别告诉了我一番，这就是翠姨将来的丈夫。

不久翠姨就很有钱，她的丈夫的家里，比她妹妹丈夫的家里还更有钱得多。婆婆也是个寡妇，守着个独生的儿子。儿子才十七岁，是在乡下的私学馆里读书。

翠姨的母亲常常替翠姨解说，人矮点不要紧，岁数还小呢，再长上两三年两个人就一般高了。劝翠姨不要难过，婆家有钱就好的。聘礼的钱十多万都交过来了，而且就由外祖母的手亲自交给了翠姨，而且还有别的条件保障着，那就是说，三年之内绝对的不准娶亲，借着男的一方面年纪太小为辞，翠姨更愿意远远的推着。

翠姨自从订婚之后，是很有钱的了，什么新样子的东西一到，虽说不是一定抢先去买了来，总是过不了多久，箱子里就要有的了。那时候夏天最流行银灰色市布大衫，而翠姨的穿起来最好，因为她有好几件，穿过两次不新鲜就不要了，就只在家里穿，而出门就又去做一件新的。

那时候正流行着一种长穗的耳坠子，翠姨就有两对，一对红宝石的，一对绿的，而我的母亲才能有两对，而我才有一对。可见翠姨是顶阔气的了。

还有那时候就已经开始流行高跟鞋了。可是在我们本街上却不大有人穿，只有我的继母早就开始穿，其余就算是翠姨。并不是一定因为我的母亲有钱，也不是因为高跟鞋一定贵，只是女人们没有那么摩登的行为，或者说她们不很容易接受新的思想。

翠姨第一天穿起高跟鞋来，走路还很不安定，但到第二天就比较的习惯了。到了第三天，就是说以后，她就是跑起来也是很平稳的。而且走路的姿态更加可爱了。

我们有时也去打网球玩玩，球撞到她脸上的时候，她才用球拍遮了一下，否则她半天也打不到一个球。因为她一上了场站在白线上就是白线上，站在格子里就是格子里，她根本的不动。有的时候，她竟拿着网球拍子站着一边去看风景去。尤其是大家打完了网球，吃东西的吃东西去了，洗脸的洗脸去了，惟有她一个人站在短篱前面，向着远远的哈尔滨市影痴望着。

有一次我同翠姨一同去做客。我继母的族中娶媳妇。她们是八旗人，也就是满人，满人才讲究场面呢，所有的族中的年轻的媳妇都必得到场，而个个打扮得如花似玉。似乎咱们中国的社会，是没这么繁华的社交的场面的，也许那时候，我是小孩子，把什么都看得特别繁华，就只说女人们的衣服吧，就个个都穿得和现在西洋女人在夜会里边那么庄严。一律都穿着绣花大袄。而她们是八旗人，大袄的襟下一律的没有开口。而且很长。大袄的颜色枣红的居多，绛色的也有，玫瑰紫色的也有。而那上边绣的颜色，有的荷花，有的玫瑰，有的松竹梅，一句话，特别的繁华。

她们的脸上，都擦着白粉，她们的嘴上都染得桃红。

每逢一个客人到了门前，她们是要列着队出来迎接的，她们都是我的舅母，一个一个的上前来问候了我和翠姨。

翠姨早就熟识她们的，有的叫表嫂子，有的叫四嫂子。而在我，她们就都是一样的，好像小孩子的时候，所玩的用花纸剪的纸人，这个和那个都是一样，完全没有分别。都是花缎的袍子，都是白白的脸，都是很红的嘴唇。

就是这一次，翠姨出了风头了，她进到屋里，靠着一张大镜子旁坐下了。

女人们就忽然都上前来看她，也许她从来没有这么漂亮过；今天把别人都惊住了。

以我看翠姨还没有她从前漂亮呢，不过她们说翠姨漂亮得像棵新开的腊梅。翠姨从来不擦胭脂的，而那天又穿了一件为着将来作新娘子而准备的蓝色缎子满是金花的夹袍。

翠姨让她们围起看着，难为情了起来，站起来想要逃掉似的，迈着很勇敢的步子，茫然的往里边的房间里闪开了。

谁知那里边就是新房呢，于是许多的嫂嫂们，就哗然的叫着，说：

“翠姐姐不要急，明年就是个漂亮的新娘子，现在先试试去。”

当天吃饭饮酒的时候，许多客人从别的屋子来呆呆的望着翠姨。翠姨举着筷子，似乎是在思量着，保持着镇静的态度，用温和的眼光看着她们。仿佛她不晓得人们专门在看着她似的。但是别的女人们羡慕了翠姨半天了，脸上又都突然的冷落起来，觉得有什么话要说出，又都没有说，然后彼此对望着，笑了一下，吃菜了。

## 四

有一年冬天，刚过了年，翠姨就来到了我家。

伯父的儿子——我的哥哥，就正在我家里。

我的哥哥，人很漂亮，很直的鼻子，很黑的眼睛，嘴也好看，头发也梳得好看，人很长，走路很爽快。大概在我们所有的家族中，没有这么漂亮的人物。

冬天，学校放了寒假，所以来我们家里休息。大概不久，学校开学就要上学去了。哥哥是在哈尔滨读书。

我们的音乐会，自然要为这新来的角色而开了。翠姨也参加的。

于是非常的热闹，比方我的母亲，她一点也不懂这行，但是她也列了席，她坐在旁边观看，连家里的厨子，女工，都停下了工作来望着我们，似乎他们不是听什么乐器，而是在看人。我们聚满了一客厅。这些乐器的声音，大概很远的邻居都可以听到。

第二天邻居来串门的，就说：

"昨天晚上，你们家又是给谁祝寿?"

我们就说，是欢迎我们的刚到的哥哥。

因此我们家是很好玩的，很有趣的。不久就来到了正月十五看花灯的时节了。

我们家里自从父亲维新革命，总之在我们家里，兄弟姊妹，一律相待，有好玩的就一齐玩，有好看的就一齐去看。

伯父带着我们，哥哥，弟弟，姨……共八、九个人，在大月亮地里往大街里跑去了。那路之滑，滑得不能站脚，而且高低不平。他们男孩子们跑在前面，而我们因为跑得慢就落了后。

于是那在前边的他们回头来嘲笑我们，说我们是小姐，说我们是娘娘。说我们走不动。

我们和翠姨早就连成一排向前冲去，但是不是我倒，就是她倒。到后来还是哥哥他们一个一个的来扶着我们，说是扶着未免的太示弱了，也不过就是和他们连成一排向前进着。

不一会到了市里，满路花灯。人山人海。又加上狮子，旱船，龙灯，秧歌，闹得眼也花起来，一时也数不清多少玩艺。哪里会来得及看，似乎只是在眼前一晃，就过去了，而一会别的又来了，又过去了。其实也不见得繁华得多么了不得了，不过觉得世界上是不会比这个再繁华的了。

商店的门前，点着那么大的火把，好像热带的大椰子树似的。一个比一个亮。

我们进了一家商店，那是父亲的朋友开的。他们很好的招待我们，茶，点心，橘子，元宵。我们哪里吃得下去，听到门外一打鼓，就心慌了。而外边鼓和喇叭又那么多，一阵来了，一阵还没有去远，一阵又来了。

因为城本来是不大的，有许多熟人，也都是来看灯的都遇到了。其中我们本城里的在哈尔滨念书的几个男学生，他们也来看灯了。哥哥都认识他们。我也认识他们，因为这时候我们到哈尔滨念书去了。所以一遇到了我们，他们就和我们在一起，他们出去看灯，看了一会，又回到我们的地方，和伯父谈话，和哥哥谈话。我晓得他们，因为我们家比较有势力，他们是很愿和我们讲话的。

所以回家的一路上，又多了两个男孩子。

不管人讨厌不讨厌，他们穿的衣服总算都市化了。个个都穿着西装，戴着呢帽，外套都是到膝盖的地方，脚下很利落清爽。比起我们城里的那种怪样子的外套，好像大棉袍子似的好看得多了。而且颈间又都束着一条围巾，那围巾自然也是全丝全线的花纹。似乎一束起那围巾来，人就更显得庄严，漂亮。

翠姨觉得他们个个都很好看。

哥哥也穿的西装，自然哥哥也很好看。因此在路上她直在看哥哥。

翠姨梳头梳得是很慢的，必定梳得一丝不乱，擦粉也要擦了洗掉，洗掉再擦，一直擦到认为满意为止。花灯节的第二天早晨她就梳得更慢，一边梳头一边在思量。本来按规矩每天吃早饭，必得三请两请才能出席，今天必得请到四次，她才来了。

我的伯父当年也是一位英雄，骑马，打枪绝对的好。后来虽然已经五十岁了，但是风采犹存。我们都爱伯父的，伯父从小也就爱我们。诗，词，文章，都是伯父教我们的。翠姨住在我们家里，伯父也很喜欢翠姨。今天早饭已经开好了。催了翠姨几次，翠姨总是不出来。

伯父说了一句："林黛玉……"

于是我们全家的人都笑了起来。

翠姨出来了，看见我们这样的笑，就问我们笑什么。我们没有人肯告诉她。翠姨知道一定是笑的她，她就说：

"你们赶快的告诉我，若不告诉我，今天我就不吃饭了，你们读书识字，我不懂，你们欺侮我……"

闹嚷了很久，还是我的哥哥讲给她听了。伯父当着自己的儿子面前到底有些难为情，喝了好些酒，总算是躲过去了。

翠姨从此想到了念书的问题，但是她已经二十岁了，上哪里去念书？上小学没有她这样大的学生，上中学，她是一字不识，怎样可以。所以仍旧住在我们家里。

弹琴，吹箫，看纸牌，我们一天到晚的玩着。我们玩的时候，全体参加，我的伯父，我的哥哥，我的母亲。

翠姨对我的哥哥没有什么特别的好，我的哥哥对翠姨就像对我们，也是完全的一样。

不过哥哥讲故事的时候，翠姨总比我们留心听些，那是因为她的年龄稍稍比我们大些，当然在理解力上，比我们更接近一些哥哥的了。哥哥对翠姨比对我们稍稍的客气一点。他和翠姨说话的时候，总是"是的""是的"的，而和我们说话则"对啦""对啦"。这显然因为翠姨是客人的关系，而且在名分上比他大。

不过有一天晚饭之后，翠姨和哥哥都没有了。每天饭后大概总要开个音乐会的。这一天也许因为伯父不在家，没有人领导的缘故。大家吃过也就散了。客厅里一个人也没有。我想找弟弟和我下一盘棋，弟弟也不见了。于是我就一个人在客厅里按起风琴来，玩了一下也觉得没有趣。客厅是静得很的，在我关上了风琴盖子之后，我就听见了在后屋里，或者在我的房子里是有人的。

我想一定是翠姨在屋里。快去看看她，叫她出来张罗着看纸牌。

我跑进去一看，不单是翠姨，还有哥哥陪着她。

看见了我，翠姨就赶快的站起来说：

"我们去玩吧。"

哥哥也说：

"我们下棋去，下棋去。"

他们出来陪我来玩棋，这次哥哥总是输，从前是他回回赢我的，我觉得奇怪，但是心里高兴极了。

不久寒假终了，我就回到哈尔滨的学校念书去了。可是哥哥没有同来，因为他上半年生了点病，曾在医院里休养了一些时候，这次伯父主张他再请两个月的假，留在家里。

以后家里的事情，我就不大知道了。都是由哥哥或母亲讲给我听的。我走了以后，翠姨还住在家里。

后来母亲还告诉过，就是在翠姨还没有订婚之前，有过这样一件事情。我的族中有一个小叔叔，和哥哥一般大的年纪，说话口吃，没有风采，也是和哥哥在一个学校里读书。虽然他也到我们家里来过，但怕翠姨没有见过。那时外祖母就主张给翠姨提婚。那族中的祖母，一听就拒绝了，说是寡妇的儿子，命不好，也怕没有家教，何况父亲死了，母亲又出嫁了，好女不嫁二夫郎，这种人家的女儿，祖母不要。但是我母亲说，辈分合，他家还有钱，翠姨过门是一品当朝的日子，不会受气的。

这件事情翠姨是晓得的，而今天又见了我的哥哥，她不能不想哥哥大概是那样看她的。她自觉的觉得自己的命运不会好的，现在翠姨自己已经订了婚，是一个人的未婚妻。二则她是出了嫁的寡妇的女儿，她自己一天把这个背了不知有多少遍，她记得清清楚楚。

## 五

翠姨订婚，转眼三年了，正这时，翠姨的婆家，通了消息来，张罗要娶。她的母亲来接她回去整理嫁妆。

翠姨一听就得病了。

但没有几天，她的母亲就带着她到哈尔滨采办嫁妆去了。

偏偏那带着她采办嫁妆的向导又是哥哥给介绍来的他的同学。他们住在哈尔滨的秦家岗上，风景绝佳，是洋人最多的地方。那男学生们的宿舍里边，有暖气，洋床。翠姨带着哥哥的介绍信，像一个女同学似的被他们招待着。又加上已经学了俄国人的规矩，处处尊重女子，所以翠姨当然受了他们不少的尊敬，请她吃大菜，请她看电影。坐马车的时候，上车让她先上，下车的时候，人家扶她下来。她每一动别人都为她服务，外套一脱，就接过去了。她刚一表示要穿外套，就给她穿上了。

不用说，买嫁妆她是不痛快的，但那几天，她总算一生中最开心的时候。

她觉得到底是读大学的人好，不野蛮，不会对女人不客气，绝不能像她的妹夫常常打她的妹妹。

经这到哈尔滨去一买嫁妆，翠姨就更不愿意出嫁了。她一想那个又丑又小的男人，她就恐怖。

她回来的时候，母亲又接她来到我们家来住着，说她的家里又黑，又冷，说她太孤单可怜。我们家是一团暖气的。

到了后来，她的母亲发现她对于出嫁太不热心，该剪裁的衣裳，她不去剪裁。有一些零碎还要去买的，她也不去买。做母亲的总是常常要加以督促，后来就要接她回去，接到她的身边，好随时提醒她。她的母亲以为年轻的人必定要随时提醒的，不然总是贪玩。而况出嫁的日子又不远了，或者就是二、三月。

想不到外祖母来接她的时候，她从心的不肯回去，她竟很勇敢的提出来她要读书的要求。她说她要念书，她想不到出嫁。

开初外祖母不肯，到后来，她说若是不让她读书，她是不出嫁的，外祖母知道她的心情，而且想起了很多可怕的事情……

外祖母没有办法，依了她。给她在家里请了一位老先生，就在自己家院子的空房子里边摆上了书桌，还有几个邻居家的姑娘，一齐念书。

翠姨白天念书，晚上回到外祖母家。

念了书，不多日子，人就开始咳嗽，而且整天的闷闷不乐。她的母亲问她，有什么不如意？陪嫁的东西买得不顺心吗？或者是想到我们家去玩吗？什么事都问到了。

翠姨摇着头不说什么。

过了一些日子，我的母亲去看翠姨，带着我的哥哥，他们一看见她，第一个印象，就觉得她苍白了不少。而且母亲断言的说，她活不久了。

大家都说是念书累的，外祖母也说是念书累的，没有什么要紧的，要出嫁的女儿们，总是先前瘦的，嫁过去就要胖了。

而翠姨自己则点点头，笑笑，不承认，也不加以否认。还是念书，也不到我们家来了，母亲接了几次，也不来，回说没有工夫。

翠姨越来越瘦了，哥哥去到外祖母家看了她两次，也不过是吃饭，喝酒，应酬了一番。而且说是去看外祖母的。在这里年轻的男子，去拜访年轻的女子，是不可以的。哥哥回来也并不带回什么欢喜或是什么新的忧郁，还是一样和大家打牌下棋。

翠姨后来支持不了啦，躺下了，她的婆婆听说她病，就要娶她，因为花了钱，死了不是可惜了吗？这一种消息，翠姨听了病就更加严重。婆家一听她病重，立刻要娶她。因为在迷信中有这样一章，病新娘娶过来一冲，就冲好了。翠姨听了就只盼望赶快死，拼命的糟蹋自己的身体，想死得越快一点儿越好。

母亲记起了翠姨，叫哥哥去看翠姨。是我的母亲派哥哥去的，母亲拿了一些钱让哥哥给翠姨去，说是母亲送她在病中随便买点什么吃的。母亲晓得他们年轻人是很拘泥的，或者不好意思去看翠姨，也或者翠姨是很想看他的，他们好久不能看见了。同时翠姨不愿出嫁，母亲很久的就在心里边猜疑着他们了。

男子是不好去专访一位小姐的，这城里没有这样的风俗。

母亲给了哥哥一件礼物，哥哥就可去了。

哥哥去的那天，她家里正没有人，只是她家的堂妹妹应接着这从未见过的生疏的年轻的客人。

那堂妹妹还没问清客人的来由，就往外跑，说是去找她们的祖父去，请他等一等。大概她想是凡男客就是来会祖父的。

客人只说了自己的名字，那女孩子连听也没有听就跑出去了。

哥哥正想，翠姨在什么地方？或者在里屋吗？翠姨大概听出什么人来了，她就在里边说：

“请进来。”

哥哥进去了，坐在翠姨的枕边，他要去摸一摸翠姨的前额，是否发热，他说：

“好了点吗?”

他刚一伸出手去，翠姨就突然的拉了他的手，而且大声的哭起来了，好像一颗心也哭出来了似的。哥哥没有准备，就很害怕，不知道说什么作什么。他不知道现在应该是保护翠姨的地位，还是保护自己的地位。同时听得见外边已经有人来了，就要开门进来了。一定是翠姨的祖父。

翠姨平静的向他笑着，说：

“你来得很好，一定是姐姐告诉你来的，我心里永远纪念着她，她爱我一场，可惜我不能去看她了……我不能报答她了……不过我总会记起在她家里的日子的……她待我也许没有什么，但是我觉得已经太好了……我永远不会忘记的……我现在也不知道为什么，心里只想死得快一点就好，多活一天也是多余的……人家也许以为我是任性……其实是不对的，不知为什么，那家对我也是很好的，我要是过去，他们对我也会是很好的，但是我不愿意。我小时候，就不好，我的脾气总是不从心的事，我不愿意……这个脾气把我折磨到今天了……可是我怎能从心呢……真是笑话……谢谢姐姐她还惦着我……请你告诉她，我并不像她想的那么苦呢，我也很快乐……”翠姨痛苦的笑了一笑，“我心里很安静，而且我求的我都得到了……”

哥哥茫然的不知道说什么，这时祖父进来了。看了翠姨的热度，又感谢了我的母亲，对我哥哥的降临，感到荣幸。他说请我母亲放心吧，翠姨的病马上就会好的，好了就嫁过去。

哥哥看了翠姨就退出去了，从此再没有看见她。

哥后来提起翠姨常常落泪，他不知翠姨为什么死，大家也都心中纳闷。

## 尾　声

等我到春假回来，母亲还当我说：

“要是翠姨一定不愿意出嫁，那也是可以的，假如他们当我说。”

……

翠姨坟头的草籽已经发芽了，一掀一掀的和土粘成了一片，坟头显出淡淡的青色，常常会有白色的山羊跑过。

这时城里的街巷，又装满了春天。

暖和的太阳，又转回来了。

街上有提着筐子卖蒲公英的了，也有卖小根蒜的了。更有些孩子们他们按着时节去折了那刚发芽的柳条，正好可以拧成哨子，就含在嘴里满街的吹。声音有高有低，因为那哨子有粗有细。

大街小巷，到处的呜呜呜，呜呜呜。好像春天是从他们的手里招待回来了似的。

但是这为期甚短，一转眼，吹哨子的不见了。

接着杨花飞起来了，榆钱飘满了一地。

在我的家乡那里，春天是快的，五天不出屋，树发芽了，再过五天不看树，树长叶了，再过五天，这树就像绿得使人不认识它了。使人想，这棵树，就是前天的那棵树吗？自己回答自己，当然是的。春天就像跑的那么快。好像人能够看见似的，春天从老远的地方跑来了，跑到这个地方只向人的耳朵吹一句小小的声音：“我来了呵”，而后很快的就跑过去了。

春，好像它不知多么忙迫，好像无论什么地方都在招呼它，假若它晚到一刻，阳光会变色的，大地会干成石头，尤其是树木，那真是好像再多一刻工夫也不能忍耐，假若春天稍稍在什么地方留连了一下，就会误了不少的生命。

春天为什么它不早一点来，来到我们这城里多住一些日子，而后再慢慢的到另外的一个城里去，在另外一个城里也多住一些日子。

但那是不能的了，春天的命运就是这么短。

年轻的姑娘们，她们三两成双，坐着马车，去选择衣料去了，因为就要换春装了。她们热心的弄着剪刀，打着衣样，想装成自己心中想得出的那么好，她们白天黑夜的忙着，不久春装换起来了，只是不见载着翠姨的马车来。

## 学习建议

1. 分析主人公翠姨的性格特征。
2. 分析萧红的小说与我们传统意义上的小说的不同之处。
3. 感受萧红的诗化语言。
4. 延伸阅读篇目:《生死场》《马伯乐》《呼兰河传》。

# 戏　曲

## 中国戏曲发展概述

中国戏曲，起源于原始歌舞。从奴隶制社会以祀神为主的巫舞，发展到春秋战国时代的俳优、优舞，汉代的角羝、百戏，南北朝时期民间出现的歌舞与表演相结合的“歌舞戏”，唐代出现的由先秦时期的优伶表演发展来的以滑稽表演为特点的“参军戏”等，就逐渐有了艺术综合的趋势，逐步程度不同地吸收小说、诗歌、舞蹈、讲唱、咏语、表演、音乐、武艺、杂技、美术种种因素，开始以综合技艺来表现人物和故事情节。汉代的角羝戏，有的是无故事的竞技表演，后来发展为杂技；有的是有故事的表演，如《东海黄公》，已大不同于一般的竞技角力，而近于戏剧范畴了。这萌芽状态的戏剧形式，经过较长时间的孕育和探索，歌舞艺术与滑稽表演及其他因素合为一体，到唐代歌舞戏，为“戏”与“曲”的结合，开其先河。宋代，城市商品经济得到长足发展，出现很多市民娱乐场所——“瓦舍”和“勾栏”；民间歌舞、说唱、滑稽戏有了综合的趋势，出现了“宋杂剧”。金代，在宋杂剧基础上，北方出现了“金院本”，南方出现了“南戏”。元代，北方形成“北杂剧”，南方南戏进一步发展成熟，戏曲形成。宋杂剧和金院本的形成与发展，形成了中国古典戏曲的最初的完整形式。元杂剧和宋元南戏的出现，使这种形式进一步完备，其艺术综合性更广，互相融合的程度更高，有了比较完整的剧本，并较充分地运用多种艺术手段表现生活和塑造人物，提高了舞台艺术。

元杂剧的出现，是中国古代戏曲艺术的一个高峰，也是中国古代戏曲艺术发展成熟的标志。它是13世纪前半叶，以宋杂剧和金院本为基础发展而成的。由于当时政治经济的社会因素和戏剧本身的长期酝酿，剧本的戏剧性、文学性和艺术的综合性有所提高。音乐方面，从契丹、女真、蒙古等少数民族传来的歌曲，与汉族北方民间流行的曲调相结合，形成了新的音乐体系，提高了以戏剧形式言情状物的表现能力，而且涌现出空前众多的戏曲作家、演员及大量作品。其中不少优秀剧目，如王实甫的《西厢记》、关汉卿的《窦娥冤》《救风尘》《单刀会》《望江亭》，马致远的《汉宫秋》，白朴的《梧桐雨》、《墙头马上》，纪君祥的《赵氏孤儿》，康进之的《李逵负荆》，李潜夫的《灰阑记》，尚仲贤的《柳毅传书》，郑光祖的《倩女离魂》等等，七百年来被改编为各种新的戏曲形式，延续不断地演出。

14世纪中叶起，分别从宋元南戏和金元杂剧发展起来的传奇和杂剧，剧本体制有许多新的创造，表演艺术也有了新的提高。

明代中叶以后，在南戏基础上发展起来的传奇，流布全国，形成了中国戏曲繁荣的新阶段。明代传奇在舞台演出中因地域的不同，而有不同的音乐声腔，主要是南曲系统的浙江海盐腔、浙江余姚腔、江西弋阳腔和江苏昆山腔。明代戏曲，在音乐上出现明显的地方化趋势，主要表现为地方声腔的崛起。对后世戏曲影响最大的是后两种，即弋阳腔和昆山腔，前者发展为全国影响广泛的高腔系统；后者发展成典雅细腻的昆曲。传奇剧本文学曲词典雅，体制庞大，名篇佳作不胜枚举，为戏曲文学绝盛之时。表演上则日趋成熟，多用昆曲演唱。明代传奇的优秀作品，有苏复之的《金印记》、王济的《连环记》、徐霖的《绣襦记》、李开先的《宝剑记》、梁辰鱼的《浣纱记》、汤显祖的《牡丹亭》、高濂的《玉簪记》、周朝俊的《红梅记》等等。《牡丹亭》是其中杰出的代表性作品。

明、清两代，杂剧与传奇并存，也互相影响。明、清杂剧在流传中，既保持了元杂剧某些主要的艺术特点，也因传奇的影响，在演唱曲词和语言方面，进行了若干改革。明末清初传奇出现了《乾坤啸》《艳云亭》《十五贯》《翡翠园》《渔家乐》《精忠谱》《一捧雪》《占花魁》《如是观》《秣陵春》《桃花扇》《长生殿》等，形成了传奇创作的又一高峰。清康熙、乾隆年间，许多新兴地方戏曲普遍滋生，这时，除昆、弋诸腔继续流行外，又有若干新兴的地方戏曲出现，诸腔杂陈，分属于不同的声腔体系。后来统称为五大声腔，即昆腔、高腔（弋腔、京腔）、弦索腔（柳子）、梆子腔以及皮簧腔。乾隆年间，戏曲剧种出现了“雅部”与“花部”的区分。雅部专指昆曲，花部泛指各种地方戏曲，又称“乱弹”，或“花部乱弹腔”。

清代地方戏曲诸剧种，是元杂剧、明传奇的继承与发展，尤其是梆子腔和皮簧腔，改变了曲牌体制，创造出板腔体制，形成了以板式变化为其特征的声腔形式，把中国戏曲艺术推入一个更自由更广阔的艺术境界。

这种更自由更广阔的艺术境界特出地表现在：从 1840 年前后，徽、汉皮黄在京城合流而形成一种独具北方特色的皮黄腔京剧，到 20 世纪初新兴地方戏的产生——越剧、评剧、黄梅戏等，直至新中国成立后新时期的中国戏曲，都是在“百花齐放，推陈出新”地谱写着中华民族所独有的戏剧美学观。

# 单刀会（第四折）①

关汉卿

关汉卿，号已斋叟，大都（今北京市）人，元代著名戏曲家，元杂剧的奠基人，列“元曲四大家”之首。生卒年代已不可确考，据元代有关文献记载，当为由金入元之人。其性格“生而倜傥，博学能文，滑稽多智，蕴藉风流，为一时之冠”。所作杂剧有六十余种，今存十八种，以《窦娥冤》《救风尘》《单刀会》为最著。题材多样，剧中人物性格鲜明、独特，曲词亦俗亦雅，富有时代生活气息。亦工散曲，风格率直、泼辣。

## 【导读】

《单刀会》是歌颂历史上英雄人物的正剧，目前可以读到两种本子：一为元刊本，剧名为《关大王单刀会》；一为明刊本，剧名为《关大王独赴单刀会》。元刊本的不全，辞曲也少有脱落，明抄本则较完整，《关汉卿戏曲选》，就收这个本子。

《单刀会》的史料依据出自《三国志·吴志·鲁肃传》，然而就剧情来看，它和《三国演义》一样，都作了较大的艺术加工。除主要人物和“单刀会”这一情节外，如赴会前的双方准备，赴会地及内容均无实依傍，而是本着有利于塑造人物形象的原则进行了虚构。全剧叙东吴鲁肃请关羽赴宴，拟暗伏甲兵，筵席间要挟退还荆州，关羽明知鲁肃不怀好意，凭着自己的机智和勇敢，做了充分准备，毅然赴会，会上责之以大义，强制鲁肃送到江边，安全返回荆州。

第四折叙关羽赴会，这是全剧的中心事件，也是矛盾的高峰。通过头两折的渲染和第三折的布置，双方的弓弦都拉紧了，然而作者却特意放松了一下，趁关羽赴会途中，空出手来写他的内心活动。关羽赴会时的心情是复杂的。【新水令】一曲是写他的英雄抱负，面对着波涛汹涌的长江，他已预想到未来一场险恶搏斗。虽然将去的地方犹如千丈虎狼穴，但对具有壮烈感情的大丈夫看来，却无畏惧，犹如去参加农村社日的迎神赛会。【驻马听】这只曲子则着重写他现实中的苦闷，对永恒壮阔的江景，又极易联想赤壁时的战友，联想到过去，关羽也很自然地流露出了内心的愁闷，这两只曲子熔铸苏词、苏赋入曲，有声有色地反映了关羽赴会时的心情：他反对鲁肃那种以敌为友，强夺疆土的做法，但对于鲁肃设下的牢笼，也并不畏惧。

正因为关羽本着怀念昔日益友的心情赴会，所以开始时他向鲁肃发起感慨代寒暄的做法，实际上也是希望能化敌为友，直至鲁肃在席间提出索还荆州时，关羽才恼怒起来，并责之以大义。

---

① 《单刀会》全名《关大王独赴单刀会》，敷演三国故事：东吴鲁肃为索取荆州，埋伏甲兵，请蜀国关羽赴宴。关羽横渡大江，仗胆孤行，单刀震敌，全节而归。此剧结构较为特别：前两折分别由乔玄和司马徽对关羽的威风和功绩作渲染，第三折关羽才出场，而真正的冲突是在第四折方展开的。这里选的是第四折，乃为全剧的高潮，其中《新水令》、《驻马听》二曲历来脍炙人口。

关羽最后辞别时唱的一支曲子，不只是写出了江边的具体情景，更重要的是它创造了关羽另一个诗意的境界，即完成预期的任务后所显现的那种潇洒豪迈的情感。

在元蒙统治下的人民，十分憎恨现实的黑暗，希望有关羽这样的封建时代智勇双全的英雄人物，来改变当时的局面。《单刀会》颂扬了关羽保卫汉家领土的气节，在一定程度上体现了民族情感，通过描写关羽与敌人斗争的勇敢和机智，鼓舞人们向压迫者进行斗争的勇气和信心。

（鲁肃上①，云）欢来不似今朝，喜来那逢今日。小官鲁子敬是也。我使黄文持书去请关公②，欣喜许今日赴会，荆襄地合归还俺江东。英雄甲士已暗藏壁衣之后，令江上相候，见舡到便来报我知道③。（正末关公引周仓上④，云）周仓，将到那里也？（周云）来到大江中流也。（正云）看了这大江，是一派好水也呵！（唱）

**【双调】【新水令】**大江东去浪千叠，引着这数十人，驾着这小舟一叶。又不比九重龙凤阙⑤，可正是千丈虎狼穴。大丈夫心烈⑥，我觑这单刀会似赛村社⑦。（云）好一派江景也呵！（唱）

**【驻马听】**水涌山叠，年少周郎何处也⑧？不觉的灰飞烟灭！可怜黄盖转伤嗟⑨。破曹的樯橹一时绝，鏖兵的江水由然热⑩，好教我情惨切！（云）这也不是江水，（唱）二十年流不尽的英雄血！

（云）却早来到也，报伏去⑪。（卒报科）（做相见科）（鲁云）江下小会，酒非洞里之长春⑫，乐乃尘中之菲艺⑬。猥劳君侯屈高就下⑭，降尊临卑，实乃鲁肃之万幸也！（正云）量某有何德能，着大夫置酒张筵？既请必至。（鲁云）黄文，将酒来。二公子满饮一杯⑮。（正云）大夫饮此杯。（把盏科）（正云）想古今咱这人过日月好疾也呵！（鲁云）过日月是好疾也：光阴似骏马加鞭，浮世似落花流水。（正唱）

**【胡十八】**想古今立勋业，那里也舜五人、汉三杰⑯？两朝相隔数年别，不付能见者⑰，却又早老也！开怀的饮数杯。（云）将酒来。（唱）尽心儿待醉一夜。（把盏科）（正云）你

---

① 鲁肃：字子敬，东吴将军，在剧中为中大夫。
② 黄文：吴国的将领，为作者虚拟的人物。
③ 舡（xiāng），又读（chuán）：船。
④ 周仓：关羽的贴身部将。
⑤ 九重龙凤阙：封建帝王居住的宫殿。
⑥ 大丈夫心烈：原本作“大夫心别”，这里据王季烈校刊《孤本元明杂剧》改。谓豪杰心情不同于一般人。
⑦ 赛村社：古代农村于节日举行的迎神的赛会。
⑧ 周郎：即周瑜，吴国著名将领，曾在赤壁之战中大破曹军。
⑨ 黄盖：吴国将领，曾经在赤壁之战中演苦肉计诈降曹操，为大破曹军创造了条件。
⑩ 由然：同“犹然”。
⑪ 报伏：同“报复”，回报。
⑫ 长春：一种好酒的名称。
⑬ 菲艺：菲薄的技艺。
⑭ 猥劳：猥，卑下，谦词。猥劳，有辱大驾之意。
⑮ 二公子：鲁肃对关羽的尊称。刘备、关羽、张飞桃园三结义，关羽排行第二，故称之。
⑯ 舜五人：传说中帝舜的五位贤臣，禹（司空，掌平治水土）、弃（后稷，掌教种五谷）、契（司徒，掌教育百姓）、皋陶（士官，掌刑法）和后夔（乐正，掌制音乐）。汉三杰：辅佐汉高祖刘邦平定天下的张良、萧何与韩信。
⑰ 不付能：同“不甫能”，意为刚能够，好容易。

知“以德报德，以直报怨”么①？（鲁云）既然将军言“以德报德，以直报怨”，借物不还者为之“怨”。想君侯文武全才，通练兵书，习《春秋》《左传》，济拔颠危，匡扶社稷，可不谓之仁乎？待玄德如骨肉，觑曹操若仇雠，可不谓之义乎？辞曹归汉，弃印封金，可不谓之礼乎？坐服于禁，水淹七军，可不谓之智乎？且将军仁、义、礼、智俱足，惜乎止少个“信”字，欠缺未完。再若得全个“信”字，无出君侯之右也。（正云）我怎生失信？（鲁云）非将军失信，皆因令兄玄德公失信。（正云）我哥哥怎生失信来？（鲁云）想昔日玄德公败于当阳之上，身无所归，因鲁肃之故，屯军三江夏口。鲁肃又与孔明同见我主公，即日兴师拜将，破曹兵于赤壁之间。江东所费巨万，又折了首将黄盖。因将军贤昆玉无尺寸地②，暂借荆州，以为养军之资。数年不还。今日鲁肃低情曲意，暂取荆州，以为救民之急；待仓禀丰盈，然后再献与将军掌领。鲁肃不敢自专，君侯台鉴不错③。（正云）你请我吃筵席来，那是索荆州来？（鲁云）没，没，没，我则这般道：孙、刘结亲，以为唇齿，两国正好和谐。（正唱）

**【庆东原】**你把我真心儿待，将筵宴设，你这般攀今揽古，分甚枝叶④？我根前使不着你“之乎者也”“诗云子曰”，早该豁口截舌⑤。有意说孙、刘，你休目下番成吴、越⑥。

（鲁云）将军原来傲物轻信。（正云）我怎么“傲物轻信”？（鲁云）当日孔明亲言：“破曹之后，荆州即还江东。”鲁肃亲为代保。不思旧日之恩，今日恩变为仇；犹自说“以德报德，以直报怨”。圣人道：“信近于义，言可复也⑦。”“去食去兵，不可去信。”“大车无輗，小车无軏，其何以行之哉⑧？”今将军全无仁义之心，枉作英雄之辈。荆州久借不还，却不道“人无信不立”！（正云）鲁子敬，你听的这剑界么⑨？（鲁云）剑界怎么？（正云）我这剑界，头一遭诛了文丑，第二遭斩了蔡阳，鲁肃呵，莫不第三遭到你也？（鲁云）没，没，我则这般道来。（正云）这荆州是谁的？（鲁云）这荆州是俺的。（正云）你不知，听我说。（唱）

**【沉醉东风】**想着俺汉高皇图王霸业，汉光武秉正除邪，汉献帝将董卓诛，汉皇叔把温侯灭⑩。俺哥哥合情受汉家基业。则你这东吴国的孙权，和俺刘家却是甚枝叶？请你个不克己先生自说⑪。

（鲁云）那里什么响？（正云）这剑界二次也！（鲁云）却怎么说？（正云）这剑按天地之灵，金火之精，阴阳之气，日月之形；藏之则鬼神遁迹，出之则魑魅潜踪；喜则恋鞘沉沉

---

① 以德报德，以直报怨：语出《论语·宪问》，意谓拿恩惠来酬答恩惠，拿公平正直来回答怨恨。

② 昆玉：对兄弟的敬称。

③ 台鉴：您的审察、裁夺。台：称对方的敬辞。鉴：审察。

④ 分甚枝叶：这里以枝叶比吴蜀的关系，意谓两国不应该因计较利益得失而造成对立。后文中“枝叶”用“关系”解，“甚枝叶”，犹“有甚么关系？”

⑤ 豁口截舌：割嘴、断舌，意谓因那些不好的话语该受到惩罚。

⑥ 吴、越：春秋时吴国和越国是敌对的国家。

⑦ 信近于义，言可复也：语出《论语·学而》，意思是讲信誉的人说过的话，可以由行动来证实。

⑧ 大车无輗（ní），小车无軏（yuè），其何以行之哉：语出《论语·为政》，輗、軏都是车辕前面与套牲口横木连接的关键，孔子用以比喻人离开了信义将寸步难行。

⑨ 剑界：犹“剑戒”，意谓剑器发出了警告的声音。

⑩ 温侯：吕布。字奉先，官奋威将军，封温侯。据《三国志·吕布传》记载，吕布为曹操所杀。

⑪ 不克己：不肯吃亏。

而不动，怒则跃匣铮铮而有声。今朝席上，倘有争锋，恐君不信，拔剑施呈。吾当摄剑①，鲁肃休惊。这剑果有神威不可当，庙堂之器岂寻常；今朝索取荆州事，一剑先交鲁肃亡。（唱）

**【雁儿落】**则为你三寸不烂舌，恼犯我三尺无情铁。这剑饥餐上将头，渴饮仇人血。

**【得胜令】**则是条龙向鞘中蛰②，虎在坐间踅③。今日故友每才相见，休着俺弟兄每相间别。鲁子敬听者，你心内休乔怯，畅好是随邪④，吾当酒醉也。

（鲁云）臧宫动乐⑤。（臧宫上，云）天有五星，地攒五岳。人有五德，乐按五音。五星者：金、木、水、火、土。五岳者：常、恒、泰、华、嵩⑥。五德者，温、良、恭、俭、让。五音者：宫、商、角、徵、羽。（甲士拥上科）（鲁云）埋伏了者。（正击案，怒云）有埋伏也无埋伏？（鲁云）并无埋伏。（正云）若有埋伏，一剑挥之两断！（做击案科）（鲁云）你击碎菱花⑦。（正云）我特来破镜⑧。（唱）

**【搅筝琶】**却怎生闹炒炒军兵列，休把我拦当者！（云）当着我的，呵呵！（唱）我着他剑下身亡，目前流血。便有那张仪口⑨、蒯通舌⑩，休那里躲闪藏遮。好生的送我到船上者，我和你慢慢的相别。

（鲁云）你去了，倒是一场伶俐⑪。（黄文云）将军，有埋伏哩！（鲁云）迟了我的也！（关平领众将上⑫，云）请父亲上舡，孩儿每来迎接里。（正云）鲁肃，休惜殿后。（唱）

**【离亭宴带歇拍煞】**我则见紫袍银带公人列，晚天凉风冷芦花谢，我心中喜悦。昏惨惨晚霞收，冷飕飕江风起，急飐飐帆招惹⑬。承管待，承管待。多承谢，多承谢。唤梢公慢者，缆解开岸边龙，舡分开波中浪，棹搅醉江心月。正欢娱有甚进退，且谈笑不分明夜⑭。说与你两件事先生记者：百忙里趁不了老兄心⑮，急且里倒不了俺汉家节⑯！（下）

题目　孙仲谋独占江东地

请乔公言定三条计

正名　鲁子敬设宴索荆州

关大王独赴单刀会

---

① 摄剑：拔剑。

② 蛰：潜伏，藏。

③ 踅（xué）：往返盘旋。

④ 乔怯：畏惧。畅好是：真正是；随邪：不正经。

⑤ 臧宫：人名，作者虚拟的人物。

⑥ 常、恒、泰、华、嵩：五岳名。常山，本名恒山，汉代避文帝刘恒讳改之为北岳。恒，应为“衡”，衡山，南岳。泰，泰山，东岳。华，华山，西岳。嵩，嵩山，中岳。

⑦ 菱花：古代铜镜背面的图案、花纹，这里用来代指镜子。

⑧ 破镜：象征决裂与分离，镜与“子敬”的“敬”谐音，语意双关。

⑨ 张仪：战国时有名的说客，曾游说六国。

⑩ 蒯通：汉初谋士，善言辩，曾助韩信平定齐地。

⑪ 伶俐：这里为利索、干净之意。

⑫ 关平：关羽的长子。

⑬ 急飐飐（zhǎn）：船只顺风疾行貌。

⑭ 不分明夜：不分白天与夜晚。原本作“分明夜”，据王季烈校刊《孤本元明杂剧》改。

⑮ 趁：同“称”。

⑯ 急且里：急迫之中，匆忙里。

## 学习建议

1. 分析这一折戏中所刻画的关羽这一形象的精神内涵。
2. 分析这一折戏主要艺术特色。
3. 延伸阅读篇目：《窦娥冤》《救风尘》。

# 西厢记·拷红

王实甫

王实甫，生平事迹不详，名德信，字实甫，大都人。《录鬼簿》将其列入“前辈已死名公才人”。他的创作活动大致在元贞、大德年间（1295—1307年）。长期混迹于教坊、行院，与伎艺为伍，是位不得志的落拓文人。所作的杂剧有十四种，完整地保留下来的除《西厢记》、《丽春堂》外，还有《破窑记》四折和《贩茶船》《芙蓉亭》曲各一折。至于其他作品，均已散逸不传。题材以儿女风情居多。剧作风格秀丽婉约，明朱权评其曲词：“如花间美人，铺叙委婉，深得骚人之趣。”

## 【导读】

《西厢记》的故事来源于唐代元稹的传奇《莺莺传》。其后，张生和莺莺的故事以多种艺术形式广泛流传。王实甫的《西厢记》杂剧乃是根据金代董解元的《西厢记诸宫调》改编而成，表现男女主人公张生与莺莺冲破礼教、家规的束缚，相爱终结连理的故事。

“拷红”为《西厢记》第四本第二折，是全剧的关键段落，使剧情发生转折，引导出新的境界。在“拷红”之前，张生与莺莺经过种种曲折和磨难，终于私下结合，两人干柴烈火、如胶似漆，日日幽会，莺莺甚至整夜不归，沉浸在甜蜜的爱河之中。莺莺从一个娇柔羞涩的少女变成了容光焕发的少妇，言谈举止、神情身态都与以前判若两人。女儿身上发生如此明显的变化，自然瞒不过崔老夫人的眼睛，正当她疑惑不解的时候，莺莺的弟弟欢郎前来禀告，说看到姐姐和红娘深夜烧香，半晌不归。老夫人一听此言，立刻感到大事不妙，随即传唤红娘前来盘问。

红娘在剧中只是一个婢女身份，却又是剧中最活跃、最令人喜爱的人物。她机智聪明，热情泼辣，又富于同情心，常在崔、张的爱情处在困境的时候，以其特有的机警使矛盾获得解决。她代表着健康的生命，富有生气，并因此而充满自信。“拷红”这场戏，描写的就是在崔、张的爱情婚姻面临毁灭危险的关键时刻，红娘机智勇敢地同老夫人进行了一场斗争，抓住她赖婚失信一点，转守为攻，把莺莺同张生的私下结合全推到老夫人身上。见老夫人理屈词穷，便抓住机会进言陈述利害，劝告老夫人不要把张生告到官府，迫使她答应把莺莺许配张生为妻，红娘的性格，在这场戏中表现得淋漓尽致。汤显祖高度评价王实甫笔下的红娘，有“二十分才，二十分识，二十分胆。有此军师，何攻不破，何战不克”（《汤海若先生批评西厢记》）。

（夫人引俫上云）这几日窃见莺莺语言恍惚，神思加倍，腰肢体态，比向日不同；莫不做下来了么？（俫云）前日晚夕，奶奶睡了，我见姐姐和红娘烧香，半晌不回来，我家去睡了。（夫人云）这桩事都在红娘身上，唤红娘来！（俫唤红科）（红云）哥哥唤我怎么？（俫云）奶奶知道你和姐姐去花园里去，如今要打你哩。（红云）呀！小姐，你带累我也！小哥哥，你先去，我便来也。（红唤旦科）姐姐，事发了也，老夫人唤我哩，却怎了？（旦云）

好姐姐，遮盖咱！（红云）娘呵，你做的稳秀者①——我道你做下来也。（旦念）月圆便有阴云蔽，花发须教急雨催②。（红唱）

**【越调】【斗鹌鹑】**则著你夜去明来，倒有个天长地久；不争你握雨携云③，常使我提心在口④。你则合带月披星，谁着你停眠整宿？老夫人心数多⑤，情性㑳⑥；使不著我巧语花言，将没做有。

**【紫花儿序】**老夫人猜那穷酸做了新婿，小姐做了娇妻，“这小贱人做了牵头”⑦。俺小姐这些时春山低翠，秋水凝眸，别样的都休⑧，试把你裙带儿拴，纽门儿扣，比着你旧时肥瘦，出落得精神，别样的风流⑨。

（旦云）红娘，你到那里，小心回话者！（红云）我到夫人处，必问：“这小贱人！

**【金蕉叶】**我著你但去处行监坐守⑩，谁著你迤逗的胡行乱走？”若问著此一节呵如何诉休⑪？你便索与他个“知情”的犯由⑫。

姐姐，你受责理当，我图甚么来？

**【调笑令】**你绣帏里效绸缪⑬，倒凤颠鸾百事有⑭。我在窗儿外几曾轻咳嗽，立苍苔将绣鞋儿冰透。今日个嫩皮肤倒将粗棍抽，姐姐呵，俺这通殷勤的着甚来由？

姐姐在这里等着，我过去。说过呵，休欢喜，说不过，休烦恼。（红见夫人科）（夫人云）小贱人，为甚么不跪下！你知罪么？（红跪云）红娘不知罪。（夫人云）你故自口强哩。若实说呵，饶你；若不实说呵，我直打死你这个贱人！谁着你和小姐花园里去来？（红云）不曾去，谁见来？（夫人云）欢郎见你去来，尚故自推哩。（打科）（红云）夫人休闪了手，且息怒停嗔，听红娘说。

**【鬼三台】**夜坐时停了针绣，共姐姐闲穷究⑮，说张生哥哥病久。咱两个背著夫人向书房问候。

（夫人云）问候呵，他说甚么？（红云）他说来，道“老夫人事已休，将恩变为仇，著小生半途喜变做忧”。他道：“红娘你且先行，教小姐权时落后。⑯”

（夫人云）他是个子孩儿家，著他落后怎么！（红唱）

**【秃厮儿】**我则道神针法灸，谁承望燕侣莺俦。他两个经今月余则是一处宿，何须你一

---

① 稳秀：稳，通隐。即隐秀，藏而不露之意。红娘说反话，即你们干得可真隐蔽呀。

② “月圆”二句：此为喻美好事物遭受摧残之常用语。

③ 不争：此作“因为”解。

④ 提心在口：提心吊胆，状紧张之心情，犹云心都到了嗓子眼儿。

⑤ 心数：犹心计。“心数”原作“心教”，据王伯良本改。

⑥ 㑳（zhòu）：固执，刚愎。

⑦ 牵头：男女私通的拉线人。

⑧ 别样的都休：谓其他变化且不用说。

⑨ “试把”五句：意谓试着旧时衣装，与从前之体态相比，如今变得特别精神、特别风流。出落，长成，指身体相貌变得更加光艳动人。

⑩ 但去处：只是去呀。处，语气词。行监坐守：一举一动都要监视看守。

⑪ 如何诉休：如何诉说呵。

⑫ 犯由：犯罪之原由，即罪状。

⑬ 绸缪：本为紧紧捆缚之意，引申作缠绵解，后用以指男女欢会。

⑭ 百事有：样样有。

⑮ 穷究：本指追根问底，此指聊天，说话。

⑯ 权时落后：犹暂时晚走一会儿。

一问缘由？

**【圣药王】**他每不识忧，不识愁，一双心意两下投。夫人得好休，便好休，这其间何必苦追求？常言道“女大不中留”。

（夫人云）这端事都是你个贱人。（红云）非是张生小姐红娘之罪，乃夫人之过也。（夫人云）这贱人倒指下我来，怎么是我之过？（红云）信者，人之根本，“人而无信，不知其可也。大车无輗，小车无軏，其何以行之哉①？”当日军围普救，夫人所许退军者，以女妻之。张生非慕小姐颜色，岂肯区区建退军之策？兵退身安，夫人悔却前言，岂得不为失信乎？既然不肯成就其事，只合酬之以金帛，令张生舍此而去。却不当留请张生于书院，使怨女旷夫②，各相早晚窥视，所以夫人有此一端。目下老夫人若不息其事，一来辱没相国家谱；二来张生日后名重天下，施恩于人，忍令反受其辱哉？使至官司③，老夫人亦得治家不严之罪。官司若推其详，亦知老夫人背义而忘恩，岂得为贤哉？红娘不敢自专，乞望夫人台鉴：莫若恕其小过，成就大事，㨨之以去其污④，岂不为长便乎？

**【麻郎儿】**秀才是文章魁首，姐姐是仕女班头；一个通彻三教九流，一个晓尽描鸾刺绣。

**【幺篇】**世有、便休、罢手⑤，大恩人怎做敌头？起白马将军故友，斩飞虎叛贼草寇。

**【络丝娘】**不争和张解元参辰卯酉⑥，便是与崔相国出乖弄丑。到底干连着自己骨肉，夫人索穷究。

（夫人云）这小贱人也道得是。我不合养了这个不肖之女。待经官呵，玷辱家门。罢，罢，俺家无犯法之男，再婚之女，与了这厮罢！红娘唤那贱人来！（红见旦云）且喜姐姐，那棍子则是滴溜溜在我身上，吃我直说过了⑦。我也怕不得许多，夫人如今唤你来，待成合亲事。（旦云）羞人答答的，怎么见夫人？（红云）娘根前有甚么羞？

**【小桃红】**当日个月明才上柳梢头，却早人约黄昏后。羞的我脑背后将牙儿衬著衫儿袖。猛凝眸，看时节，则见鞋底尖儿瘦。一个恣情的不休，一个哑声儿厮耨⑧。呸！那其间可怎生不害半星儿羞？

（旦见夫人科）（夫人云）莺莺，我怎生抬举你来？今日做这等的勾当！则是我的孽障，待怨谁的是！我待经官来，辱没了你父亲，这等事，不是俺相国人家的勾当。罢罢罢，谁似俺养女的不长俊⑨！红娘，书房里唤将那禽兽来！（红唤末科）（末云）小娘子唤小生做甚么？（红云）你的事发了也。如今夫人唤你来，将小姐配与你哩。小姐先招了也，你过去。（末云）小生惶恐，如何见老夫人？当初谁在老夫人行说来？（红云）休佯小心，过去便了。

**【小桃红】**既然漏怎干休？是我相投首。俺家里陪酒陪茶倒㨨就⑩。你休愁，何须约定

---

① “人而无信”：出自《论语·为政》篇。

② 怨女旷夫：成年未嫁之女为怨女，成年未娶之男为旷夫。

③ 官司：本指百官，后用以指称官府。

④ 㨨：㨨就，本指摩弄、揉搓义，此用为迁就、撮合成就义。

⑤ 世有、便休、罢手：既然张生与莺莺做出了这种事，就只能了结，就放开手不必追究。

⑥ 参（shēn）辰：参星与辰星，，亦称参商。参与辰此出彼落，不同时出现，故以参辰喻不睦或不能相见。

⑦ 吃：此作“被”解。

⑧ 厮耨（nòu）：纠缠戏弄之意。

⑨ 长俊：即长进，向上、进步、有出息。

⑩ “俺家里”句：婚姻一般是由男家备茶酒向女家求婚，现在反其事而行，由崔家倒陪茶酒撮合成婚。

通媒媾[1]？我弃了部署不收[2]，你元来“苗而不秀”[3]。呸！你是个银样镴枪头。

（末见夫人科）（夫人云）好秀才呵，岂不闻“非先王之德行不敢行”。我待送你去官司里去来，恐辱没俺家谱。我如今将莺莺与你为妻，则是俺三辈儿不招白衣女婿[4]，你明日便上朝取应去，我与你养著媳妇。得官呵，来见我；驳落呵[5]，休来见我。（红云）张生早则喜也。

**【东原乐】**相思事，一笔勾，早则展放从前眉儿皱，美爱幽欢恰动头[6]。既能勾，张生，你觑兀的般可喜娘庞儿也要人消受。

（夫人云）明日收拾行装，安排果酒，请长老一同送张生到十里长亭去。（旦念）寄语西河堤畔柳，安排青眼送行人。**【同夫人下】**（红唱）

**【收尾】**来时节画堂箫鼓鸣春昼，列著一对儿鸾交凤友。那其间才受你说媒红，方吃你谢亲酒。**【并下】**

## 学习建议

1. 谈谈“拷红”在《西厢记》整个剧情的发展中所起的作用。
2. 分析红娘的人物性格。
3. 延伸阅读篇目：《西厢记》全本。

---

① 媒媾（gòu）：因媒而结姻，犹媒人。媾，结婚。
② 部署：宋元时的枪棒师傅。
③ 苗而不秀：庄稼苗长得好，却不开花吐穗，比喻无用之人。
④ 白衣：古代没有做官的人穿白衣，故以“白衣”代指没有功名官职的人，即平民。
⑤ 驳落：落第。
⑥ 恰动头：犹才开始。

# 牡丹亭·游园①

汤显祖

汤显祖（1550—1616 年），字义仍，号若士，海若，别号清远道人，临川（今江西临川）人，明代杰出的剧作家、文学家，在中国和世界文学史上都有着重要地位，被誉为“东方的莎士比亚”。少负才名，十四岁进学，二十一岁中举，因拒绝张居正的结纳，直到万历十一年（1583 年）才中进士，又因不受新贵张四维、申时行的笼络，而仕居下僚，曾任南京太常博士、南京詹事府主簿、南京礼部祠祭司主事。万历十九年（1591 年）因上疏抨击朝廷，贬广东徐闻典史，后迁转浙江遂昌县令。万历二十六年（1598 年）自动去官还乡，归隐于临川玉茗堂中。汤显祖以戏剧名世，先后作有《紫钗记》、《牡丹亭》、《南柯记》、《邯郸记》，合称“临川四梦”，以《牡丹亭》最为著名。诗文著作有《玉茗堂集》、《红泉逸草》、《问棘邮草》。

## 【导读】

《牡丹亭》通过杜丽娘与柳梦梅生死离合的恋爱故事，讴歌了青年男女冲破封建礼教束缚，勇于追求自由婚恋的精神，表现了“情”与“理”的矛盾冲突，描写了“情”对“理”的反抗，唱出了个性解放的先声。本文所选的便是《惊梦》的“游园”部分。这一片段是杜丽娘叛逆性格发展的关键。

杜丽娘是“情”的化身，游园则是杜丽娘对封建势力的抗争和对自由爱情的热烈追求。当她在春香的引逗下，来到了后花园，大自然的美丽景色，唤醒了她的青春活力，使其产生了要求摆脱封建礼教束缚的强烈愿望。〔绕地游〕、〔步步娇〕、〔醉扶归〕三曲描写了杜丽娘游园前的心情，既写了她对美好春光的向往与对青春的热爱，同时也形象地表现了她初出深闺所产生的彷徨与娇羞。黄莺的鸣声唤醒了杜丽娘的春情，春天的晴丝勾起了她内心的“情”丝，面对撩乱的春光，她已不满足于被父母禁锢在“小庭深院”中，要背着父母，去后花园游玩赏春。然而由于长期受到父母的管教和封建礼教的束缚，此时心里还有所顾忌，作者通过她在打扮时的几个典型动作：“停半晌，整花钿，没揣菱花，偷人半面，迤逗的彩云偏”，十分细腻形象地刻画了她欲行又止、彷徨犹豫的心理状态。内心经过一番斗争后，“情”终于战胜了“理”，走出深闺，来到了后花园。〔皂罗袍〕、〔好姐姐〕、〔隔尾〕三曲是杜丽娘游园时所唱，既描写了明媚烂漫的春色，也表现了杜丽娘内心的感伤之情以及对封建礼教束缚的强烈不满。满园都是“姹紫嫣红”，然而这么美好的春光，却“都付与断井颓垣”。触景生情，杜丽娘由此想到了自己，虽年已及笄，但由于父母的严厉管教和封建礼教

① 牡丹亭，又名《还魂记》，全剧五十五出。写南安太守杜宝的女儿杜丽娘，春日私出游园，触景生情，困乏后梦中与书生柳梦梅幽会。从此一病不起，怀春而死。杜宝升官离任，在女儿的墓地建造了梅花观。柳生进京赴试，借宿观中。他在园内拾得杜丽娘殉葬的自画像，情有所钟，日日焚拜赏玩，终于和画中人的阴灵幽会。柳生依暗示掘墓开棺，杜丽娘起死回生，后几经曲折，终于结成夫妇。第十出《惊梦》由“游园”和“惊梦”两段组成，本篇是第十出《惊梦》中的前半出，杜丽娘在春香的陪伴下，背着父母，来到后花园游玩赏春。

的束缚，使她不能“早成佳配，诚为虚度青春”。因此，在她看来，良辰美景虚设，“锦屏人忒看的这韶光贱”！即使是赏遍了所有的亭台楼阁，也终是枉然，只能给自己带来无穷的愁闷与感伤。游园本是为了消愁解闷，不料这春光引发了她内心的春情，激化了与封建礼教的矛盾。因此，越游愁越重，内心的感伤和怨恨已经到了无法排解的程度，这也就为下半出的“惊梦”作了铺垫。

作者采用了寓情于景、以景衬情的表现手法，明写春景，暗寓春情，情景交融，并且通过特定的细节描写来刻画人物的心理活动，生动地展现了杜丽娘内心对美好爱情的向往和对封建礼教的强烈怨恨。语言华丽优美，化用前人成句，贴切自然，具有剧诗的特色。曲文典雅，富有情采，情节离奇，不落窠臼，具有浓厚的浪漫主义色彩。

**【绕池游】**①（旦上②）梦回莺啭，乱煞年光遍③。人立小庭深院。（贴④）炷尽沉烟⑤，抛残绣线，恁今春关情似去年⑥？

**【乌夜啼】**（旦）晓来望断梅关⑦，宿妆残⑧。（贴）你侧著宜春髻子，恰凭栏⑨。

（旦）剪不断，理还乱⑩，闷无端。（贴）已分付催花莺燕借春看。

（旦）春香，可曾叫人扫除花径？（贴）分付了。（旦）取镜台衣服来。（贴取镜台衣服上）“云髻罢梳还对镜，罗衣欲换更添香”⑪。镜台衣服在此。

**【步步娇】**（旦）袅晴丝，吹来闲庭院⑫，摇漾春如线。停半晌、整花钿。没揣菱花，偷人半面⑬，迤逗的彩云偏⑭。（行介⑮）步香闺怎便把全身现！

（贴）今日穿插的好。

---

① 绕池游：曲牌名。

② 旦：角色名。这里指剧中女主人公杜丽娘，杜太守之女。

③ 乱煞年光遍：令人眼花缭乱的春光到处都是。煞：非常。

④ 贴：即贴旦，剧中次要的女角。这里指杜丽娘的婢女春香。

⑤ 炷（zhù）尽：烧尽。沉烟：沉香，也叫沉水香，一种薰香的香料。这句意思是，夜里点燃的沉香已烧尽，时已至清晨。

⑥ 此句：意谓为何今年对春光的关切之情胜过去年。恁：怎么、为什么。关情：牵动人心的情怀，即春情。似：胜过的意思。

⑦ 乌夜啼：词牌名，传奇中的词牌属宾白，用于念诵。梅关：在广东、江西交界的大庾岭上。杜丽娘住在江西南安府（府台在今大庾县），地处梅关之北，她梦中相爱的柳梦梅，则居于岭南。

⑧ 宿妆：隔夜的妆饰。此句言清晨起来尚未梳洗打扮。

⑨ 宜春髻子：《荆楚岁时记》载，古时立春日，妇女剪彩纸作燕子形，戴在发髻上，并贴上“宜春”二字。

⑩ “剪不断”二句：语出李煜《相见欢》词，形容杜丽娘由于长期禁锢在深闺而产生的苦闷。此指杜丽娘的无限春愁。

⑪ “云髻”二句：借用唐人薛逢《宫词》“十二楼中尽晓妆”中的五、六句。此处形容杜丽娘的精心梳妆。

⑫ 袅（niǎo）晴丝：春日空中飘动的游丝、飞絮，于清朗的日子里最容易看到。袅，细长柔软，飘动的样子。闲庭院：寂静的庭院。

⑬ 花钿（diàn）：指嵌有金花珠宝的妇女首饰。“没揣”二句：没揣，不料，不意。含突然的意思。菱花：古时因铜镜背面常铸有菱花花纹而称镜子为菱花镜，所以也用“菱花”作镜子的代称。偷人半面：谓镜子偷偷摄入了人的面孔。

⑭ 迤（yǐ）逗：挑逗，撩拨。彩云：形容美丽的发卷。偏：歪到一边。意思是说由于看到自己镜子中的面庞，感到不好意思，把发卷也弄歪了。

⑮ 行介：做走的动作。介：传奇剧本中关于动作、表情、效果等的舞台揭示，与元杂剧剧本中的科相同。

**【醉扶归】**（旦）你道翠生生出落的裙衫儿茜①，艳晶晶花簪八宝填②，可知我常一生儿爱好是天然③。恰三春好处无人见④。不提防沉鱼落雁鸟惊諠⑤，则怕的羞花闭月花愁颤。

（贴）早茶时了，请行。（行介）你看：画廊金粉半零星，池馆苍苔一片青。踏草怕泥新绣袜，惜花疼煞小金铃⑥。（旦）不到园林，怎知春色如许？

**【皂罗袍】**原来姹紫嫣红开遍⑦，似这般都付与断井颓垣⑧。良辰美景奈何天，赏心乐事谁家院⑨！恁般景致，我老爷和奶奶，再不提起⑩。（合）朝飞暮卷，云霞翠轩⑪；雨丝风片，烟波画船。锦屏人忒看的这韶光贱⑫！

（贴）是花都放了⑬，那牡丹还早。

**【好姐姐】**（旦）遍青山啼红了杜鹃⑭，荼蘼外烟丝醉软⑮。春香呵，牡丹虽好，他春归怎占的先⑯！（贴）成对儿莺燕呵！（合）闲凝眄⑰，生生燕语明如剪⑱，呖呖莺歌溜的圆⑲。

（旦）去罢。（贴）这园子委是观之不足也⑳。（旦）提他怎的！（行介）

（隔尾）观之不足由他缱㉑，便赏遍了十二亭台是枉然。到不如兴尽回家闲过遣㉒。

（作到介）（贴）开我西阁门，展我东阁床㉓；瓶插映山紫，炉添沉水香㉔。小姐，你歇

---

① 翠生生：形容色彩鲜艳、明亮。出落的：显出，衬托出。茜（qiàn）：茜草。因茜草根可作红色染料，故常用以指称红色。

② 艳晶晶：光彩闪烁。花簪八宝填：镶着多种宝石的簪子。填，嵌饰。

③ 爱好：爱美。天然：天性使然，犹本性如此。

④ 三春好处：春季的美好景致。这里是用春景比喻自己的青春美貌和情思。

⑤ 不提防二句：形容自己的美貌。沉鱼落雁：典出《庄子·齐物论》：“毛嫱、丽姬，人之所美者，鱼见之深入，鸟见之高飞。”后人用以形容女子惊人之美。羞花闭月：李白《西施》：“秀色掩今古，荷花羞玉颜。”曹植《洛神赋》：“仿佛兮若轻云之蔽月”，蔽月即闭月。意谓人美得连花、月都不敢同她相比。諠：同“喧”，声音哗噪。

⑥ 惜花疼煞小金铃：《开元天宝遗事》：“天宝初，宁王至春日，于后园中纫红丝为绳，密缀金铃，系于花梢之上。每有鸟鹊翔集，则令园吏掣铃索以惊之。盖惜花之故也。”疼煞，言小金铃常常被拉响，连小金铃都被拉得疼煞了。这是夸大的拟人化描写。

⑦ 姹（chà）紫嫣红：形容各色鲜花灿烂美丽。

⑧ 付与：支付与。断井颓垣：指破败的园林。

⑨ “良辰美景”二句：化用谢灵运《拟魏太子邺中集诗序》中“天下良辰、美景、赏心、乐事，四者难并”之语。意思是大好春光，美丽景色，无人欣赏，有负苍天；能使人赏心悦目，快意当前的，又在哪里呢？奈何天：形容心境无奈和惆怅。

⑩ 老爷和奶奶：指莺莺的父母杜宝夫妇。

⑪ “朝飞”二句：用唐王勃《滕王阁序》诗：“画栋朝飞南浦云，珠帘暮卷西山雨。”描写楼台亭阁的高耸壮丽。

⑫ 锦屏人：指幽居深闺，不能领略自然风光的人。忒（tè）：太。韶光：好时光，春光。

⑬ 是：凡是。放：开放。

⑭ 啼红了杜鹃：言杜鹃花开得十分艳丽。古代有杜鹃啼血的故事。这里是双关语，既写花，也写鸟。

⑮ 荼蘼：落叶灌木，晚春开重瓣白花。烟丝：晴丝，游丝。

⑯ “牡丹虽好”二句：牡丹虽美，但开花太迟，怎能占春花中的第一呢？这里杜丽娘表达对自己的青春被耽误的忧伤。

⑰ 凝眄（miǎn）：凝视。

⑱ 生生：形容燕子叫声清脆动听。明如剪：也是形容燕子的叫声清脆。

⑲ 呖呖莺声溜的圆：形容莺声非常婉转。

⑳ 委是：实在是。观之不足：看不够。

㉑ 缱：留恋，牵连。

㉒ 遣：消遣，遣怀。

㉓ “开我”二句：用《木兰诗》“开我东阁门，坐我西阁床”两句。

㉔ 映山紫：映山红（杜鹃花）的一种。沉水香：即沉香。

息片时，俺瞧老夫人去也。（下）

## 学习建议

1. 结合课文分析杜丽娘的形象特征及其时代意义。
2. 请尝试将汤显祖的《牡丹亭》与莎士比亚的《罗密欧与朱丽叶》中爱情加以比较。
3. 以【袅晴丝】和【皂罗袍】为例，说明剧本的语言特色。
4. 延伸阅读篇目：《牡丹亭》全本。

# 外国文学学生阅读参考书目

《圣经·旧约全书》

斯威布（希腊）：《希腊神话和传说》（上、下）

伊索（希腊）：《伊索寓言》

荷马（希腊）：《荷马史诗》

索福克勒斯（希腊）：《俄狄浦斯王》

柏拉图（希腊）：《理想国》

亚里士多德（希腊）：《诗学》

但丁（意大利）：《神曲》

塞万提斯（西班牙）：《堂吉诃德》

乔叟（英）：《坎特伯雷故事集》

莎士比亚（英）：《威尼斯商人》《哈姆雷特》《罗密欧与朱丽叶》《奥塞罗》《李尔王》《麦克白》

培根（英）：《论读书》

斯威夫特（英）：《格列佛游记》

菲尔丁（英）：《汤姆·琼斯》

华兹华斯（英）：《华兹华斯抒情诗集》

拜伦（英）：《唐璜》

雪莱（英）：《西风颂》

夏洛蒂·勃朗特（英）：《简·爱》

爱米丽·勃朗特（英）：《呼啸山庄》

狄更斯（英）：《雾都孤儿》《双城记》《远大前程》

简.奥斯丁（英）：《傲慢与偏见》《理智与情感》

王尔德（英）：《道连·葛雷画像》

乔治·肖伯纳（英）：《华伦夫人的职业》《鳏夫的房产》

哈代（英）：《德伯家的苔丝》《无名的裘德》

劳伦斯（英）：《虹》《恋爱中的女人》

乔伊斯（英）：《尤利西斯》《都柏林人》

贝克特（英）：《等待戈多》

弗吉尼亚·伍尔夫（英）：《到灯塔去》《达罗卫夫人》

威廉·戈尔丁（英）：《蝇王》

多丽丝·莱辛（英）：《金色笔记》

莫里哀（法）：《悭吝人》《吝啬鬼》《伪君子》

雨果（法）：《悲惨世界》《巴黎圣母院》

司汤达（法）：《红与黑》
梅里美（法）：《卡门》
福楼拜（法）：《包法利夫人》
莫泊桑（法）：《漂亮朋友》《莫泊桑短篇小说集》
巴尔扎克（法）：《欧也妮·葛朗台》《高老头》
左拉（法）：《小酒店》《娜娜》《金钱》
罗曼·罗兰（法）：《约翰·克利斯朵夫》
波德莱尔（法）：《恶之花》
萨特（法）：《墙》《恶心》《苍蝇》《间隔》
卡夫卡（法）：《变形记》《城堡》
莫里亚克（法）：《爱的荒漠》
加缪（法）：《局外人》《鼠疫》
歌德（德）：《少年维特之烦恼》《浮士德》
海涅（德）：《海涅诗选》《德国，一个冬天的童话》
奥拉维亚（意）：《奥拉维亚短篇小说选》
易卜生（挪威）：《玩偶之家》
爱默生（美）：《论自然》《论自助》
霍桑（美）：《霍桑中短篇小说选》《红字》
麦尔维尔（美）：《白鲸》
惠特曼（美）：《草叶集》
爱伦坡（美）：《怪诞故事集》《乌鸦》
欧·亨利（美）：《四百万》
杰克·伦敦（美）：《荒野的呼唤》《马丁·伊登》
马克·吐温（美）：《汤姆·索亚历险记》《哈克贝利·费恩历险记》
德莱塞（美）：《美国悲剧》《嘉丽妹妹》
艾略特（美）：《荒原》
奥尼尔（美）：《琼斯皇》《毛猿》《冰人来了》
海明威（美）：《太阳照样升起》《战地钟声》《丧钟为谁而鸣》《永别了，武器》《老人与海》
福克纳（美）：《献给爱米丽小姐的玫瑰》《喧哗与骚动》《八月之光》
辛克莱·路易斯（美）：《巴比特》《大街》
斯坦贝卡（美）：《愤怒的葡萄》
塞林格（美）：《麦田里的守望者》
海勒（美）：《第二十二条军规》
索尔·贝娄（美）：《洪堡的礼物》《奥吉·玛琪历险记》
左拉·赫斯顿（美）：《他们的眼睛望着上帝》
拉尔夫·埃里森（美）：《看不见的人》
爱丽斯·沃克（美）：《紫色》
托尼.莫里森（美）：《宠儿》《所罗门之歌》

马尔克斯（哥伦比亚）：《百年孤独》
甘博亚（墨西哥）：《圣女桑塔》
普希金（俄）：《普希金抒情诗集》
陀思妥耶夫斯基（俄）：《罪与罚》《白痴》
果戈理（俄）：《钦差大臣》《死魂灵》
屠格涅夫（俄）：《父与子》
托尔斯泰（俄）：《战争与和平》《安娜·卡列尼娜》《复活》
契诃夫（俄）：《套中人》
高尔基（俄）：《童年》《在人间》《我的大学》《母亲》
肖洛霍夫（俄）：《静静的顿河》
纳吉布·马哈福兹（埃及）：《宫间街》
塔哈·侯赛因（埃及）：《日子》
迦梨陀娑（印度）：《沙恭达罗》
泰戈尔（印度）：《园丁集》《飞鸟集》
萨迪（波斯）：《蔷薇园》
（阿拉伯）：《一千零一夜》
紫式部（日本）：《源氏物语》
夏目漱石（日本）：《我是猫》
川端康成（日本）：《伊豆舞女》《雪国》